Israel Regardie

Das magische System des Golden Dawn

Israel Regardie

Das magische System des Golden Dawn

Band 3

Herausgeber der deutschen Ausgabe:
Hans-Dieter Leuenberger

Verlag Hermann Bauer
Freiburg im Breisgau

Die Deutsche Bibliothek – CIP-Einheitsaufnahme

Regardie, Israel:
Das magische System des Golden Dawn / Israel Regardie.
Hrsg. der dt. Ausg.: Hans-Dieter Leuenberger.
[Ins Dt. übertr. von Roland Pawlowski (Teile I und II)
und Jörg Wichmann (Teile III bis X). Bearb. von
Hans-Dieter Leuenberger]. – Freiburg im Breisgau : Bauer.
Einheitssacht.: The complete Golden Dawn system
of magic ⟨dt.⟩
ISBN 3-7626-0504-1 kart.
NE: Leuenberger, Hans-Dieter [Bearb.]
Bd. 3 – 3. Aufl., Sonderausg. – 1996
ISBN 3-7626-0507-6

Die amerikanische Originalausgabe erschien 1984 unter dem Titel
The Complete Golden Dawn System of Magic
bei Falcon Press, Santa Monica, Kalifornien

Der Übersetzung ins Deutsche liegt die 2. amerikanische Auflage
aus dem Jahr 1985 zugrunde

Ins Deutsche übertragen von Roland Pawlowski (Teile I und II)
und Jörg Wichmann (Teile III bis X); bearbeitet von Hans-Dieter Leuenberger

Die hier vorliegende kartonierte Sonderausgabe ist ein
unveränderter Nachdruck der 1988 im Verlag Hermann Bauer KG,
Freiburg im Breisgau, erschienenen gebundenen Ausgabe

ISBN 3-7626-0504-1 (Gesamtausgabe)
ISBN 3-7626-0505-X (Band 1)
ISBN 3-7626-0506-8 (Band 2)
ISBN 3-7626-0507-6 (Band 3)

Mit 106 Zeichnungen

3. Auflage 1996

Umschlag: Grafikdesign Wartenberg, Staufen
Satz: Typomedia Satztechnik GmbH, Scharnhausen
Druck und Bindung: Freiburger Graphische Betriebe, Freiburg im Breisgau
Printed in Germany

Gedruckt auf chlorfrei gebleichtem Papier

Inhalt

Teil VIII
Weitere Ordensrituale und magische Lehren

Teil IX
Der Tarot

Teil X

Das henochische System

Anhang zur deutschen Ausgabe

Vorwort zum dritten Band der deutschen Ausgabe

Der vorliegende dritte Band enthält, von wenigen Ausnahmen abgesehen, Material des Zweiten Ordens, genauer gesagt die Unterlagen zum Tarotsystem des Ordens und zur Henochianischen Magie. Wer sich in die Dokumente und Rituale des Golden Dawn vertieft, wird ohne Mühe merken, daß sich die Unterlagen und Lehren des Zweiten Ordens erheblich von denen des Ersten unterscheiden. Der Erste Orden war vorwiegend auf die Chiffre-Manuskripte aufgebaut, während es bis heute nicht klar ist, auf welcher Basis Mathers den Zweiten errichtete. Der Erste Orden hatte die Kabbala mit dem Baum des Lebens zur Grundlage, die Lehre wurde mit diesem in Verbindung gebracht oder aus ihm abgeleitet. Der Zweite Orden verließ, nicht gänzlich aber doch unübersehbar, diese Grundlage zugunsten der Legende von Christian Rosencreutz, die den Inhalt und das Thema des Adeptus Minor-Rituals bilden. Daraus ist zu schließen, daß Mathers die Absicht hatte, den Zweiten Orden nach Rosenkreuzerischen Lehren auszurichten, analog zum Baum des Lebens im Ersten. Dazu stehen die Tarotlehren des Golden Dawn sowie vor allem die Henochianische Magie in einem auffallenden Gegensatz.

Eliphas Lévi, der sich in der ersten Hälfte des 19. Jahrhunderts wieder mit der esoterischen Bedeutung der Tarotbilder beschäftigte und von dem angenommen werden kann, daß er über eingehende Kenntnisse der Tradition verfügte, ließ den Tarot mit dem »Magier« beginnen, den er folgerichtig dem ersten Buchstaben des hebräischen Alphabeths Aleph zuordnete. Die Symbolik des Buchstabens Aleph enthält die Begegnung des Geschöpfes mit seinem Schöpfer. Der Mensch erfährt seinen göttlichen Ursprung, indem er sich als ein von diesem Göttlichen Geschaffener erkennt und dieses Schöpferische als Magier auch in sich spürt. Das Bild O »Der Narr«, welches das kabbalistische Ain Soph Aur, die sogenannte Negative Existenz zum Ausdruck bringt, kann der Mensch nur in einer heruntertransformierten Form als 32. und letzten Pfad im Baum des Lebens (vielleicht als Erleuchtung oder Initiation) erfahren. Wer die Reihe der Großen Arkana des Tarot mit dem Bild O beginnen läßt, stellt nicht das

Geschaffene und damit das schöpferische Prinzip an den Anfang, sondern das Chaos. Damit sind zwei voneinander grundverschiedene esoterische Standpunkte zum Ausdruck gebracht. Es besteht kein Zweifel, daß der kabbalistische Baum des Lebens und die daraus abgeleitete Magie auf der Basis des Geschaffenen beruht. Das gleiche gilt auch für die Grundhaltung der Rosenkreuzer, wie sie in ihrer Symbolik des I.N.R.I zum Ausdruck kommt, wie es ja überhaupt das Grundprinzip rosenkreuzerischer Weltschau ist, Gott in der Natur und in der darin waltenden Ordnung und Gesetzmäßigkeit zu erkennen.

Gleiches läßt sich auch in bezug auf die kabbalistische Magie sagen. Die auf der Kabbala fußende Magie, wie sie in Grundzügen im Ersten Orden vermittelt wurde, nimmt ihre Energiebilder und Symbole aus der Natur als der natürlichen Umgebung des Menschen. Das gibt ihr eine überaus anschauliche und verhältnismäßig einfach nachzuvollziehende Struktur, dergegenüber die Henochianische Magie sehr abstrakt und schwierig zu handhaben ist, obgleich sie teilweise zu gleichen und ähnlichen Bildern greift. Um ein Beispiel aus unserer zeitgenössischen Welt zu gebrauchen, entspricht die kabbalistische Magie dem Menschen in seiner natürlichen Umgebung, für die er geschaffen ist. Demgegenüber würde die Henochianische Magie der Raumfahrt entsprechen, die nur unter sehr schwierig herzustellenden künstlichen Lebensbedingungen für den Menschen machbar ist. In der Raumfahrt muß der Mensch alles, was er zum Leben unbedingt braucht und was ihm auf der Erde ohne weiteres und selbstverständlich zur Verfügung steht, unter schwierigen und sehr aufwendigen Maßnahmen in eine Dimension hineinbringen, für die er ganz offensichtlich nicht geschaffen ist. Wenn nun, wie verschiedene Autoren behaupten, die Henochianische Magie die glänzende Krönung und Erfüllung des Golden Dawn ist, dann hieße das, auf unser Beispiel übertragen: Der höchste Zweck und das Ziel des Menschseins erfülle sich in der Raumfahrt, für die der Mensch überhaupt keine natürlichen Voraussetzungen mitbringt.

Raumfahrt ist möglich, wie auch Henochianische Magie möglich ist, aber sowohl in der Raumfahrt als auch in der Henochianischen Magie ist unübersehbar zu erkennen, daß der Mensch für eine ganz andere Basis geschaffen ist. Beides entführt den Menschen aus seiner natürlichen Umwelt. Die Ähnlichkeit oder gar Übereinstimmung der Henochianischen Magie mit den Bildern der Science Fiction-Literatur ist bestimmt nicht zufällig. Von einem Experten und Kenner der Chiffre-Manuskripte habe ich erfahren, daß die Henochianische Magie nicht in den Chiffre-Manuskripten enthalten ist. Dies würde eine neue Wertung der Bearbeitung der Rituale in der Stella Matutina ergeben. Die Kürzungen, die dort vorgenommen wurden, betreffen fast ausschließlich Teile, in denen Elemente der Henochianischen Magie enthalten sind. So wäre dies denn ein Versuch, die Rituale auf ihren ursprünglichen Gehalt zurückzuführen.

Somit hat der Golden Dawn in seinem Zweiten Orden eine Schwenkung um 180 Grad gegenüber dem Ersten vollzogen, ohne dies in irgendeiner Weise zu begründen oder die Adepti Minores darauf aufmerksam zu machen. Was kann der Grund dafür sein?

Nach mündlicher Überlieferung von verschiedenen Mitgliedern fußt die Tarotlehre des Golden Dawn und die Zuordnung zu den Pfaden im Baum des Lebens auf mittels Hellsichtigkeit erhaltenen Botschaften, wobei wahrscheinlich Moina Mathers als Medium diente. Wenn wir zugrundelegen, daß der Golden Dawn seine Lehren wirklich von einer anderen, transzendenten Ebene erhielt, dann ließe sich dieser Gegensatz plausibel damit erklären, daß Mathers für den Zweiten Orden, wo ihm keine stützenden und zur Kontrolle hilfreichen Chiffre-Manuskripte zur Verfügung standen, ganz einfach ohne es zu realisieren, mit einer anderen transzendente Quelle als diejenige des Ersten Ordens in Kontakt gelangte. Dies ist plausibel, wenn wir bedenken, in welcher Hast und Ungeduld Mathers in der Konkurrenz zu Westcott danach strebte, möglichst schnell einen ganz von ihm allein geschaffenen Zweiten Orden zu errichten und dabei die nötigen Kontroll- und Vorsichtsmaßnahmen versäumte. So wurde er einmal mehr ein Opfer der Ego-Inflation, wie sie in der Esoterik öfters ihre gefährlichen Auswirkungen zeigt (vergl. Band 1, Seite 85ff). Westcott seinerseits wurde ihr Opfer durch die Fälschung der Anna Sprengel-Korrespondenz und der Legende von der Ordensgründung. Diese Gegensätzlichkeit von zwei miteinander unvereinbaren Quellen wäre dann auch mit ein Grund für den schnellen Zerfall und Untergang des Ordens.

Dies sind natürlich Spekulationen, die durch keine wissenschaftlich greifbaren Tatsachen bewiesen werden können. Trotzdem scheinen sie mir für diejenigen, die sich eingehender mit dem System des Golden Dawn beschäftigen möchten, überlegenswert.

Am Tag des Sommersolstitiums 1988 — Hans-Dieter Leuenberger

Teil VIII

Weitere Ordensrituale und magische Lehren

Die Äquinoktialzeremonie

Diese Zeremonie wird jährlich zweimal abgehalten: Zur *Frühlingsäquinox* um den 21. März und zur *Herbstäquinox* um den 21. September. (Die Amtsträger versammeln sich und legen ihre Roben an. Die Oberen setzen sich auf das Podest. Die Mitglieder tragen ihre Ordenskleidung und die Schärpen, treten ein und setzen sich, soweit möglich, mit Mitgliedern des gleichen Grades zusammen. Mitglieder des Inneren Ordens in den Osten, Philosophi in den Süden, Practici und Theorici in den Westen, Zelatores und Neophyten in den Norden. Der Tempel wird im Neophytengrade eröffnet. Alle setzen sich.)

Hierophant: (Klopft) Brüder und Schwestern aller Grade des Äußeren Golden Dawn, laßt uns das Fest der *Frühlings- (Herbst-) Äquinox* feiern. (Außer dem Hierophanten erheben sich alle.) (Klopft) Frater Kerux verkündet die *Äquinox* und weist darauf hin, daß das Paßwort ungültig wird. (Der Kerux geht zum Nordosten, erhebt seinen Stab, blickt nach Westen und spricht:)

Kerux: Im Namen des Herrn des Universums und auf Geheiß des ehrwürdigen Hierophanten verkünde ich, daß die Zeit der *Frühlings- (Herbst-) Äquinox* gekommen ist und daß das Paßwort ungültig wird. (Der Kerux kehrt auf seinen Platz zurück. Die Mitglieder stehen mit Blick auf den Altar und ahmen die Amtsträger beim Geben der Gesten nach.)

Hierophant: Laßt uns nach alter Sitte zur Wiederkehr der Äquinox die Weihung vornehmen.

Hierophant: *Licht*

Hiereus: *Dunkelheit*

Hierophant: *Osten*

Hiereus: *Westen*

Hierophant: *Luft*

Hiereus: *Wasser*

Hegemon: (Klopft) Ich versöhne zwischen denselben. (Alle geben die Geste des Neophyten in Richtung auf den Altar.)

Dadouchos: *Hitze*

Stolistes: *Kälte*

Dadouchos: *Süden*

Stolistes: *Norden*

Dadouchos: *Feuer*

Stolistes: *Erde*

Hegemon: (Klopft) Ich versöhne zwischen denselben. (Alle geben die Zeichen in Richtung auf den Altar.)

Hierophant: *Ein Schöpfer*

Dadouchos: *Ein Erhalter*

Hiereus: *Ein Zerstörer*

Stolistes: *Ein Erlöser*

Hegemon: (Klopft) Ein Verbindender zwischen denselben. (Alle geben in Richtung auf den Altar die Gesten. Der Hierophant geht zum Westen des Altares, legt sein Szepter nieder und spricht:)

Hierophant: Mit dem Paßwort lege ich mein Szepter nieder. (Der Hierophant nimmt die *Rose* vom Altar und kehrt auf seinen Platz zurück. Der Hiereus geht direkt zum Altar und legt sein Schwert nieder, wobei er spricht:)

Hiereus: Mit dem Paßwort lege ich mein Schwert nieder. (Der Hiereus nimmt den Weinkelch und kehrt auf seinen Platz zurück. Der Hegemon kommt direkt zum Osten des Altares, legt sein Szepter nieder und spricht:)

Hegemon: Mit dem Paßwort lege ich mein Szepter nieder. (Der Hegemon bleibt im Osten des Altares stehen. Der Kerux kommt direkt zum Altar, übergibt seine Lampe dem Hegemonen, legt seinen Stab nieder und spricht:)

Kerux: Mit dem Paßwort lege ich meine Lampe und meinen Stab nieder. (Der Kerux kehrt auf seinen Platz zurück. Der Hegemon kehrt ebenfalls zurück, wobei er die Lampe des Kerux mitnimmt. Der Stolistes kommt über den Osten und Süden zum Westen des Altares, stellt seinen Kelch nieder und spricht:)

Stolistes: Mit dem Paßwort lege ich meinen Kelch nieder. (Der Stolistes nimmt den Teller mit Brot und Salz und kehrt auf seinen Platz zurück. Der Dadouchos kommt direkt zum Altar, stellt sein Räuchergefäß nieder und spricht:)

Dadouchos: Mit dem Paßwort lege ich mein Räuchergefäß nieder. (Der Dadouchos nimmt die rote Lampe vom Altar und kehrt im Sonnenlaufsinn zu seinem Platz zurück.) (Der Sentinel tritt über den Süden zum Osten des Altares, legt sein Schwert nieder und spricht:)

Sentinel: Mit dem Paßwort lege ich mein Schwert nieder. (Über den Norden und Osten kehrt er zu seinem Platz zurück. Der Kerux tritt zum Nordosten, um seine Umkreisung zu beginnen. Während er die jeweiligen Viertel betritt und das Gebet gesprochen wird, blikken Amtsträger und Mitglieder in das betreffende Viertel und geben am Ende des Gebetes alle die Gesten in diese Richtung. Der Kerux bewegt sich in den Osten und hält vor dem Hierophanten inne, welcher die Rose hochhält und nach Osten blickt. Alle blicken nach Osten.)

Hierophant: Laßt uns den Herrn des Universums anbeten. Heilig seid Ihr, Herr der *Luft*, der Ihr den Himmel erschaffen habt. (Mit der Rose zieht der Hierophant ein Kreuz in die Luft und grüßt. Alle grüßen. Der Kerux geht weiter in den Süden und blickt den Dadouchos an, welcher mit hochgehaltener Lampe sich nach Süden dreht. Alle blicken nach Süden.)

Dadouchos: Laßt uns den Herrn des Universums anbeten. Heilig seid Ihr, Herr des *Feuers*, der Ihr den Thron Eurer Herrlichkeit habt erscheinen lassen. (Mit der Lampe zieht der Dadouchos ein Kreuz und grüßt. Alle grüßen. Der Kerux geht weiter in den Westen und blickt den Hiereus an, der sich mit hochgehaltenem Kelch nach Westen wendet. Alle blicken nach Westen.)

Hiereus: Laßt uns den Herrn des Universums anbeten. Heilig seid Ihr, Herr der *Wasser*, auf welchen sich im Anbeginne Euer Geist bewegte. (Mit dem Kelch zieht der Hiereus ein Kreuz und grüßt. Alle grüßen. Der Kerux geht weiter in den Norden und blickt den Stolistes an, welcher sich mit hochgehaltenem Teller nach Norden wendet und spricht:)

Stolistes: Laßt uns den Herrn des Universums anbeten. Heilig seid Ihr, Herr der *Erde*, welche Ihr zu Eurem Fußschemel gemacht habt. (Mit dem Teller zieht der Stolistes ein Kreuz und grüßt. Alle grüßen. Der Kerux geht um den Tempel herum wieder auf seinen Platz. Alle blicken auf den Altar. Der Hegemon steht im Osten des Altares, blickt nach Westen, hält die Lampe des Kerux hoch und spricht:)

Hegemon: Laßt uns den Herrn des Universums anbeten. Heilig seid Ihr, der Ihr in allen Dingen seid und in dem alle Dinge sind. Stiege ich zum Himmel, so seid Ihr dort. Und ginge ich hinab in die Hölle, so seid Ihr auch dort! Flöhe ich auf den Schwingen des Morgens zu den äußersten Winkeln des Meeres, so würde auch dort

Eure Hand mich leiten, und Eure rechte Hand würde mich halten. Sagte ich, vielleicht wird Dunkelheit mich bedecken, so wird sich Euch sogar die Nacht in Licht verwandeln! Dein ist die *Luft* mit ihrer Bewegung! Dein ist das *Feuer* mit seiner lodernden Flamme! Dein ist das *Wasser* mit seiner Ebbe und Flut! Dein ist die *Erde* mit ihrer tragenden Festigkeit! (Der Hegemon zieht mit der Lampe ein Kreuz über dem Altar. Alle grüßen zum Altar. Der Hegemon behält die Lampe. Alle setzen sich. Der Imperator erhebt sich, klopft und spricht:)

Imperator: Bei der mir verliehenen Macht und Autorität übergebe ich nun das neue Paßwort. Es heißt (XYZ).

(Der Hierophant nimmt die Rose und verläßt seinen Thron, welcher vom Imperator eingenommen wird. Dann geht der Hierophant in den Osten des Altares und legt die Rose dort nieder. Er geht dann in den Osten des Tempels zurück, legt sein Lamen und seine Robe zu Füßen des Thrones nieder und nimmt seinen Platz im Osten als ein Mitglied des Tempels ein. Auf gleiche Weise stellt der Hiereus seinen Kelch nieder, der Hegemon die Lampe des Kerux, der Stolistes den Teller, der Dadouchos die rote Lampe. Alle legen ihre Lamen zu Füßen des Thrones nieder. Nach dem Hegemonen legen der Kerux und ganz zum Schluß der Sentinel ihre Lamen am Fuße des Thrones nieder und setzen sich zu den Mitgliedern ihres eigenen Ranges. Der Praemonstrator erhebt sich, um die Namen der neuen Amtsträger zu verlesen.)

Praemonstrator: Die Amtsträger, die ernannt worden sind, die Tempelarbeiten in den folgenden sechs Monaten zu versehen, sind...

(Am Schluß spricht er:)

Praemonstrator: Die Brüder und Schwestern des Äußeren Ordens werden sich nun eine Zeitlang zurückziehen.

(Der Kerux sammelt alle ein, die die weiße Schärpe noch nicht erreicht haben und führt sie hinaus. In einer Pause werden den neuen Amtsträgern ihre Nemysse und Kragen mit Lamen übergeben. Mitglieder des Äußeren Ordens, die Ämter innehaben, nehmen diese Gegenstände mit hinaus und legen sie draußen an, um zu ihrer Einsetzung durch den neuen Hierophanten, der nun ernannt wird, bereit zu sein. Alle nun anwesenden Mitglieder des Inneren Ordens nehmen ihre Rosenkreuze auf. Der Hauptadept nimmt seinen Platz auf dem Thron des Ostens ein, der zweite Adept zu seiner Linken, der dritte zu seiner Rechten. Niedere Amtsträger verlassen das Podest und setzen sich zu den übrigen Mitgliedern.)

(Anmerkung: Ich habe einige der frühen Ordensrituale untersucht, darunter auch je eines des A.O. und des Golden Dawn, und fand in keinem derselben irgend etwas, was diesem Abschnitt ähnelte. In Anbetracht des Stiles dieses Rituals, usw., sehe ich mich zu der Annahme gezwungen, daß es sich um eine literarische Schöpfung von Dr. Felkin handelt. Indem ich dies feststelle, möchte ich es jedoch keineswegs verdammen. Besonders nachdem ich die frühesten Ordensrituale gelesen habe, bin ich ganz im Gegenteil davon überzeugt, daß Dr. Felkin – oder wer sonst? –, der für die Herausgabe der Ordensdokumente in der Stella Matutina verantwortlich war, hervorragende Arbeit geleistet hat. Die Bearbeitung ist ausgezeichnet durchgeführt worden, so gut sogar, daß eine Kritik daran tatsächlich unnötig ist. Indem ich dies feststelle, wird auch deutlich, daß ich nicht zu den Kritikern der Stella Matutina zu zählen bin. Die Geistreisen sind dort vielleicht zu wichtig genommen worden, doch muß man einem menschlichen Orden einige Fehler zugestehen. I.R.)

Hauptadept: Tiefster Friede, meine Brüder. (Er erhebt sich.)
Zweiter Adept: Emanuel. (Er erhebt sich.)
Dritter Adept: Gott ist mit uns. (Er erhebt sich.)
Hauptadept: In nomine dei viventis.
Zweiter Adept: Et vivicantis.
Hauptadept: Qui vivit et regnet in saecula saeculorum.
Dritter Adept: Amen.
Hauptadept: Avete, Fratres et Sorores.
Zweiter Adept: Roseae Rubeae.
Dritter Adept: Et Aureae Crucis.
Hauptadept: Ehrwürdige Brüder und Schwestern, da die Dinge, welche oben sind, stets diejenigen Dinge, welche unten sind, in ihre hohen Bereiche erheben und sie nach einer bestimmten großen Transfiguration wieder dorthin zurückbringen, damit das Werk der Weisheit fortgeführt werde und die Gnade und die Weihe des heiligen und herrlichen Zion demjenigen Zion, welches auf der Erde ist, übermittelt werde, damit die Welten zusammen jubeln und alle in der Vollendung erfüllt werden, ersuche ich Euch, meiner Absicht zu folgen und in Euren Herzen die feierlichen und sakramentalen Worte zu verwirklichen, bei welchen ich diesen äußeren und sichtbaren Tempel des Golden Dawn in das Haus entrücke, welches nicht von Händen gemacht ist, sondern aus den lebendigen Steinen der Gemeinschaft der Adepten gebaut. Und entsprechend wird es angenommen.

Zweiter Adept: Cum potestate et gloria.
Dritter Adept: Amen! (Die Oberen setzen sich.)
Hauptadept: Fratres et Sorores des Roseae Rubeae et Aureae Crucis. Wir wissen, daß der mystische Tempel, der in alten Zeiten von der Weisheit oberhalb der Sphäre des Wissens als Zeuge der Mysterien errichtet wurde, in der übernatürlichen Dreiheit wohnt, im Verständnis, welches die Vernunft überschreitet, in der Weisheit, welche vor dem Verständnis kommt, und in der Krone, welche das Licht der Himmlischen ist. Wir wissen, daß die Schekina, die beiwohnende Herrlichkeit, im inneren Heiligtume wohnt, doch wurde die erste Schöpfung als Leere gemacht. Die heilige Schrift wurde öde gemacht, und die Söhne des Hauses der Weisheit wurden hinfortgenommen in die Gefangenschaft der Sinne. Seither haben wir in einem von Händen gemachten Hause angebetet und an Stelle der beiwohnenden Herrlichkeit das sakramentale Amt durch ein abgeleitetes Licht empfangen. Und doch haben unter all den Zeichen und Symbolen die Hinweise der höheren Gegenwart in unseren Herzen nie gefehlt. Bei den Wassern von Babylon saßen wir nieder und weinten, doch haben wir uns immer an Zion erinnert. Als Zeugen im Tempel des Herzens wie auch im äußeren Hause unserer Einweihung sind stets innere Wächter gegenwärtig, abgesandt vom Zweiten Orden, die niederen Mysterien des Golden Dawn und diejenigen, die darin fortschreiten, zu behüten und anzuleiten, damit sie nach gebührender Zeit am Licht teilhaben können, welches dahinter kommt. Kraft des Verbindungsgliedes dieser engen Verwandtschaft habe ich diejenigen Dinge, die außen im Tempel des Golden Dawn sind, innerhalb der Dinge, die innen in der Gemeinschaft des Zweiten Ordens sind, zu diesem geheimen Treffen zur Äquinox entrückt, für den feierlichen Zweck, einen neuen Hierophanten zu verkünden, der für die folgenden sechs Monate mit den Riten des Tempels betraut wird, welche Teil der vergänglichen Periode sind, die zwischen uns und unserer ewigen Ruhe liegt.
Zweiter Adept: Laßt uns darum arbeiten, meine Brüder, und Rechtschaffenheit walten lassen, denn die Nacht kommt.
Dritter Adept: Worin kein Mensch arbeiten soll.
Hauptadept: (Erhebt sich) Fratres et Sorores des Roseae Rubeae et Aureae Crucis, bei der mir verliehenen Macht fahre ich mit der Einsetzung und Amtseinführung des Hierophanten des Golden Dawn-Tempels im Orden des R.R. und A.C. in der Pforte zum Gewölbe der Adepten fort.

Zweiter Adept: (Erhebt sich) Benedictus qui venit.

Dritter Adept: (Erhebt sich) In nomine domini. (Die drei Adepten geben die Gesten des LVX und setzen sich wieder.

Hauptadept: Ehrwürdiger Bruder, auf Geheiß der Oberen des Zweiten Ordens seid Ihr für die folgenden sechs Monate zum Amte des Hierophanten dieses Tempels ernannt. Seid Ihr willens, seine Pflichten und Verantwortungen auf Euch zu nehmen?

Hierophant: Ich bin bereit.

Hauptadept: Dann möchte ich Euch bitten, Euch in den Osten zu begeben und die großen Zeichen des Ordens des R.R. und A.C. zu geben. (Ausgeführt.)

Zweiter Adept: Benedictus dominus deus noster.

Dritter Adept: Qui dedit nobis hoc signum. (Er berührt das Rosenkreuz an seiner Brust.)

Hauptadept: Ehrwürdiger Frater (XYZ), der Ihr an der östlichen Stätte des Tempels steht, ich möchte Euch bitten, mir das geheime Wort des Ordens R.R. und A.C. zu geben. (Ausgeführt.)

Zweiter Adept: Habes verbum.

Dritter Adept: Et verbum caro factum est, et habitavit in nobis.

Hauptadept: (Erhebt sich) Laßt uns darum, Brüder, daran denken, daß der Mensch zu einer lebendigen Seele wird, wenn der Körper vom Worte angenommen wird. Aus diesem Grunde folgen wir dem Pfade des Kreuzes und trachten nach der Erhöhung der Rose. Vor der Einsetzung wird deshalb der ehrwürdige Adeptus Secundus nun den Eid abnehmen. (Er setzt sich.)

Zweiter Adept: (Erhebt sich) Das hohe Amt, zu welchem Ihr durch Ermächtigung der Oberen des Zweiten Ordens ernannt worden seid, umfaßt feierliche Pflichten, und ihre gebührende Ausführung ist eine heilige Verantwortung, welche nun für eine gewisse Zeit auf Euch ruht. Während die Herrschaft über den Äußeren Orden hauptsächlich dem Imperator obliegt, während die Anleitung seiner Mitglieder vor allem dem Praemonstrator anvertraut ist und die allgemeine Geschäftsführung des Tempels besonders den Cancellarius betrifft, muß über die Unterscheidung über diese einzelnen Ämter hinaus ein gemeinsamer Handlungszusammenhang als Grundlage bestehen, welcher durch perfekte Anpassung erreicht wird, um die rechte Führung und Harmonie zu gewährleisten. In gleicher Weise unterscheiden sich die Hauptamtsträger des Tempels und sind doch miteinander verbunden. Die Vollendung und Schönheit hängt vom Hierophanten, dem Erklärer der Mysterien ab, doch nicht von ihm allein. Denn alle müssen zusammenarbeiten, um das gemeinsame gute Gelingen hervorzubringen. Deshalb lege ich Euch nahe, nicht nur bei den Oberen des Zweiten Ordens in allen wichtigen Angelegenheiten Rat einzuholen und eine regelmäßige Verbindung mit den Wächtern des äußeren Tempels aufrechtzuerhalten, sondern auch mit den niederen Amtsträgern zu sprechen und sie zu unterstützen, so daß diese Riten, welche kraft der allerhöchsten Autorität in Eure Hände gelegt werden, nach Eurer Amtszeit nicht nur korrekt bearbeitet wieder dem Hauptadept übergeben werden, sondern daß sie eine Zunahme an Schönheit und ein größeres Licht in ihrer Symbolik aufweisen. Nur auf diese Weise werdet Ihr, wenn die Zeit kommt, eine gute Rechenschaft Eurer Verwaltung abgeben können. Fernerhin möchte ich Euch daran erinnern, daß Ihr den Wächtern des äußeren Tempels jederzeit und in allen Dingen als den Abgesandten der absoluten Macht, welche hinter dem Schleier wohnt, Euren Respekt erweist. Diese regeln alle Dinge in beiden Orden zur Erlangung des göttlichen Zieles. Behaltet diese Dinge stets im Gedächtnis, wie auch sie sie stets im Gedächtnis haben, und helft ihnen in ihrer Arbeit, den Tempel derart zu führen, daß mit der Macht auch der Friede erhalten bleibe. (Er setzt sich. Der Hauptadept erhebt sich.)

Hauptadept: In Gegenwart dieser feierlichen Zusammenkunft von Adepten des Zweiten Ordens, die in diesem entrückten Tempel Platz genommen haben, frage ich Euch wiederum, ob Ihr in Eurem Geiste bereit seid, das verantwortungsvolle Amt anzunehmen, zu welchem Ihr ernannt worden seid?

Hierophant: Ich bin bereit.

Hauptadept: Kniet dann nieder, sprecht den sakramentalen Namen, bei welchem Ihr in diesem Orden bekannt seid und sprecht mir nach: Ich, Frater (XYZ), verspreche feierlich im Namen des Herrn des Universums und der ewigen und unveränderlichen Einheit, welche ich gemeinsam mit meinen Brüdern suche, daß ich bis zu meiner äußersten Kraft und zum Wohle des ganzen Ordens das hohe Amt erfüllen werde, welches mir auferlegt worden ist und von mir frei angenommen wurde; daß ich die Riten des Ordens einhalten und die Pflichten meiner Position gewissenhaft und mit liebevoller Sorgfalt beobachten werde, nicht nur im Tempel selbst, sondern gegenüber jedem einzelnen Mitglied; daß ich mit den Hütern des Tempels zusammenarbeiten werde; daß ich die Erlasse der Oberen des Zweiten Ordens ausführen werde; daß ich gerecht und ohne Angst oder Begünstigung im Einklang mit den Forderungen meines Gewissens handeln werde. Dies bekräftige ich bei

dem Symbol, welches der amtierende Adept auf der Brust trägt. (Der Hierophant wird angewiesen, seine Hand in Richtung auf das Rosenkreuz auf der Brust des Hauptadepten auszustrecken.)
Erhebt Euch, ehrwürdiger Bruder, und nehmt aus meiner Hand das höchste Amt entgegen, welches ich Euch in diesem Tempel verleihen kann. Bei der mir anvertrauten Macht ernenne ich Euch nun zum Hierophanten des Tempels des Golden Dawn, um während der folgenden sechs Monate mit der Ermächtigung der Oberen die Grade des Äußeren Ordens zu bearbeiten und zu übermitteln. Möge das Licht, welches hinter dem Schleier ist, von Eurem Thron im Osten durch Euch auf die Brüder und Schwester des Ordens scheinen und sie zum Tage der Vollendung führen.

Zweiter Adept: Wenn die Herrlichkeit dieser Welt vergeht.

Dritter Adept: Und ein großes Licht über dem leuchtenden Meere scheint. (Der Hauptadept versieht den Hierophanten mit den Roben, wobei ihm ein Bediensteter hilft.)

Hauptadept: Ich bekleide Euch mit der Robe eines Hierophanten. Tragt sie während Eurer Amtszeit unbefleckt, mein Bruder. Haltet Euer Herz darunter rein, so daß es Euer Fleisch heiligt und Euch auf jenen großen Tag vorbereitet, an dem Ihr, der Ihr nun in der Macht des Ordens bekleidet seid, im Körper Eures Todes unbekleidet sein werdet. Ich statte Euch nun mit dem Lamen Eures Amtes aus. Möge die Tugend, welche es äußerlich anzeigt, in Euch wirkend und gegenwärtig sein. Und möge nach der Zeit Eurer gegenwärtigen Würden diese Tugend bei Euch bleiben auf der Suche nach dem weißen Stein, auf welchem ein neuer Name geschrieben steht, den kein Mensch kennt, es sei denn, er habe ihn erhalten. Ihr werdet nun zum symbolischen Altar des Universums gehen und das Szepter des Hierophanten annehmen. (Der Hierophant geht zum Westen des Altares, erhebt das Szepter mit beiden Händen und spricht:)

Hierophant: Beim Paßwort nehme ich mein Szepter auf. (Er geht in den Osten zurück. Der Hauptadept nimmt ihn bei beiden Händen und inthronisiert ihn mit dem Griff des Zweiten Ordens.)

Hauptadept: Bei der mir verliehenen Macht setze ich Euch ein als Hierophanten dieses Tempels des Golden Dawn. Mögen die Stufen dieses Thrones Euch zu Eurem rechten Platz unter den Plätzen der Mächtigen führen, welche über uns sind. (Er wendet sich zu den Mitgliedern.) Sehet ihn, meine Brüder, der nun zwischen uns steht, bekleidet mit den Attributen eines rechtmäßigen Enthüllers der Mysterien für jene, welche wir zum Lichte führen. Ihr seid die

Adepten jener Mysterien, und ihr könnt ihn unterstützen, sie zu verkünden, damit jene, die noch draußen stehen, von liebenden Händen zu dem geführt werden, was darinnen ist. Brüder und Schwestern des R.R. und des A.C., ich bitte euch nun, gemeinsam mit mir zu beten. (Alle blicken nach Osten.)

Wir danken dir, höchster und gnadenvoller Gott, für die Manifestation deines Lichtes, welches uns gewährt worden ist, für das Maß des Wissens, welches du uns über deine Mysterien enthüllt hast, für jene helfenden Hände, welche den Rand des Schleiers heben, und für die feste Hoffnung auf ein weiteres Licht danach. Wir flehen dich an, halte diesen Mann, unseren Bruder, in der Gerechtigkeit deines Weges, im Geiste deines großen Rates, daß er jene, die von den Verirrungen der Dunkelheit ins Licht dieses kleinen Reiches deiner Liebe gerufen wurden, wohl und würdig führen möge. Und gewähre auch denjenigen, die durch ihn und mit ihm in Liebe zu dir fortschreiten, aus dem Verlangen nach deinem Haus ins Licht deiner Gegenwart zu treten.

Zweiter Adept: Das Verlangen nach deinem Hause hat mich verzehrt.

Dritter Adept: Ich sehne mich danach, mich aufzulösen und bei dir zu sein.

Hauptadept: Gott stehe Euch bei, Brüder und Schwester. Die Arbeit des Lichts, für welche wir diesen Tempel entrückt haben, ist getreu ausgeführt worden. Der Tempel hat seinen neuen Hierophanten erhalten. Bei der mir verliehenen Macht stelle ich ihn nun an seinen gebührenden Platz in der äußeren Welt zurück, wobei er die Gnaden und Segnungen mitnimmt, die wir ihm dieses Mal vermitteln durften, und er wird also zurückgesendet. In nomine dei viventis.

Zweiter Adept: Et vivicantis.

Hauptadept: Qui vivit et regnet in saecula saeculorum.

Dritter Adept: Amen. (Alle Adepten geben die Zeichen LVX und nehmen ihre Plätze im Tempel wieder ein. Sie legen die Rosenkreuze ab. Der Praemonstrator geht zur Tür, öffnet sie und sagt:)

Praemonstrator: Die Brüder des Äußeren Ordens werden jetzt ihre Plätze im Tempel wieder einnehmen. (Ausgeführt. Tür geschlossen. Hauptadept erhebt sich und sagt:)

Hauptadept: Brüder und Schwestern des Ordens des Golden Dawn, seht Euren Hierophanten, unseren Frater XYZ, welcher nach der Regel eingesetzt und inthronisiert worden ist. Und bei der mir verliehenen Macht erkläre ich ihn für die folgenden sechs Monate zum Enthüller der Mysterien, welche Zeit ein Abschnitt derjenigen

Periode ist, innerhalb welcher wir zum Licht geleitet werden. Ehrwürdiger Frater, ich fordere Euch auf, in Gegenwart der Kinder Eures Tempels Euer Bekenntnis abzulegen.

Hierophant: (Erhebt sich) Brüder und Schwestern des Ordens. Da die ganze Absicht der Mysterien, der äußeren Einweihung, in dem Einsatz von Symbol, Zeremonie und Sakrament liegt, um die Seele zu führen und aus ihrer Verhaftung an die Materie zu lösen, sie aus ihrer Bindung darin zu befreien, in welcher sie schlafwandelt und nicht weiß, woher sie kommt und wohin sie geht; und weil die so befreite Seele in die wahre Richtung zum Studium der göttlichen Dinge gebracht werden muß, daß sie die allein reine Gabe und das einzige annehmbare Opfer bringe, welches Liebe für Gott, den Menschen und das Universum ist; deshalb bekenne und bezeuge ich nun hiermit vor meinem Throne in diesem Tempel, und ich verspreche, euch in den getreulich bewahrten und mit der gebührenden Achtung dargestellten Riten dieses Ordens zu führen, soweit es mir möglich ist, damit ihr durch solche Liebe und solches Opfer in angemessener Zeit für die größeren Mysterien vorbereitet werdet, die höchsten und inneren Einweihungen. (Er setzt sich. Nun wird mit der Einsetzung der niederen Amtsträger fortgefahren. Roben und Lamen werden am Fuße des Podestes bereitgelegt, damit die Bediensteten sie dem Hierophanten übergeben können. Die Einsetzungszeremonie folgt unmittelbar auf das Bekenntnis des Hierophanten. Die äußeren Mitglieder werden vom Praemonstrator aufgerufen, und der Kerux sorgt dafür, daß jeder einen Platz bekommt. Der Hierophant liest sein Bekenntnis vor und sagt:)

Hierophant: Kraft der mir verliehenen Macht fahre ich nun mit der Einsetzung meiner Amtsträger fort. Möge der Hiereus in den Osten kommen. (Dem im Osten stehenden Hiereus wird vom Bediensteten die Robe ausgehändigt, und dieser bringt auch das Lamen an der richtigen Stelle an. Der Hierophant nimmt das Lamen in die Hand, während er sagt:)

Hierophant: Bei der mir verliehenen Macht ernenne ich Euch für die folgenden sechs Monate zum Hiereus dieses Tempels. Ich bete darum, daß Ihr von Eurem Throne im Westen, welcher das schwindende Licht symbolisiert, die Brüder und Schwestern des Ordens zum vollen Lichte am Ziel führen werdet, und daß Ihr und sie mitten in der Düsternis der Materie Euch stets daran erinnern werdet, daß die göttliche Dunkelheit das gleiche ist wie die göttliche Herrlichkeit. (Der Hiereus geht zum Osten des Altares, nimmt sein Schwert auf und spricht:)

Hiereus: Beim Paßwort nehme ich mein Schwert auf. (Er geht zu seinem Thron. Wenn er sich gesetzt hat, sagt der Hierophant:)

Hierophant: Möge der Hegemon in den Osten kommen. (Auf gleiche Weise wie zuvor wird dem Hegemonen Robe und Lamen ausgehändigt. Der Hierophant spricht, während er das Lamen hält:) Bei der mir verliehenen Macht ernenne ich Euch für die kommenden sechs Monate zum Hegemonen dieses Tempels. Und ich bete darum, daß Ihr die Brüder und Schwestern zwischen den Säulen zum Gleichgewicht der völligen Versöhnung führen werdet. (Der Hegemon geht zum Osten des Altares, nimmt sein Szepter auf und sagt:)

Hegemon: Beim Paßwort nehme ich mein Szepter auf. (Nimmt seinen Platz ein.)

Hierophant: Möge der Kerux in den Osten kommen. (Dem Kerux und den anderen folgenden Amtsträgern werden die Lamen gegeben, welche der Hierophant hält, während er sie anspricht:) Bei der mir verliehenen Macht ernenne ich Euch für die folgenden sechs Monate zum Kerux dieses Tempels, damit Ihr die Innenseite der Pforte behütet und alle mystischen Prozessionen anführt. Ich bete darum, daß Ihr stets mit der Fackel der höheren Lichter vor uns hergehen werdet und die Losungen des Tages aussprecht. Dank sei Gott, mein Bruder, für das wunderbare Licht.

Kerux: Beim Paßwort nehme ich meine Lampe und meinen Stab auf.

Hierophant: Möge der Stolistes in den Osten kommen. (Ausgeführt) Bei der mir verliehenen Macht ernenne ich Euch für die kommenden sechs Monate zum Stolistes dieses Tempels, damit Ihr über den Kelch des klaren Wassers wacht und die Halle reinigt, die Brüder und die Kandidaten. Möget Ihr auch in Eurer eigenen Seele mit Ysop besprengt und gereinigt werden. Möget Ihr gewaschen und weißer als Schnee gemacht werden. Dank sei Gott, mein Bruder, für das lebende Wasser, welches die ganze Schöpfung läutert.

Stolistes: Beim Paßwort nehme ich meinen Kelch auf.

Hierophant: Möge der Dadouchos in den Osten kommen. (Ausgeführt) Bei der mir verliehenen Macht ernenne ich Euch für die kommenden sechs Monate zum Dadouchos dieses Tempels, damit Ihr über die Feuer im Tempel wacht und die Weihungen mit Feuer vornehmt. Gedenket des süßen Geruchs des größeren Heiligtums und des Geschmacks der Schönheit des Hauses. Dank sei Gott, mein Bruder, für den wahren Weihrauch, welcher unser Leben heiligt.

Dadouchos: Beim Paßwort nehme ich mein Räuchergefäß auf.

Hierophant: Möge der Sentinel in den Osten kommen. (Ausgeführt) Bei der mir verliehenen Macht ernenne ich Euch für die kommenden sechs Monate zum Sentinel dieses Tempels. Wacht treu über das Äußere, damit kein Böses in unsere heilige Halle eindringe.

Sentinel: Beim Paßwort nehme ich mein Schwert auf.

(Der Hierophant setzt sich. Alle setzen sich. Der Kerux tritt vor und ordnet die Elemente auf dem Altar. Die Oberen werden jetzt etwaige Ankündigungen machen. Der Hierophant kann zum ganzen Tempel sprechen. Hat er geendet, gibt er ein Klopfzeichen, und der Kerux tritt vor, um mit dem Abschluß zu beginnen, welcher derjenige des Neophytengrades ist.)

V.H. Frater A.M.A.G. (Israel Regardie)

Die Zeremonie der Wachttürme[1]

(Stehe im Nordosten. Blicke nach Osten und verkünde:) HEKAS, HEKAS, ESTE BEBELOI!

(Führe zunächst das Bannungsritual des Pentagramms durch und darauf das Bannungsritual des Hexagramms.

Gehe zum Süden des Altares. Nimm ein Räucherstäbchen oder den Stab des Feuers auf, schwinge ihn dreimal vor der Tafel des Feuers, halte ihn über deinen Kopf und bewege dich langsam in Sonnenlaufrichtung um den Außenrand des Tempels. Vibriere dabei:)

Und wenn du, nachdem alle Phantome geflohen sind, das heilige, formlose Feuer siehst, das Feuer, das durch die verborgenen Tiefen des Universums flammt und blitzt, so höre dann die Stimme des Feuers.

(Erreichst du den Süden, so schwinge den Stab des Feuers dreimal vor der Tafel des Feuers. Ziehe einen Kreis darum. In diesen hinein zeichne das invozierende, aktive Geistpentagramm. Gib die Zeichen LVX. Ziehe darauf das invozierende Feuerpentagramm. Grüße mit dem Zeichen des Feuers.)

OIP TEAA PEDOCE[2]. Bei den Namen und Buchstaben des großen südlichen Vierecks invoziere ich euch, ihr Engel des südlichen Wachtturmes.

(Grüße wieder vor der Tafel. Lege den Stab des Feuers auf den Altar zurück. Gehe zum Westen, nimm den Wasserkelch auf, sprenkle ein paar Tropfen vor der Tafel des Wassers, umkreise in Sonnenlaufrichtung[3] und sprich:)

---

[1] Anm. d. Hrsg.: Dieses Ritual ist eine Bearbeitung durch Israel Regardie nach der Vorlage der Ausgabe von 1937. Für nähere Informationen dazu siehe *Ceremonial Magic* von Israel Regardie (Aquarian Press, England). Vergleiche auch Band 1, Seite 80.

[2] Zur Erklärung der Aussprache henochischer Rufe, siehe Band III, den Vorspann zum henochischen Wörterbuch, Seite 1443.

[3] Anm. d. Übers.: Richtungsangaben für die Umkreisung sind: in Sonnenlaufrichtung = im Uhrzeigersinn = rechtsläufig (engl.: deosil); gegen Sonnenlaufrichtung = gegen Uhrzeigersinn = linksläufig (engl.: widdershins).

Darum muß der Priester, der die Arbeiten des Feuers beherrscht, zunächst das Lustralwasser des laut brandenden Meeres versprengen.

(Wenn du zum Westen zurückkehrst, sprenkle ein paar Tropfen vor der Tafel des Wassers. Ziehe einen Kreis darum. In diesen hinein zeichne das invozierende, passive Geistpentagramm. Gib die Zeichen LVX. Ziehe darauf das invozierende Wasserpentagramm. Grüße mit dem Zeichen des Wassers.)

EMPEH ARSEL GAIOL. Bei den Namen und Buchstaben des großen westlichen Vierecks invoziere ich euch, ihr Engel des westlichen Wachtturmes.

(Grüße wieder vor der Tafel. Stelle den Kelch des Wassers auf den Altar zurück. Gehe rechtsläufig zum Osten, nimm den Dolch der Luft auf, schwinge ihn dreimal vor der Tafel der Luft, umkreise in Sonnenlaufrichtung und sprich:)

Ein Feuer existiert, dehnt sich aus durch die Stürme der Luft oder wie ein formloses Feuer, aus welchem der Eindruck einer Stimme entspringt, oder wie ein blitzendes Licht, flimmernd, sich drehend, hervorwirbelnd, laut schreiend.

(Wenn du zum Osten zurückkehrst, schwinge den Dolch dreimal vor der Tafel der Luft. Ziehe einen Kreis darum. In diesen hinein zeichne das invozierende, aktive Geistpentagramm. Gib die Zeichen LVX. Ziehe darauf das invozierende Luftpentagramm. Grüße mit dem Zeichen der Luft.)

ORO IBAH AOZPI. Bei den Namen und Buchstaben des großen östlichen Vierecks invoziere ich euch, ihr Engel des östlichen Wachtturmes.

Lege den Dolch zurück. Gehe rechtsläufig zum Norden, nimm das Pentakel oder den Teller mit Brot und Salz auf, verstreue Salz, schwenke das Pentakel dreimal vor der Tafel der Erde. Umkreise in Sonnenlaufrichtung und sprich:) Beuge dich nicht herab in die dunkle Welt, in welcher immer eine trügerische Tiefe liegt, der in Wolken gehüllte Hades, der sich an unverständlichen Bildern erfreut, sich windend, ein immer bewegter schwarzer Abgrund, stets vermählt mit einem lichtlosen Körper, formlos und leer.

(Wenn du zum Norden zurückkehrst, schwenke das Pentakel dreimal vor der Tafel der Erde. Ziehe einen Kreis darum. In diesen hinein zeichne das invozierende, passive Geistpentagramm. Gib die Zeichen LVX. Ziehe darauf das invozierende Erdpentagramm. Grüße mit dem Zeichen der Erde.)

EMOR DIAL HECTEGA. Bei den Namen und Buchstaben des großen nördlichen Vierecks invoziere ich euch, ihr Engel des nördlichen Wachtturmes.

(Lege das Pentakel zurück. Gehe um den Altar herum zum Westen und blicke nach Osten.

Beschreibe mit dem Stab oder dem Zeigefinger der rechten Hand einen großen Kreis über dem Altar in die Luft. Ziehe vier Geistpentagramme, zwei aktive und zwei passive, hinein und sprich dabei:) EXARP BITOM NANTA HCOMA. Bei den Namen und Buchstaben der mystischen Tafel der Vereinigung rufe ich euch an, ihr göttlichen Kräfte des Lebensgeistes.

Gib das Zeichen der Pforte, das Zerreißen des Schleiers über dem Altar. Strecke die Hände aus und nimm sie dann auseinander, als öffnetest du einen Vorhang. Vibriere an dieser Stelle die kurze henochische Invokation des Pfortenrituales. Sprich im Anschluß daran:)

Ich rufe euch an, ihr Engel der himmlischen Sphären, die ihr im Unsichtbaren wohnt. Ihr seid die Hüter der Tore des Universums, seid auch die Hüter dieser mystischen Sphäre. Haltet das Böse und das Unausgewogene fern. Stärkt und inspiriert mich, damit ich diese Stätte der Mysterien der ewigen Götter unbefleckt halte. Laßt meine Sphäre rein und heilig sein, so daß ich in sie eintreten und zum Teilhaber der Geheimnisse des göttlichen Lichtes werden kann.

(Gehe in den Nordosten und verkünde:)

Die sichtbare Sonne breitet das Licht über diese Erde aus. Laßt mich darum in dieser Kammer einen Wirbel bilden, damit die unsichtbare Sonne des Geistes von oben hier hereinscheine.

(Umkreise dreimal in Sonnenlaufrichtung, im Osten beginnend. Gib das Zeichen der Projektion [die Arme gerade von den Schultern aus nach vorne geworfen, den Kopf zwischen sie geneigt], jedesmal, wenn du am Osten vorübergehst. Kehre zum Westen des Altares zurück und sprich die Anbetung. Gib die Geste der Projektion am Ende der ersten drei Zeilen. Gib am Ende der vierten Zeile die Geste des Schweigens, wobei der rechte Arm an deiner Seite hängt und du den Zeigefinger der linken zu den Lippen erhoben hast.)

Heilig seid Ihr, Herr des Universums.
Heilig seid Ihr, den die Natur nicht erschaffen hat.
Heilig seid Ihr, der Weite und Mächtige.
Herr des Lichtes und der Finsternis.

(Nenne an dieser Stelle in eigenen Worten den Zweck, für welchen du diese Zeremonie durchführst. Sitze still mit Blick nach Osten, nicht passiv, sondern schweigend, und versuche, die Gegenwart des Geistes über dir, um dich herum und in dir wahrzunehmen.)

(Wenn du nach sonstigen spirituellen Übungen, die dir angemessen scheinen, bereit bist, schließe den Tempel, indem du die Umkreisungen umkehrst (gegen die Sonnenlaufrichtung) und wiederum die Gesten der Projektion jedesmal gibst, wenn du im Osten vorübergehst. Führe dann die bannenden Rituale des Pentagramms und Hexagramms durch.

Ich benutze ziemlich häufig noch eine weitere Methode. Dabei sitze ich im Osten auf einem Stuhl, blicke nach Westen, nehme die Gottesform des Tahuti an, während ich langsam die Invokation des Thoth aus Crowleys Liber Israfel rezitiere.)

Die Weihungszeremonie für das Gewölbe der Adepten

Zum Gebrauch für ein neues Gewölbe oder an jedem Fronleichnamstag

Die Mitglieder versammeln sich und legen Roben und Insignien an. Die drei Oberen sind bekleidet und sitzen wie bei der Eröffnung zu 5 = 6. Die Tür zum Gewölbe ist geschlossen. Der Pastos bleibt innerhalb des Gewölbes, der kreisförmige Altar wird aber in die Mitte der äußeren Kammer gestellt. Auf dem Altar befinden sich Kreuz, Kelch, Dolch und Kette wie gewöhnlich. Darüber hinaus noch Geißel und Krummstab gekreuzt. Der Weihrauch wird auf den Buchstaben Shin gestellt. Das Wasser befindet sich im Kelch.

Hauptadept: Assistierender Adeptus Minor, achtet darauf, daß die Pforte zum Gewölbe geschlossen und behütet ist. (Ausgeführt) (Er geht zum Altar, hebt seinen Stab hoch und spricht:)

Hauptadept: HEKAS HEKAS ESTE BEBELOI! (Darauf folgt die Zeremonie der Wachttürme.)

(Nach der Zeremonie der Wachttürme tauscht der Hauptadept den Platz mit dem dritten Adepten. Als Hierophant-Induktor führt der dritte Adept die Zeremonie des Öffnens der Pforte durch. Ein beliebiger anderer Adept kann den Platz des assistierenden Amtsträgers im Westen einnehmen.)

Dritter Adept: (Klopft 4, 1) Ehrwürdige Brüder und Schwestern, helft mir, die Pforte zum Gewölbe der Adepten zu öffnen. Gebt die Gesten eines Neophyten, Zelators, Theoricus, Practicus, Philosophus. Ehrwürdiger assistierender Adept, welches ist der zusätzliche mystische Titel, der einem Philosophus als Verbindung mit dem Zweiten Orden verliehen wird?

Assistierender Adept: Phrath.

Dritter Adept: Worauf bezieht er sich?

Hodos: Auf den vierten Fluß von Eden.

Dritter Adept: Welches ist das Zeichen?

Hodos: Das Zeichen des Auseinanderreißens des Schleiers.

Dritter Adept: Welches ist das Wort?

Hodos: Peh.

Dritter Adept: Resh.

Assistierender Adept: Kaph.

Dritter Adept: Tau.

Hodos: Das gesamte Wort ist Paroketh, welches den Schleier des Tabernakels bedeutet.

Dritter Adept: Bei diesem Worte erkläre ich die Pforte zum Gewölbe der Adepten für gebührend geöffnet. (Schlägt das kabbalistische Kreuz. Alle geben das gleiche Zeichen und sprechen die gleichen Worte. Der Altar wird ins Gewölbe zurückgestellt. Kreuz, Kelch und Dolch bleiben jedoch draußen für den Eid. Die Tür zum Gewölbe wird geschlossen. Drei Adepten nehmen Platz und öffnen im Grade 5 = 6. Die Gewölbetür ist also offen und bleibt so bis zum Ende der Weihung.)

Zweiter Adept:

Dritter Adept:

Hauptadept:

Zweiter Adept:

(Alle klopfen nacheinander einmal.)

Hauptadept: Ave Fratres et Sorores.

Zweiter Adept: Roseae Rubeae.

Dritter Adept: Et Aureae Crucis.

Hauptadept: Ehrwürdige Brüder und Schwestern, helft mir, das Gewölbe der Adepten zu öffnen. (Klopft) Ehrwürdiger Hodos Chamelionis, achtet darauf, daß die Pforte geschlossen und behütet ist.

Hodos: (Führt es aus und grüßt.) Barmherziger befreiter Adept, die Pforte zum Gewölbe ist geschlossen und behütet.

Hauptadept: Assistierender Adeptus Minor, mit welcher Geste seid Ihr durch das Portal eingetreten?

Dritter Adept: Mit der Geste des Schließens des Schleiers. (Gibt sie.)

Hauptadept: Assistierender Adeptus Minor, mit welcher Geste habt Ihr die Pforte geschlossen?

Dritter Adept: Mit der Geste des Schließens des Schleiers. (Gibt sie.)

Zweiter Adept: PEH

Dritter Adept: RESH.

Zweiter Adept: CAPH.

Dritter Adept: TAU.

Zweiter Adept: PAROKETH.

Dritter Adept: Welches der Schleier des Allerheiligsten ist.

Hauptadept: Mächtiger Adeptus Major, welches ist die mystische Zahl dieses Grades?

Zweiter Adept: 21.

Hauptadept: Welches Paßwort wird daraus gebildet?

Dritter Adept: ALEPH.

Hauptadept: HEH.

Dritter Adept: JOD.

Hauptadept: HEH.

Dritter Adept: EHEIEH.

Hauptadept: Mächtiger Adeptus Major, was ist das Gewölbe der Adepten?

Zweiter Adept: Die symbolische Begräbnisstätte unseres Begründers Christian Rosenkreutz, welche er als eine Repräsentation des Universums errichtete.

Hauptadept: Assistierender Adeptus Minor, in welchem Teil desselben ist er begraben?

Dritter Adept: Im Zentrum der heptagonalen Seiten und unter dem Altar, seinen Kopf zum Osten zeigend.

Hauptadept: Mächtiger Adeptus Major[1], warum in der Mitte?

Zweiter Adept: Weil dieses der Punkt des vollendeten Gleichgewichts ist.

Hauptadept: Assistierender Adeptus Minor, was bedeutet der mystische Name unseres Gründers?

Dritter Adept: Die Rose und das Kreuz Christi, die niemals welkende Rose der Schöpfung, das unsterbliche Kreuz des Lichtes.

Hauptadept: Mächtiger Adeptus Major, wie wurde das Gewölbe von unseren älteren Brüdern und Schwestern genannt?

Zweiter Adept: Die Gruft des Osiris Onnophris, des Gerechtfertigten.

[1] Hier und auch oben einige Male wird im Original eine falsche Anrede benutzt. Da es sich um offensichtliche Schreibfehler handelt, ist korrigiert worden.

Hauptadept: Assistierender Adeptus Minor, welche Form hatte es?

Dritter Adept: Es handelte sich um ein gleichseitiges Heptagon, eine Figur mit sieben Seiten.

Hauptadept: Mächtiger Adeptus Major, worauf spielen diese sieben Seiten an?

Zweiter Adept: Die Zahl der niederen Sephiroth ist sieben, es gibt sieben Paläste, es sind sieben Tage der Schöpfung, sieben in der Höhe oben, sieben in der Tiefe unten.

Hauptadept: Assistierender Adeptus Minor, wo befindet sich das Gewölbe symbolisch?

Dritter Adept: Im Mittelpunkt der Erde, im Berge der Höhlen, im mystischen Berge von Abiegnus.

Hauptadept: Mächtiger Adeptus Minor, welches ist die Bedeutung des Titels Abiegnus?

Dritter Adept: Es ist Abi-Agnus, das Lamm des Vaters. Durch eine Umstellung entsteht Abi-Genos, vom Vater geboren. Bia-Genos, die Stärke unserer Rasse, und die vier Worte bilden einen Satz, den Berg des Lammes des Vaters und die Stärke unserer Rasse. IAO. JEHESHUAH. Dieses sind die Worte! (Alle grüßen in der Geste 5=6.)

Hauptadept: Mächtiger Adeptus Major, welches ist der Schlüssel zu diesem Gewölbe?

Zweiter Adept: Rose und Kreuz, welche das Leben der Natur und die Kräfte, die im Worte I.N.R.I. verborgen sind, zusammenfassen.

Hauptadept: Assistierender Adeptus Minor, welches Emblem tragen wir in unserer linken Hand?

Dritter Adept: Es ist die Form des Rosenkreuzes, das alte Ankh oder ägyptische Lebenssymbol.

Hauptadept: Mächtiger Adeptus Major, was bedeutet es?

Zweiter Adept: Es steht für die Kräfte der zehn Sephiroth in der Natur, die in eine Sechsheit und in eine Vierheit eingeteilt werden. Das Oval umfaßt die ersten sechs Sephiroth und das Taukreuz die niederen vier, welche den vier Elementen entsprechen.

Hauptadept: Assistierender Adeptus Minor, welches Emblem trage ich auf meiner Brust?

Dritter Adept: Das vollständige Symbol des Rosenkreuzes.

Hauptadept: Mächtiger Adeptus Major, was bedeutet es?

Zweiter Adept: Es stellt den Schlüssel zu den Sigillen und Ritualen dar und steht für die Kraft der zweiundzwanzig Buchstaben in der Natur, welche in drei, sieben und zwölf eingeteilt werden. Ihre Mysterien sind vielfältig und groß.

Hauptadept: Assistierender Adeptus Minor, was ist das für ein Stab, den Ihr tragt?

Dritter Adept: Ein einfacher Stab in den Farben der zwölf Tierkreiszeichen, gekrönt von der Lotusblume der Isis. Er symbolisiert die Entwicklung der Schöpfung.

Hauptadept: Mächtiger Adeptus Major, Euer Stab und seine Bedeutung?

Zweiter Adept: Ein Stab, der im Symbol der Dualität endet und vom Taukreuz des Lebens oder dem Phönixkopf, der dem Osiris heilig ist, gekrönt ist. Die sieben Farben zwischen Licht und Dunkelheit gehören den Planeten an. Er symbolisiert die Wiedergeburt und Auferstehung vom Tode.

Hauptadept: Mein Stab ist von einer geflügelten Kugel gekrönt, um welche herum sich die Zwillingsschlangen Ägyptens winden. Er symbolisiert die im Gleichgewicht befindlichen Kräfte des Geistes und der vier Elemente unter den immerwährenden Schwingen des heiligen Einen. Assistierender Adeptus Minor, welche Worte sind auf die Tür zum Gewölbe geschrieben, und wie ist sie bewacht?

Dritter Adept: Post Centum Viginti Annos Patebo. Nach hundertundzwanzig Jahren werde ich mich öffnen. Die Tür ist von den Tafeln der Elemente und den Zeichen der Cherubim behütet.

Hauptadept: Die 120 Jahre beziehen sich symbolisch auf die fünf Grade des Ersten Ordens und die Entfaltung der Macht des Pentagrammes, wie auch auf die fünf vorbereitenden Prüfungen für diesen Grad. Es ist geschrieben, daß seine Tage 120 Jahre währen werden. 120 durch 5 geteilt ergibt 24, die Zahl der Stunden eines Tages und der Throne der Ältesten in der Apokalypse. Darüber hinaus entspricht 120 der Zahl der zehn Sephiroth, multipliziert mit jener des Tierkreises, zu welchem der Schlüssel in der Wirksamkeit des Geistes und der Elemente liegt, wie es der Stab darstellt, den ich trage.

(Der Hauptadept klopft. Alle blicken nach Osten. Der Hauptadept öffnet das Gewölbe weit, tritt ein, geht durch bis zum östlichen Ende, wo sich der Kopf des Pastos von C.R.C. befindet, und blickt dann nach Westen. Der zweite Adept tritt ein und geht in den Süden, der dritte in den Norden. Die anderen Mitglieder bleiben stehen wie zuvor. Die drei Amtsträger, jeder mit einem besonderen Stab in der rechten Hand und dem Ankh in der linken, strecken ihre Stäbe aus, so daß sie über dem Altar eine Pyramide bilden. Das gleiche tun sie mit den Ankhs unten.)

Hauptadept: Laßt uns das Schlüsselwort analysieren. I.

Zweiter Adept: N.
Dritter Adept: R.
Alle: I.
Hauptadept: JOD.
Zweiter Adept: NUN.
Dritter Adept: RESH.
Alle: JOD.
Hauptadept: Jungfrau, Isis, mächtige Mutter.
Zweiter Adept: Skorpion, Apophis, Zerstörer.
Dritter Adept: Sol, Osiris, erschlagen und wiedererstanden.
Alle: Isis, Apophis, Osiris. IAO.
(Nehmen gleichzeitig die Stäbe und die Ankhs auseinander)
Alle: Das Zeichen des erschlagenen Osiris. (Geben es.)
Hauptadept: (Gibt die Geste L mit gesenktem Kopf.) L. Das Zeichen der trauernden Isis.
Zweiter Adept: (Gibt die Geste V mit erhobenem Kopf.) V. Das Zeichen von Apophis und Typhon.
Dritter Adept: (Gibt die Geste X mit gesenktem Kopf.) X. Das Zeichen des erstandenen Osiris.
Alle: (Geben das Grußzeichen mit gesenktem Kopf.)
Alle: L.V.X. LUX, das Licht des Kreuzes. (Alle verlassen das Gewölbe und gehen auf ihre vorigen Plätze zurück.)
Hauptadept: Beim großen Worte JEHESHUAH, beim Schlüsselwort I.N.R.I. und durch das verborgene Wort LVX habe ich das Gewölbe der Adepten geöffnet. (Alle geben die Gesten LVX.)
Zweiter Adept: Das Kreuz des Eides werde an seinen Platz gelegt.
Hauptadept: Freiwillig und ungefragt lege ich hiermit im Namen des Zweiten Ordens auf das Eideskreuz einen Eid ab, daß ich alle Klauseln des Eides angemessen ausführen und erfüllen werde, die von jedem Mitglied bei der Aufnahme in den Grad eines Adeptus Minor auf das Kreuz des Leidens abgelegt werden.
Zweiter Adept: Es steht geschrieben: Wer immer groß unter euch sein will, sei euer Diener, und wer immer der Erste von allen sein will, sei der Diener aller. Im Namen des Zweiten Ordens fordere ich deshalb von Euch, daß Ihr Eure Roben und Insignien als Hauptadept ablegt und Euch mit der schwarzen Robe der Trauer bekleidet und die Kette der Demut um Euren Nacken legt. (Der Hauptadept legt die Robe ab, legt die Kette um und wird am Kreuz befestigt. Der zweite Adept rezitiert den Eid und fügt nach der Formulierung »Binde ich mich an diesem Tage spirituell« die Worte hinzu »Im Namen des ganzen Zweiten Ordens«.)

Hauptadept: (Immer noch gebunden.) Ich rufe dich an, großer Racheengel HUA, während des folgenden Sonnenumlaufs alle Mitglieder dieses Ordens zu festigen und zu stärken, daß sie auf dem Pfade der Rechtschaffenheit und des Selbstopfers standhaft bleiben, und ihnen die Kraft der Unterscheidung zu übertragen, so daß sie zwischen Gut und Böse wählen mögen und daß sie alle Dinge von zweifelhaftem oder trügerischem Anschein mit sicherem Wissen und mit klarem Urteil prüfen mögen.

Zweiter Adept: Laßt den Hauptadepten vom Kreuz des Leidens herabsteigen. (Er wird gelöst, und das Kreuz wird fortgestellt.)

Zweiter Adept: Barmherziger, befreiter Adept, im Namen des Zweiten Ordens fordere ich Euch auf, die Insignien Eures hohen Amtes wieder anzulegen, durch welche allein Ihr berechtigt seid, Euch den höheren Mächten als Bürge für den Orden darzubieten. (Der Hauptadept legt die Kleidung wieder an. Die drei Adepten betreten das Gewölbe, rollen den Altar beiseite, öffnen den Deckel des Pastos und legen das Buch »T« auf den Tisch. Der Hauptadept tritt in den Pastos und steht, auf die Tür blickend, dort. Die drei Adepten fügen ihre Stäbe und Ankhs zusammen.)

Hauptadept: Ich rufe dich an, HRU, großer Engel, der du über die Werke dieser geheimen Weisheit gebietest, den Orden bei seiner Suche nach den Mysterien des göttlichen Lichtes zu stärken und zu stützen. Erhöhe die geistigen Wahrnehmungen der Mitglieder und befähige sie, sich über jene niedere Selbstheit zu erheben, welche der höchsten Selbstheit nichts ist, denn diese ist in Gott dem Mächtigen. (Die drei Adepten nehmen ihre Stäbe auseinander und senken sie in den Pastos. Dort fügen sie sie an den schwarzen Enden zusammen und richten sie auf die Mitte des Bodens. Sie halten die Ankhs wie zuvor.)

Hauptadept: Beim gewaltigen Namen der Kraft durch das Opfer, JEHESHUAH JEHOVASHAH, ermächtige ich euch und fordere euch nun auf, ihr Mächte des Bösen, die ihr unter dem Universum seid: Sollte ein Mitglied dieses Ordens willentlich, durch Vergeßlichkeit oder Schwäche der Verpflichtung entgegenhandeln, welche er bei seiner Aufnahme freiwillig auf sich genommen hat, daß ihr euch als die Ankläger manifestiert, ihn zurückzuhalten und zu warnen, so daß ihr, sogar ihr, bei diesem großen Werk durch den Orden eure Rolle spielt. Darum verleihe ich euch Kraft und ermächtige euch durch JEHESHUAH JEHOVASHAH, im Namen des Opfers. (Die drei Adepten nehmen Stäbe und Ankhs wieder auseinander. Der Hauptadept tritt aus dem Pastos wieder heraus.)

Der Pastos werde aus dem Gewölbe herausgestellt wie beim dritten Punkt der Zeremonie des Adeptus Minor. (Der Pastos wird heraus in die äußere Kammer getragen. Der Deckel wird abgenommen und daneben gelegt. Der Hauptadept steht zwischen Pastos und Deckel mit Blick auf die Tür des Gewölbes, seine Arme über der Brust gekreuzt. Der zweite Adept steht am Kopfe des Pastos und der dritte zu Füßen desselben. Weitere Adepten bilden einen Kreis darum und fügen die Stäbe über dem Kopf des Hauptadepten zusammen, nehmen dann die Stäbe von seinem Kopf fort und geben die Zeichen des Grade 5=6.

Hauptadept: (Langsam und laut.) Ich bin die Auferstehung und das Leben. Wer an mich glaubt, der wird leben, wenn er auch tot wäre. Und wer lebt und an mich glaubt, wird niemals sterben. Ich bin der Erste, und ich bin der Letzte. Ich bin, der lebt und doch tot war, und siehe, ich lebe ewiglich und halte die Schlüssel des Todes und der Hölle. (Der Hauptadept verläßt den Kreis, der zweite folgt, dann die anderen Mitglieder und der dritte Adept zuletzt. Alle betreten das Gewölbe und gehen in Sonnenlaufrichtung um den Altar herum. Der Hauptadept liest folgende Sätze, und alle halten in der vorherigen Position inne, der Hauptadept in der Mitte, die anderen um ihn herum.)

Hauptadept: Denn ich weiß, daß mein Erlöser lebt und daß er am jüngsten Tage auf der Erde stehen wird. Ich bin der Weg, die Wahrheit und das Leben. Niemand kommt zum Vater, denn durch mich. Ich bin der Geläuterte, ich bin durch die Tore der Dunkelheit ins Licht getreten. Ich habe auf der Erde für das Gute gestritten, ich habe mein Werk vollendet, ich bin in das Unsichtbare eingegangen. Ich bin die Sonne in ihrem Aufgang. Ich habe die Stunde der Wolken und der Nacht durchschritten. Ich bin Amun, der Verborgene, der Öffner des Tages. Ich bin OSIRIS ONNOPHRIS, der Gerechtfertigte. Ich bin der Herr des Lebens, der über den Tod triumphiert. Nichts ist in mir, das nicht von den Göttern wäre. Ich bereite den Pfad, ich bin der Erlöser des Lichts. Laßt das Licht aus der Dunkelheit aufsteigen. (An dieser Stelle erreicht der Hauptadept den Mittelpunkt zwischen Pastos und Deckel. Er blickt auf das Gewölbe, die anderen Adepten sind um ihn. Sie verbinden die Stäbe über seinem Kopf. Er hebt Gesicht und Hände:)

Hauptadept: Ich bin mit dem Unaussprechlichen versöhnt. Ich bin, der im Unsichtbaren wohnt. Laßt den weißen Glanz des Göttlichen Geistes herabkommen. (Der Hauptadept senkt Gesicht und Hände. Die anderen Adepten ziehen ihre Stäbe zurück.)

Hauptadept: (Erhebt seine Hand.) Beim Namen und der Macht des göttlichen Geistes rufe ich euch an, ihr Engel der Wachttürme des Universums. Behütet dieses Gewölbe während des nächsten Sonnenlaufes. Haltet das Böse und die Uneingeweihten fern, damit sie nicht in die Stätte unserer Mysterien eindringen. Inspiriert und heiligt alle, die diesen Tempel in der unbegrenzbaren Weisheit des göttlichen Lichtes betreten. (Der Hauptadept gibt die Geste des Grades 5=6. Alle anderen ahmen ihn nach und nehmen ihre Plätze ein wie bei der Öffnung des Gewölbes. Geschäftliche Angelegenheiten werden nun geregelt.)

Abschluß

(Der Pastos wird in das Gewölbe zurückgestellt. Der kreisförmige Altar wird darübergestellt, die Tür geöffnet.)

Hauptadept:
Zweiter Adept:
Hauptadept:
Zweiter Adept:
Dritter Adept:
(Alle klopfen nacheinander einmal.)
Hauptadept: Ave Fratres.
Zweiter Adept: Roseae Rubeae.
Dritter Adept: Et Aureae Crucis.
Hauptadept: Ehrwürdige Brüder und Schwestern, helft mir, das Gewölbe der Adepten zu schließen. Assistierender Adeptus Minor, wieviele Prinzen setzte Darius über sein Reich?
Dritter Adept: Es steht im Buche Daniel, daß es 120 waren.
Hauptadept: Mächtiger Adeptus Major, wie ergibt sich diese Zahl?
Zweiter Adept: Durch aufeinanderfolgende Multiplikation der ersten fünf Zahlen der Dezimalskala.
Hauptadept: Post Centum Viginti Annos Patebo. Damit habe ich das Gewölbe der Adepten im mystischen Berge Abiegnus geschlossen.
Dritter Adept: Ex deo nascimur.
Zweiter Adept: In Jeheshua morimur.
Hauptadept: Per sanctum spiritum reviviscimus. (Alle geben schweigend die Gesten LVX.)

G.H. Frater Finem Respice (R.W. Fellein)

Über den Gebrauch des Gewölbes

Das Gewölbe der Adepten kann verschiedene Dinge repräsentieren oder symbolisieren. Es ist zunächst der symbolische Begräbnisplatz unseres Gründers C.R.C. Außerdem ist es die mystische Kammer im heiligen Berge der Einweihung – Abiegnus. Es stellt deshalb die Initiationskammer dar, in welcher wir nach dem vorhergehenden Training des Äußeren Ordens in die Pforte der roten Rose und des goldenen Kreuzes aufgenommen werden.

Alle dazu Berechtigten sollten das Gewölbe zur rechten Zeit und Stelle benutzen. Bei solcher Arbeit ist es gut, in weiße Roben und gelbe Schärpen, gelbe Pantoffeln und auf dem Kopf gelbe und weiße Nemysse bekleidet zu sein. Die Lamen des Rosenkreuzes sollten sich auf der Brust befinden. Denkt daran, daß wir innerhalb des Gewölbes *niemals* ein Bannungsritual benutzen. Die Kammer ist durch die Zeremonien, die dort abgehalten worden sind, stark aufgeladen, und die derart geschaffene Atmosphäre sollte nicht gestört werden.

Ich empfehle zunächst nicht, als Vorbereitung zu fasten. Später jedoch, wenn man bestimmte Dinge zu erreichen trachtet, kann das notwendig werden. Wenn du also bekleidet und in Frieden bist, betritt das Gewölbe, entzünde die Kerze und eine Räucherkerze im kleinen Räuchergefäß, oder, wenn du es vorziehst, einigen Weihrauch in dem größeren.

Stelle so weit wie möglich in den Osten einen Stuhl und stehe dort, nachdem du die Tür geschlossen hast, mit Blick nach Westen auf die Tür, durch welche du eingetreten bist, auf die Seite, die das Symbol der Venus trägt. Kreuze dann die Arme über der Brust zum Zeichen des erstandenen Osiris, atme im regelmäßigen vierfachen Rhythmus und sammle deinen Geist.

Bist du dann ruhig und gesammelt, gib die vollständigen Zeichen des LVX und bemühe dich, den göttlichen weißen Glanz herabzubringen. Ist dies ausgeführt, setze dich und gib dich der Meditation hin, ruhig und ohne Angst. Zunächst versuche das Spiel der Farben zu sehen oder zu spüren, wie sie von einer Seite zur anderen hin und her wechseln, von Quadrat zu Quadrat. Warte dann gelassen darauf, was für eine Botschaft dir gewährt wird. Bist du an das Gewölbe gewöhnt, so ist es ratsam, das Licht zu löschen. Denn je dunkler die materielle

Atmosphäre, um so besser. Gib vor dem Verlassen des Gewölbes die Zeichen des LVX, und verlasse es mit über der Brust gekreuzten Armen im Zeichen des erstandenen Osiris.

Wenn ihr vorhabt, in einer Gruppe zu zweien oder zu dreien zu arbeiten, dann geht auf gleiche Weise vor, achtet aber darauf, euch in ausgewogener Position hinzusetzen. Ich möchte sehr davon abraten, im Gewölbe zu diskutieren, sei es auch auf freundliche Weise. Es kommt immer vor, daß einer von euch etwas anders als die anderen wahrnimmt. In einem solchen Falle macht eine hörbare Bemerkung über die Unterschiede, besprecht sie aber noch nicht, bis ihr die Sitzung beendet habt. Jede Diskussion vermag nämlich die feinen Ströme zu stören und so den Faden eurer Vision zu unterbrechen. Während der Sitzung darf man schriftliche Notizen machen; insgesamt ist es aber vielleicht befriedigender, sich alles deutlich im Gedächtnis einzuprägen und unmittelbar danach aufzuschreiben.

Die nächsten sieben Besuche sollten einem sorgfältigen Studium jeweils einer Seite des Gewölbes gewidmet sein. Ruft euch dabei vor dem Beginn alles ins Gedächtnis, was ihr über die betreffende Seite wißt, habt eure Fragen genau festgelegt und bereit, bevor ihr auf Antworten wartet.

Bei einem anderen Mal kontempliert über die Decke und, falls ihr euch stark genug fühlt, über den Boden. Für letzteres ist es jedoch besser, einen fortgeschrittenen Adepten bei euch zu haben. Ein anderes Mal wollt ihr vielleicht den Altar beiseite ziehen, den Deckel des Pastos abheben und über die Gestalt kontemplieren, die ihr als darinliegend wahrnehmt. Dafür solltet ihr auf dem Altar eine kleine Kerze anzünden. Oder ihr legt euch selbst in den Pastos hinein und meditiert dort. Manchmal seht ihr vielleicht ein Abbild des C.R.C. im Pastos; es könnte auch euer eigenes höheres Selbst sein. In jedem Falle sollt ihr dadurch Wissen, Kraft und Befriedigung gewinnen. Ist dies nicht der Fall, so könnt ihr sicher sein, daß ihr aus einem falschen Motiv handelt oder körperlich nicht kräftig genug seid, oder daß eure Methoden falsch sind. Kein normaler Mensch in einem guten Geisteszustand kann in der Lage sein, eine halbe Stunde auf diese Weise zu verbringen, ohne sich danach besser zu fühlen. Bist du aber mit deiner Umgebung nicht in Harmonie oder hast du Schwierigkeiten mit deinen Mitmenschen, so lasse deine Gabe vor dem Altar und gehe deines Weges. Versöhne dich zuerst.

Betritt mehr als eine Person das Gewölbe, so müssen alle gemeinsam die Zeichen des LVX geben.

G.H. Frater Sapere Aude (Westcott)

Mehr über das Gewölbe

Die Gruft oder das Gewölbe ist eine kleine siebenseitige Kammer mit schwarzem Boden und weißer Decke. Der Pastos liegt mit dem Kopf nach Osten, und darüber befindet sich der kreisförmige Altar.

Der beiliegende Lageplan (siehe Ritual des Adeptus Minor) zeigt diese Position. Der Altar trägt die Symbole der vier Elemente – eine rote, eine gelbe, eine blaue und eine schwarze Scheibe, umgeben von einem weißen Kreis.

Auf der roten Scheibe befindet sich ein grüner Löwe, auf der gelben ein violetter Cherub mit einem Menschenkopf, in der blauen ein orangefarbener Adler und in der schwarzen Scheibe ein weißer Ochse.

Diese vier Scheiben umgeben den Buchstaben Shin, welcher in weißer Farbe in die Mitte gemalt ist, genau unterhalb der weißen Rose, die sich in der Mitte der Decke befindet.

In der Nähe dieses Shin befindet sich ein kleines Kruzifix. Die geschnitzte Elfenbeinfigur, die antike florentinische Handarbeit und die geschnitzte Rose mit 25 Blättern hinter dem Kopf wurden eigens für diesen Zweck in Venedig hergestellt.

Die Farben repräsentieren die miteinander wechselwirkenden Kräfte des Geistes und der Elemente. Diese Christusgestalt, die von den vier Elementen gekrönt ist, symbolisiert den vollendeten Adepten, der die elementare Natur in sich derart ins Gleichgewicht gebracht hat, daß sich der göttliche Geist in ihm manifestieren kann. (Dies ist kein fester Bestandteil der Symbolik des Gewölbes. I.R.) Kelch, Dolch, Kette und brennende Lampe, jeweils bei ihrem eigenen Element, wiederholen die gleiche Symbolik.

Es sollte beachtet werden, daß die vier Elemente an derjenigen Stelle plaziert sind, die ihrer Position im Tierkreis entspricht. Das heißt, Feuer, Löwencherub und Widder befinden sich im Osten; Luft, Menschencherub und Waage im Westen; Wasser, Adlercherub und Krebs im Norden; Erde, Stiercherub und Steinbock befinden sich im Süden.

In diesen Richtungen befinden sich die henochischen Elemententafeln, und dorthin hat der Adept zu schauen, wenn er die elementaren oder astralen Bereiche zu besuchen wünscht. Bei Planeten ist es besser, ihre aktuelle Position aus einer Ephemeride herauszusuchen. Wenn man in der Gruft sitzt, reicht es aus, sich mit den korrekten Namen und Symbolen astral durch die weiße Decke hindurch zu erheben und währenddessen die Namen zu vibrieren. Der würfelförmige Altar im äußeren Tempel ist von einem Adepten arrangiert worden und trägt die vier Werkzeuge und vier Elemente in anderer Reihenfolge, nämlich den Windrichtungen entsprechend. Hier befinden sich der Weihrauch oder die Rose, der Dolch und die Luft im Osten; Wasser im Kelch, Wasser im Westen; Salz und Pentakel im Norden, Lampe und Stab des Feuers im Süden.

Das rote Kreuz und weiße Dreieck in der Mitte sind der Ort des Buchstaben Shin.

Beim kleinen Pentagrammritual werden die Erzengel in den Positionen der Elemente aufgerufen, wie sie sich auf dem würfelförmigen Altar befinden. »Vor mir Raphael« wird mit Blick nach Osten gesagt, er ist der Erzengel der Luft. »Hinter mir Gabriel« wird in bezug auf den Westen gesagt; er ist der Erzengel des Wassers. Diese Anordnung wird bei der Invokation einer jeden Kraft im Tempel oder in einem gewöhnlichen Raum benutzt. Der Hierophant folgt dieser Regel bei seiner Evokation der Elementargeister in den äußeren Zeremonien.

Bei der Weihung eines Talismans muß der Adept nach Osten schauen, wenn er die Mächte der Luft anrufen will. Möchte er jedoch die Regionen besuchen, die durch das Tattwa Vaju oder die Tafel der Luft symbolisiert werden, muß er astral nach Westen fliegen. Diese Information wird auch im kleinen Pentagrammritual vermittelt, jedoch auf so komplizierte Weise, daß sie schwer zu verstehen ist.

Das hellsichtige Studium dieser einzelnen vier Kreise auf dem Altar über der Gruft ist äußerst interessant. Dabei können die Kräfte der Elemente auf der aktiven Seite symbolisch beobachtet und mit den gleichen auf der passiven Seite in Kontrast gesetzt werden, wie sie in den einfachen Tattwas erscheinen. Anstatt ein papierenes Symbol zu halten, kann sich der Adept in die Gruft setzen und fühlen, wie er selbst durch eine zuvor ausgesuchte Scheibe hindurchgeht, nachdem er die Gottesnamen angerufen und die entsprechenden Pentagramme benutzt hat. Durch schlichte Benutzung der Pentagramme und das Vibrieren der Gottesnamen kann die Schwärze der Atmosphäre in der Gruft derart mit astralen Farben des Elementes aufgeladen werden, daß sie dem körperlichen Auge sichtbar erscheinen.

Es ist wichtig, daß in der Gruft sitzende Personen sich in ausgewogener Position befinden. Die erfahrenste Person sollte sich an den Kopf des Pastos setzen, Anfänger auf eine der Seiten. Arbeiten nur zwei zusammen, sollten sie einander an den Seiten oder zu Kopf und Füßen des Pastos gegenübersitzen.

Wenn der Geist invoziert wird, sollte der Lotusstab am weißen Ende gehalten werden. Wird ein Element ausgewählt, sollte ein entsprechender Farbstreifen ausgesucht werden. Es ist bei einiger Übung nicht schwierig, den richtigen Streifen auch im Dunkeln zu finden. Anfangs ist es günstiger, ihn schon zu nehmen, bevor das Licht ausgelöscht wird.

Von Natur aus Hellsichtige werden schon beim ersten Sitzen in der Gruft seltsame blaue Bälle aus fließendem Licht wie Phosphor wahrnehmen. Man sollte diese nicht mit den gewöhnlichen Tageslichtresten verwechseln, die in den Augen bleiben, wenn wir in einen dunklen Raum gehen.

Über den Krummstab und die Geißel

Der Krummstab ist in die Farben eingeteilt, welche Kether, Luft, Chokmah, Stier, Chesed, Löwe, Tiphareth, Widder, Hod, Steinbock symbolisieren. Die Geißel ist eingeteilt in die Farben, welche Netzach, Tiphareth, Zwillinge, Binah, Krebs, Geburah und Wasser symbolisieren.

Über die Wände

Mystisch gesehen soll jede Wand der Gruft fünf Fuß breit und acht Fuß hoch sein und auf diese Weise 40 Quadrate ergeben, von welchen zehn gekennzeichnet sind und treffend die zehn Sephiroth in der Gestalt des Lebensbaumes repräsentieren, wie diese durch die Planeten wirksam sind.

(Anmerkung: Es gibt verschiedene Methoden, die Seitenwände farbig zu gestalten. Die hier beschriebene wird für die beste und wirksamste gehalten. Sie erfordert jedoch perfekte Farbstoffe und große künstlerische Fertigkeiten bei ihrer Zusammenbringung. Wird die Arbeit nicht perfekt durchgeführt, so ist das Ergebnis matt und nicht leuchtend genug. Und sogar ursprünglich perfekte Färbungen verändern sich mit der Zeit. N.O.M.)[1]

---

[1] Anm. d. Hrsg.: Westcotts Motto im 7 = 4.

Eine andere Methode, die im »Amen-Ra«-Gewölbe (in Edinburgh) benutzt wird, besteht darin, die Symbole in ihrer eigenen Farbe auf einem Quadrat in seiner eigenen Farbe anzubringen – der Planet wird auf seiner eigenen Seite in seiner Komplementärfarbe ausgedrückt. Das Venussymbol auf der Türseite ist also rot auf grünem Untergrund. Diese Farben werden aus farbigem Papier ausgeschnitten und sind, wenn es sauber ausgeführt wird, leuchtender als Farbstoffe.

Es ist zu beachten, daß alle oberen mittleren Quadrate weiß und unverändert bleiben, da sie die Unveränderlichkeit des göttlichen Geistes repräsentieren, wodurch sich alles aus dem Einen durch die Vielen unter Herrschaft des Einen entwickelt.

Die Farbe der verschiedenen Quadrate kann entweder durch die Farbe des Planeten und die Farbe der Kraft in Vermischung ausgedrückt werden, oder durch die beiden Farben in Gegenüberstellung oder auf irgendeine andere passende Weise. Die Grundlage all dieser Methoden liegt jedoch im Diagramm des Minutum Mundum.

Das Quadrat des Geistes hat auf jeder Seite die gleiche äußere Erscheinung, zeigt jedoch, wenn es hellsichtig untersucht wird, die Charakteristika in Übereinstimmung mit dem jeweiligen Planeten (das heißt: auf der betreffenden Seite).

Die Quadrate der Tierkreiszeichen offenbaren sich viel besser, wenn der Planet der betreffenden Seite sich in dem gewählten Zeichen befindet. So befindet sich zum Beispiel während des Monats August die Sonne im Zeichen des Löwen. Wähle daher das Tierkreisquadrat des Löwen auf der Seitenwand der Sonne, oder verfahre mit anderen Planeten auf die gleiche Weise.

Wer mit den Färbungen nicht vertraut ist, sollte sich die Farbe des Quadrates, welches er untersuchen möchte, wie auch die kontrastierende Farbe des darin befindlichen Symboles genau anschauen. Es ist wichtig, daß diese deutlich im Geist eingeprägt sind, bevor die Gruft verdunkelt wird.

(Anmerkung: Ein großer Teil des Vorhergehenden ist unnötig kompliziert. Am praktischsten ist es, wenn man die Wände des Gewölbes in den Farben des Adeptus Minor-Rituals hält.

Man kann die den Planeten zugeordneten Wände des Gewölbes dadurch auseinanderhalten, daß man eine betreffende Seite mit einem großen Stück starken Zellophans oder anderem Plastik bedeckt. Für die Venusseite würde die bemalte Wand also mit einem grünen Stück Plastik bedeckt werden, für die Jupiterseite nehme man ein blaues, für die Marsseite ein dunkelrotes, für die Saturnseite ein sehr dunkelblaues oder indigofarbenes, für die Sonnenseite ein gelbes oder goldenes, für die Merkurseite ein gelblich-oranges und für die Mondseite ein lavendel- oder hellilafarbenes Stück Plastik.

In den 1890er Jahren gab es keine technischen Möglichkeiten, dies durchzuführen. Es gibt sie aber heute. Und dadurch lassen sich die feinen Farbschattierungen umgehen, zu deren Ausführung man einen befähigten Künstler braucht. Heutzutage kann man Plastikfolie in fast jeder Farbe bekommen. Dadurch hat man die künstlerischen Schwierigkeiten ausgeschlossen und die Aufgabe vereinfacht, indem man alle sieben Wände auf genau die gleiche Weise bemalt. Die unterschiedlichen Folienbedeckungen werden anzeigen, um welche planetare Seite des Gewölbes es sich jeweils handelt. I.R.)

Der Pastos

Der unter dem kreisförmigen Altar stehende Pastos hat keinen Boden, sondern einen eingehängten Deckel, der während des zweiten Punktes der Zeremonie 5 = 6 zurückgeschlagen werden kann.

Die Innenseite trägt die Farben der Kräfte. Sowohl die innere als auch die äußere rechte Seite tragen die positive Farbenreihe. Die linke Seite ist in der negativen Farbenskala gehalten.

Die Kopfseite ist außen und innen weiß. Außen trägt sie die rote Rose mit neunundvierzig Blättern auf einem goldenen griechischen Kreuz, auf der inneren Seite die zehn Farben der männlichen Skala der Sephiroth im Lebensbaum. Das Fußende ist innen und außen schwarz. Auf der Außenseite befindet sich ein Kalvarienkreuz auf drei Stufen in einem Kreis. Auf der Innenseite werden die zehn Kinderfarben der Sephiroth auf dem Lebensbaum abgebildet.

(Anmerkung: Außen: rote Rose auf goldenem Kreuz, goldene Mitte mit grünen Blättern. Fußende: Außen weißes Kreuz auf schwarzem Grund. Das farbige Minutum Mundum-Diagramm wird bei den Farbtafeln in diesem Buch gezeigt. Bei der Farbgebung des Gewölbes ist ein genaues Verständnis des Hodos Chamelionis absolut unerläßlich. I.R.)

Die sieben Seiten

Die bloße Anordnung der Symbole auf einer jeden Seite der Gruft scheint auf den ersten Blick schwer zu behalten und zu verstehen.

Das erste im Ritual 5=6 gegebene Diagramm zeigt die Sephiroth allein, so daß man die Wurzel der Sache klar ins Gedächtnis bekommt. Das zweite Diagramm ist nur vom Range der Cherubim, des Tierkreises und des Planeten. Das dritte zeigt alle Symbole.

Das farbige Diagramm (des Hodos Chamelionis) stellt den Schlüssel zu jeder Seite dar, obwohl es anders ist als sie alle, denn die Farbe der planetaren Zuordnungen auf jeder Seite verändert das Grundmuster. Vergleicht man diese aber mit dem dritten Diagramm, so zeigt sich die natürliche Grundfarbe eines jeden Quadrates.

Auf den Seiten der Gruft sind diese Farben mit denjenigen des Planeten der betreffenden Seite vermischt. Jedes Symbol wird aus der Komplementärfarbe des Quadrates vermischt mit der Komplementärfarbe des betreffenden Planeten gebildet. Ein sorgfältiges Studium der Diagramme wird das Ergebnis dieser Mischungen zeigen.

Wer mit Farbgebungen nicht gut vertraut ist, hat möglicherweise Schwierigkeiten, die Gründe für diese verschiedenen Farben auf den Seiten der Gruft zu verstehen. Um es zu verdeutlichen, werden die sieben Sonnenquadrate als Beispiel ausgesucht. Zusätzlich dazu werden die beiden Quadrate von der Venusseite hinzugefügt, die das Symbol Wassermann tragen. Das erste ist das im cherubinischen Range der Luft; Vau ist gelb. Das zweite befindet sich darunter, das fünfte am oberen Ende, wo es das Violett des Wassermannes im Tierkreis ist. Darauf folgt die vollständige Seite des Mondes. Die drei alchimistischen Prinzipien werden folgendermaßen gefärbt: Sulfur ist blaßrot, Salz ist blaßblau, Merkur ist blaßgelb.

Diese werden auf den Seiten der Gruft auf gleiche Weise eingefügt wie die anderen Quadrate.

Die Komplementärfarben der Planeten Mars, Sonne, Venus und Mond sind leicht zu verstehen. Das Rot des Mars ist komplementär zum Grün der Venus. Das Orange der Sonne ist komplementär zum Blau des Mondes. Da es jedoch sieben Planeten gibt, kann die genaue Komplementärfarbe eines jeden nicht immer genau durch diejenige eines anderen Planeten ausgedrückt werden. Saturn und Jupiter mit den Farben Indigo und Lila haben daher beide Gelb als Komplementärfarbe. Dabei handelt es sich jedoch nicht genau um das Gelb des Merkur. Ein sorgfältiges Studium der Tierkreisfarben löst diese Frage. Das Indigo des Steinbocks ist dasjenige des Saturn. Der Steinbock liegt dem Krebs gegenüber, so daß die Bernsteinfarbe des Krebses die Komplementärfarbe zu Indigo bildet. Das Lila des Wassermannes ist die Farbe Jupiters; der Löwe liegt dem Wassermann gegenüber, so daß das Grünlichgelb komplementär zum Lila ist. Die gelbe Farbe Merkurs findet sich nicht im Tierkreis. Diese Farbe ist einem sehr reinen Lila-amethyst komplementär, das weder bläulich noch rötlich ist.

Der Licht»blitz« von sorgfältig abgestimmten Komplementärfarben ist allein eine Frage der gewöhnlichen Optik. Er entsteht aus der Überlappung von Lichtstrahlen, die ein Weiß ergeben, was sich in den Pigmenten selbst als Schwarz zeigen würde. Das ist ein Zeichen, daß der Talisman die richtigen Farben trägt. An einem solchen »Blitz« ist nichts Okkultes. Er ist auch oft auf gewöhnlichen, effektiven Werbeanzeigen zu sehen und ist ganz anders als der glänzende Astralblitz, der sich zeigt, wenn ein Talisman mit der gewünschten Kraft richtig aufgeladen ist.

Bemerkungen zu den Diagrammen

Der Deckel des Pastos. Die obere Hälfte auf weißem Grund, ein rotes flammendes Schwert, rote Striche im ›Glanz‹. Malkuth in roten und weißen Kreisen, der Rest in Gold.

Die untere Hälfte auf schwarzem Untergrund. Das Kreuz auf Gold, die Sephiroth in Weiß, rote Umrandungen, die Pracht weiß mit rotem Rand, und so auch die Krone. Die Figur fleischfarben. Die Buchstaben INRI rot auf weiß. Der Drache rot und schwarz. (Diese finden sich bei den Farbtafeln.)

Die Decke des Gewölbes

Die Farben rein weiß. Die Zeichnungen mit schwarzen Umrissen. Die Rose soll durchscheinend sein, so daß das Licht hindurchscheint, um das Gewölbe zu erleuchten. (Anmerkung: Mit Hilfe der modernen Technik kann die durchscheinende Rose auch aus Kunststoff gemacht werden. Ein moderner Tempel experimentiert bereits mit dieser Idee. I.R.)

Der Boden des Gewölbes

Der Boden ist schwarz. Die Buchstaben sind weiß auf schwarzem Untergrund. Dreieck und Siebeneck sind weiß. Die Schlange ist rot. Das Kreuz ist golden. Die Rose rot. Die Blätter grün.

Der kreisförmige Altar

Schwarzer Boden. Das Shin ist weiß gezeichnet, der Löwencherub ist rot mit einem grünen Löwen. Das Jod in Weiß. Der Skorpion blau mit orangefarbenem Adler. Heh weiß. Wassermann gelb mit Menschenkopf. Vau in Weiß. Stier schwarz, weißer Ochse. Abschließendes Heh in Weiß. Die Buchstaben in Gold.

Auf dem JOD sollte das Kreuz stehen und dahinter die rote Lampe. Auf dem HEH sollte der Wasserkelch stehen, auf dem VAU der Dolch liegen. Auf dem HEH (abschließend) findet sich die Kette, auf dem weißen SHIN der Weihrauch.

G. H. Frater N. O. M. (Westcott)

Die Symbolik der sieben Wände

Unter den Eigenschaften, die zur Suche nach magischem Wissen und Macht wirklich notwendig sind, ist wohl kaum eine wesentlicher als die Gründlichkeit. In der heutigen Zeit gibt es wohl kaum eine häufigere Verfehlung als die Oberflächlichkeit.

Selbst in diesem Grade, der durch ernsthaftes Studium erworben worden ist, gibt es viele, die vom ersten Blick auf das Gewölbe des Christian Rosenkreutz bezaubert und belehrt worden sind, danach aber keinen Versuch mehr gemacht haben, dasselbe als ein neues Thema zu bearbeiten. Viele von ihnen haben zahlreiche zeremonielle Aufnahmen erlebt und wissen doch nichts über die Zuordnungen der sieben Seiten, noch über die Anordnung der Zeichen auf den vierzig Quadraten auf jeder Seite. Manche wissen nicht einmal, daß in astrologischer Hinsicht Venus unter den Seiten falsch plaziert ist. Nicht einmal zwei von Fünfen haben mir den Grund dafür nennen können oder die Grundlage für die Anordnung der sieben Farben und Kräfte. Viele konnten mir sagen, welches der vier Elemente fehlt. Andere wußten auch, daß das Zeichen des Löwen zweimal auftaucht. Doch nur wenige konnten erklären, warum die beiden Formen des Löwen in jedem Fall eine andere Farbe haben. Und nur wenige konnten mir ohne zu zögern sagen, welchen drei Sephiroth kein Planet zugeordnet ist.

Doch schon im Grade 1 = 10 wird euch gesagt, daß ihr das Licht und das Wissen selbst analysieren und verstehen müßt und es nicht nur aufgrund persönlicher Autorität annehmen dürft. Laßt uns also wahrhaftig Adepten sein und nicht nur auf der Oberfläche. Laßt unsere Forschungen tiefer als in die Hautoberfläche eindringen. Nur was ihr vorzeigen könnt, ist euch wirklich bekannt, und nur, was wirklich verstanden ist, kann Früchte tragen und zu einem spirituellen Fortschritt werden, im Gegensatz zum bloß intellektuellen Gewinn. Wenn ihr nicht ebenso mit der Seele wahrnehmen wie mit dem Auge sehen könnt, ist euer Fortschritt bloß ein scheinbarer, und ihr werdet fortfahren, in der Wildnis der Unglücklichen zu wandern.

Euer Leitsatz sei: Multum non multa – Viel statt vieles. Und zittert, denn wenn der Meister bei euch nicht einen Mangel in diesen Dingen entdeckt, so laßt ihr zu, daß davon ausgegangen wird, daß ihr darin die nötigen Fertigkeiten besitzt. Heuchelei ist nicht den Laien vorbehalten, sondern auch ein schlimmer Charakterfehler bei den Okkultisten. Ihr wißt, daß es nicht nur euer Lehrer in dieser Halle ist, vor dem ihr gedemütigt werdet, sondern euer höherer und göttlicher Genius, den ihr auf keine Weise durch den äußeren Anschein täuschen könnt. Er beurteilt euch aber nach den Herzen, inwiefern euer geistiges Herz eine Reflexion des Glanzes und des Bildes seiner Person ist, so wie MALKUTH das materielle Bild von TIPHARETH ist und TIPHARETH die Reflexion der gekrönten Weisheit von KETHER und dem Verborgenen.

Im Ritual des Grades 5 = 6 gibt es nur ein paar Seiten, welche sich auf die Symbolik der sieben Seiten im Gewölbe beziehen. Lest sie sorgfältig, und laßt uns diese Dinge dann gemeinsam untersuchen. Zunächst die sieben Seiten als eine Gruppe und dann die 40 Quadrate auf jeder dieser Seiten.

Die sieben Seiten gleichen sich alle in Größe, Form und Unterteilung. Die vierzig Quadrate auf jeder Seite tragen die gleiche Symbolik. Die Farbgebung ist aber äußerst unterschiedlich, denn nicht zwei Seiten sind in ihrer Tönung gleich. Und ebenso gleicht keines der Quadrate in der Färbung dem anderen, abgesehen von dem einzelnen mittleren, oberen Quadrat auf jeder Wand, dem Quadrat, welches das Rad des Geistes trägt. Die sieben Wände stehen unter der Vorherrschaft der Planeten, jede Seite unter einem Planeten. Die untergeordneten Quadrate repräsentieren die Färbung der kombinierten Planetenkräfte. Das Symbol eines jeden Quadrates wird auf einer Hintergrundfarbe dargestellt, zu welcher die Farbe des Symboles selbst in Kontrast steht oder komplementär ist.

Diese planetarischen Seitenwände befinden sich in einer bestimmten Reihenfolge, die weder astronomisch noch astrologisch ist. Die gewöhnliche Reihenfolge der Planeten wird durch ihren relativen Abstand von der Erde festgelegt, in welcher Folge jedoch die Sonne die Stellung der Erde einnimmt: Saturn, Jupiter, Mars, Sonne, Venus, Merkur, Mond. Saturn ist am weitesten von der Erde entfernt; die Erde befindet sich zwischen Mars und Venus. Beginnt man bei Saturn, so ist die Reihenfolge bei den Wänden des Gewölbes folgende: Saturn, Jupiter, Mars, Sonne, Merkur, Venus, Mond. Hier sind Merkur und Venus vertauscht.

Doch es liegt noch mehr darin. Saturn, der am weitesten entfernte Planet, ist weder die Tür, noch liegt er im Osten, noch ist er auch sonst irgendwo an einer besonderen Stelle. Er befindet sich nämlich in der Ecke zwischen dem Süden und dem Südwesten. Auch der Mond am anderen Ende der Folge befindet sich an keiner nach dem alten Muster bemerkenswerten Stelle.

Zu dieser Reihenfolge muß also ein neuer Schlüssel gefunden und angewendet werden. Die sehr Intuitiven sehen es auf den ersten Blick. Die Planeten befinden sich in der Reihenfolge der Regenbogenfarben; und in Farben deshalb, weil der Grad des Adeptus Minor die Farben besonders herausstellt. Ihr Adepti seid also auf dem Pfade des Chamäleons – Hodos Chamelionis.

Wenn ihr nun die Planetenfarben nehmt, die Planeten entsprechend zuordnet und sie in die Reihenfolge des Sonnenspektrums bringt, wenn ihr dann diese Reihe zu einem Ring bindet, die Kette zu einem Heptagramm formt und dann das Ganze so lange dreht, bis die beiden Enden der Serie sich im Osten treffen, so habt ihr folgendes Geheimnis vor euch:

Violett – Jupiter. Indigo – Saturn.
Blau – Mond. Grün – Venus. Gelb – Merkur.
Orange – Sonne. Rot – Mars.

Die Naturwissenschaft hat eine großartige Wahrheit entdeckt und lehrt, daß, wie wertvoll die sieben Farben des Prismas auch sein mögen, es Strahlen gibt, die unsichtbar für uns sind. Diese werden hier nicht durch einen speziellen Platz gezeigt. Zwischen dem roten und blauen Bereich des Spektrums liegt das Violette. Diese Farben besitzen große chemische und jetziratische Kräfte. Die stets gegenwärtigen und unsichtbaren Kräfte werden durch den Hauptadepten dargestellt, der im östlichen Winkel aufrecht steht, die machtvollste Person in der Gruppe und der Abgesandte der Oberen des Zweiten Ordens und durch diese des mystischen Dritten Ordens. Er ist es, der – jedenfalls symbolisch – durch den Tod gegangen und wieder ins Leben gekommen ist und die Schlüssel zu allen Glaubensformen hält. Er ist es, der die Schlüssel zum verschlossenen Palast des Königs in unsere Hände legen kann, wenn wir unser Klopfen vernehmbar machen können. Indem er den Osten repräsentiert, blickt er die westliche Welt an und bringt die Intuition mit sich. Vor ihm liegt die symbolische Figur unseres Meisters C.R.C., unseres großen Vorbildes und Begründers, oder, ein anderes Mal, der leere Pastos, von welchem er erstanden ist.

Er hat Mars und GEBURAH zu seiner rechten und Jupiter und GEDULAH zu seiner linken Hand. Im Westen blickt er Venus an, den Abendstern, welcher den Eintritt des Kandidaten symbolisiert, der sich den ganzen Tag über bis zum Abend bemüht hat. Gegen Abend betritt er die westliche Tür des Planeten Venus, des einzigen Planeten, dessen Symbol die ganzen Sephiroth zusammenzufassen vermag. Zur Abendzeit soll es dort durch das Licht der vermischten Farben hell sein. Der neu aufgenommene Adept kommt auf diese Weise zum ersten Mal mit der Gesamtheit der planetaren Kräfte in Kontakt. Dadurch öffnet sich ihm eine große Möglichkeit. Er achte wohl darauf, daß er sie würdig benutzt. Durch die grüne Seite des Gewölbes tritt er ein. Grün ist die Farbe des Wachstums. Achte er darauf, daß er wachse.

Auf jeder Seite des Gewölbes befinden sich vierzig Quadrate, fünf vertikale Reihen und acht horizontale, das Ganze von einer symbolischen Länge von 5 Fuß mal 8 Fuß. Die jetzt veröffentlichte und abgedruckte *Fama Fraternitatis* sagt, daß diese vierzig Fuß in zehn Quadrate eingeteilt wurden. Mathematiker merken sogleich, daß zehn gleiche Quadrate allein eine solche Fläche nicht füllen können. Zehn Quadrate, die allein ein Rechteck ausfüllen sollten, können nur in eine Fläche der Form 5 Fuß mal 6 Fuß gelegt werden. Die Erwähnung der zehn Quadrate der Fama stellt also eine Verdunklung dar, von der wir wissen, daß sie darauf hinweisen soll, daß zehn Quadrate zu markieren sind und hervortreten sollen, das heißt die SEPHIROTH.

Außer den zehn Sephiroth sind da die folgenden: Die vier Cherubim, die drei alchimistischen Prinzipien, drei Elemente, sieben Planeten, zwölf Tierkreiszeichen, ein Rad des Geistes; also insgesamt vierzig Quadrate. Das Rad des Geistes befindet sich auf jeder Seite immer oben in der Mitte und ist stets unverändert in Schwarz auf Weiß dargestellt.

Auf den Seiten befinden sich stets die vier cherubinischen Tierkreisembleme in etwas abgeänderter Form, denn der Adler ersetzt den Skorpion. (Der Skorpion besitzt drei Fassungen: Skorpion, Adler und die Schlange für den bösen Aspekt.)

Diese Cherubim repräsentieren die Buchstaben des Namens JHVH. Beachte, daß sie stets in der hebräischen Reihenfolge der Buchstaben angeordnet werden. Jod für den Löwen, Heh für den Adler, Vau für den Menschen, das abschließende Heh für den Ochsen, den Erdstier.

Beachte, daß diese vier Tierkreiszeichen nicht in ihren eigenen Farben gezeigt werden, sondern als Symbole der Elemente die Elementarfarben tragen.

Als Tierkreiszeichen sind sie Zusammenfassungen der Tierkreis-

und Planetenfarben. Hier als cherubinische Zeichen setzen sie sich aus den Elementar- und Planetenfarben der jeweiligen Seite zusammen.

Die drei Prinzipien werden aus der Farbe des alchimistischen Prinzips und der Farbe des Planeten der jeweiligen Wand zusammengesetzt. Grundsätzlich ist Merkur blau, Sulfur rot und Salz gelb.

Die drei Elemente haben folgende drei Grundfarben: Feuer rot, Wasser blau, Luft gelb. Beachte, daß die Erde fehlt.

Die sieben Planeten haben ihre häufig genannten Farben. Und beachte, daß jeder der sieben sich neben seiner entsprechenden Sephirah befindet, so daß drei Sephiroth ohne Planeten bleiben: KETHER, CHOKMAH und MALKUTH.

Die zwölf Tierkreiszeichen bilden den unteren Teil der Seiten in den vertikalen Reihen. In der mittleren befindet sich keines der zwölf. Sie sind also auf die vier verbleibenden Reihen verteilt. Beachte außerdem, daß sie sich nur auf drei Reihen befinden: in der fünften, siebten und achten. In der sechsten Reihe von oben befindet sich keines.

Diese Anordnung ergibt vier Dreiheiten und drei Vierheiten. Beachte die Anordnung gut; sie ist kompliziert, aber nicht verwirrend.

Erstens CHERUBINISCH. Fix. Leuchtende Reihe.
Zweitens KARDINAL. Feurig. Sonnenreihe.
Drittens BEWEGLICH. Feine luftige Reihe.

Von oben nach unten oder in vertikalen Reihen sind es dann: Erdzeichen, Luftzeichen, Wasserzeichen, Feuerzeichen.

Fünfte Reihe: Die CHERUBINISCHE Reihe zeigt die Zeichen in der Reihenfolge des TETRAGRAMMATON, hebräisch gelesen.

Siebente Reihe: Die kardinale Reihe zeigt die Zeichen von rechts her in ihrer astronomischen Folge des Sonnenlaufs: Frühlingstagundnachtgleiche, Sommersonnenwende, Herbsttagundnachtgleiche, Wintersonnenwende.

Achte Reihe. Die bewegliche Reihe zeigt die Zeichen in wiederum anderer Position. Hier ist das früheste Zeichen im Jahr Zwillinge auf der linken Seite des MEM, von dort weiter nach links zur Jungfrau; dann gehe herum nach ganz rechts zum Schützen, dann weiter in die Mitte zu den Fischen und schließe bei MALKUTH.

Die Logik der 4 und 6 wird durch eine nähere Untersuchung des Planes irgendeiner Wand des Gewölbes deutlich werden.

Jedes Quadrat ist zweifach gefärbt, durch eine Grundfarbe und die

Farbe des Zeichens. Die Grundfarbe ist eine Zusammensetzung der jeweiligen Planetenfarbe der Seite, getönt in der Farbe der Kraft, zu welcher das Quadrat gehört.

Auf jeder Seite bleibt das Quadrat des eigenen Planeten in dessen eigener unverfälschter Farbe; und mit dieser Ausnahme sind alle farbigen Untergründe zusammengesetzte. Die Farbe des jeweiligen Zeichens ist immer der Hintergrundfarbe komplementär.

Im Ritual des Adeptus Minor werden die genauen Farben eines jeden Planeten und Zeichens angegeben, die in diesem System zu benutzen sind. Es gibt auch andere Zuordnungen der Farben zu jedem dieser Symbole und Kräfte, doch bleiben diese noch ein Geheimnis, das entwickelt und enthüllt wird, wenn ihr mit dem gegenwärtigen einfachen und elementaren System vertraut geworden seid.

V. H. Soror S. I. A. A. (Patricia Monocris)

Requiescat in Pace[1]

Der Tempel wird eingerichtet wie im Grade des Neophyten, zusätzlich werden die vier Elementarwaffen an ihre betreffende Position gelegt. Die Zeremonie wird durch die Wachttürme eröffnet, wie es woanders in diesem Buch dargestellt ist.

1. Verkünde HEKAS HEKAS ESTE BEBELOI.
2. Bannung zuerst durch das Pentagramm, dann durch das Hexagramm.
3. Volle Eröffnung durch die Wachttürme.
4. Führe nach der Anbetung das Invokationsritual des Hexagramms durch, wobei die durchgezogenen Hexagramme des Planeten Saturn zu benutzen sind, welche den gesamten übernatürlichen Bereich repräsentieren.
5. Versuche in der Durchführung des Rituales so viele Gefühle wie möglich hervorzurufen; obwohl dazu im allgemeinen nicht viel Mühe nötig sein wird, denn das Ritual selbst, um Frieden für einen Verstorbenen zu erlangen, wird von sich aus sehr starke Regungen erzeugen.
6. Fahre mit folgender Invokation des Höheren fort:

Aus deinen Händen, oh Herr, kommt alles Gute. Von deinen Händen fließt alle Gnade und aller Segen aus. Mit deinem Finger hast du die Zeichen in der Natur gezogen; doch niemand kann sie lesen, der nicht in deiner Schule gelehrt wurde. Wie die Diener auf die Hände ihrer Meister schauen und die Mägde auf die ihrer Herrinnen, so schauen deshalb unsere Augen auf dich, denn du allein bist unsere Hilfe, oh Herr des Universums. Von dir kommt alles, und alles gehöret dir. Ob deine Liebe oder dein Zorn – alles kehrt wieder. Du kannst nichts verlieren, denn alles wendet sich wieder zu deinem Ruhme und zu deiner Majestät zurück. Du allein bist Herr, und niemand ist neben dir. Mit deinem mächtigen Arm tust du, was du willst, und nichts

[1] Anm. d. Hrsg.: Soror S.I.A.A. hat dieses Ritual nach der Vorlage der Ausgabe von 1937 bearbeitet. In dieser Form stammt es wahrscheinlich aus der Praxis der zahlreichen Neugründungen von Golden-Dawn-Tempeln in den USA.

kann vor dir fliehen. Du allein hilfst den Demütigen in ihrer Not, den Sanftmütigen und den Armen, die sich dir unterwerfen. Und wer sich vor dir niederwirft in Staub und Asche, dem bist du wohlgesinnt. Wer wollte dich nicht preisen, Herr des Universums, dem nichts gleichen kann, dessen Stätte in den Himmeln ist und in jedem tugendhaften und gottesfürchtigen Herzen?

Oh allgegenwärtiger Gott, du bist in allen Dingen. Oh Natur, dein Selbst ist aus dem Nichts, denn wie sonst könnte ich dich nennen? In mir selbst bin ich nichts. In dir bin ich ein Selbst und existiere in deiner Selbstheit aus dem Nichts. Lebe du in mir, und bringe mich zu dem Selbst, welches in dir ist. Amen.

(Pause, um sich des Höheren bewußt zu werden.)

Der Zweck dieser Zeremonie des Lichts ist es, unseren Frater (oder Soror… der Name des Verstorbenen wird gegeben), der/die die Last dieses irdischen Körpers von sich geworfen hat, seinen/ihren gebührenden Platz im Jenseits finden zu lassen. Gestatte deinen Engeln und all den höheren Wesen, die wir in dieser Zeremonie angerufen haben, ihn (oder sie) zum Schutze unter ihre Flügel zu nehmen und ihn (oder sie) zu behüten, so daß er (oder sie) keinen Schaden leide. Mögen sie unseren lieben Bruder (oder unsere Schwester) zur vollendeten Erkenntnis des klaren geistigen Lichts führen, so daß ihm (ihr) im Zustand nach dem Tode nichts von der gerade beendeten Inkarnation verlorengehe, sondern daß die Essenz seiner Erfahrungen für alle Zeit in sein göttliches Leben eingeschlossen werde. Laß deine Engel ihn (oder sie) in ihre Obhut nehmen und ihm dadurch ermöglichen, sein Schicksal und seinen wahren Willen zu erfüllen.

(Ziehe westlich des Altares mit Blick nach Osten das invozierende durchgezogene Saturnhexagramm mit dem passenden Sigill und sprich:)

Ihr Engel, die ihr in diesem Tempel versammelt seid, verleiht mir eure geistige Macht und euer Licht, und zieht einen Schleier zwischen mein Herz und die äußere und niedere Welt, einen Schleier, gewoben aus stiller Dunkelheit, wie die Hülle der Nacht eine aufgewühlte See zu ihrer letzten Ruhe bringt. Hüllt diesen Tempel des göttlichen Mysteriums in euren Schutz und eure Obhut, so daß ich meine Schau auf die unaussprechliche Herrlichkeit der Übernatürlichen konzentrieren kann, um in ihrem transzendenten Grunde meine bleibende Sicherheit zu finden. Gewährt mir die Kraft des Geistes, um das Strahlen des ewigen Glanzes zu einem zu bringen, der gerade das Unsichtbare betreten hat. Ich flehe euch an, erhebet mich, so daß ich in den höheren Sphären für unseren verstorbenen Bruder (oder

Schwester..., deren Namen jetzt gegeben wird) zum göttlichen Boten des Friedens und der Harmonie werden kann. Was auch immer er (sie) jetzt sein mag, auf welcher Ebene er auch seiner Suche nach dem göttlichen Genius folgen mag, möge er mit himmlischer Ruhe und dem lange ersehnten Frieden gesegnet werden. (Falls verfügbar, sollte eine Fotografie des Verstorbenen auf den Altar, auf das weiße Dreieck und Kreuz gelegt werden. Falls ein solches nicht zur Verfügung steht, visualisiere den Verstorbenen im Osten mit Blick nach Westen und invoziere:)

Ich rufe dich an, beim Gottesnamen IAO, du großer Engel HRU, der du über die Tätigkeiten der geheimen Weisheit gebietest. Stärke und unterstütze... bei seiner Suche nach dem himmlischen Licht. Erhöhe seine geistige Wahrnehmung, so daß er seinen wahren Willen erreicht und befähigt wird, sich über alle Begrenzungen hinaus zur höchsten Selbstheit zu erheben, welche das klare Licht des Geistes ist. (Gehe zum Osten des Altares, ziehe über den zu den Elementen gehörigen Werkzeugen das Rosenkreuz, vibriere die henochische Geistesinvokation zuerst, Ol Sonuf etc., und schlage dann das kabbalistische Kreuz.)

Denn Osiris Onnophris, der vor den Göttern als vollendet befunden wurde, sprach: Dieses sind die Elemente meines Körpers, durch Leiden vollendet und durch Prüfungen verherrlicht. Der Geruch der sterbenden Rose ist wie ein unterdrückter Seufzer meines Leidens; und das flammendrote Feuer wie die Kraft meines unbeugsamen Willens; und der Weinkelch ist das Ausgießen meines Herzblutes, geopfert der Wiedergeburt, dem erneuerten Leben. Das Brot und das Salz vor mir sind wie die Fundamente meines Körpers, den ich zerstöre, damit er erneuert werde... Ich triumphiere über den Tod, und wer an mir teilhat, wird mit mir auferstehen. Ich bin der Vollender der Materie, und ohne mich existiert das Universum nicht.

(Schweige nun. Visualisiere Kether, wie bei der Übung der Mittleren Säule, als eine Kugel strahlend weißen Lichts über dem Kopf. Benutze dann die Ansprache des Hierophanten im Neophytengrade. Sprich im Anschluß diese Ansprache des Grades Adeptus Minor:)

Mit jenem Licht im mystischen Tode begraben, mit ihm in mystischer Auferstehung wieder erhoben, gereinigt und geläutert durch ihn, unseren Meister, oh du Bewohner des Unsichtbaren. Mit ihm hast du dich gemüht, du Wanderer durch die Zeiten, wie er hast du unter Sorgen gelitten, hast Armut, Qualen und Tod durchgestanden. Sie sind dir nichts gewesen als die Läuterung deines Herzens. Im Gefäße deines Herzens und durch den Ofen deines Leidens suche nach dem Licht deines höheren und göttlichen Genius. (Gehe vom Altar in Sonnenlaufrichtung zum Platz, wo der Hierophant im Neophytengrade steht.) Gehe in Frieden, du Schöner und Göttlicher, zu einem verherrlichten Körper der Auferstehung und Vollendung im Licht. Sei du der Bote der Himmlischen, der du ihre Sprache unter den Lebenden kennst. Zögere vor keinem Bereich des Unsichtbaren, den du durchschreiten mußt, um die Nähe des göttlichen Genius zu erreichen, denn nur in dieser Einheit, die auf dich wartet, findest du den sicheren Frieden und unermeßlichen Reichtum. Wohne in jenem heiligen Lande, das weit entfernte Reisende als das Nichts bezeichnen. Oh Land jenseits der Milch von den Brüsten der Natur und des Honigs von ihren nährenden Lippen, Land jenseits aller Vollendung! Wohne darin mit deinem Herrn Adonai in Ewigkeit!

Oh Herr des Universums, Weiter und Mächtiger, Herrscher des Lichtes und der Finsternis, wir beten und rufen dich an. Schaue voller Gnade auf diesen Wanderer im Universum, der nun vor dir steht, und gewähre ihm deine Hilfe zum höchsten Ziel seiner Seele, zur Herrlichkeit deines unaussprechlichen Namens.

(Gehe langsam um den Altar, visualisiere das Strahlen des weißen Lichtes, wie es auf das Foto oder das Bild des Verstorbenen an der Stelle des Neophyten herabkommt.) Ich komme in der Macht des Lichts. Ich komme im Lichte der Weisheit. Ich komme in der Gnade des Lichts, und das Licht trägt Heilung auf seinen Schwingen. (Name des Verstorbenen) Ich sage dir, Bruder (oder Schwester...), wie sich das Licht aus der Dunkelheit manifestieren kann, so kann durch diese Zeremonie das Licht auf dich herabkommen. Lange hast du in der Dunkelheit geweilt. Verlasse die Dunkelheit und suche den Tag. (Kehre zu den beiden Säulen zurück und visualisiere den Verstorbenen im klaren Licht gehüllt. Umkreise langsam rechtsläufig und intoniere die Rede des Hauptadepten aus dem Ritual des Adeptus Minor.)

Ich bin die Auferstehung und das Leben. Wer an mich glaubt, der wird leben, wenn er auch tot wäre. Und wer lebt und an mich glaubt, wird niemals sterben. Ich bin der Erste, und ich bin der Letzte. Ich bin, der lebt und doch tot war, und siehe, ich lebe ewiglich und halte die Schlüssel des Todes und der Hölle, denn ich weiß, daß mein Erlöser lebt und daß er am Jüngsten Tage auf der Erde stehen wird. Ich bin der Weg, die Wahrheit und das Leben. Niemand kommt zum Vater, denn durch mich. Ich bin der Geläuterte, ich bin durch die Tore der Dunkelheit ins Licht getreten. Ich habe auf der Erde für das Gute gestritten, ich habe mein Werk vollendet, ich bin in das Unsichtbare eingegangen.

(Vibriere JEHESHUAH JEHOVASHAH in der Formel der Mittleren Säule. Lasse die Energie kreisen, bevor du mit einer langsamen Umschreitung des Tempels weitermachst.)

Ich bin die Sonne in ihrem Aufgang. Ich habe die Stunde der Wolken und der Nacht durchschritten. Ich bin AMUN, der Verborgene, der Öffner des Tages. Ich bin OSIRIS ONNOPHRIS, der Gerechtfertigte, ich bin der Herr des Lebens, der über den Tod triumphiert. Nichts ist in mir, das nicht von den Göttern wäre. Ich bereite den Pfad, ich bin der Erlöser des Lichts. Laßt das Licht aus der Dunkelheit aufsteigen. (Gehe zwischen den Säulen hindurch und blicke nach Osten.)

Ich bin, der mit dem Unaussprechlichen versöhnt. Ich bin, der im Unsichtbaren wohnt. (Erhebe deine Arme himmelwärts und vibriere schweigend die vier Namen vor der Einheitstafel und sprich dann:)

Laßt den weißen Glanz des göttlichen Glanzes herabkommen. (Stehe westlich des Altares mit Blick nach Osten. Visualisiere dann den Verstorbenen in weißer Kleidung vor dir stehend und sprich ihn [oder sie] folgendermaßen an:)

Bruder (oder Schwester...), wer auch immer du in der äußeren Wirklichkeit gewesen sein magst, wer auch immer du nun sein mögest, in der geistlichen Macht, die durch meinen Grad eines Adeptus Minor des R.R. und A.C. auf mich herabgekommen ist, und durch diese Gedenkzeremonie projiziere ich diesen Strahl des weißen göttlichen Glanzes auf dich, daß er dir Frieden und Freude und ewige Ruhe in Gott bringe. (Gib dreimal die Geste des Eintretenden, um das Licht zu projizieren.) Möge dein Geist dem Höheren offen sein. Möge dein Herz ein Zentrum des Lichts sein. Möge dein Körper ein Tempel des heiligen Geistes sein.

(Pause. Schlage das kabbalistische Kreuz und danke dann folgendermaßen.) Dir, allein Weiser, allein Ewiger und allein Gnadenvoller, sei Lob und Preis in Ewigkeit, der du unserem verstorbenen Bruder (oder Schwester...), der nun schweigend und demütig vor dir steht, erlaubt hast, soweit in das Heiligtum deines Mysteriums einzutreten.

Nicht uns, sondern deinem Namen sei Preis. Lasse die Einflüsse deiner Engel, die wir in deinem Namen angerufen haben, auf sein Haupt herabkommen, so daß sie ihn den Wert des Selbstopfers lehren und er in der Stunde der Prüfung nicht wanke, sondern daß sein Name hoch angeschrieben werde und sein Genius in Gegenwart des Heiligen stehen kann, in der Stunde, in welcher der Sohn des Menschen vor den Herrn der Geister gerufen wird und sein Name in die Gegenwart des Alten der Tage.

(Gehe zum Altar.) Beim Namen und der Macht des göttlichen Geistes invoziere ich euch, ihr Engel der Wachttürme des Universums, und fordere euch bei dem göttlichen Namen JEHESHUAH JEHOVASHAH auf, diese Sphäre unseres geliebten Bruders (oder Schwester...) zu behüten. Haltet das Böse und Unausgewogene fern, daß es nicht in seine geistige Stätte eindringe. Inspiriert und heiligt ihn, so daß er die Mitte seines Wesens betreten kann und die Vision des klaren Lichts empfange und seinen wahren Willen erfülle.

(Halte inne, um eine Zeitlang darüber zu meditieren, daß das Licht auf den Verstorbenen herabgebracht wird. Schließe dann mit der gewöhnlichen Formel der Wachtturmzeremonie.)

Mit Erlaubnis von Francis King

Ein alchimistisches Ritual[1]

Der Tempel ist eingerichtet wie im Neophytengrade des Äußeren G.D. Der Alchimist verkündet »Hekas, Hekas este Bebeloi«. Dann wird der Tempel durch die Wachttürme eröffnet.

Der Alchimist legt dann die materielle Arbeitsbasis in einen Glaskolben und läßt diesen nach einer Invokation der verborgenen Jupiterkraft versiegelt in sanfter Hitze drei Tage lang stehen. Am Ende dieser Periode evoziert er einen Jupitergeist und befestigt dann einen Liebig-Kondensator an dem Glaskolben. Nach der Destillation zermahlt er den in dem Kolben verbliebenen Feststoff zu einem Pulver, bringt dieses wieder in den ursprünglichen Behälter und gießt die destillierte Flüssigkeit darüber. Dann versiegelt er den Glaskolben wiederum.

Der Alchimist stellt den Glaskolben auf eine blitzende Jupitertafel und legt seine linke Hand darauf, während er östlich des Altares steht. In der Rechten hält er den Lotusstab am Streifen des Widders. Dann ruft der Alchimist die allgemeinen Kräfte Cheseds an, im Kolben wirksam zu werden, indem er die erforderlichen Zeichen und Sigille mit dem Stab zieht. Hat er dies vollendet, erhebt er den Kolben mit beiden Händen in die Luft und spricht: »Ihr Kräfte des göttlichen Lichts, werdet hierin wirksam.«

Dann läßt der Alchimist den Glaskolben versiegelt in einem Wasserbad in schwacher Hitze, bis die Materialgrundlage völlig schwarz geworden ist, und stellt den Kolben danach auf die Nordseite des Altares und invoziert Saturn. Dann nimmt er seinen Lotusstab am schwarzen Streifen und spricht: »Die Stimme des Alchimisten sprach zu mir: Laß mich den Pfad der Finsternis betreten, damit ich den Bereich des Lichtes erreiche.«

Dann destilliert der Alchimist die Materialbasis wiederum vorsichtig und gibt abermals die Flüssigkeit zu dem verbliebenen Feststoff,

[1] Anm. d. Hrsg.: Dieses auf dem Z-2 basierende Ritual stammt aus dem Hermanubis-Tempel in Bristol. Dieser Tempel wurde in den zwanziger Jahren aus Opposition gegen die überhandnehmenden anthroposophischen und spiritistischen Tendenzen innerhalb des Golden Dawn gegründet. Quelle dieses Rituals ist das 20. Kapitel von *Ritual Magic in England* von Francis King (London 1970). Vergleiche auch Band 2. Seite 669.

versiegelt den Kolben wieder und stellt ihn in ein Wasserbad, bis sich alles gelöst hat. Dann bringt der Alchimist den Kolben in den Westen des Altares und invoziert Cauda Draconis und den abnehmenden Mond. Er stellt den Kolben auf eine blitzende Mondtafel und läßt sie neun Nächte lang dem Mondlicht ausgesetzt, wobei die erste Nacht diejenige des Vollmondes sein sollte. Dann wird die Materialgrundlage destilliert und wie zuvor wieder gelöst.

Dann bringt der Alchimist den Kolben in den Osten des Altares und invoziert den zunehmenden Mond und Caput Draconis; er stellt den Kolben auf die Mondtafel und läßt ihn neun Nächte lang dem Mondlicht ausgesetzt, dieses Mal mit der Vollmondnacht schließend. Wiederum wird die Materialbasis destilliert und wieder gelöst.

Der Alchimist bringt den Kolben zum Süden des Altares und invoziert die Kräfte von Tiphareth und der Sonne, wonach der Kolben, während sich die Sonne im Löwen befindet, sechs Tage lang von 8.30 Uhr bis 20.30 Uhr der Sonne ausgesetzt wird, während er auf der passenden blitzenden Tafel steht. Danach wird der Kolben wieder auf den Altar gestellt, und der Alchimist spricht: »Kind der Erde, lange hast du in der Finsternis geweilt, verlasse die Nacht und suche den Tag.« Er nimmt dann den Lotusstab am weißen Streifen, zieht die richtigen Zeichen und Sigille und spricht: »Ich beschwöre die in dich invozierten Lichtkräfte.« Dabei rezitiert er die Worte der Macht von den großen henochischen Wachttürmen.

Dann evoziert der Alchimist aus der Materialgrundlage ein Elementarwesen und prüft an dessen Erscheinung und Farbe, ob die Materialgrundlage die richtige Verfassung erreicht hat. Ist dies nicht der Fall, so wiederholt er die Arbeiten des Mondes und der Sonne.

Der Alchimist hält nun den Lotusstab in den Kolben und zieht darüber das kabbalistische Flammenschwert, so daß seine Spitze in die Materialbasis hinabweist. Danach stellt er den Kolben auf die Ostseite des Altares und invoziert Mars. Nach erfolgreicher Beendigung der Invokation wird der Kolben zwischen die schwarze und weiße Säule des Tempels des Äußeren G.D. gestellt und bleibt dort fünf Tage lang auf einer blitzenden Marstafel stehen.

Wieder destilliert der Alchimist, löst jedoch den Festkörper dieses Mal nicht wieder auf, sondern hält ihn eine Zeitlang separat. In die Flüssigkeit werden die Kräfte des Merkur invoziert, und anschließend wird sie auf eine blitzende Tafel gestellt und acht Tage lang der Sonne ausgesetzt. Der feste Rückstand wird zu Pulver zermahlen, und die Kräfte des Jupiter werden in ihn invoziert. Anschließend wird er auf der blitzenden Tafel vier Tage lang in der Dunkelheit gelassen.

Der Alchimist legt blitzende Tafeln von Erde, Luft, Feuer und Wasser zusammen mit dem Pentakel der Erde, dem Stab des Feuers, dem Kelch des Wassers und dem Dolch der Luft auf den doppelwürfelförmigen Altar. Dann führt er das große Pentagrammritual durch, invoziert zunächst das Feuer mit dem Stab, damit es im Pulver tätig werde, zweitens das Wasser mit dem Kelch, damit es in der Flüssigkeit tätig werde. Drittens invoziert er den aktiven und passiven Geist mit dem weißen Streifen des Lotusstabes, damit er sowohl im Pulver als auch in der Flüssigkeit tätig werde. Viertens invoziert er die Luft mit dem Dolch, daß sie in der Flüssigkeit wirke, und fünftens die Erde mit dem Pentakel, daß sie im Pulver wirke. Die Gefäße werden nun fünf Tage lang auf dem Altar gelassen.

Danach läßt der Alchimist die Gefäße unberührt, nimmt aber die Elemententafel fort und ersetzt sie durch die weiß und goldene Tafel Kethers. Er identifiziert sich mit seinem eigenen heiligen Schutzengel und invoziert Kether.

Das Pulver und die Flüssigkeit werden nun wieder zusammengegeben und zehn Tage lang den Sonnenstrahlen ausgesetzt. Dann wird der Kolben auf eine blitzende Venustafel gestellt, und der Alchimist invoziert die Kräfte der Venus. Danach läßt er den Kolben sieben Tage lang auf der Tafel, nach deren Ablauf er ihn für den gleichen Zeitraum in ein Wasserbad legt.

Der Alchimist destilliert wieder und nimmt die Flüssigkeit als Medizin beiseite. Das Pulver wird vom Alchimisten in einen Tiegel gegeben und zu Weißglut erhitzt; danach läßt er es abkühlen. Dies geschieht langsam siebenmal an sieben aufeinanderfolgenden Tagen.

(Herr King schließt dieses Ritual mit der Feststellung ab, daß »nur noch hinzuzufügen bleibt, daß gemäß dem *Book of Results* – [Buch der Ergebnisse] das Endprodukt einem ›glitzernden Pulver‹ glich und seine Verwendung ›viele und wunderbare Wirkungen‹« zeitigte.)

V.H. Frater E. Cinere Phoenix

Die Evokation des Engels Chassan zu sichtbarer Erscheinung[1]

Vorbemerkungen

Vor dem Versuch dieser Evokation sollte der Zelator Adeptus Minor bereits Erfahrung in der Wirkung von Talismanen, beim Hellsehen und Reisen in der geistigen Schau sowie bei der Annahme von Gottesformen gesammelt haben.

Erforderliche Materialien

Doppelwürfelförmiger Altar	Rote Lampe
Hermetische Säulen	Wasserkelch
Magischer Kreis, Evokationsdreieck	Pokal mit Rotwein
Erdpentakel	Teller mit Brot und Salz
Rote Rose	Vier henochische Elemententafeln
Gelbe Rosenblätter	Thron des Hierophanten
Vier blitzende Tafeln der Erzengel	Kretischer Diptam-Weihrauch
Galbanum-Weihrauch	Zwei Pentakel (10–12 cm)
Insignien des Hierophanten	Lamen (10–12 cm)
Kreuz und Dreieck f.d. Altar	Grüner Modellierton (90 cm^3)
Dolch der Luft	Fächer der Luft
Gelbe Rose	Gelbes Band (1,5 m Länge)
Räuchergefäß für Feuer	Schwarzes Tuchquadrat (25 cm)
Pfefferminze	Weiße Kordel (45 cm)
Stab des Feuers	Vier Räuchergefäße
Goldglitter (wahlweise)	Dreifuß (wahlweise)
Sieben gelbe Lampen	Gelbe Feder
Zitterpappelblätter	

[1] Anm. d. Hrsg.: Dieses Ritual gehört nicht zum genuinen Material des Golden Dawn. Es ist in mancher Hinsicht repräsentiv für die Entwicklung des Golden Dawn namentlich in den USA, deren Merkmal eine immer stärkere Betonung des Henochianischen Systems ist im Gegensatz zum kabbalistischen Ansatz zur Gründungszeit des Ordens. Das Ritual kann als Beispiel dafür dienen, wie aus dem Z-2 individuelle Rituale entwickelt werden können.

(»…denn durch Namen und Bilder werden alle Kräfte erweckt und wiedererweckt.« [Vorderseite]

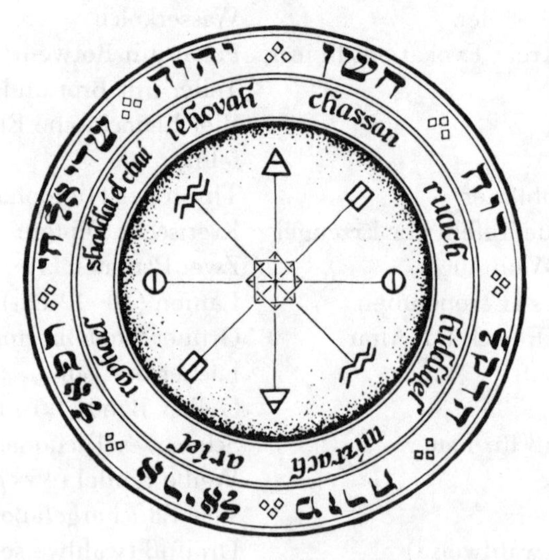

Dies ist ein mögliches Design für die Rückseite, es ist jedoch besser, wenn der Adept sein eigenes Design entwickelt. Diese Version beruht auf dem Muster des Schlüssels Salomos mit verschiedenen Glyphen der Luft und Initialen Chassans aus zwei verschiedenen magischen Schriften.)

Anmerkung: Der Kreis und das Dreieck können aus einem Stück Linoleum oder Plastik gemacht oder darauf gezeichnet werden, wie auch mit einem farbigen Klebstreifen oder Kreide oder ähnlichem.

Vergrößerung der Dreiecks-Skizze

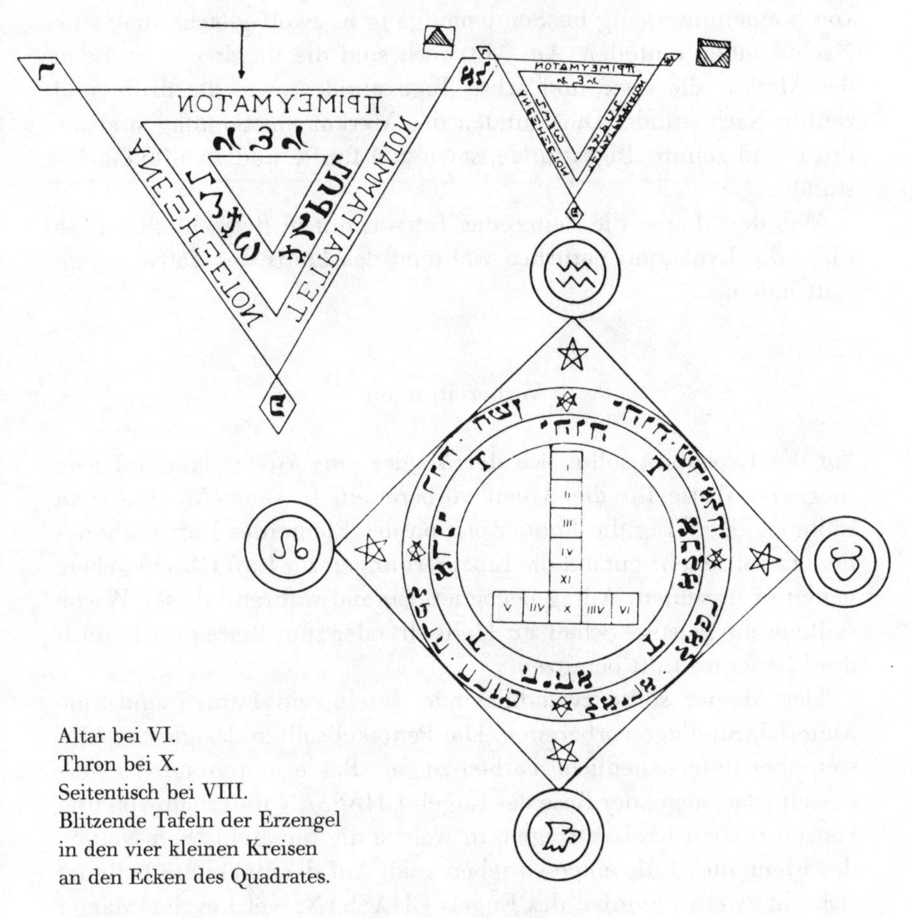

Altar bei VI.
Thron bei X.
Seitentisch bei VIII.
Blitzende Tafeln der Erzengel
in den vier kleinen Kreisen
an den Ecken des Quadrates.

Zeit

(Die Evokation des Engels CHASSAN sollte durchgeführt werden, wenn der Mond zunimmt und sich in einem Luftzeichen befindet. Falls machbar, sollte sich die Sonne auch in einem Luftzeichen befinden. Da der Frühling für Arbeiten des Elementes Luft am förderlichsten ist, wäre der Monat ideal, in dem die Sonne in den Zwillingen steht.)

Für Arbeiten der Luft ist Mittwoch der passendste Tag, obwohl der Sonntag für alle Arbeiten der Adepti Minores angemessen ist.

Falls der Magier den Lehren über die magischen Stunden folgen will, wie sie im HEPTAMERON und anderen Texten beschrieben sind, soll er die Zeit von Sonnenaufgang bis Sonnenuntergang in zwölf gleiche magische Tagesstunden und auf gleiche Weise die Zeit von Sonnenuntergang bis Sonnenaufgang in zwölf gleiche magische Nachtstunden einteilen. Am Mittwoch sind die magischen Stunden des Merkur die erste und achte Tagesstunde sowie die dritte und zehnte Nachtstunde. Die Stunden des Merkur am Sonntag sind die dritte und zehnte Tagesstunde, sowie die fünfte und zwölfte Nachtstunde.

Will der Magier die Zeiten der Tattwas mit in Betracht ziehen, so sollte die Evokation natürlich während des Laufs des Tattwas Vaju stattfinden.

Vorbereitungen

Vor der Evokation sollte sich der Magier eine Woche lang auf jede mögliche Weise für die Arbeit vorbereiten. In seine Meditationen sollte er jeden Tag die Kontemplation des Elementes Luft einbeziehen. Er sollte sehr gut auf die Entsprechungen zur Luft Obacht geben, denen er in seinem Alltag begegnet. Einmal während dieser Woche sollte er die geistige Schau zur Hellsicht oder zum Reisen im Bereich des Elementes Luft benutzen.

Der Magier sollte zwei blitzende Tafeln, ein Lamen und eine Materialgrundlage vorbereiten. Die Pentakel sollten das gleiche Muster, aber unterschiedliche Farben zeigen. Beide sollten auf der Vorderseite das Siegel der Rose des Engels CHASSAN innerhalb von drei konzentrischen Kreisen tragen, in welche die hierarchischen Namen des Elementes Luft eingeschrieben sind. Auf der Rückseite befindet sich ein zweites Symbol des Engels CHASSAN, welches der Magier entworfen hat. Eines der Pentakel sollte in den Farben der Reihe des Prinzen von Jetzirah, das andere in den Farben der Prinzessin von Assiah bemalt sein.

Auf der Vorderseite sollte das Lamen gestaltet sein wie das große Lamen des Hierophanten, auf der Rückseite genauso wie die Vorderseite des Pentakels, jedoch in den Farben der Königin von Briah gehalten. Als Materialgrundlage ist Ton sehr tauglich, sowohl symbolisch als auch praktisch. Als eine Art Erde ist es ein Symbol der Manifestation in Assiah, zu welcher der Magier den Geist ruft. Es erinnert auch an den Lehm Adams, in welchen die Elohim das Leben einatmeten, sowie an den Golem der aschkenasischen Kabbalisten. In praktischer Hinsicht ist Ton (besonders »Modellierton«, der nicht hart wird) besonders anpassungsfähig, denn wegen seiner aufnahmefähigen Natur kann er viele andere Stoffe enthalten. Die Elemente des mystischen Mahles, der magischen Eucharistie, welche in den letzten Momenten des Neophytengrades genommen wird, sollten in denselben eingebettet werden. Außerdem sollte er so viele Materialien enthalten, die dem Wesen des zu evozierenden Geistes sympathisch sind, wie der Magier erreichen kann. In diesem Falle wären angemessene Inhaltsstoffe Galbanum, Pfefferminze, Espenblätter, ein kleiner Topas, eine gelbe Feder und möglichst auch Magneteisenstein. Als materielle Basis zur Evokation eines Luftgeistes muß der Ton warm und feucht gehalten werden. Die Materialbasis kann dadurch in die Farbe der Luft in der Prinzessinnenreihe Assiahs gebracht werden, indem man smaragdgrünen Modellierton nimmt, der mit goldenem Glitter versetzt ist. Wenn sich der Magier auf eine besonders schwierige Operation vorbereitet oder wenn er die Manifestation in Assiah länger als eine Stunde ausdehnen will, dann kann er die materielle Basis dadurch weiter aufladen, daß er dem Ton ein passendes Pulver zusetzt, was in einem alchymischen Prozeß nach der Formel Z-3 bereitet worden ist.

Am Tage vor der Evokation oder früh am Tage der Arbeit selbst sollte der Magier das Lamen, die beiden Pentakel und die materielle Grundlage mit einem gelben Band zusammenbinden, auf welches in lila hebräischen Buchstaben der Name CHASSAN gestickt oder geschrieben ist. Dann weiht er diese gemeinsam als Luftpentakel für CHASSAN nach der Formel der Lichtmagie aus dem Z.A.M.-Dokument Z-2, wobei er darauf zu achten hat, daß sich das Lamen oben, darunter das jetziratische Pentakel, darunter das assiatische Pentakel und ganz unten die Materialgrundlage befinden. Nach der Weihung sollten die Pentakel und die Materialgrundlage in gelbe Seide gewikkelt werden, die in violetten hebräischen Buchstaben mit den Namen SHADDAI EL CHAI und JHVH bestickt ist, sowie mit dem cherubinischen Symbol des WASSERMANNES in einem Pentagramm im Kreis (invozierendes Luft- und aktives Geistpentagramm). Das Lamen sollte bei der Ausrüstung des Hierophanten aufbewahrt werden.

Magischer Kreis und Evokationsdreieck werden in Übereinstimmung mit dem angegebenen Diagramm vorbereitet. Der Bereich zwischen dem innersten und dem mittleren Kreis sollte weiß sein, worin die vier Gottesnamen zu den vier Richtungen in Schwarz geschrieben sind und von vier Taukreuzen getrennt werden. Der Bereich zwischen dem mittleren und äußeren Kreis ist gelb; und darauf sind in lila vier Hexagramme und Namen der Mächte der Luft geschrieben: SHADDAI EL CHAI, JHVH, RAPHAEL, ARIEL, CHASSAN, RUACH, MIZRACH, HIDDEKEL.

In der Mitte eines jeden Hexagrammes befindet sich ein Räuchergefäß. Der Bereich zwischen dem äußeren Kreis und dem umschließenden Quadrat sollte gelb sein, worin in Lila die vier Pentagramme eingezeichnet sind. In der Mitte eines jeden Pentagrammes sollte eine gelbe Lampe brennen. Der Raum innerhalb der vier Kreise an den Ecken des Quadrates kann entweder weiß oder in den Elementenfarben der Königinnenreihe gehalten sein. In jedem der Elementarkreise sollte sich eine blitzende Tafel des zugehörigen Erzengels befinden. In der Mitte des magischen Kreises befindet sich ein Tau-Kreuz mit zehn Quadraten. Auf dem Quadrat von TIPHARETH sollte sich der Altar des Universums befinden und auf dem Quadrat von MALKUTH der Thron des Hierophanten. Der Thron wird hauptsächlich deswegen empfohlen, weil eine solche Invokation sehr ermüdend sein kann. Der Magier kann auch einen Assistenten zu Hilfe nehmen, der für die Lampen und den Weihrauch zu sorgen hat und die Werkzeuge in den verschiedenen Stadien der Arbeit bereithält. Ist dies der Fall, so kann er den Assistenten mit einem kleinen Seitentisch im Quadrate HODS ausstatten.

Das Evokationsdreieck sollte sich im Osten zwischen den Säulen des Hermes befinden, und die Spitze des Dreiecks sollte den Kreis RAPHAELS berühren. Der Bereich zwischen den inneren konzentrischen Dreiecken sollte gelb sein, und darin sind die drei großen geheimen Namen Gottes, die das Banner des Ostens trägt, in lila henochischen Buchstaben eingeschrieben. In jeder Ecke befindet sich eine gelbe Lampe. Der Bereich der äußeren Dreieckslinien sollte weiß sein, worin in schwarzen griechischen Buchstaben die drei heiligen Worte geschrieben sind: PRIMEUMATON, ANEPHEXETON und TETRAGRAMMATON. Die Fläche der Parallelogramme an den Ecken des Dreiecks sollte himmelblau sein mit dunkelorangefarbenen Buchstaben des Namens RAPHAEL. In der Mitte des inneren Dreiecks sollte sich ein Dreifuß befinden, um die Materialbasis zu erheben.

Vor Beginn der Evokation legt der Magier die materielle Basis in das Dreieck, wobei das Pentakel Assiahs auf die vordere Spitze der Materialbasis gelegt wird, so daß es vom Kreis aus für ihn deutlich sichtbar ist. Das Pentakel Jetzirahs legt er auf den Altar. Schließlich sollte er völlig sicherstellen, daß sich alles, was er braucht, im magischen Kreis befindet, denn hat er die Evokation einmal begonnen, so darf er den Kreis bis zur Beendigung der Arbeit *nicht verlassen.*

Nun kann der Magier die Evokation des Engels CHASSAN zu sichtbarer Erscheinung beginnen.

(Anmerkung: Die NAMEN, die in Großbuchstaben geschrieben sind, werden nach der Vibrationsformel der Mittleren Säule vibriert.)

Die Arbeit

(Der Magier eröffnet durch die Wachttürme, wobei er darauf achtet, daß er nicht weitermacht, bevor jeder Teil der Eröffnung gelungen ist, denn ohne eine gründliche Eröffnung ist der Rest des Rituales bestenfalls nutzlos und schlimmstenfalls gefährlich. Er blickt dann nach Osten und verkündet den Zweck der Zeremonie.)

Der Zweck dieser Operation der theurgischen Kunst ist ein vierfacher. Erstens (Klopft): Daß in mir die Tugenden verstärkt werden, über welche die Mächte der Luft gebieten – Geistesschärfe, Klarheit der Wahrnehmung in Intuition und Medialität, Genauigkeit beim Wahrsagen – damit ich besser am großen Werk arbeiten kann.

Zweitens (Klopft): Damit ich in der Kraft NOSCERE gestärkt werde, um durch mein Wissen die Unwissenden zu unterstützen.

Drittens (Klopft): Daß ich Anleitung zur weiteren Arbeit des Ordens im Wassermannzeitalter erhalte.

Viertens (Klopft): Damit mir der gehorsame Dienst des würdigen und lobenswerten Engels CHASSAN zuteil werde, daß zwischen ihm und mir Frieden herrsche und er stets prompt auf meinen Ruf folge. So sei es! (Klopft)

Im Namen des Herrn des Universums, der in der Stille wirkt und der durch nichts als Stille ausgedrückt werden kann, erkläre ich diesen Tempel der Lichtmagie für gebührend geöffnet. (Eine Klopfreihe von 4, 3 und 3.)

(Der Magier nimmt die Gebärde des erschlagenen Osiris ein.)

Ich rufe dich an, großer Racheengel HUA, mich während des folgenden Rituals zu festigen und zu stärken, mich auf dem Pfade der Lichtmagie standhaft zu halten und mir die Kraft der Unterscheidung zu übertragen, daß ich zwischen dem Guten und dem Bösen wählen kann und alle zweifelhaften oder trügerisch scheinenden Dinge mit sicherem Wissen und klarem Urteil prüfe.

(Der Magier umkreist dreimal rechtsläufig, wobei er HUA vibriert und im Osten grüßt. Er kehrt dann zum Westen des Altares zurück, blickt nach Osten und nimmt die Gebärde des erstandenen Osiris ein.)

Ich rufe dich an, HRU, du großer Engel, der du über die Werke dieser geheimen Weisheit gebietest, mich auf meiner Suche nach den Mysterien des göttlichen Lichts zu stärken und zu stützen. Erhöhe meine geistigen Wahrnehmungen und befähige mich, mich über jene niedere Selbstheit zu erheben, welche vor der höchsten Selbstheit nichts ist, welche in Gott dem Allmächtigen ist.

(Der Magier umkreist dreimal rechtsläufig, wobei er HRU vibriert und im Osten grüßt. Er kehrt dann zum Westen des Altares zurück und blickt nach Osten.)

Möge mein Geist für das Höhere offen sein.

Möge mein Herz ein Zentrum des Lichts werden.

Möge mein Körper ein Tempel des Rosenkreuzes sein.

(Der Magier führt das kabbalistische Kreuz aus. Dann nimmt er die Gebärde des erschlagenen Osiris ein, wobei er die feste Bildung einer Sphäre strahlend weißen Lichts über seinem Kopf aufrechterhält.)

Du großer und gesegneter Augoeides, mein eigener Schutzengel, lasse dich herab von deinem hohen Heiligtum des Lichts, bringe deinen heiligen Einfluß und deine Gegenwart in diesen magischen Tempel, so daß ich deine Herrlichkeit erblicke und mich an deiner Gesellschaft und Hilfe für jetzt und immerdar erfreue. O, der du im heiligen Palaste der Neschamah wohnst, der du die innersten Wahrheiten meiner Seele kennst, der du meine wahre Verbindung zum Göttlichen bist, steige herab und sei gegenwärtig. Wohne diesem meinem Körper inne, den ich dir als Tempel geweiht habe. O, du innere Sonne, die mein ganzes Wesen erleuchtet, du heiliger Stern, der meine Schritte durch Jahrhunderte geleitet hat, falls ich deine Gesellschaft jemals verdient habe, falls meine Arbeit in deinen Augen jemals Gunst gefunden hat, bringe deine strahlende Gegenwart hierher, o mein geliebter, ewiger Begleiter, Hüter meines heiligen Geburtsrechts, ich flehe dich an, bei dem großen Namen JEHESHUAH: Merke auf! Komme herab! Und fülle dieses Gefäß mit deinem manifestierten Licht. Lasse den weißen Glanz des göttlichen Geistes herabkommen!

(Dann führt der Magier die Mittlere Säule aus. Hat er das Collegium spiritus sancti betreten, nimmt er die Gestalt seines Genius an. Falls nicht, nimmt er die allgemeine Gestalt eines mächtigen Engels in weißer und goldener Robe an, der eine Hexagramm-Krone trägt. Der Magier streckt beide Hände nach dem Osten aus und spricht:)

Reicht mir eure Hände, o ihr Himmlischen, denn in eurer Mitte bin ich zu einem Gott verwandelt worden. (Der Magier nimmt die Gebärde des erstandenen Osiris ein.)

Ich bin der Erste und der Letzte. Ich bin der lebt und doch tot war, und siehe, ich lebe ewiglich und halte die Schlüssel der Hölle und des Todes. Ich bin die Sonne in ihrem Aufgang. Ich habe die Tore der Dunkelheit zur goldenen Dämmerung des Lichts durchschritten. Ich bin, der lebt und triumphiert, der keinen Anfang und kein Ende hat, der in der Mitte eurer Paläste wie eine Flamme leuchtet und unter euch als die Waage der Rechtschaffenheit und Wahrheit regiert. Ich bin in der Neschamah inthronisiert, wo die Sterblichen und Unsterblichen in der Gegenwart des Alten der Tage vereint werden. Ich habe die ewigen Tore zur Hochzeit von Himmel und Erde durchschritten.

Ich bin die Wahrheit und ich bin das Leben, durch mich lebt der Mensch. Ich bin der Vater und die Mutter, der Vater der Väter, die Mutter der Mütter. Ich bin AMUN, der Verborgene, der Öffner des Tages. Ich bin ASAR-UN-NEFER, der Gerechtfertigte. Ich bin mit einem fleischlichen Körper bekleidet, und doch wohnt der Geist der großen Götter in mir. Ich bin der Herr des Lebens, der über den Tod triumphiert. Nichts ist in mir, das nicht von den Göttern wäre. Ich bin, der den Pfad bereitet, der Retter des Lichts.

(Der Magier umkreist rechtsläufig und vibriert dabei KHABS AM PEKHT. Er umkreist ein zweites Mal und vibriert dabei KONX OM PAX. Er umkreist ein drittes Mal und vibriert dabei LICHT IN FÜLLE. Er kehrt zum Westen des Altares zurück, blickt nach Osten und gibt schweigend die Zeichen LVX. Der Magier erhebt in seiner Linken den Fächer und in seiner Rechten den Dolch.)

Es werden jetzt die Namen und Symbole der Mächte der Luft verkündet, damit diese Mächte in den Sphären der Anwesenden wiedererweckt werden, wie auch in der Sphäre des Ordens. Denn durch Namen und Bilder werden alle Kräfte erweckt und wiedererweckt. (Ziehe die invozierenden Pentagramme des aktiven Geistes und der Luft nach Osten.) JHVH, der Weite und Mächtige. (Schreibe das Sigill von der Rose in den Osten.) Dein Lob strömt jubelnd aus bis zu den Enden der Welt.

SHADDAI EL CHAI, allmächtiger und ewiger Gott. (Zeichne das Sigill von der Rose nach Osten.)

Ewig lebe dein Name, ewig werde er im Leben aller erhöht.

RAPHAEL, heilende Hand Gottes. (Zeichne Sigill.) Gesegnet sei dein Name durch alle Zeitalter.

ARIEL, edler Löwe Gottes, (Zeichne Sigill.) Herrscher der Winde und Engel der Luft.

CHASSAN, würdiger Engel des Ordens der Luft, (Zeichne Sigill.) der du auf dem Zephir reitest.

PARALDA, König der Elementarwesen der Luft. (Zeichne Sigill.) Majestätischer Herr aller Luftscharen der Sylphen.

RUACH, Element der Luft, (Zeichne Sigill.) du Wind, Geist und Atem des Lebens.

HIDDIKEL, Fluß der Weisheit, (Zeichne Sigill.) eilender Fluß des Paradieses.

MIZRACH, westliches Viertel, (Zeichne Sigill.) Stätte der Luftmächte. (Der Magier umkreist dreimal in Sonnenlaufrichtung, während er invoziert:)

Kommt näher, ihr Götter, zu hören. Und hört, ihr Engel und Geister. Mögen die Himmel hören und alle, die darin sind. Ich invoziere euch, ihr Mächte der Luft, bei den mächtigen Namen JHVH und SHADDAI EL CHAI, mir eure Hilfe als einem Diener des Höchsten in dieser Evokation des Engels CHASSAN zu sichtbarer Erscheinung zu gewähren. (Der Magier kehrt in den Westen des Altares zurück, blickt nach Osten und nimmt die Haltung des erschlagenen Osiris ein.)

Ich, E CINERE PHOENIX, ein Bruder der roten Rose und des goldenen Kreuzes, ein getreuer und gehorsamer Diener jenes gesegneten Ordens, welcher sich bis zum Fuße des Thrones des Höchsten erstreckt, binde mich vor euch durch meinen Eid, damit ihr wissen sollt, daß ich einem würdigen Zweck folge.

Ich schwöre, daß diese Arbeit der Evokation nicht für einen bösen oder selbstsüchtigen Zweck geschieht, nicht materiellen Gewinnes wegen, nicht für irdisches Vergnügen, sondern als eine frohe Arbeit im großen Werke unternommen wird, zu welchem ich mich feierlich verpflichtet habe. Ich schwöre und bekräftige, daß ich den Engel CHASSAN zum Zwecke der Steigerung der Tugenden der Luft evozieren werde, um die Macht NOSCERE zu stärken, zur Hilfe den Unwissenden, um Anleitung zur weiteren Arbeit des Ordens im Wassermannzeitalter zu empfangen und um den Dienst des Engels für weitere Arbeiten ähnlicher Natur zu erhalten.

Dies schwöre ich beim himmlischen Firmament. Mögen die Mächte der Luft Zeugen meines Eides sein.

(Der Magier bleibt sich der in den Wirbel des Kreises hinein invozierten Kräfte bewußt und blickt in die Richtung, in welcher sich das Evokationsdreieck befindet. In der linken Hand hält er das jetziratische Pentakel von CHASSAN und in seiner rechten Hand den offenen Fächer. Mit dem Fächer wedelt er die Weihrauchschwaden nach Osten zwischen die Säulen.)

CHASSAN, CHASSAN, CHASSAN.

Ich suche dich, CHASSAN, der du als Engel in der Sphäre des Luftelementes wohnst. (Schließe den Fächer und ziehe damit einen rechtsläufigen Kreis gelben Lichts nach Osten.)

Ich wende mich an dich bei dem mächtigen Tetragrammaton, beim heiligsten Namen JHVH. (Ziehe in den Kreis das ausgewogene Pentagramm des aktiven Geistes.)

Ich wende mich an dich beim ewigwährenden Namen SHADDAI EL CHAI. (Ziehe das invozierende Pentragramm der Luft. Hebe den Fächer hoch und öffne ihn.)

Ich wende mich in deinen Gefilden Jetzirahs an dich, CHASSAN, im Namen derjenigen, die über deine Tätigkeiten gebieten, beim Namen des gesegneten Erzengels RAPHAEL (Schüttle den Fächer nach Osten) und beim Herrscher der Engel der Luft, dem mächtigen ARIEL. (Schüttle den Fächer einmal nach Osten.)

Ich wende mich an dich, o Engel CHASSAN, bei der durch das Zeichen des Luftcherubs symbolisierten Kraft, der alten Glyphe mit dem hebräischen Namen ADAM und im koptischen PHRITITHI.

Ziehe mit geschlossenem Fächer das cherubinische Zeichen des Wassermannes in gelbem Licht auf das umkreiste Pentagramm. An dieser Stelle soll der Magier den Bereich des Tores zwischen den Säulen in zunehmender Dunkelheit visualisieren, und bewölkt mit wirbelndem Nebel. Lege den Fächer auf den Altar zurück und halte das Pentakel Jetzirahs in beiden Händen. Schaue in den wirbelnden Nebel am Tor und bündele deinen Willen auf den Zweck der Evokation. Lade die Zentren deiner Mittleren Säule noch einmal mit dem Strahl von Kethers Glanz. Visualisiere und spüre den rechtsläufigen Strom der gelbleuchtenden Kraft, die im magischen Kreis pulsiert.)

Ich habe nach dir verlangt, CHASSAN, kraft dieses geweihten Pentakels. (Halte das jetziratische Pentakel in beiden Händen hoch. Sieh, wie das gelbe Licht darum spielt.) Und kraft dieses Sigills (Ziehe mit dem Pentakel das Sigill CHASSANS von der Rose auf das umkreiste Pentagramm im Osten. Der wirbelnde Nebel zwischen den Säulen sollte heller werden.) und kraft deines eigenen wahren Namens, den ich durch die Tore des Ostens in den Bereich Jetzirah von RUACH vibriere, habe ich dich gefunden, CHASSAN! (Gib die projizierende Geste.) CHASSAN! (Projizierende Geste.) CHASSAN! (Projizierende Geste.)

(Gib die Geste des Schweigens. Die drei Projektionen der Kraft aus dem hochaufgeladenen magischen Kreis werden sich im Nebel verteilen, und durch das Tor hindurch wird eine Landschaft sichtbar werden. Der Magier nimmt die Haltung des erstandenen Osiris ein.)

O Herr des Universums – du bist über allen Dingen, und dein Name ist in allen Dingen; und vor dir weichen die Schatten der Nacht zurück, und die Dunkelheit flieht.

(Die Landschaft sollte nun zwischen den Torsäulen deutlich sichtbar sein. Es handelt sich um eine hügelige Gegend unter einem Himmel mit schnelltreibenden Wolken, die von unten mit den rosa und goldenen Tönen der Dämmerung angestrahlt werden. Im Vordergrund steht auf einem Hügel ein efeubedeckter Turm, der sich über die grüne Landschaft erhebt. Hoch auf dem Turm befindet sich ein großes Fenster aus Schliffglas, auf welchem die Zeichen der Luft zu sehen sind und das Licht der Dämmerung sich spiegelt. Bei näherem Hinsehen bemerkt man, daß in der Ferne einige andere Hügel auch von Türmen gekrönt sind, und gegen den Himmel sieht man Silhouetten großer Vögel – nein, es sind Engel und Sylphen –, die graziös von Turm zu Turm fliegen. Der Magier sollte das starke Gefühl bekommen, daß der Turm im Vordergrund die Wohnstätte CHASSANS ist. Der Magier sollte nun seine Vision mittels der Zeichen der wandernden Herren prüfen. Ist er sich des Kontaktes einmal sicher, wickelt der Magier das jetziratische Pentakel in schwarzes Tuch und bindet es mit einem weißen Band dreimal. Er legt es dann auf das weiße Dreieck auf dem Altar.)

O du Engel CHASSAN, im Namen von SHADDAI EL CHAI und JHVH hülle ich dich in Finsternis und binde dich mit den Fesseln des Lichts. Deine Augen sollen blind sein außer zu diesem Tor der Halle der Maat. Deine Ohren sollen taub sein außer für meinen Ruf. Deine Zunge soll stumm sein außer, auf diese Evokation zu antworten. Deine Füße seien lahm, außer um dich zu diesem Dreieck der Künste zu tragen, welches zu deinem Empfang vorbereitet ist. Bei allen Mächten der Luft rufe ich dich an, du mächtiger Engel CHASSAN, dich in physischer Form im Dreieck außerhalb des magischen Kreises zu manifestieren! SHADDAI EL CHAI! SHADDAI EL CHAI! SHADDAI EL CHAI!

Geist des Lebens, Geist der Weisheit, dessen Atem allen Dingen die Gestalt gibt und wieder nimmt. Du, vor dem das Leben aller Wesen nur ein wechselhafter Schatten ist und ein vorübergehender Dunst. Du, der du über den Wolken wohnst und auf den Schwingen des Windes wandelst. Du, der du deinen Atem ausatmest und den endlosen Raum bevölkerst. Du, der du deinen Atem einsaugst und alles damit zu dir zurückziehst. Immerwährende Bewegung in ewiger Beständigkeit, sei in Ewigkeit gesegnet!

Wir preisen dich und wir segnen dich im wandellosen Reiche des erschaffenen Lichts, der Schatten, der Spiegelungen und der Bilder. Und ohne Unterlaß trachten wir nach deinem unveränderlichen und unvergänglichen Glanz. Laß die Strahlen deiner Intelligenz und die Wärme deiner Liebe bis zu uns durchdringen! Dann soll fest werden, was flüchtig ist. Der Schatten soll zu einem Körper werden. Der Geist der Luft soll zu einer Seele werden. Der Traum soll zu einem Gedanken werden. Und niemals mehr werden wir vom Sturme fortgeweht, denn wir halten die Zügel des geflügelten Hengstes der Morgenröte. Und wir werden den Lauf des Abendwindes lenken, daß er vor dir herfliegt! O Geist der Geister! O ewige Seele der Seele! O unvergänglicher Atem des Lebens! O schöpferisches Zeichen! O Mund, der du das Leben aller Wesen ausatmest und zurückziehst, im Fluß und Rückfluß deines ewigen Wortes, welches der himmlische Ozean der Bewegung und der Wahrheit ist!

(Der Magier umkreist dreimal in Sonnenlaufrichtung, wobei er spricht:)

Bei deinem heiligsten Namen SHADDAI EL CHAI invoziere und ersuche ich dich, mit Gunst auf dieses Werk der heiligen Magie zu schauen und den höheren Zielen meiner Seele deine Hilfe zu gewähren. Ich ersuche dich, deinen großen Erzengel RAPHAEL und den Gebieter der Engel der Luft, ARIEL, aufzufordern, bei der erfolgreichen Beendigung dieser Arbeit zu helfen, daß ich mit deiner göttlichen Hilfe deinen Engel CHASSAN wahrhaftig zu sichtbarer Manifestation evozieren kann.

(Der Magier steht westlich des Altares und führt das kabbalistische Kreuz aus. Dann schlägt er mit der flachen Seite des Dolches auf das Pentakel und spricht, zum Turm gewandt, der zwischen den Säulen sichtbar ist:)

O CHASSAN! Ich evoziere dich bei dem gewaltigsten Namen SHADDAI EL CHAI! Bewege dich! Erscheine und zeige dich!

(Es ist möglich, daß sich an dieser Stelle CHASSAN zu manifestieren beginnt. Unabhängig davon muß der Magier fortfahren. Er sollte außerdem daran denken, daß die bloße Erscheinung CHASSANS jenseits des Tores noch nicht die Bedingungen der Evokation erfüllt. Der Engel muß das Tor durchschreiten und sich physisch im Dreieck manifestieren.)

RAPHAEL! RAPHAEL! RAPHAEL!

(Der Magier umkreist dreimal in Sonnenlaufrichtung, während er spricht:)

O du feiner und prächtiger RAPHAEL, ich invoziere dich beim

immerwährenden Namen SHADDAI EL CHAI, einen Strahl deiner Herrlichkeit aus Briah in diesen Kreis zu werfen, damit ich die Kraft erhalte, deinen Engel CHASSAN zu sichtbarer Erscheinung zu zwingen. Ich rufe auch dich an, ARIEL, den Gebieter der Engel der Luft, und fordere dich auf, mir bei diesem Werke der Evokation CHASSANS zu helfen.

(Der Magier steht westlich des Altares und blickt nach Osten. Er schlägt mit der flachen Dolchklinge auf das Pentakel und spricht, auf den Turm gerichtet:)

O CHASSAN! Im Namen des gesegneten Erzengels der Luft, RAPHAEL, evoziere ich dich in dieses Dreieck meiner Kunst, welches dich erwartet! Bewege dich! Erscheine und zeige dich!

ARIEL! ARIEL! ARIEL!

(Der Magier umkreist einmal rechtsläufig, während er spricht:)

Du erlauchter Gebieter der Luft, ich rufe dich bei dem heiligen Namen SHADDAI EL CHAI und dem Namen des Erzengels RAPHAEL an, diesem Werke Beistand zu gewähren und deinem Engel CHASSAN die Kraft zur vollendeten physischen Manifestation im Dreieck der Evokation zu verleihen.

(Der Magier steht westlich des Altares mit Blick nach Osten und schlägt das Pentakel mit der flachen Dolchklinge. Er spricht dann, dem Turm zugewandt:)

O CHASSAN! Im Namen deines Gebieters unter den Engeln, ARIEL, evoziere ich dich zu wahrhaftiger und vollendeter Manifestation im Dreieck außerhalb dieses Kreises der Kunst! Bewege dich! Erscheine und zeige dich!

CHASSAN! CHASSAN! CHASSAN!

(Der Magier umkreist einmal rechtsläufig, wobei er spricht:)

O du befähigter Engel der Luft, ich evoziere dich bei den mächtigen Namen der Mächte der Luft, SHADDAI EL CHAI, RAPHAEL, ARIEL!

(Der Magier steht westlich des Altares und blickt nach Osten. Er schlägt dann mit der flachen Dolchklinge auf das Pentakel und spricht, zum Turm gewandt:)

O CHASSAN! Bewege dich! Und erscheine!

(Das eingewickelte Pentakel wird nun in die vier Richtungen getragen und beklopft, geläutert und geweiht wie im Neophytenritual. Während dieses Vorganges wird der Engel durch das Tor sichtbar werden, falls er nicht schon vorher erschienen ist. Wenn das Pentakel auf den Altar zurückgelegt wird, wird das schwarze Tuch abgenommen, während der Magier spricht:)

Zu lange hast du in Finsternis geweilt. Verlasse die Nacht und suche den Tag.

(An diesem Punkt wird wahrscheinlich die physische Manifestation im Dreieck beginnen. Der Magier steht westlich des Altars mit Blick nach Osten, nimmt den Fächer in seine linke Hand und den Dolch in die rechte.)

O CHASSAN, du mächtiger Engel, ich rufe dich, ich beschwöre dich, ich evoziere dich! Komm von deiner luftigen Stätte in die jetziratischen Bereiche des Ruach! Komm hervor und nimm eine physische Gestalt an! Die materielle Basis liegt für dich vorbereitet und geweiht im Dreieck der Evokation außerhalb dieses magischen Kreises. CHASSAN, ich evoziere dich bei den Namen und Buchstaben des großen östlichen Viertels, die Henoch vom großen Engel Ave enthüllt wurden!

(Der Magier wendet das Projektionszeichen an, um eine Projektion seines Willens und der Kräfte im Kreis auf die materielle Basis und das assiatische Pentakel im Dreieck zu bündeln. Er gibt dann die Geste des Schweigens.)

Ich beschwöre dich, CHASSAN, bei den drei großen, geheimen, heiligen Namen Gottes, welche das Banner des Wachtturmes im Osten trägt: ORO IBAH AOZODPI!

(Zeichen der Projektion, danach Zeichen des Schweigens. An dieser Stelle sollte der Magier eine gewisse Stufe der Ekstase erreichen.)

Ich evoziere dich, CHASSAN, beim Namen BATAIVAH, dem großen König des Ostens!

(Zeichen der Projektion, danach Zeichen des Schweigens. Die durch das Dreieck bezeichnete Fläche sollte nun für das hellsichtige Auge in gelbem Licht pulsieren:)

Ich evoziere dich, CHASSAN, kraft dieses Pentakels, das nach der hermetischen Formel des Eintretenden in deinem Namen geweiht ist!

(Der Magier schlägt das Pentakel mit der flachen Dolchklinge.)

Und dank meines Wissens um deinen wahren Namen, dessen Zahl 1008 ist, evoziere ich dich:

CHASSAN! CHASSAN! CHASSAN!

(Zeichen der Projektion, danach Zeichen des Schweigens)

Beim Namen JHVH! Und beim Namen SHADDAI EL CHAI! (Zeichen der Projektion, danach Zeichen des Schweigens.)

Bei den Namen RAPHAEL und ARIEL! (Zeichen der Projektion, danach Zeichen des Schweigens.)

Bei den Namen RUACH, HIDDIKEL und MIZRACH! (Zeichen der Projektion, danach Zeichen des Schweigens.)

Bei PARALDA, dem König der Sylphen! (Zeichen der Projektion, danach Zeichen des Schweigens.)

Beim Namen CHASSAN, dem Engel der Luft! (Zeichen der Projektion, danach Zeichen des Schweigens.)

ZODACARE OD ZODAMERANU! ZODAMERANU! ZODAMERANU! (Zeichen der Projektion, danach Zeichen des Schweigens.)

CHASSAN! CHASSAN! CHASSAN! (Zeichen der Projektion, danach Zeichen des Schweigens.)

(Hat sich der Engel bis zu dieser Stelle noch nicht vollständig manifestiert, so sollte der Magier die Invokation von SHADDAI EL CHAI bis zu dreimal, falls nötig, wiederholen. Ist CHASSAN einmal vollständig materialisiert, so sollte der Magier die Manifestation mit dem Zeichen der wandernden Herren und bei dem Zeichen LVX prüfen. Ist der Erschienene wirklich CHASSAN, so wird er die Zeichen LVX erwidern. Ist er es nicht, so wird der manifestierte Geist verschwinden, flüchten oder sich in eine andere Gestalt verwandeln. Tritt eine dieser Wirkungen auf, so banne den Geist vollständig und beginne von vorn. Reagiert der Engel korrekt auf die Zeichen LVX, so sollte der Magier ihn folgendermaßen begrüßen:

Beim großen Worte JEHESHUAH und beim Schlüsselwort INRI und durch das verborgene Wort LVX grüße ich dich, o CHASSAN. Und bei den gleichen Worten der Macht fordere ich dich auf, dich durch folgenden Eid zu binden. (Führe bei einer Evokation niemals eine Konversation mit einem Geist, bevor er sich selbst durch einen für ihn vorbereiteten Eid gebunden hat.)

Ich, CHASSAN, ein Engel der Luft, schwöre feierlich in der Gegenwart des Herrn des Universums, der in der Stille wirkt und der durch nichts als Stille ausgedrückt werden kann, nichts zu tun, um E CINERE PHOENIX oder irgendeinen anderen Menschen, noch diesen Tempel der Lichtmagie zu schädigen. Ich werde versuchen, jede mir gestellte Frage ehrlich und ohne Trug zu beantworten. Ich gelobe, den Magier mit all meiner Kraft zu unterstützen, daß in ihm die Tugenden der Luft verstärkt werden, damit er besser am großen Werke arbeiten kann. Ich gelobe, den Magier in der Kraft NOSCERE zu stärken, damit er Wissen habe, um den Unwissenden zu helfen. Ich verspreche, daß ich ihn anleiten werde, das Werk des CHEVRAH ZERACH AUR BOQER und des Ordo Rosae Rubeae et Aureae Crucis im Wassermannzeitalter weiterzubringen. Weiterhin schwöre ich, diesem Sohn aus den Nachkommen Adams getreu zu dienen und stets sofort auf seinen Ruf zu folgen. Ich schwöre, alle diese Dinge ohne Auslassung, Einspruch oder Vorbehalte einzuhalten. Dieses ist mein

Eid, auf welchen ich mich in Gegenwart des hohen JHVH und des ewigen SHADDAI EL CHAI verpflichte, in der Gegenwart des weisen und erhabenen Erzengels RAPHAEL und in Gegenwart des Gebieters der Engel der Sphäre Ruach, ARIEL. So sei es! (Der Magier antwortet:) So sei es.

(Dann führe der Magier seine Unterredung mit dem Engel. Wenn diese abgeschlossen ist, so spreche der Magier den Engel folgendermaßen an:)

Getreuer und wahrhaftiger Engel CHASSAN, du hast der Aufforderung Folge geleistet und dich bei dem für dich vorbereiteten Eide verpflichtet. Darum bete ich, daß du im Strahl der göttlichen Kraft, den du am heutigen Tage als ein Bote zu mir gebracht hast, genährt und erhoben werden mögest.

(Mit dem Dolch zeichnet der Magier ein Kreuz vor CHASSAN und zieht einen Strahl des weißen Glanzes auf den Engel im Dreieck herab. Der Magier erlaubt dem Engel, das Licht einige Augenblicke lang zu erleben, dann gibt er ihm die Erlaubnis zu gehen.)

O CHASSAN, nun bitte ich dich, in Frieden zu deiner Wohnstätte zurückzugehen. Möge der Segen von SHADDAI EL CHAI mit dir gehen. Es herrsche stets Friede zwischen dir und mir; sei stets bereit zu kommen, wenn du von meinem Wort oder Willen gerufen wirst.

(Der Magier zeichnet die bannenden Pentagramme des aktiven Geistes und der Luft gen Osten, während er JHVH und SHADDAI EL CHAI vibriert. Dann zeichnet er in die Mitte des Pentagramms das Sigill des CHASSAN, während er den Namen CHASSAN vibriert. Der Magier umkreist dann einmal linksläufig, kehrt zum Westen des Altares zurück und blickt nach Osten. Klopft.) So sei es.

Ihr Mächte der Luft, die ihr dieser Arbeit eure Hilfe gewährt habt, gehet wieder in Frieden zu euren Stätten und Wohnorten. Geht mit meinem demütigen Dank und mit dem Segen von JHVH.

(Der Magier zeichnet das bannende Pentagramm des aktiven Geistes und der Luft gen Osten, während er vibriert: JHVH und SHADDAI EL CHAI. Dann zeichnet er in die Mitte des Pentagramms die Glyphe des Wassermannes und vibriert dabei RUACH. Der Magier umkreist einmal linksläufig, kehrt in den Westen des Altares zurück und blickt nach Osten. Klopft.) So sei es.

Hiermit entlasse ich alle Geister, die durch die Zeremonie zufällig gefangen worden sind. Kehrt in Frieden in eure Stätten und Gefilde zurück, und geht mit dem Segen von JEHESHUAH JEHOVASHAH.

(Der Magier führt die bannenden Rituale des Pentagramms und Hexagramms durch. Klopft.) So sei es.

(Der Magier blickt nach Osten und nimmt die Haltung des erschlagenen Osiris ein.)

Allein Weiser und allein Ewiger, dir sei Lob und Preis in Ewigkeit, der du mir erlaubt hast, so weit in das Heiligtum deines heiligen Mysteriums einzutreten. Nicht mir, sondern dir allein sei Preis.

(Der Magier führt das kabbalistische Kreuz durch.)

TETELESTAI! Es ist vollbracht.

(Der Magier klopft einmal und schließt mit den Worten:)

Hiermit erkläre ich diesen Tempel der Lichtmagie für gebührend geschlossen.

G.H. Frater Sub Spe (J.W. Brodie-Junes)

Die Kanopengötter
Die Symbolik der vier Genii in der Halle des Neophyten

Die vier Götter, Ameshet, Ahephi, Tmoumathph, Kabexnuf, die auch die Statthalter der Elemente sein sollen und den Flüssen von Eden entsprechen, wie sie auf das Tempeldokument gezeichnet sind, sollen im Tempel des Neophytengrades in den vier Ecken der Halle zwischen den Stationen der Cherubim herrschen.

In der ägyptischen Mythologie heißt es von diesen Göttern auch, sie seien die Kinder des Horus und haben an seiner Symbolik teil. Wenn wir bei der Neophytenzeremonie nun daran denken, daß sie den Eintritt in ein neues Leben, die Erneuerung repräsentiert – Mors Janua Vitae –, so wird die ägyptische Symbolik wichtig, in welcher diese Idee so klar und deutlich ausgearbeitet worden war. Man halte sich dabei vor Augen, daß ein neues Leben eine neue Ebene und eine höhere Welt bedeutet, ein Durchschreiten, sagen wir von Kether Assiahs zu Malkuth von Jetzirah.

Da hinter Kether nun die Schleier der negativen Existenz hängen, Ain, Ain Soph und Ain Soph Aur, so muß die Seele durch die negative Existenz hindurchgehen, wenn sie von Assiah nach Jetzirah oder umgekehrt gehen will. Dieser Vorgang wird durch die Neophyten-Zeremonie verdeutlicht, wie in Z-3 beschrieben ist und wie es das hellsichtige Auge sieht. Wenn die Zeremonie vollendet war, die Seele gewogen und weitergeleitet, der Körper mumifiziert und vor Verfall geschützt, wurde der Tote in der ägyptischen Mythologie mit Osiris eins und als ein Osirischer bezeichnet. Wenn der Kandidat in den Norden gestellt wird, so spricht deshalb der Hierophant, der Osiris repräsentiert, ihn in der Eigenschaft seiner höheren Seele an: »Die Stimme meines höheren Selbstes sprach zu mir…«

Osiris ist jedoch eine mumifizierte Gestalt, und der Körper des ägyptischen Toten wurde in diesem Teil der Zeremonie mumifiziert. Stellen wir nun einige Überlegungen über die Natur des zu mumifizierenden Körpers an. Der Körper kann als ein Vehikel angesehen werden, durch welches die Lebenskraft tätig ist. Das eigentliche Medium der Tätigkeit dieser Lebenskräfte sind, was wir als Vitalorgane bezeichnen. Wird eines von diesen fortgenommen oder zerstört, so hört das Leben in dem betreffenden Körper auf, tätig zu sein. Die Organe, die Medien für die Tätigkeit des organischen Lebens, sind also nicht weniger wichtig als der Körper selbst, das Vehikel der Seele. Deshalb ist es ebenso wesentlich, dieselben vor Verfall zu schützen, doch nicht zusammen mit dem Körper. Denn wie der Körper des Osiris zerrissen wurde, so muß auch der Körper des Osirischen getrennt werden. Das ist die Bedeutung des getrennten Aufbewahrens der Eingeweide.

Tod und Wiedergeburt Christi haben eine andere Symbolik, und diese Lehren gehören einem höheren Grade an. Es sage deshalb niemand etwas dagegen, daß der Körper Christi vollständig in die Gruft gelegt wurde.

Der Körper des Osiris wurde zunächst als ganzer in den Sarg oder Pastos gelegt. Die Aufteilung in vierzehn Teile erfolgte erst danach. Beachte, daß 1 zu 4 addiert 5 ergibt, die fünf Wunden.

Denn wie das Jod Heh Vav Heh bekannt sein muß, bevor das Jod Heh Shin Vav Heh verstanden werden kann, und wie Moses vor Christus kommen mußte, so müssen zuerst die Mysterien des Osiris verstanden werden.

Der Hiereus oder Horus ist nun der Hüter der Halle und des Neophyten gegen die Qlippoth, die Dämonen des Verfalls und der Auflösung, deren Kether Thaumiel ist, der Doppelte oder Zweiköpfige. Die Kinder des Horus haben an seiner Symbolik teil, und ihnen werden die Eingeweide übergeben, um sie gegen die Dämonen der Auflösung und des Zerfalls zu schützen. Was die Elemente und die Kräfte der Elemente für die Welt sind, das sind die Vitalorgane und das Leben, welches sie beseelt, für den menschlichen Körper. Entsprechend werden die Vitalorgane und das Leben, welches sie beseelt, in die Obhut der Statthalter der Elemente gegeben, der Kinder des Horus, der großen Götter Ameshet, Ahephi, Tmoumathph, Kabexnuf, die ihre Funktionen im materiellen Leben regeln und sie nach dem sogenannten Tode behüten, wenn der, der ein Mensch war, ein Osirischer geworden ist.

Überlegen wir nun, was diese Vitalorgane und ihre Funktionen eigentlich sind. Ganz grob kann man sie in das Verdauungs- und das Kreislaufsystem einteilen, denn in dieser Einteilung berücksichtigen wir das Gehirn und die Geschlechtsorgane nicht, welche einer anderen Einteilung angehören und nicht elementar sind, noch mit der Aufrechterhaltung des Lebens des materiellen Körpers zu tun haben.

Bei diesen beiden Abteilungen können wir weiter unterscheiden in das, was das Lebensnotwendige an den Körper verteilt, und das, was aus dem Körper ausscheidet und den Qlippoth übergibt, was unnötig oder giftig ist. Daraus entsteht nun eine vierfache Einteilung:

A. Der aufnehmende Aspekt des Verdauungssystems.
B. Der ausscheidende Aspekt des Verdauungssystems.
C. Der aufnehmende Aspekt des Kreislaufsystems.
D. Der ausscheidende Aspekt des Kreislaufsystems.

Mit diesem Schlüssel wird die Einteilung einfach, denn im Verdauungssystem sind es der Magen und die oberen Gedärme, welche die ins System aufgenommene Nahrung durch die Verdauung verteilen und das Notwendige durch Assimilation behalten. Sie gehören in der obigen Liste zu A. Die unteren Gedärme empfangen und scheiden das aus, was zurückgewiesen wird. Diese werden deshalb durch B dargestellt. Im Kreislaufsystem ist das Herz dasjenige Organ, welches das Blut verteilt, das es von den Lungen gewaschen und gereinigt erhält. Lungen und Herz werden deshalb durch C dargestellt. Die vom Kreislaufsystem zurückgewiesenen Stoffe werden von der Leber und Gallenblase ausgeschieden, welche deshalb durch D ausgedrückt werden.

Nun zur Behandlung dieser Vitalorgane bei der Mumifikation. Insofern diese während des Lebens unter der Schutzherrschaft der genannten großen Götter standen, werden sie auch im Tode diesen geweiht, die die vier Genien der Unterwelt oder die niederen Todesgottheiten waren.

Diese Vitalorgane wurden also herausgenommen, separat einbalsamiert und in eiförmige Behälter gelegt, die für Akasha symbolisch waren. Sie unterstanden dem Schutz des Kanopus, des Lotsen des Menelaos und Gottes der Schöpfungsgewässer, der ewigen Quelle des Daseins, dessen Symbol ein Krug war. Dann standen sie unter dem Schutz desjenigen unter den Genii der Unterwelt oder Statthaltern der Elemente, denen das betreffende Organ gewidmet war. Deshalb war die eiförmige Verpackung von einem Krug umschlossen, dessen Deckel die Form des Kopfes des entsprechenden Gottes hatte.

Ameshet wurde auch als »der Schreiner« bezeichnet, denn er formt durch das Medium seines Organs, durch den Magen, das Rohmaterial und baut die Struktur des Körpers auf. Ihm gehören der Magen und die oberen Gedärme an (A).

Ahephi wurde auch als »der Gräber« oder »der Totengräber« bezeichnet, denn er beseitigt und bringt das aus dem Gesichtsfeld, was im Körper nutzlos oder störend ist. Ihm gehören die unteren Eingeweide und Gedärme an (B).

Tmoumathph wurde auch als »der Schneidende« oder »Teilende« bezeichnet, denn er teilt und verteilt das Blut, welches in sich das Prana und den feinen Äther trägt, der durch die heilige Wissenschaft des Atems in den Körper gebracht wird. Ihm waren die Lungen und das Herz gewidmet (C).

Kabexnuf wurde »der Blutende« genannt, denn wie ein Strom Blut vom Körper gezogen wird, so wird ein Strom der Unreinheit aus dem Blut gezogen und durch die Tätigkeit der Leber und der Gallenblase hinaus in die Strömung geworfen. Ihm waren deshalb diese Organe gewidmet (D).

Die Krüge wurden als kanopische Krüge bezeichnet und waren in einer bestimmten Reihenfolge um die Mumie herum aufgebaut. Überlegen wir nun, welche Himmelsrichtungen ihnen naturgemäß zugehören würden. Die Logik selbst sagt uns, daß die Organe des Verdauungssystems am materiellsten und erdigsten sind und deshalb in den Norden gehören. Die Wärme und vitale Hitze des Kreislaufsystems gehört in den Süden. In der folgenden Tafel sollten also die aufnehmenden und verteilenden Organe nach Osten gestellt werden zur Quelle des Lebens und Lichts. Und die Organe, die reinigen und ausscheiden, sollten nach Westen gestellt werden, welcher an die Qlippoth angrenzt.

Das ergibt folgende Anordnung:

Ameshet – nordöstlicher Quadrant (Magen und obere Eingeweide)
Ahephi – nordwestlicher Quadrant (Gedärme)
Tmoumathph – südöstlicher Quadrant (Herz und Lunge)
Kabexnuf – südwestlicher Quadrant (Leber und Gallenblase)

Diese Anordnung würde jedoch die völlige Trennung des Verdauungs- und des Kreislaufsystems symbolisieren, welche der Natur zuwiderläuft, denn sie stehen in steter Wechselwirkung, und daraus entsteht das Leben. Deshalb werden in der Halle der zwei Wahrheiten die Richtungen von Ahephi und Kabexnuf umgekehrt, so daß die Reihenfolge so aussieht:

Osten – Ameshet
Süden – Tmoumathph
Norden – Kabexnuf
Westen – Ahephi

In dieser Anordnung haben sie also teil an der Symbolik der Elemente, zu denen sie gehören. Ameshet, im Osten, der Richtung der Luft, hat einen Menschenkopf. Tmoumathph, im Süden, hat den Kopf eines Schakals, welcher ein Zulieferer des Löwen ist (Wir haben es hier ja mit den Statthaltern der Elemente zu tun, wogegen die Cherubim ihre Herren sind.); so daß Tmoumathph passend ein Schakal ist. Kabexnuf, im Westen, in der Region des Wassers, hat einen Falkenkopf, der untergeordneten Form des alchimistischen Adlers der Destillation, und die Gestalt des Horus, des Hiereus, neben dem sich seine Station befindet und an dessen Symbolik er teilhat.

Ahephi, im Norden, hat einen Affenkopf. Die Symbolik des Affen im alten Ägypten ist sehr kompliziert. Wir können hier annehmen, daß Apis, der Stier, die himmlischen Kräfte der ewigen Götter darstellt. Der Affe stellt die elementare Kraft dar, welche weit geringer ist und mit Gerissenheit vermischt. Ahephi hat jedoch auch andere Symbole und andere Zuordnungen. Aufgrund der fruchtbringenden Eigenschaften des Nils und der Tatsache, daß das durch den Nil Herabkommende als Abfall vom Lande der heiligen Seelen für Ägypten das Leben und die Quelle der Fruchtbarkeit bedeutet, so entsteht eine Entsprechung zwischen dem Nil und den unteren Gedärmen. Beide stehen unter dem Schutz des Ahephi (Hapi), der deshalb als der Nilus verehrt wurde. Und in diesem Zusammenhang hat er als sein Symbol auch den Kopfschmuck der Lotusblumen.

Das Verdauungssystem steht nun noch unter der besonderen Schirmherrschaft der Isis und der Nephthys. Isis ist es, die die Kräfte der Weisheit und der Natur erobert und Ameshet beschützt. Und Nephthys verbirgt, was geheim ist, und beschützt Ahephi. Deshalb wurden auch bis vor kurzem, als die Zeit sich vollendete, die heiligen Quellen des Ahephi, des Niles, vor der ganzen Welt geheimgehalten.

Tmoumathph befindet sich unter der Schirmherrschaft der Neith, der Dämmerung. Diese ist der geheiligte Raum, der den Morgen hervorgehen läßt und das Licht der goldenen Dämmerung durch die heilige Wissenschaft des Atems im Herzen dessen erweckt, den die ewigen Götter erwählen.

Kabexnuf wird von Sekhet beschützt, die den Skorpion auf ihrem Kopfe trägt, der Sonne der westlichen Äquinox, der Öffnung von Amenti. Diese Schirmherrinnen wurden oft auf die Kanopen-Krüge gemalt.

Wenn deshalb der Kandidat am Fuße des Altares kniet oder wo der Leichnam auf der Bahre liegt und für das Überschreiten des Flusses nach Westen vorbereitet wird, steht dort die Seele vor Osiris, und die

Göttinnen stehen daneben und halten Wacht, während der Waagbalken schwankt und die Entscheidung getroffen wird. Dann wird der Körper des Kandidaten gleichsam zerrissen, wie der Körper des Osiris zerrissen wurde. Und das höhere Selbst steht vor dem Ort zwischen den Säulen, doch das niedere Selbst ist an der unsichtbaren Station der bösen Persönlichkeit. Dann ist der Kandidat dem Tode nahe, denn symbolisch durchschreitet sein Geist die Schleier der negativen Existenz, geht von Kether Assiahs zur Malkuth Jetzirahs über. Wären die Genii der Unterwelt nicht anwesend und würden die Kräfte der Vitalorgane lenken, so müßte er deshalb unweigerlich sterben.

Ihre Symbole sollen deshalb in allen Operationen und Formen dargestellt werden, die von der Symbolik der Halle der zwei Wahrheiten entnommen sind. Denn sie sind von größter Wichtigkeit. Da ihre Stationen aber unsichtbar sind, so sollen ihre Symbole astral und nicht materiell sein.

Auf diese Weise soll die völlige Gesundheit des Körpers erhalten werden, die bei jeder magischen Arbeit von großer Wichtigkeit ist. Und auf diese Weise sollen die Lektionen der Halle der Neophyten in unserem Alltag angemessen ausgetragen werden.

Die ägyptischen Gottesformen des Neophyten-Grades

Die Stationen der Gottesformen, die in unserer Symbolik benutzt werden, fallen unter zwei Überschriften:

1. Sichtbare Stationen
2. Unsichtbare Stationen

Die sichtbaren Stationen sind die Plätze der Amtsträger, von denen jeder eine besondere astrale Form hat, die zu den von ihm repräsentierten Kräften paßt.

Auf dem Podest befinden sich die Orte der drei Oberen, des vorigen Hierophanten und des Hierophanten. Die Reihenfolge, in der sie sitzen (wenn man nach Osten blickt), ist:

Imperator – Nephthys
Cancellarius – Thoth
Hierophant – Osiris
voriger Hierophant – Aroueris
Praemonstrator – Isis

Diese Namen sind jeweils diejenigen der Gottesformen, die die Amtsträger repräsentieren. Es folgen nun die Beschreibungen der Gottesformen von sieben Amtsträgern im Neophytengrade.

Hierophant: Osiris in der Unterwelt. Erläuterer der Mysterien der Halle der zweifachen Manifestation der Göttin der Wahrheit.

Der Hierophant wird von zwei Gottesformen repräsentiert: dem passiven und dem aktiven Aspekt des Osiris. Sitzt er als Hierophant auf dem Podest, so ist er in die Gottesform des Osiris gekleidet. Er trägt die hohe weiße Krone des Südens, flankiert von den weiß und blau gestreiften Federn. Sein Gesicht ist grün, die Augen blau, und von seinem Kinn hängt der königliche Bart der Autorität und des Gerichts, von der Farbe Blau mit goldenen Tupfern. Er trägt einen Kragen mit roten, blauen, gelben und schwarzen Streifen. Auf seinem Rücken hängt ein Bündel, das über seiner Brust mit scharlachfarbenen Bändern gehalten wird. Bis zu den Füßen ist er in die Wickel einer Mumie gehüllt, doch seine Hände sind frei, um einen goldenen Phönixstab, einen blauen Krummstab und eine rote Geißel zu halten. Die Hände sind grün. Die Füße ruhen auf einem schwarz-weißen Pflaster.

Die Gottesform des Osiris bewegt sich niemals vom Podest herab. Muß der Hierophant das Podest verlassen, so kleidet er sich in die Gestalt des tätigen Osiris – des Aroueris, welcher vom vorigen Hierophanten aufgebaut wird, der zur Linken des Hierophanten sitzt. Falls niemand dort als voriger Hierophant sitzt, so helfen die Mitglieder des Inneren Ordens dem Hierophanten, die zweite Gottesform zu bilden.

Aroueris, Horus, der Ältere, sieht sehr lebendig aus, wie reine Flammen. Er trägt die Doppelkrone Ägyptens, die konisch geformte Krone in Rot innerhalb der weißen Krone des Nordens, mit einem Federbusch. Seine Nemyss ist lila gestreift mit Gold an den Kanten. Sein Gesicht und Körper sind durchscheinend scharlachrot. Er hat grüne Augen und trägt einen lila Bart der Autorität. Er trägt eine gelbe Tunika mit einem gelben, lila gestreiften Hüfttuch, von welchem ein Löwenschwanz herabhängt. Wie alle anderen ägyptischen Götter trägt er einen weißen Leinenrock, der unter dem farbigen Hüfttuch wie eine Schürze zu sehen ist.

Die Ringe um seine Arme und Knöchel sind aus Gold. In seiner rechten Hand trägt er einen blauen Phönixstab und in seiner linken ein blaues Ankh. Er steht auf einem Pflaster von Lila und Gold.

Hiereus: Horus in der Stätte der Blindheit und Unwissenheit dem Höheren gegenüber. Der Rächer der Götter.

Er trägt die Doppelkrone des Südens und Nordens, rot und weiß, über einer scharlachfarbenen Nemyss mit smaragdgrünem Streifen. Sein Gesicht ist dasjenige eines lebhaft aussehenden Falken, bräunlich-gelb und schwarz mit hellen, stechenden Augen, seine Kehle weiß. Sein Körper ist wie derjenige des Aroueris völlig scharlachfarben. Er trägt Kragen, Armringe und Knöchelringe von Smaragd. Sein Hüfttuch ist smaragdfarben mit roten Streifen, wovon ein Löwenschwanz herabhängt. In seiner Rechten trägt er einen smaragdenen Phönixstab und in der Linken ein blaues Ankh. Er steht auf einem Pflaster von Smaragd und Scharlach.

Hegemon: Thmaa-Est »vor dem Angesicht der Götter an der Stätte der Schwelle«.

Thmaa-est trägt eine schwarze Nemyss, die an der Braue mit einem lila Band gebunden ist, von welchem sich vorn eine hohe Straußenfeder erhebt, die gleichmäßig grün und rot gestreift ist. Sie trägt einen rot, gelb, blau und schwarz gestreiften Kragen. Ihre Tunika ist smaragdgrün und reicht bis auf die Füße, wo sie passend zum Kragen gebunden ist. Sie hat lila und grüne Schulterriemen und einen lila Gürtel, der in den obengenannten Farben umrandet ist. Ihr Gesicht und Körper sind von natürlicher Farbe, das heißt, einem hellen ägyptischen Rotbraun. Sie trägt Armringe von Smaragd und Rot und eine kombinierte Form des Lotus- und Phönixstabes. Dieser hat eine orangefarbene Blume, einen blauen Stil und endet in einem orangen Zeichen der Dualität. In ihrer linken Hand trägt sie ein blaues Ankh und steht auf einem Pflaster von Gelb und Lila, das mit aufeinanderfolgenden roten, blauen, gelben und schwarzen Blöcken begrenzt wird.

Kerux: Anubis des Ostens. Wächter der Götter.

Anubis hat einen schwarzen Schakalkopf, ist sehr aufmerksam und hat aufgestellte spitze Ohren. Seine Nemyss ist lila mit weißen Streifen. Er trägt einen Kragen mit gelben und lila Streifen. Seine Tunika ist gelb und hat Flecken aus schwarzen Haarbüscheln. Sein Körper ist rot. Sein Hüfttuch ist gelb mit lila Streifen, und ein Löwenschwanz hängt davon herab. Sein Schmuck ist lila und gold. Sein Phönixstab und Ankh sind blau. Er steht auf einem lila und gelben Pflaster.

Stolistes: Auramo-ooth: »Das Licht, welches durch die Wasser auf die Erde scheint«. »Die Göttin der Waagschalen des Gleichgewichts an der schwarzen Säule.«

Auramo-ooth ist hauptsächlich blau. Ihr Gesicht und Körper sind natürlich. Sie trägt eine blaue Krone des Nordens, von welcher ein zarter goldener Federbusch herabhängt, über einem Geierkopfschmuck aus Orange und Blau. Auch ihr Kragen ist orange und blau. Sie trägt ein blaues Ankh und einen Lotusstab, der einen orangen Lotus auf einem grünen Stengel trägt. Ihre einfache blaue Tunika reicht bis zu den Füßen. Sie steht auf schwarzem Boden.

Dadouchos: Thaum-Aesch-Niaeth: »Vollendung durch Feuer, das sich auf der Erde manifestiert«. »Die Göttin der Waagschale des Gleichgewichts an der weißen Säule«.

Thaum-Aesch-Niaeth ist hauptsächlich rot. Ihr Gesicht und Körper sind natürlich. Sie trägt eine rote Krone des Südens, flankiert von zwei Federn in Grün mit schwarzem Balken, über einem Geierkopfschmuck in Rot und Grün. Auch ihr Kragen ist rot und grün, und sie trägt ein grünes Ankh und einen Lotusstab mit roter Blume und grünem Stengel. Ihre einfache rote Tunika reicht bis zu den Füßen, und sie steht auf schwarzem Grund.

Sentinel: Anubis des Westens.

Seine Gestalt ist die gleiche wie diejenige des Kerux. Aber seine Nemyss, der Schmuck und das Kleid sind schwarz und weiß. Er hat einen Löwenschwanz und trägt einen schwarzen Phönixstab und Ankh. Er steht auf schwarzem Grund.

Die drei Oberen

Imperator: Nephthys
Nephthys hat ein Gesicht und einen Körper von durchscheinendem Gold. Sie ist mit einer Haube über einem Geierkopfschmuck aus Schwarz und Weiß gekrönt; der Geierkopf ist rot. Kragen und Schmuck sind schwarz und weiß, und sie trägt eine schwarze Robe bis zu den Füßen. Diese ist mit Schwarz und Weiß gesäumt. Sie trägt ein blaues Ankh und einen Lotusstab mit grüner Blume und blauem Stengel. Sie steht auf schwarz-weißem Pflaster.

Praemonstrator: Isis
Isis hat ein Gesicht und einen Körper von durchscheinendem Gold. Sie ist mit einem Thron über einem Geierkopfschmuck in Blau und

Orange gekrönt; der Geierkopf ist rot. Ihre Robe ist blau mit goldener Säumung. Ihr Schmuck ist blau und orange, und sie trägt ein blaues Ankh und einen Lotusstab mit grüner Blume und blauem Stengel. Sie steht auf blauem und orangenem Grund.

Cancellarius: Thoth
Die Gottesform des Thoth wird vom Cancellarius gebildet oder vom Amtsträger, der zur Rechten des Hierophanten sitzt. Dieses bildet seine sichtbare Station, doch während des Neophyten-Grades hat er auch eine unsichtbare Station im Osten inne, während der Eid abgenommen wird.

Er hat einen Ibiskopf, schwarzen Schnabel und weiße Kehle. Seine Nemyss ist gelb mit malvefarbenem Saum. Sein Kragen ist gelb mit einem mittlerem Streifen aus Quadraten in Malve und Grün. Seine Tunika ist malvefarben mit gelben Streifen, und er trägt einen Löwenschwanz. Seine Glieder haben natürliche Farbe, sein Schmuck ist rot und grün. Er trägt ein blaues Ankh, einen Griffel und eine Schreibtafel. Er steht auf malvefarbenem und gelbem Grund.

Die unsichtbaren Stationen

Diese zerfallen naturgemäß in vier Gruppen, die unten ihrer Wichtigkeit nach angegeben werden.

1. Die Stationen auf dem Pfade Samekh in der Mittleren Säule – Hathor – Harparkrat – böse Persönlichkeit
2. Cherubim
3. Die Kinder des Horus
4. Die 42 Prüfer.

1. Hathor: Diese große Göttin bildet sich hinter dem Hierophanten im Osten. Ihr Gesicht und ihre Glieder sind von durchscheinendem Gold. Sie trägt eine scharlachfarbene Sonnenscheibe, die zwischen Hörnern ruht, hinter denen sich zwei Federn in Weiß mit blauem Balken erheben. Sie trägt eine schwarze Nemyss, einen Kragen von Blau, Rot, Blau. Blaue Bänder halten ihre orangefarbene Robe, die in Blau und Rot gesäumt ist. Ihr Schmuck ist blau und orange. Sie trägt ein blaues Ankh und einen Lotusstab mit grüner Blume und blauem Stengel. Sie steht auf schwarzem Grund mit blauem Rand.

Harparkrat: Er bildet sich im Mittelpunkt der Halle zwischen Hegemon und Altar, wo er auf einem Lotus sitzt oder steht und nach Osten blickt. Sein Gesicht und Körper sind durchscheinend smaragdgrün. Er hat blaue Augen, und eine Locke blauen Haares, die seine Jugend bezeichnet, legt sich auf der rechten Seite um sein Gesicht. Er trägt die Doppelkrone in Rot und Weiß. Sein Kragen ist gelb und blau. Sein Hüfttuch ist gelb und blau mit einem malvefarbenen Gürtel, von welchem ein Löwenschwanz hängt. Sein Lotus hat abwechselnd blaue und gelbe Blätter und ruht auf einem Pflaster von Malve und Orange. Er trägt keine Insignien. Sein linker Zeigefinger liegt auf seinen Lippen.

Omoo-Sathan. Typhon. Apophis. Seth. Die böse Persönlichkeit ist eine zusammengesetzte Figur aus den Mächten, die von dem Qlippoth aufsteigen. Sie erhebt sich vom Sockel des Altares und steht östlich des Altares mit Blick nach Westen in der Haltung des Typhon. Er ist schwarz und hat einen etwas eidechsenähnlichen Tierkopf, einen schwarzen Körper und einen Schwanz. Er steht auf schwarzem Grund. Seine Nemyss ist olivgrün mit Rotbraun geschmückt, sein Kragen von Rotbraun und Zitrongelb. Er hat eine weiße Schürze und ein dunkelrotes Hüfttuch mit rotbraunen Streifen. Er trägt keinen Schmuck.

2. Die Cherubim. Der Cherub der Luft bildet sich hinter Hathor und hat die Macht der Hathor, wie auch allgemein die gleiche Farbe wie sie. Er hat das Antlitz eines jungen Mädchens, und hinter ihm breiten sich große, überschattende Schwingen aus.

Der Cherub des Feuers befindet sich im Süden hinter dem Sitz des Dadouchos. Er ist eine Kraft der großen Göttin Tharpesh und hat das Gesicht und die Gestalt eines Löwen mit großen und schlagenden Flügeln. Seine Farbe ist ein lebhaftes und blitzendes Grün (wie sein Tierkreiszeichen Löwe) mit Rubinfarben und Flammendblau und Smaragdgrün.

Der Cherub des Wassers bildet sich hinter dem Hiereus und ist eine Kraft des großen Gottes Toum oder Tmu. Er hat das Gesicht und die Gestalt eines großen Adlers mit großen und schimmernden Flügeln. Die Farben sind hauptsächlich Blau und Orange mit etwas Grün.

Der Cherub der Erde befindet sich im Norden hinter dem Sitz des Stolistes. Er ist eine Kraft des großen Gottes Ahapshi und hat Gesicht und Gestalt eines Stieres mit schweren dunklen Schwingen. Seine Farben sind Schwarz, Grün, Rot und etwas Weiß.

Diese Formen sind nicht detailliert beschrieben, können aber auf der Farbtafel genau angesehen werden. Wir müssen sie uns als große stabilisierende Kräfte vorstellen, deren Gestalten sich nach den Umständen verändern.

3. Die Kinder des Horus. Diese haben ihre unsichtbaren Stationen in den Ecken der Halle inne. Sie sind die Hüter der Eingeweide des menschlichen Körpers, von denen jeder Teil zur rechten Zeit und am rechten Ort zum Urteil kommt.

Ameshet: Der Menschengesichtige befindet sich im Nordosten. Er hat eine blaue Nemyss mit roten, blauen und schwarzen Streifen. Sein Gesicht ist rot, und er trägt einen zeremoniellen schwarzen Bart. Um die Schultern seiner weißen Mumiengestalt herum befinden sich rote, blaue und schwarze Streifen, die sich dreimal wiederholen. Er steht auf rotem, blauem und schwarzem Grund mit einem Rand aus Grün, Weiß und Gelb.

Tmoumathph: Der Schakalgesichtige befindet sich im Südosten. Er hat ein schwarzes Gesicht mit gelben Linien zu seinen spitzen Ohren. Er trägt eine blaue Nemyss mit schwarzen, gelben und blauen Rändern. Die gleichen Farben erscheinen dreifach um seine Schultern. Er hat eine weiße Mumiengestalt und steht auf blauem, gelbem und schwarzem Grund mit einer Umrandung aus Grün, Gelb und Malve.

Kabexnuf: Der Falkengesichtige befindet sich im Nordwesten. Er hat ein schwarzes und bräunlich-gelbes Gesicht und eine schwarze Nemyss mit rotem, gelbem und schwarzem Rand. Die gleichen Farben erscheinen dreifach um seine Schulter. Er hat eine weiße Mumiengestalt und steht auf rotem, gelbem und schwarzem Grund mit einer Umrandung von Grün, Malve, Weiß.

Ahephi: Der Affengesichtige befindet sich im Südwesten. Er trägt eine blaue Nemyss mit roten, blauen und gelben Streifen. Diese Farben erscheinen auch auf seinen Schultern in der gleichen Reihenfolge. Sein Gesicht ist rot, und er steht auf rotem, blauen und gelbem Grund mit einer Umrandung aus Grün, Orange und Malve.

Tmoumathph wird manchmal auch Duamutef geschrieben. Kabexnuf wird manchmal auch Qebhsenef und Ahephi als Hapi geschrieben, Ameshet manchmal Mesti.

4. Die 42 Prüfer. Diese werden überhaupt nicht beschrieben, es wird nur erwähnt, daß sie das Zeichen des Eintretenden geben, wenn der Kandidat an ihnen vorübergeht. Sie sind die Zeugen in der Gerichtshalle des Osiris. (Diese Schrift entstand in den frühen Tagen der Stella Matutina. I.R.)

G.H. Frater D.D.C.F. (Mathers)

Die Lamen und die Prüfung für den Grad eines Practicus Adeptus Minor

Der Anfang dieses Dokumentes war ursprünglich an vier T.A.M.'s gerichtet und am 1. November 1894 von Mathers geschrieben. Darin ist eine Belehrung über einige Lamen der ägyptischen Götter enthalten. Darauf folgt eine Schrift, die den Inhalt einer Prüfung beschreibt, die die T.A.M. vor dem nächsten Untergrad des Practicus Adeptus Minor durchlaufen müssen. I.R.)

Wie eine der »Flying Rolls« an die Mitglieder des Zweiten Ordens zeigt, wart ihr unter den Symbolen gewisser ägyptischer Gottheiten dazu ermächtigt, bestimmte Formen der Autorität auszuüben, wie in der vorhergenannten Notiz niedergelegt. Hiermit gebe ich euch die notwendigen Anleitungen zur rechten Ausübung dieser besonderen Symbolik.

Das Lamen des betreffenden Gottes oder der Göttin kann eine passende oder angenehme Größe haben und wird an einem Kragen hängend getragen, der die Farbe des benötigten Elementes hat.

Die Gestalt der Gottheit wird in irgendeiner passenden Farbe darauf gemalt. (Nicht *notwendig* diejenige des Elementes, da die Götter viele seiner Entsprechungen in ihrer Formel enthalten, aber von einer guten ägyptischen Darstellung abgezeichnet.)

Die Figur soll sich in einem Doppelkreis der Elementenfarbe auf weißem Untergrund befinden. Sie kann entweder sitzend oder stehend dargestellt werden. In den Kreis hinein wird ihr Name in koptischen Buchstaben geschrieben. Dieses Lamen wird bei allen Treffen mit den anderen Insignien getragen.

Wenn das betreffende Mitglied seine oder ihre Autorität oder Urteilskraft in einer diesem Gott oder dieser Göttin angehörigen Angelegenheit ausübt, soll er oder sie den Geist so rein wie möglich halten, die gewaltige Gestalt des Gottes oder der Göttin annehmen, wie im Ritual Z gelehrt, und ihren Namen vibrieren.

Er oder sie soll die in Frage stehende Angelegenheit von der gewöhnlichen menschlichen Persönlichkeit abgelöst beurteilen. Zu diesem Zweck soll er sich selbst in der Gestalt des Gottes als gewaltig und nicht in normaler Größe bilden. Obwohl dies zunächst schwierig erscheinen mag, wird es mit zunehmender Übung leichter werden.

Diese Symbole der Götter werden euch gegeben, damit ihr größere Weisheit und Macht bei der Lösung von schwierigen Problemen bekommt, als die Symbole des Theoricusgrades euch geben konnten.

Ritual B

Jeder T.A.M. soll für sich selbst ohne Hilfe den Ring und die Scheibe eines Theoricus zum Zwecke des Wahrsagens und der Ratsuche anpassen und weihen. Der gleiche Ring oder ein ähnlicher ist als Abzeichen seines Grades von einem Kragen hängend zu tragen, der eine oder alle Farben von Malkuth haben soll.

Er soll die folgenden Themen sorgfältig studieren und sich darin üben. In diesen wird er einer gestrengen Prüfung unterzogen werden, bevor er zum Grade des P.A.M. weiterschreiten kann.

1. Genaues Studium der Symbolik, die im Ritual eines Zelators des Ersten Ordens enthalten ist, bis er in der Lage ist, einen jeden Teil desselben zu erklären. Eine Lehrschrift über dieses Thema steht zur Verfügung.
2. Entwicklung des Sinnes der Hellhörigkeit und der geistigen Schau.
3. Die Kenntnis des Rituales der zwölf Tore in der Astralprojektion. Hellsicht und Reise in der geistigen Schau nach dem Diagramm des Schaubrottisches.
4. Die Methode, den göttlichen weißen Glanz durch ein bestimmtes Ritual von Auf- und Abstieg zur Wirkung zu bringen.
5. Sorgfältige und ausführliche hellsichtige Untersuchung und Analyse der vier Richtungen über dem Kalvarien-Kreuz in jedem Unterquadranten der vier henochischen Tafeln und von ihrem Einfluß, wenn sie mit den untergeordneten Quadraten eines jeden Unterquadranten kombiniert werden.
6. Entwicklung der Wirkungsweise und der Verwendung von Telesmata und Symbolen.
7. Die Kombination verschiedener Kräfte, um ihre Wirkung im gleichen Symbol oder Telesma zu vereinen.
8. Die ägyptische Kunst der Bildung einer kombinierten Reihe von Bildern der Götter oder Kräfte, um die Wirkung eines ständigen Gebetes oder einer Evokation für die erwünschte Kraft zu erzielen.
9. Die Kenntnis des SHADDAI EL CHAI in der Kunst, eine jegliche

Gottesform in eine beliebige Arbeit hineinzunehmen, über die sie mittels der Identifikation mit einer telesmatischen Figur gebieten würde.

10. Das wahre System der astrologischen Divination.
11. Die Entsprechung (Korrespondenzen) zwischen den 16 geomantischen Figuren und jedem der 16 Unterquadranten der henochischen Tafeln als Ganzem.
12. Die Tarotdivination in magische Handlung übersetzt.
13. Die Kenntnis der geheimen Rituale zur Symbolik der Reihenfolge der Schöpfungswoche, die dem Diagramm des siebenarmigen Leuchters entspricht.
14. Das vollständige Grundwissen über die Formel des Erweckens der Stätten mittels des Spieles oder der Aufreihung der Figuren der Unterquadranten der henochischen Tafeln. (Schach)
15. Die Anfänge der Kenntnis der männlichen und weiblichen Kräfte, die zur Manifestation aller Dinge erforderlich sind, wie sie durch das Diagramm des Flammenschwertes zwischen Metatron und Sandalphon symbolisiert sind.

G.H. Frater D.D.C.F. (Mathers)

Der Ring und die Scheibe in der Arbeit des Dreifußes

Aus dem *Liber Hodos Chamelionis*

Die besonderen magischen Werkzeuge eines Theoricus Adeptus Minor sind der Ring und die Scheibe. Von diesen wird der Ring bei allen Treffen des Zweiten Ordens als ein Rangabzeichen in der Art eines Schmuckstückes getragen. Er hängt von einem Band herab, das entweder zitron, oliv, braunrot oder schwarz in der Farbe ist oder alle vier Farben kombiniert trägt. Der Ring kann außerdem allein zum Zwecke des Schmuckes getragen werden, wobei einem anderen Ring die praktische Verwendung vorbehalten ist.

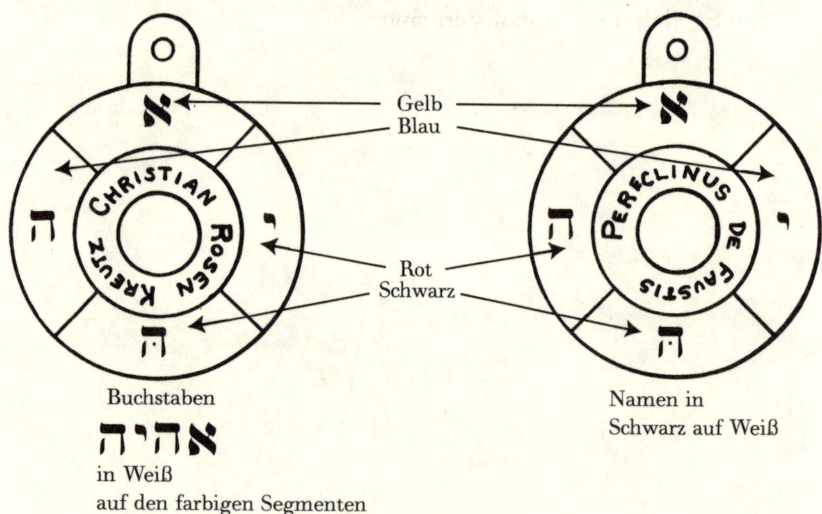

Der Ring

Die Scheibe sollte eine ziemliche Größe haben, etwas größer als im Diagramm, aber nicht zu groß. Sie wird in drei Teile eingeteilt:

1. Die weiße Mitte.
2. Die farbigen Strahlen.
3. Die Buchstaben.

Auf die weiße Mitte ist in schwarzen Buchstaben der Name JHShVH geschrieben wie gezeigt, außerdem das Motto des Theoricus Adeptus: Ersteres, um die Arbeit rein zu halten und astrale Tätigkeiten zu kontrollieren; das zweite, um den Theoricus mit der Arbeit zu identifizieren.

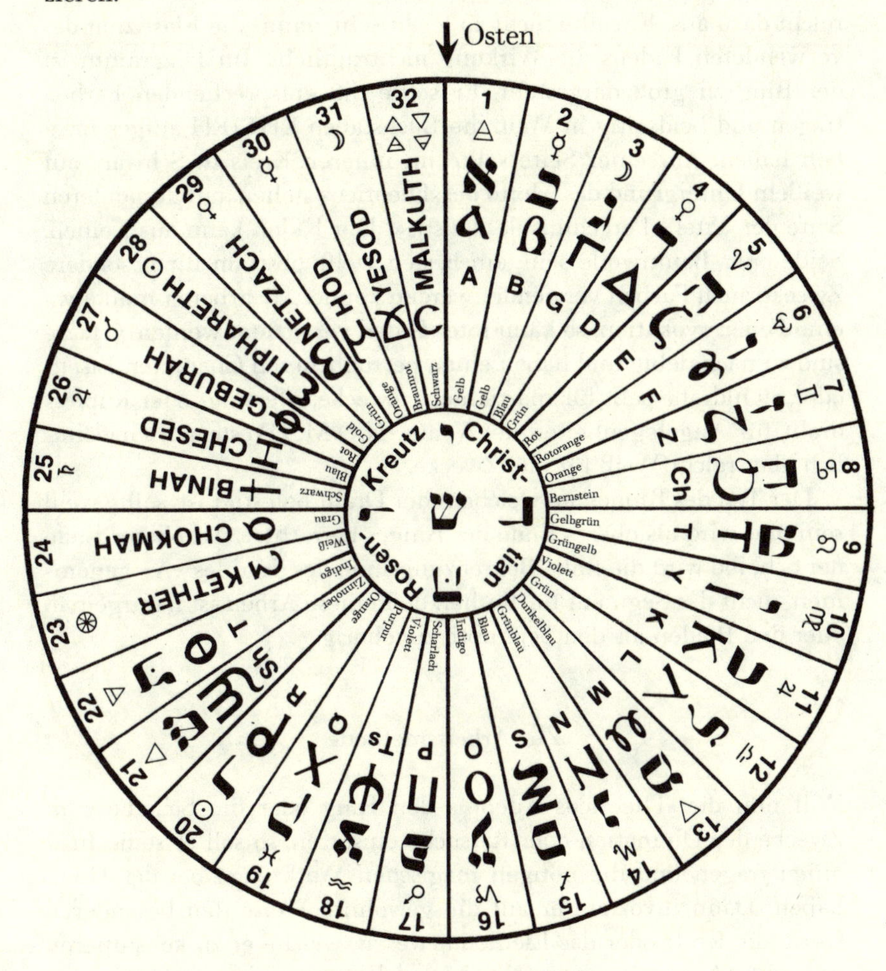

Die Scheibe

Die Strahlen sollten die Farbe der Buchstaben haben, welchen sie zugeordnet sind, um das weiße Licht des Zentrums in seiner Tätigkeit durch die Farben zu repräsentieren.

Die Buchstaben sind einem oder mehreren Alphabeten entnommen, und auch die Zahlenwerte und jetziratischen Zuordnungen können hinzugefügt werden. In allen Fällen sollte besonders darauf geachtet werden, daß der passende Farbstrahl von der weißen Mitte zu den Buchstaben führt, zu welchem die Farbe gehört.

Der Ring sollte in passender Größe angefertigt werden und aus zweckmäßigem Material sein, wie auch die Scheibe. Dicke Pappe reicht dazu aus. Er sollte nicht zu leicht sein, damit die Elastizität des verwendeten Fadens die Wirkung nicht aufhebt. Im Diagramm ist der Ring zu groß dargestellt. Er sollte die entsprechenden Farben tragen und beidseitig in Weiß die Buchstaben EHEIEH aufgeschrieben haben. Auf einer Seite sollte im inneren Kreis in Schwarz auf weißem Untergrund das Motto des Theoricus stehen, auf der anderen Seite der Titel »Pereclinus de Faustis«. Der Faden kann aus Leinen, Seide oder Baumwolle sein; am besten weiß, obschon für besondere Zwecke auch Farben verwendet werden können. Bearbeitet man etwa eine Feuerinvokation, so kann roter Faden verwendet werden. (Haare sind zu nachgiebig und haben einen persönlicheren Charakter. Eisen- oder Stahldraht paßt für martialische Zwecke, Messing- oder Kupferdraht für Angelegenheiten der Venus. N.O.M. [Westcott]) Gewöhnlich aber reicht Weiß für alle Zwecke.

Der Teil des Ringes, an welchem der Draht befestigt ist, sollte weiß sein und wird als oberes Ende des Ringes betrachtet. Als oberes Ende der Scheibe wird die linke Begrenzungslinie des Strahles »A« genommen, nicht das Segment für Kether, denn diese Arbeit ist naturgemäß eher den Pfaden als den Sephiroth zugehörig.

Zur Arbeitsmethode

Will nun der Theoricus Adeptus den Ring oder die Scheibe zum Zwecke der Divination oder Ratsuche einsetzen, so soll er seine Insignien tragen und die nötigen magischen Werkzeuge bei der Hand haben. Dann invoziere er auf die gewohnte Weise den besonderen Geist, die Kraft oder das Elementarwesen, welche er zu konsultieren wünscht. (Anmerkung von N.O.M.: »falls erwünscht mit Hilfe eines Telesmas. Bringe die Namen, Sigille und Siegel der Kraft auf die eine Seite, den Namen THMAH [in Koptisch geschrieben] auf die andere.«)

Er lege dann die Scheibe vor sich flach auf den Tisch. Ihr oberes Ende, das heißt, die linke Seitenlinie des Strahles »A« liege ihm immer gegenüber. In einer Hand halte er den Ring am Faden hängend und stütze den Ellbogen des betreffenden Armes auf den Tisch, damit er Festigkeit gewinnt, und lasse auf diese Weise den Ring genau über dem weißen Zentrum der Scheibe hängen und richte seinen Blick auf den gleichen Punkt.

Der Faden, an welchem der Ring hängt, sollte ganz genau über den Ballen des ersten Daumengliedes laufen und (das ist am wichtigsten) dort durch den Druck der Mitte des Ballens des ersten Fingergliedes desjenigen Fingers festgehalten werden, den man dafür gewählt hat. (Der Zeige- oder Mittelfinger werden dafür am zweckmäßigsten sein.) Der Ring wird bald beginnen, zu oszillieren und zu vibrieren.

Folgendermaßen erhält man dadurch Mitteilungen. Feine Pendelbewegungen, die nicht vollständig aus dem Kreis der Farbstrahlen in denjenigen der Buchstaben hineinreichen, werden nicht notiert. Bewegt er sich aber deutlich in den Kreis der Buchstaben hinein, so werden diese Buchstaben der Reihenfolge nach aufgeschrieben, als würde ein Wort oder Satz buchstabiert. Dreht sich der Ring rechtsläufig oder schwingt er nach rechts, so bedeutet das »Ja«. Dreht er sich aber linksläufig (gegen den Sonnenlauf), so bedeutet es »Nein«. Fährt er fort, nur vage zu pendeln, so bedeutet das »zweifelhaft«.

Der Ring soll ganz sorgfältig in der Mitte der Scheibe hängengelassen werden. Um Selbstbetrug zu vermeiden und bis einige Fertigkeiten in dieser Arbeit erworben sind, sollte sorgfältig darauf geachtet werden, daß die Hand so stabil wie möglich gehalten wird. Jede Mitteilung sollte sorgfältig geprüft werden (wie beim Hellsehen), um etwaige automatische Selbsttäuschungen oder willkürlichen Betrug zu vermeiden, sowohl seitens der invozierten Kraft als auch seitens gegnerischer Kräfte, die versuchen, sich dazwischenzuschalten und die Operation zu stören.

Außerdem sollte vorher genau klargestellt werden, welche Sprache zu benutzen ist und ob statt der Buchstaben die betreffenden Zahlenwerte gemeint sein sollen. Zum Schutz gegen Täuschungen und um den Operator mit der Operation zu identifizieren, ist es sinnvoll, die Gottesnamen und das Motto des Theoricus auf Scheibe und Ring anzubringen.

Die Weihung der Scheibe und des Ringes

Ein Altar des Golden Dawn wird wie gewöhnlich vorbereitet, das Kreuz darauf in das Dreieck gelegt, wie im Grade des Zelators, der Raum gereinigt und geweiht und so weiter. (Anmerkung von N.O.M. »Feuer, Luft, Wasser, drei Kreise auf dem Altar oder die drei Elemente. Eröffnung wie im Grade 1 = 10; oder mit der vollen Weihungsformel, die in den Ritualen des Rosenkreuzes, des Lotusstabes und der Elementarwaffen gegeben ist. Benutze die kleinen Bannungsrituale des Pentagramms und Hexagramms. Die vier magischen Werkzeuge können auf den Altar gelegt werden. Das Pentakel wird in die Mitte gelegt als Synthese von Dolch, Kelch und Stab darum herum.) Lege die Scheibe auf Kreuz und Dreieck, die linke Randlinie des Segmentes »A« entspricht dabei dem östlichen Kreuzarm. Lege den Ring genau auf die Mitte der Scheibe, wobei der Aufhängungspunkt (wo der Faden angebracht ist) mit der linken Randlinie des Segmentes »A« von der Scheibe zusammenkommt. Wickle den Faden spiralförmig in Sonnenlaufrichtung darum herum, so daß er auf den farbigen Teilen der Scheibe zu liegen kommt. Lege die niederen magischen Werkzeuge in den gewöhnlichen Winkeln oder Seiten darum herum.

Stehe westlich des Altares. Der Altar und die Stelle der Säulen sollen aufgebaut sein wie im Grade des Zelators 1 = 10. Halte das magische Schwert in der linken Hand und den Lotusstab am schwarzen Ende in der rechten, so daß der Knauf des Schwertes und der schwarze Teil des Stabes sich unmittelbar über dem linken und rechten Außenrand der Scheibe befinden. Die Spitze des Schwertes und das Lotusende des Stabes sollen senkrecht über dem Mittelpunkt von Ring und Scheibe verbunden sein. Verlies in dieser Stellung passende Reden an die himmlischen Kräfte, welche die Pfade und die Sephiroth beherrschen, und bitte darum, daß die Kraft der Wahrheit auf den Ring und die Scheibe übertragen werde.

Lege den Lotusstab rechts von der Scheibe nieder und das Schwert links davon. Gib dann die Gebärde des Vermittlers, nämlich des Zelators, und invoziere die große Göttin THMAH, um die Kräfte der Wahrheit darin zu manifestieren, kraft:

AEMETH אמת SIGILLUM DEI.

Und schließe mit dem dreifachen Namen der Göttin.

Θμαнш Θμαн† Θμαнƹ !

Thma-esh Thma-eth Thma-est

Ist die Zeremonie vollendet und befinden sich Scheibe und Ring nicht in Gebrauch, so wickle sie in ein sauberes weißes Leinen oder Seidentuch, wie auch im Falle des Rosenkreuzes und Lotusstabes.

Die philosophische Erklärung der Arbeit mit Ring und Scheibe

Der Theoricus Adeptus Minor möge sich ins Gedächtnis rufen, was in der Lehrschrift über den Mikrokosmos gesagt wurde, unter den Überschriften »Wie das spirituelle Bewußtsein um die Gefühlssphäre herum und jenseits davon wirksam werden kann« und »Das Reisen in der geistigen Schau«.

Bei der Arbeit mit Ring und Scheibe bildet der Ausführende zum Teil aus seinem eigenen Nephesch und zum Teil aus der umgebenden Atmosphäre eine Art stumpfen Kegel aus astralem Licht. Die Scheibe ist seine Basis, während sich die stumpfe Spitze am Aufhängungspunkt des Ringes befindet, wo der Faden zwischen dem Daumen und Finger des Ausführenden durchläuft. Die Tätigkeit des Willens des Handelnden bei der Formulierung seines Wunsches nach einer Mitteilung bildet das Symbol eines Empfängers für Eindrücke. Dieses wird die Form eines weiteren umgekehrten Kegels annehmen, der sich vom Aufhängungspunkt des Ringes aus erhebt. Vom Ring als Grundlage wird sich also das astrale Licht in einer Form aufbauen, die in etwa einem Stundenglas ähnelt, dessen Mittelpunkt sich am Finger und Daumen des Ausführenden befindet, der den Faden der Ringaufhängung hält. Und die Hand wird die Eindrücke, die vom konischen Empfänger aufgenommen werden, in die Tätigkeit des unteren Kegels übersetzen, so daß diese Ideen sich dort in Worten und Sätzen ausdrücken, welche von den Bewegungen des Ringes über den Buchstaben der Scheibe buchstabiert werden.

Würde eine uneingeweihte Person diese Form der Divination oder Ratsuche versuchen, so würde er oder sie in Unkenntnis der anzuwendenden Formeln fast mit Sicherheit einen kegelförmigen Empfangstrichter in seiner oder ihrer eigenen Gefühlssphäre aufbauen und auf diese Weise einen offenen Pfad für Besessenheit vorbereiten. Also buchstabiert nicht die invozierte Kraft selbst die Wörter, sondern zum großen Teil *ist es der Ausführende selbst, der seine eigenen Eindrücke davon übersetzt.* Aus diesem Grunde wird diese Divinationsform dem Zelator Adeptus noch nicht gelehrt, denn Selbstbetrug ist dabei so einfach, und die Hand kann leicht das übersetzen, was das Herz sich wünscht.

Deshalb ist auch die Sprache, in welcher die Mitteilung empfangen wird, nicht notwendigerweise diejenige, welche die invozierte Kraft selbst spräche, vorausgesetzt, sie würde mit menschlichen Sprechorganen ausgestattet, sondern der Ausführende übersetzt seine Eindrücke gemäß seinem eigenen Verständnis. Und all dies geschieht entsprechend dem Maße an Kraft, welche im oberen oder unteren Kegel ausgeübt wird.

Der Gebrauch der Vakuumbildung in der Atmosphäre, um das Hellsehen oder den Empfang von Vorstellungen bei der magischen Arbeit zu unterstützen

Der erste und wichtigste Punkt ist die Bildung eines Kegels und daraus eines Wirbels, dessen Mittelpunkt zunächst auf und ab bewegt wird und auf diese Weise den Umriß einer Kugel bildet, die vom Wirbel eingeschlossen ist, der an der Umrandung zunimmt, zu den Polen hin zusammenläuft und dort endet.

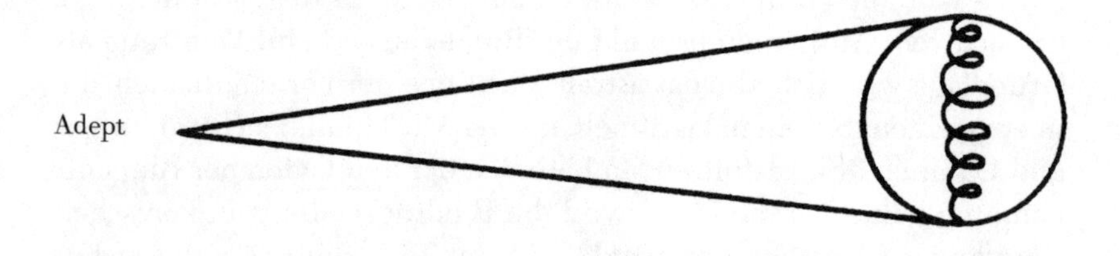

Von den Polen her laufen zwei Mitteilungsstrahlen zu einem Brennpunkt in der Gefühlssphäre zusammen. Diese Sphäre wird deshalb künstlich so aufgebaut, daß sie ein Vakuum umschließt und darum natürlicherweise zu einer Spiegelung des Universums wird. Deshalb wird alles, was der Ausführende sehen will, durch Entsprechung dort hinein reflektiert.

Dann befehle der Adept, daß sich darin manifestiere, was er sehen will. Handelt es sich jedoch um ein Elementarwesen oder einen Geist von materieller oder böser Natur, so schütze er sich sorgfältig gegen Besessenheit, denn deren Eintritt in die betreffende Sphäre kann ihnen eine gewisse Macht über seine eigene Gefühlssphäre verleihen. Hat er sein Ziel erreicht, so soll er die beschworene Kraft bannen, ihren Fortgang befehlen oder ihr das Fortgehen erlauben. Dann wird der Konstruktionsvorgang rückgängig gemacht und der Wirbel in seine Sphäre zurückgezogen, wobei die letztere an der betroffenen Stelle sorgfältig verschlossen wird.

Über die Operation, die in alter Zeit als magische Ratsuche mittels des Dreifußes bekannt war (und in den letzten Jahren in verzerrter Form unter den Uneingeweihten mit dem Titel des Spiritualismus oder Tischrückens wiederauflebte).

Möchte der Theoricus Adeptus Minor den Dreifuß oder dreifüßigen Tisch zur magischen Ratsuche verwenden, so soll er wissen, daß das Modell derselben der kreisförmige Altar im Gewölbe des Christian Rosenkreutz ist. Ein Bein des Tisches soll mit dem östlichen Punkt der Oberfläche zusammenfallen, welche später in Farben angemalt wird, die genau denjenigen des Altares entsprechen. Die Beine sind schwarz. (Ein Tisch kann eine regulär bemalte Oberfläche und andere, abnehmbare haben, die für spezielle Zwecke bemalt sind. N.O.M.) Falls er wünscht, kann der ausführende Magier einen passenden magischen Schutzkreis auf den Boden um sich herum ziehen, um sich besser zu isolieren. Dieser entspreche der zu invozierenden Kraft, und der Magier sitze darin, während er mit dem Dreifuß arbeitet. (Anmerkung: Solch ein Kreis kann aus einem Band bestehen, auf welches an bestimmten Stellen Telesmata oder Pentakel gelegt werden. N.O.M.) Die Arbeitsmethode ist folgendermaßen.

Der Tisch wird in den gleichen Richtungen aufgestellt wie der Altar im Gewölbe. Ein Bein bezeichnen wir als Spitze des von den Beinen geformten Dreiecks; es wird in die östliche Richtung gestellt, entsprechend dem auf die Oberfläche gezeichneten Muster. Gewöhnlich wird der Ausführende, wenn er allein arbeitet, am besten auf der Westseite des Tisches sitzen oder an dem Punkt, der unmittelbar gegenüber der Kraft liegt, die evoziert wird. Dann lege er seine Hände auf die Oberfläche des Tisches. Nach gewisser Zeit, deren Länge von verschiedenen Bedingungen abhängt, wird der Dreifuß beginnen, sich auf und ab zu neigen, und in manchen Fällen können sogar eine Art plötzlicher Klopfzeichen gehört werden, die von plötzlichen Übertragungen astraler Kraft aus dem Empfangskegel zu dem Tisch herrühren. Man denke nun daran, daß die Bewegungen des Tisches wirklich das vereinte Ergebnis des Ausführenden und der mitteilenden Kraft sein sollen, immer vorausgesetzt, daß der Ausführende nicht von der invozierten Kraft besessen ist, noch sich absichtlich selbst täuscht. Die philosophische Erklärung dazu gleicht dem Prinzip der Scheibe und des Ringes. Nur ist in diesem Falle der Selbstbetrug noch leichter.

Zum Empfang der Mitteilungen durch den Dreifuß sollte ein zweckmäßig vorher entworfener Entsprechungsplan eingesetzt werden, der zwischen den Neigungen des Tisches und den Buchstaben des Alphabetes oder einfachen Worten vermittelt.

Diese Art der magischen Operation ist gewöhnlich viel ermüdender als die Verwendung von Ring und Scheibe, denn eine viel größere Menge astraler Kraft wird bei dieser Operation gebraucht. Nicht nur eine, sondern mehrere Personen können an dieser Arbeit mit dem Dreifuß teilnehmen. In einem solchen Fall sollen sie die Punkte des Tisches unter sich so aufstellen, wie es ihrer jeweiligen Natur entspricht oder den Kräften, mit denen jeder von ihnen Verbindung aufnehmen möchte. Handelt es sich um drei Personen, so sollen sie Luft, Feuer und Wasser besetzen und die Erde leer lassen. Sind es fünf Personen, so besetzen sie den Geist und die vier Elemente, wobei der Geist sich am Ostpunkt befindet. Handelt es sich um sechs oder sieben Personen, so nehmen sie die Punkte des Hexagramms und so weiter, immer entsprechend den jeweiligen Richtungen, so daß sie immer ein willkürlich und nicht zufällig ausgeglichenes Symbol bilden. Im Falle von mehreren teilnehmenden Personen wird jeder von ihnen einen eigenen Kegel ausbilden. Die Synthese derselben bildet einen weiteren großen Kegel, der das Ganze umschließt und auf diese Weise eine große Kraftmenge hineinbringen kann. Es sollte aber auch sorgfältig auf Besessenheit und Selbsttäuschung achtgegeben werden.

Unter den Ausführenden sollte große Harmonie herrschen, denn auch die geringsten Gefühlsmißklänge werden Fehler oder Störungen hervorrufen. Und denkt daran, daß bei der Arbeit mit dem Dreifuß der Empfangskegel jede vorbeikommende Intelligenz oder Kraft anziehen wird. Ohne die größte Vorsicht können also leicht Täuschungen auftreten. Und selbst gegen die Absicht der mitteilenden Intelligenz können Täuschungen aufgrund von wirren Fehlübersetzungen des oder der Ausführenden zustandekommen.

Man kann auch mit Tischen, die nicht kreisförmig sind oder vier oder mehr Beine haben, Ergebnisse erzielen. Doch ist der Dreifuß die beste Form. Man kann auch Ring und Scheibe in Verbindung mit dem Dreifuß benutzen. Bei Invokationen werden eine oder mehrere blitzende Tafeln entsprechend der Natur der zu invozierenden Kraft auf den Tisch gelegt. Indem der Tisch als physikalische Grundlage der Kraft benutzt wird und man darauf sitzt, können sogar physische Erscheinungen und Manifestationen hervorgebracht werden. In solch einem Fall kann es von Vorteil sein, am Rand des Tisches einen schwarzen Behang anzubringen (der jedoch nicht die Tischoberfläche bedecken darf, denn sonst würden die Symbole versteckt. S.R.M.D. [Mathers]), welcher bis auf den Boden reicht, um gleichsam einen zylindrischen Kraftempfänger zu bilden, der sich von der Oberfläche des Tisches zum Boden erstreckt. Ein solcher Behang sollte drei Teile haben, oder es werden drei Schlitze geschnitten, an jedem Tischbein einer von der Tischplatte bis zum Boden, so daß die drei Teile nur an der Kante der Tischplatte verbunden sind.

Bei all solchen Arbeiten schütze man sich mit größter Sorgfalt gegen Besessenheit. Das Auftreten einer solchen kann gefährlich sein, wenn auch manchmal verblüffende physische Wirkungen daraus folgen. Eine solche Besessenheit wird den Ausführenden immer dazu bringen, die Tätigkeit der evozierten Kraft zu personifizieren und zu imitieren, sogar bis zum Versuch hin, sich selbst und die anderen Anwesenden zu täuschen.

Der Theoricus Adeptus Minor hat jedoch ausreichende Kenntnisse, um zu wissen, was hierbei zu tun und was zu vermeiden ist, und wann.

Die Formel dieser Arbeit mit dem Dreifuß ähnelt sehr der Pyramiden- und Sphinx-Formel bei den henochischen Tafeln. Der stumpfe Kegel entspricht der Pyramide mit einem sich darüber öffnenden Empfangskegel, um die Kraft anzuziehen, die durch die Spitze desselben wirken soll. Die Oberfläche des Tisches entspricht der Stelle der Sphinx.

Man sieht also, wie spezifisch der Ausführende bei der Unterscheidung der Kraft vorgehen muß, welche durch den darüber befindlichen Wirbel wirksam werden soll.

Teil IX

Der Tarot

Das vollständige Tarot-System des Golden-Dawn

Dieses umfaßt die Dokumente N, O, P, Q, R und ein unbenanntes Papier des Grades Theoricus Adeptus Minor.

Die Operationen dieser geheimen Weisheit werden dem großen Engel Hru unterstellt

»Was du siehst, schreibe in ein Buch und sende es an die sieben Stätten in Assiah.«

»Und in der rechten Hand von ihm, der auf dem Thron saß, sah ich ein Buch mit sieben Siegeln gesiegelt. Und ich sah einen starken Engel, der mit lauter Stimme verkündete ›Wer ist würdig, das Buch zu öffnen und seine Siegel zu lösen?‹«

Die Titel der Tarotkarten

1. Das As der Stäbe wird als Wurzel der Feuermächte bezeichnet.
2. Das As der Schwerter wird als Wurzel der Mächte der Luft bezeichnet.
3. Das As der Münzen wird als Wurzel der Mächte der Erde bezeichnet.
4. Das As der Kelche wird als Wurzel der Mächte der Wasser bezeichnet.
5. Der König der Stäbe ist der Herr von Flamme und Blitz, der König der Feuergeister.
6. Die Königin der Stäbe ist die Königin der Flammenthrone.
7. Der Ritter der Stäbe ist der Prinz des Feuerwagens.
8. Der Knappe der Stäbe ist die Prinzessin der leuchtenden Flamme, die Rose des Feuerpalastes.

9. Der König der Kelche ist der Herr der Wellen und Wasser, der König der Heerscharen des Meeres.
10. Die Königin der Kelche ist die Königin der Throne der Wasser.
11. Der Ritter der Kelche ist der Prinz des Streitwagens der Wasser.
12. Der Knappe der Kelche ist die Prinzessin der Wasser und des Lotus.
13. Der König der Schwerter ist der Herr der Winde und Lüfte, der König der Luftgeister.
14. Die Königin der Schwerter ist die Königin der Throne der Luft.
15. Der Ritter der Schwerter ist der Prinz der Streitwagen der Winde.
16. Der Knappe der Schwerter ist die Prinzessin der stürmenden Winde, der Lotus des Luftpalastes.
17. Der König der Münzen ist der Herr des weiten und fruchtbaren Landes, der König der Erdgeister.
18. Die Königin der Münzen ist die Königin der Erdthrone.
19. Der Ritter der Münzen ist der Prinz des Streitwagens der Erde.
20. Der Knappe der Münzen ist die Prinzessin der widerhallenden Berge, die Rose des Erdpalastes.

Namen und Zuordnungen der Tarottrümpfe

Namen	Titel	Hebr. Buchst.	Zeichen
Narr	Geist des Äthers	Aleph	Luft
Magier	Magus der Macht	Beth	Merkur
Hohepriesterin	Priesterin des Silbersterns	Gimel	Mond
Herrscherin	Tochter der Mächtigen	Daleth	Venus
Herrscher	Sohn des Morgens; Herr unter den Mächtigen	Heh	Widder
Hierophant	Magus der ewigen Götter	Vau	Stier
Die Liebenden	Kinder der himmlischen Stimme; Orakel der mächtigen Götter	Zajin	Zwillinge
Der Wagen	Kind der Mächte der Wasser; Herr des Triumphs des Lichtes	Cheth	Krebs
Stärke	Tochter des Flammenschwertes; Löwenführerin	Teth	Löwe

Das Ankh des Tarot

Eremit	Magus der Stimme des Lichts; Prophet der Götter	Jod	Jungfrau
Schicksalsrad	Herr der Lebenskräfte	Kaph	Jupiter
Gerechtigkeit	Tochter des Herrn der Wahrheit; Trägerin der Waage	Lamed	Waage
Der Gehängte	Geist der mächtigen Wasser	Mem	Wasser
Der Tod	Kind des großen Wandlers; Herr der Pforten des Todes	Nun	Skorpion
Das Maß	Tochter des Versöhners; Hervorbringerin des Lebens	Samekh	Schütze
Teufel	Herr der Pforten der Materie; Kind der Kräfte der Zeit	Ajin	Steinbock
Einstürzender Turm	Herr der mächtigen Heerscharen	Peh	Mars
Stern	Tochter des Firmaments; Zwischen den Wassern Wohnende	Tzaddi	Wassermann
Mond	Gebieter über Strom und Rückstrom; Kind des Sohnes der Mächtigen	Qoph	Fische
Sonne	Herr des Weltenfeuers	Resh	Sonne
Jüngstes Gericht	Geist des Urfeuers	Shin	Feuer
Die Welt	Die Große aus der Nacht der Zeit	Tau	Saturn

Namen und Zuordnungen der verbleibenden kleinen Arkane

Karte	Herr der/des	Dekanat	Zeichen
5 der Stäbe	Zwietracht	Saturn	Löwe
6 der Stäbe	Sieges	Jupiter	Löwe
7 der Stäbe	Tapferkeit	Mars	Löwe
8 der Münzen	Klugheit	Sonne	Jungfrau
9 der Münzen	materiellen Gewinns	Venus	Jungfrau

10 der Münzen	Reichtums	Merkur	Jungfrau
2 der Schwerter	wiederhergestellten Friedens	Mond	Waage
3 der Schwerter	Leidens	Saturn	Waage
4 der Schwerter	Ruhe nach dem Kampf	Jupiter	Waage
5 der Kelche	Verlustes im Vergnügen	Mars	Skorpion
6 der Kelche	Freude	Sonne	Skorpion
7 der Kelche	illusionären Erfolges	Venus	Skorpion
8 der Stäbe	Schnelligkeit	Merkur	Schütze
9 der Stäbe	große Kraft	Mond	Schütze
10 der Stäbe	Unterdrückung	Saturn	Schütze
2 der Münzen	harmonischen Veränderung	Jupiter	Steinbock
3 der Münzen	materiellen Arbeiten	Mars	Steinbock
4 der Münzen	irdischen Macht	Sonne	Steinbock
5 der Schwerter	Niederlage	Venus	Wassermann
6 der Schwerter	verdienten Erfolges	Merkur	Wassermann
7 der Schwerter	unbeständigen Mühe	Mond	Wassermann
8 der Kelche	aufgegebenen Erfolges	Saturn	Fische
9 der Kelche	materiellen Glücks	Jupiter	Fische
10 der Kelche	vollendeten Erfolges	Mars	Fische
2 der Stäbe	Herrschaft	Mars	Widder
3 der Stäbe	gefestigten Kraft	Sonne	Widder
4 der Stäbe	vollbrachten Arbeit	Venus	Widder
5 der Münzen	materiellen Schwierigkeiten	Merkur	Stier
6 der Münzen	materiellen Erfolges	Mond	Stier
7 der Münzen	unerfüllten Erfolges	Saturn	Stier
8 der Schwerter	verringerten Kraft	Jupiter	Zwillinge
9 der Schwerter	Verzweiflung und Grausamkeit	Mars	Zwillinge
10 der Schwerter	Verderbens	Sonne	Zwillinge
2 der Kelche	Liebe	Venus	Krebs
3 der Kelche	Überflusses	Merkur	Krebs
4 der Kelche	gemischten Freuden	Mond	Krebs

Die 78 Tarotkarten
Ihre Beschreibung und Bedeutung

Die Asse

Der Reihenfolge und der Erscheinung nach stehen am Anfang die Asse. Sie repräsentieren die Kraft des Geistes, der in den vier Reihen eines jeden Elementes tätig ist und sie verbindet. Sie entsprechen dem Bereich der Buchstaben des Namens in Kether eines jeden Elementes. Sie repräsentieren die Wurzelkraft und sollen am Nordpol des Universums ihre Stätte haben, wo sie sich drehen und seine Drehung als Bindeglieder zwischen Jetzirah und Assiah regieren.

Die Wurzel der Feuermächte

As der Stäbe

Eine weiß strahlende Engelhand, die aus Wolken hervorkommt und einen schweren Stab mit drei Zweigen in den Farben und mit den Sigillen der Reihen hält. Die Zweige zur Rechten und Linken laufen jeweils in drei Flammen aus und der mittlere in vier Flammen, wodurch sich die Zahl zehn der Sephiroth ergibt. Zweiundzwanzig züngelnde Flämmchen oder Jods umgeben ihn entsprechend den Pfaden. Unter dem rechten Zweig fallen drei für Aleph, Mem und Shin. Sieben fallen über dem mittleren Zweig für die Doppelbuchstaben. Zwischen diesem und dem rechten sowie um den linken Zweig herum befinden sich zwölf, sechs darüber und sechs darunter. Das Ganze stellt eine große und flammende Fackel dar, die Stärke, Macht, Heftigkeit, Energie und Eile repräsentiert. Seinem Wesen nach gebietet es über verschiedene Arbeiten und Fragen. Es steht für natürliche Kraft, im Gegensatz zu invozierter.

Die Wurzel der Mächte der Wasser

As der Kelche

Eine strahlend weiße Engelhand, die aus Wolken hervorkommt und auf ihrer Handfläche einen Kelch trägt, der demjenigen des Stolistes ähnelt. Daraus erhebt sich eine Fontäne klaren und glitzernden Wassers. Tropfen sprühen auf allen Seiten in das klare, ruhige Wasser darunter, in welchem Lotus und Wasserlilien wachsen. Der große Buchstabe Heh der himmlichen Mutter ist in die versprühten Tropfen der Fontäne gezeichnet. Es symbolisiert Fruchtbarkeit, Schönheit, Vergnügen, Glück und so weiter.

Die Wurzel der Mächte der Luft

As der Schwerter

Eine weiß strahlende Engelhand, die aus den Wolken hervorkommt und den Griff eines Schwertes umfaßt, welches eine weiß strahlende, himmlische Krone auf der Spitze trägt. Von dieser hängen auf der rechten Seite der Olivenzweig des Friedens herab und auf der linken der Palmenzweig des Leidens. Sechs Vaus fallen von seiner Spitze herunter.

Es symbolisiert die invozierte im Gegensatz zur natürlichen Kraft, denn es ist die Invokation des Schwertes. Aufwärts gerichtet invoziert es die göttliche Krone des spirituellen Lichts. Umgekehrt ist es die Invokation der dämonischen Macht und wird zu einem furchtbaren, bösen Symbol. Es repräsentiert deshalb sehr viel Kraft zum Guten oder Bösen, aber eine *invozierte*. Außerdem repräsentiert es wirbelnde Kraft sowie Stärke durch Leiden. Es ist die Bekräftigung der Gerechtigkeit, welche die göttliche Autorität aufrechterhält. Es kann zum Schwert des Zornes, der Strafe und des Leidens werden.

Die Wurzel der Erdmächte

As der Münzen

Eine weiß strahlende Engelhand, die einen Rosenzweig hält, auf welchem sich eine große Münze befindet, die aus fünf konzentrischen Kreisen gebildet wird. Der innerste Kreis ist weiß und mit einem roten griechischen Kreuz versehen. Von diesem weißen Zentrum gehen zwölf weiße Strahlen aus. Sie enden in der Umrandung und lassen das Ganze wie eine astrologische Figur des Firmaments aussehen.

Es ist von einem kleinen Kreis gekrönt, über welchem sich ein großes Malteserkreuz und an den Seiten zwei Flügel befinden. Vier Rosen und zwei Knospen zeigen sich. Die Hand tritt aus den Wolken hervor wie in den anderen drei Fällen. Es repräsentiert Materialität in jeder Hinsicht in gutem und in bösem Sinne und ist deshalb in gewisser Hinsicht illusionär. Es zeigt materiellen Gewinn, Arbeit, Macht, Reichtum und so weiter.

Die sechzehn Hofkarten

Die vier Könige

Die vier Könige oder Figuren zu Pferde. (Dies ist wichtig wegen der allgemeinen Verwirrung zwischen Königen und Rittern, die sogar in diesen Dokumenten herrscht. Alle Könige sollten zu Pferde sein und alle Ritter auf Thronen oder Wagen.) Sie repräsentieren die Kräfte des Jod des Namens in jeder Farbe, die Wurzel, den Vater und den Beginn der materiellen Kräfte. Eine Kraft, welche alle anderen einbezieht, aus der sie sich entwickeln und deren Vollendung sie bilden. Eine schnell und heftig wirkende Kraft, deren Effekt jedoch schnell wieder schwindet und die deshalb von einer auf einem Pferd schnell reitenden Figur symbolisiert wird, die voll gewappnet ist.

Deshalb ist die Kenntnis der Königsreihe so notwendig für den Beginn aller magischen Arbeit.

Die vier Königinnen

Sie sitzen auf Thronen und repräsentieren die Kräfte des Heh des Namens in jeder Farbe. Die Mutter und Hervorbringerin materieller Kraft, einer Kraft, die sich entwickelt und die Kraft des Königs verwirklicht. Eine beständige und nicht wankende Kraft, nicht schnell, aber ausdauernd. Sie wird deshalb von einer Figur auf einem Thron symbolisiert, die ebenfalls mit einer Rüstung bekleidet ist.

Die vier Ritter

Diese Ritter (manchmal auch Prinzen genannt) sind Figuren, die in Wagen sitzen und von diesen fortgetragen werden. Sie stellen die Kräfte des Vau des Namens in jeder Farbe dar. Der mächtige Sohn des Königs und der Königin, der den Einfluß von beiden Reihen der Kräfte verwirklicht. Ein Prinz, der Sohn eines Königs und einer Königin, doch ein Prinz der Prinzen und ein König der Könige. Ein Herrscher, dessen Wirksamkeit gleichzeitig schnell (doch nicht so schnell wie beim König) und ausdauernd (doch nicht so beständig wie bei der Königin) ist. Deshalb wird er von einer im Wagen fahrenden Gestalt dargestellt und mit einer Rüstung bekleidet. Doch seine Kraft ist illusionär, wenn sie nicht von seinem Vater oder seiner Mutter in Bewegung gesetzt wird.

Die vier Prinzessinnen

Diese sind auch als Knappen bekannt. Die vier Prinzessinnen oder Amazonengestalten stehen in sich selbst fest gegründet, reiten nicht auf Pferden und sitzen nicht auf Thronen, noch fahren sie in Wagen. Sie repräsentieren die Kräfte des schließenden Heh des Namens in jeder Farbe und vollenden die Einflüsse der anderen Reihen. Die mächtige und kraftvolle Tochter eines Königs und einer Königin, eine machtvolle und furchtbare Prinzessin. Eine Königin der Königinnen, eine Herrscherin, deren Wirksamkeit diejenigen von König, Königin und Prinz vereint. Gleichzeitig heftig und ausdauernd wird sie als eine fest alleinstehende Figur symbolisiert, die nur teilweise bekleidet ist und kaum Rüstung trägt. Doch existiert ihre Kraft nur aufgrund der anderen und ist dann in der Tat materiell mächtig und furchtbar. Sie bildet den Thron der geistigen Kräfte. Wehe denen, die gegen sie Krieg führen, wenn sie so fest gegründet ist!

Wo die Hofkarten wirken

Die Prinzessinnen gebieten über die vier Teile der himmlischen Gefilde, welche um den Nordpol herum und über den jeweiligen cherubinischen Zeichen des Zodiaks liegen. Sie bilden die Throne für die Mächte der vier Asse.

Die zwölf Karten, vier Könige, vier Königinnen und vier Ritter gebieten über die himmlischen Gefilde zwischen denen der vier Prinzessinnen und dem Tierkreis, wie später gezeigt wird. Sie verbinden gleichsam die Zeichen untereinander.

Stäbe

Der Herr von Flamme und Blitz
König der Feuergeister

König der Stäbe

Ein geflügelter Krieger, der auf einem schwarzen Pferd mit flammender Mähne und Schwanz reitet. Das Pferd selbst ist nicht geflügelt. Der Reiter trägt einen geflügelten Helm (wie die alten skandinavischen und gallischen Helme) mit einer Königskrone, einen Harnisch aus Schuppenpanzer und einen Beinschutz aus dem gleichen Material sowie einen wehenden Scharlachmantel. Auf seinem Helm, seinem Harnisch, seinen Schulterstücken und Panzerstiefeln trägt er als Wappen einen geflügelten schwarzen Pferdekopf. Er hält einen Stab mit flammenden Enden, der dem Symbol des Asses der Stäbe ähnelt, jedoch nicht so schwer ist. Außerdem zeigt er das Sigill seiner Reihe.

Unter den stürmenden Hufen seines Hengstes sind wabernde Feuerflammen. Er ist aktiv, großzügig, wild, spontan und heftig. In schlechter Stellung ist er bösartig, grausam, bigott und brutal. Er gebietet über die himmlischen Gefilde von 20 Grad Skorpion und die ersten beiden Dekanate des Schützen und umfaßt damit auch einen Teil der Konstellation des Herkules (welcher ebenfalls eine Keule trägt). Feuer von Feuer. König der Salamander.

Königin der Flammenthrone

Königin der Stäbe

Eine gekrönte Königin mit langem rotgoldenem Haar, die auf einem Thron sitzt. Unter ihr flackern ruhige Flammen. Sie trägt Harnisch und Beinschutz aus Schuppenpanzer, die unter ihrem Umhang zu sehen sind. Ihre Arme sind fast nackt. Auf Harnisch und Stiefeln trägt sie geflügelte Leopardenköpfe. In das gleiche Symbol gipfelt ihre Krone. An ihrer Seite liegt ruhend ein Leopard, auf welchem ihre Hand liegt. Sie trägt einen langen Stab mit einem schweren kegelförmigen Ende. Ihr Gesicht ist schön und entschlossen.

Anpassungsfähigkeit; stetige, auf ein Objekt angewandte Kraft. Beständige Herrschaft, große Anziehungskraft, Befehlsgewalt, die dennoch beliebt ist. Ohne Widerstand freundlich und großzügig. In schlechter Stellung widerspenstig, rachsüchtig, herrschsüchtig, tyrannisch und fähig, sich ohne Grund plötzlich gegen jemand anderen zu wenden. Sie herrscht über den Himmel vom letzten Dekanat der Fische bis zum 20. Grad des Widders und umfaßt damit einen Teil der Andromeda. Wasser von Feuer. Königin der Salamander oder Salamandrinnen.

Der Prinz des Feuerwagens

Ritter der Stäbe

Eine königliche Gestalt (aber *nicht* ein König) mit golden geflügelter Krone, auf einem Streitwagen sitzend. Er hat große weiße Flügel. Ein Rad des Streitwagens ist sichtbar. Er trägt Harnisch und Beinschutz aus Schuppenpanzer, welche mit einem geflügelten Löwenkopf geschmückt sind, welches Symbol sich auch an der Spitze seiner Krone befindet. Sein Wagen wird von einem Löwen gezogen. Seine Arme sind nackt bis auf die Schulterstücke des Harnischs, und er trägt eine Fackel oder einen Feuerstab, welcher dem des Z. A. M. in etwa gleicht. Unter dem Wagen befinden sich einige aufgewühlte und einige ruhige Flammen.

Schnell, stark, eilig, ziemlich heftig, aber gerecht und großzügig, edel und den Geiz verachtend. In schlechter Stellung grausam, intolerant, voreingenommen und von unangenehmem Wesen. Er gebietet über die himmlischen Gefilde vom letzten Dekanat des Krebses bis zum zweiten Dekanat des Löwen. Er umfaßt daher den größten Teil des kleineren Löwen. Luft von Feuer. Prinz und Herrscher der Salamander.

Prinzessin der leuchtenden Flamme
Die Rose des Feuerpalastes

Knappe der Stäbe

Eine sehr starke und schöne Frau mit fließendem rotgoldenem Haar, gekleidet wie eine Amazone. Ihre Schultern, Arme, Brüste und Knie sind nackt. Sie trägt einen kurzen Rock, der bis zu den Knien reicht. Um ihre Taille befindet sich ein breiter Gürtel aus Schuppenpanzer, an den Seiten schmal, vorne und hinten breit. An der Vorderseite desselben befindet sich ein geflügelter Tigerkopf. Sie trägt einen Helm von korinthischer Form und eine Krone mit langem Federbusch. Diese gipfelt ebenfalls in einen Tigerkopf, und das gleiche Symbol bildet auch die Ausbuchtungen ihres gepanzerten Beinschutzes.

Von ihren Schultern über den Rücken fällt ein mit Tigerfell gesäumter Mantel. Ihre rechte Hand ruht auf einem kleinen Gold- oder Messing-Altar, der mit Widderköpfen geschmückt ist und von dem Feuerflammen ausgehen. Mit der linken Hand lehnt sie auf einer langen und schweren Keule, die am unteren Ende dicker wird, wo sich das Sigill befindet. Der ganzen Länge nach springen Flammen aus ihr hervor, doch in aufsteigender Richtung. Der Stab oder die Fackel ist viel länger als diejenigen von König oder Königin. Unter ihren fest stehenden Füßen springen Feuerflammen hervor.

Brillanz, Mut, Schönheit, Kraft, Spontaneität in Wut und Liebe, Verlangen nach Macht, Begeisterungsfähigkeit, Rache.

Schlecht gestellt oberflächlich, theatralisch, grausam, labil, beherrschend. Sie gebietet über einen Quadranten des Himmels rund um den Nordpol. Erde von Feuer. Prinzessin und Herrscherin der Salamander. Thron des Asses der Stäbe.

Kelche

Herr der Wellen und Wasser
König der Heerscharen des Meeres

König der Kelche

Ein schöner, jugendlicher, geflügelter Krieger mit wehendem Haar, der auf einem weißen Pferd reitet, welches jedoch nicht geflügelt ist. In der Ausrüstung ähnelt er im allgemeinen dem König der Stäbe, aber auf seinem Helm, seinem Harnisch und seinem Beinschutz befindet sich ein Pfau mit aufgestellten Schwanzfedern. Er hält einen Kelch in der Hand, welcher das Sigill der Reihe[1] trägt. Unter den Hufen seines Pferdes befindet sich das Meer. Aus dem Kelch kriecht ein Krebs hervor.

Anmutig, poetisch, venusisch, träge, falls aber einmal angesprochen, begeistert. Schlecht gestellt ist er sinnlich, träge und unehrlich. Er gebietet über die Himmel vom 20 Grad Wassermann bis 20 Grad Fische und umfaßt einen großen Teil des Pegasus. Feuer von Wasser. König der Undinen und Nymphen.

Königin der Throne der Wasser

Königin der Kelche

Eine sehr schöne, blonde Frau, die wie eine gekrönte Königin auf einem Thron sitzt. Darunter fließt Wasser, worin man Lotusblumen sieht. Ihre Kleidung gleicht allgemein derjenigen der Königin der Sterne, aber auf ihrer Krone, ihrem Harnisch und ihrem Beinschutz sieht man Ibisse mit geöffneten Flügeln. Neben ihr befindet sich der gleiche Vogel, auf welchem ihre Hand ruht. Sie hält einen Kelch, aus dem eine Languste hervorkommt. Ihr Gesicht schaut träumerisch. Sie hält einen Lotus in der Hand über dem Ibis.

Sie ist phantasievoll, poetisch und nett, setzt sich aber nicht allzusehr für andere ein. Unter ihrer träumerischen Erscheinung ist sie kokett und gutwillig. Ihre Vorstellungskraft ist stärker als ihre Gefühle. Sie ist leicht beeinflußbar und deshalb stärker als andere Symbole abhängig von guter oder schlechter Stellung. Sie gebietet über 20 Grad Zwillinge und 20 Grad Krebs. Wasser von Wasser. Königin der Nymphen und Undinen.

---

[1] Anm. d. Übers.: Mit »Reihe« (engl.: scale) ist hier die Reihe der Könige gemeint.

Prinz des Streitwagens der Wasser

Ritter der Kelche

Eine geflügelte königliche Gestalt mit geflügelter Krone, die in einem von einem Adler gezogenen Streitwagen sitzt. Auf dem Rad befindet sich das Symbol eines Skorpions. Den Adler trägt er auch als Wappen auf seiner Krone, auf dem Harnisch und den Stiefeln. Kleidung allgemein wie der Ritter der Stäbe. Unter seinem Wagen befindet sich ruhiges und stehendes Seewasser. Seine Schuppenpanzerung ähnelt mehr Federn als Schuppen. In der Hand hält er einen Lotus, in der anderen einen Kelch, der mit dem Sigill seiner Reihe versehen ist. Eine Schlange kommt aus dem Kelch hervor und neigt ihren Kopf hinab zu dem Wasser des Sees.

Er ist feinfühlig, leidenschaftlich, geschickt und künstlerisch. Ein wildes Wesen mit ruhiger Fassade. Kraftvoll im Guten oder Bösen, aber stärker vom Bösen angezogen, falls es mit anscheinender Weisheit ausgestattet ist. Schlecht gestellt ist er äußerst böse und gnadenlos. Er regiert von 20 Grad Waage bis 20 Grad Skorpion. Luft von Wasser. Prinz und Herrscher der Nymphen und Undinen.

Prinzessin der Wasser und Lotus des Palastes der Fluten

Knappe der Kelche

Eine schöne amazonenhafte Gestalt, die dem Wesen nach sanfter ist als die Prinzessin der Stäbe. Ihre Kleidung ist ähnlich. Sie steht auf einem Meer mit sprühender Gischt. Weiter zu ihrer Rechten befindet sich ein Delphin. Als Wappen auf ihrem Helm, ihrem Gürtel und ihren Stiefeln trägt sie einen Schwan mit geöffneten Schwingen. In einer Hand hält sie einen Lotus, in der anderen einen offenen Kelch, aus welchem eine Schildkröte hervorkommt. Ihr Umhang ist aus dünnem, fließendem Material und von Schwanenflaum gesäumt.

Liebenswürdigkeit, Poesie, Sanftheit und Freundlichkeit. Vorstellungskraft, Träumerei, beizeiten Trägheit, aber einmal geweckt sehr mutig. Schlecht gestellt ist sie selbst- und luxussüchtig. Sie gebietet über ein Viertel des Himmels um Kether herum. Erde von Wasser. Prinzessin und Herrscherin der Nymphen und Undinen. Thron des Asses der Kelche.

Schwerter

Herr der Winde und Lüfte
König des Luftgeistes

König der Schwerter

Ein geflügelter Krieger mit gekröntem und geflügeltem Helm, der auf einem braunen Hengst reitet und in seiner allgemeinen Ausrüstung dem König der Stäbe gleicht, als Wappen jedoch einen geflügelten sechsstrahligen Stern trägt, ähnlich dem auf den Köpfen von Kastor und Pollux dargestellten, den Dioskuren, den Zwillingen. (Sein Herrschaftsbereich umfaßt einen Teil ihrer Konstellation.) Er hält ein gezogenes Schwert mit dem Sigill seiner Reihe auf dem Knauf. Unter den Hufen seines Pferdes sind dunkle, treibende Stratuswolken.

Er ist aktiv, klug, feinfühlig, wild, empfindsam, mutig, geschickt, neigt ein wenig zur Dominanz und Überbewertung von Kleinigkeiten, wenn er nicht gut gestellt ist. Schlecht gestellt ist er betrügerisch, tyrannisch und gerissen. Gebietet über 20 Grad Stier bis 20 Grad Zwillinge. Feuer von Luft. König der Sylphen und Sylphiden.

Königin der Throne der Luft

Königin der Schwerter

Eine anmutige Frau mit lockig gewelltem Haar, wie eine Königin auf einem Thron sitzend und gekrönt. Unter ihrem Thron befinden sich graue Kumuluswolken. Ihre Kleidung ist allgemein derjenigen der Königin der Stäbe ähnlich. Doch trägt sie als Wappen einen geflügelten Kinderkopf (wie den Kopf eines kindlichen Cheruben, den man auf Grabsteinen gemeißelt sieht).

Sie hält ein gezogenes Schwert in der einen Hand und in der anderen den großen, bärtigen, gerade abgetrennten Kopf eines Mannes.

Sehr wachsam, genau in der Wahrnehmung, empfindsam, schnell, selbstsicher, oft sehr genau und ausdauernd in oberflächlichen Dingen, mutig, mit Spaß am Tanzen und Balancieren. Schlecht gestellt grausam, durchtrieben, betrügerisch, unzuverlässig, jedoch mit gutem äußeren Anschein. Gebietet von 20 Grad Jungfrau bis 20 Grad Waage. Wasser von Luft. Königin der Sylphen und Sylphiden.

Prinz der Streitwagen der Winde

Ritter der Schwerter

Ein geflügelter Ritter mit geflügelter Krone, der in einem Streitwagen sitzt, welcher von Erzfeen, Archonten und Erzelfen gezogen wird, welche als leichtbekleidete, geflügelte Jugendliche dargestellt werden. Sie haben Schmetterlingsflügel, und ihr Kopf ist von einem Haarband mit Pentagrammen umgeben. Sie halten Stäbe, die in pentagrammförmige Sterne auslaufen. Die gleichen Schmetterlingsflügel findet man an ihren Füßen und am Haarband. Allgemein ist er dem Ritter der Stäbe gleich ausgerüstet, trägt aber als Wappen einen geflügelten Engelskopf mit einem Pentagramm auf der Stirn. Unterhalb des Wagens befinden sich graue Regenwolken und Nimbostrati. Sein Haar ist lang und fällt wellig in schlangenartigen Wirbeln; wirbelförmige Figuren machen auch die Schuppen seiner Rüstung aus. Er hat ein gezogenes Schwert in einer Hand, eine Sichel in der anderen. Mit dem Schwert herrscht er, mit der Sichel erschlägt er.

Voll von Ideen und Gedanken und Plänen, mißtrauisch, fest in Freundschaft und Feindschaft, sorgfältig, langsam, übervorsichtig. Er symbolisiert Alpha und Omega, er ist der Bringer des Todes, der so schnell erschlägt, wie er erschafft. Schlecht gestellt hart, boshaft, verschwörerisch, widerspenstig, jedoch zögernd und unzuverlässig. Gebietet zwischen 20 Grad Steinbock und 20 Grad Wassermann. Luft von Luft. Prinz und Herrscher der Sylphen und Sylphiden.

Prinzessin der stürmenden Winde
Lotus des Luftpalastes

Knappe der Schwerter

Eine Amazonengestalt mit wallendem Haar, schmächtiger als die Rose des Feuerpalastes, Knappe der Stäbe. Ihre Bekleidung ist ähnlich. Die Füße erscheinen federnd und vermitteln die Vorstellung von Flinkheit. Das Gewicht wechselt von einem Fuß zum andern, und der Körper pendelt hin und her. Sie gleicht einer Mischung von Minerva und Diana; der Umhang gleicht dem Ägis der Minerva. Sie trägt als Wappen ein Medusenhaupt mit Schlangenhaar. In einer Hand hält sie ein Schwert, die andere ruht auf einem Silberaltar, von dem grauer Rauch (ein Feuer) aufsteigt. Unter ihren Füßen sieht man weiße Zirruswolken.

Weisheit. Stärke, Scharfsinn, Zartheit in materiellen Dingen, Anmut und Geschick. Schlecht gestellt ist sie leichtsinnig und durchtrieben. Sie gebietet über ein Viertel des Himmels um Kether herum. Erde von Luft. Prinzessin und Herrscherin der Sylphen und Sylphiden. Thron des Asses der Schwerter.

Münzen

Herr des wilden und fruchtbaren Landes
König der Erdgeister

König der Münzen

Ein dunkelgeflügelter Krieger mit geflügeltem und gekröntem Helm, auf einem hellbraunen Pferd reitend, Ausrüstung wie beim König der Stäbe. Als Wappen trägt er den geflügelten Kopf eines Hirsches oder einer Antilope. Unter den Hufen des Pferdes befindet sich fruchtbares Land mit reifem Getreide. In einer Hand trägt er ein Szepter, welches in ein Hexagramm ausläuft, in der anderen eine Münze wie diejenige des Z. A. M.

Ist er nicht sehr gut gestellt, so ist er schwer, dumpf und materiell. Arbeitsam, klug und geduldig in materiellen Dingen. Schlecht gestellt ist er habsüchtig, gierig, dumm, eifersüchtig, nicht sehr mutig, falls ihn andere Symbole nicht unterstützen. Gebietet von 20 Grad Löwe bis 20 Grad Jungfrau. Feuer von Erde. König der Gnome.

Königin der Erdthrone

Königin der Münzen

Eine Frau mit schönem Gesicht und dunklem Haar, die auf einem Thron sitzt, unter welchem sich sandige Erde befindet. Ihr Gesicht ist auf einer Seite dunkel, auf der anderen hell, und ihre Symbolik stellt sich am besten im Profil dar. Ihre Bekleidung gleicht derjenigen der Königin der Stäbe. Doch trägt sie als Wappen einen geflügelten Ziegenkopf. Eine Ziege befindet sich auch an ihrer Seite. In einer Hand trägt sie ein Szepter, das in einen Würfel ausläuft, und in der anderen einen goldenen Ball.

Sie ist impulsiv, freundlich, schüchtern, ziemlich charmant, weitherzig, intelligent, melancholisch, ehrlich, doch sehr launisch. Schlecht gestellt ist sie unentschieden, kapriziös, närrisch und wechselhaft. Sie gebietet von 20 Grad Schütze bis zu 20 Grad Steinbock. Wasser von Erde. Königin der Gnome.

Prinz des Streitwagens der Erde

Ritter der Münzen

Eine geflügelte königliche Gestalt in einem Wagen sitzend, der von einem Stier gezogen wird. Er trägt als Wappen das Symbol eines geflügelten Stierkopfes. Unter seinem Wagen sieht man Land mit vielen Blumen. In einer Hand trägt er eine nach unten gehaltene goldene Kugel, in der anderen ein Szepter, welches in eine Kugel und ein Kreuz ausläuft.

Zunahme des Materiellen, Zunahme des Guten und Bösen, Festigung, praktisch angewandte Dinge, stetig, verläßlich. Schlecht gestellt tierisch, materiell, dumm. Er ist schwer in Wut zu bringen, aber wild, wenn angestachelt. Gebietet von 20 Grad Widder bis 20 Grad Stier. Luft von Erde. Prinz und Herrscher der Gnome.

Prinzessin der widerhallenden Berge
Rose des Erdpalastes

Knappe der Münzen

Eine starke und schöne Amazonengestalt mit rotbraunem Haar, die auf Gras und Blumen steht. In ihrer Nähe ein Hain. Ihre Gestalt deutet auf Hera, Ceres und Proserpina hin. Sie trägt einen geflügelten Widderkopf als Wappen und einen Umhang aus Schaffell. In einer Hand hält sie ein Szepter mit einer Kreisscheibe, in der anderen eine Münze, ähnlich derjenigen des Asses der Münzen.

Sie ist großzügig, freundlich, fleißig, wohlwollend, sorgfältig, mutig, bewahrend und mitfühlend. Schlecht gestellt ist sie verschwenderisch. Gebietet über ein Viertel des Himmels um den Nordpol der Ekliptik herum. Erde von Erde. Prinzessin und Herrscherin der Gnome. Thron des Asses der Münzen.

Die 36 Dekanate

Nun folgt eine Beschreibung der Augenkarten der vier Farben, insgesamt 36, die den 36 Dekanaten des Tierkreises entsprechen.

Beim Zeichen des Widders beginnend folgen die *mittleren* Dekanate eines jeden Zeichens der Folge der Wochentage.

Karte	Dekanat	Bedeutung	Tag
3St	Widder	gefestigte Kraft	Sonntag
6M	Stier	materieller Erfolg	Montag
9S	Zwillinge	Verzweiflung und Grausamkeit	Dienstag
3K	Krebs	Überfluß	Mittwoch
6St	Löwe	Sieg	Donnerstag
9M	Jungfrau	materieller Gewinn	Freitag
3S	Waage	Trauer	Samstag
6K	Skorpion	Vergnügen	Sonntag
9St	Schütze	große Kraft	Montag
3M	Steinbock	materielle Arbeiten	Dienstag
6S	Wasser-mann	verdienter Erfolg	Mittwoch
9K	Fische	materielle Zufriedenheit	Donnerstag

Es gibt 36 Dekanate und nur sieben Planeten. Daraus folgt, daß einer derselben über ein Dekanat mehr regieren muß als die anderen. Das ist der Planet Mars, der sowohl dem letzten Dekanat der Fische wie auch dem ersten des Widders zugeordnet wird, da die lange Kälteperiode des Winters starke Energie braucht, um überwunden zu werden und den Frühling einzuleiten.

Die Zählung der Dekanate beginnt bei dem Königsstern im Herzen des Löwen, dem großen Stern Cor Leonis. Deshalb ist das erste Dekanat dasjenige des Saturn im Löwen.

Nun folgt die allgemeine Bedeutung der Augenkarten der Farben, wie sie den neun Sephiroth unterhalb von Kether zugeteilt werden.

Chokmah

Die vier Zweien symbolisieren die Kräfte des Königs und der Königin. Sie vereinigen und initiieren die Kraft, bevor der Ritter und der Knappe ganz in Tätigkeit gesetzt sind. Deshalb beziehen sie sich allgemein auf die Initiierung und Befruchtung einer Sache.

Binah

Die vier Dreien repräsentieren allgemein die Verwirklichung einer Wirkung, die auf den Prinzen zurückgeht. Das mittlere Symbol auf jeder Karte. Die Handlung beginnt definitiv zum Guten oder Bösen.

Chesed

Die vier Vieren. Vollendung, Verwirklichung, Vervollständigung, erledigt und festigt eine Angelegenheit.

Geburah

Die vier Fünfen. Widerstand, Kampf und Streit, Krieg. Steht den in Frage stehenden Dingen entgegen. Der letztliche Erfolg oder Mißerfolg ist an anderer Stelle dargestellt.

Tiphareth

Die vier Sechsen. Endgültiges Erreichen und Austragen einer Sache.

Netzach

Die vier Siebenen. Zeigt allgemein eine Kraft, die die materielle Ebene überschreitet, und gleicht einer Krone, die tatsächlich machtvoll ist, aber einer Person bedarf, die sie auch tragen kann. Die Siebenen zeigen einen möglichen Erfolg an, der von der danach durchgeführten Handlung abhängt. Sie hängen stark von den Symbolen ab, die sie begleiten.

Hod

Die vier Achten. Sie zeigen vereinzelten Erfolg an, das heißt, Erfolg in der in Frage stehenden Angelegenheit, welcher jedoch darüber hinaus nicht zu großen Ergebnissen führt.

Jesod

Die vier Neunen. Sie zeigen allgemein eine sehr große Grundkraft an. Ausführende Kraft, da sie auf einer festen Grundlage ruhen, machtvoll für Gutes und Böses.

Malkuth

Die vier Zehnen. Sie zeigen allgemein eine gefestigte, gipfelnde, vollendete Kraft, die weder gut noch böse ist. Die Sache ist durchgehend und endgültig entschieden. Ähnlich der Kraft der Neunen, aber diese vollendend und austragend.

Dieses sind die Bedeutungen in ganz allgemeinem Sinne. Nun folgen die Beschreibungen und Bedeutungen im einzelnen. *Die Karten der Dekanate werden immer von anderen Symbolen modifiziert, mit welchen sie in Verbindung stehen.*

Saturn im Löwen: 1° bis 10°
Der Herr der Zwietracht

Fünf der Stäbe

Zwei strahlend weiße Engelhände kommen aus Wolken rechts und links von der Mitte der Karte hervor. Sie ergreifen einander wie im Griff des Ersten Ordens, das heißt, die vier Finger jeder rechten Hand sind ineinander verhakt, die Daumen treffen oben zusammen. Und gleichzeitig halten sie in ihrer Mitte fünf Stäbe oder Fackeln, welche dem Stab des Z. A. M. entsprechen. Vier der Stäbe überkreuzen sich, der fünfte aber steht aufrecht in der Mitte. Vom Verbindungspunkt züngeln Flammen empor. Über dem mittleren Stab befindet sich das Symbol des Saturn und darunter dasjenige des Löwen, welcher das betreffende Dekanat repräsentiert.

Heftiger Streit und Kampf, Mut, Voreiligkeit und Grausamkeit, Gewalt, Wollust und Begierde, Verschwendungssucht und Großzügigkeit, abhängig von guter oder schlechter Stellung.

Geburah von Jod. (Streiten und Kämpfen.) Dieses Dekanat beginnt beim Königsstern des Löwen, und ihm gehören die beiden großen Engel der Shem ha-Mephoresh, Vahaviah und Jelajel.

Jupiter im Löwen: 10° bis 20°
Herr des Sieges

Sechs der Stäbe

Zwei sich greifende Hände, wie beim vorigen, welche sechs überkreuzte Stäbe halten, jeweils drei. Vom Verbindungspunkt gehen Flammen aus. Darüber und darunter befinden sich zwei kurze Stäbe mit Flammen, die von einer Wolke am unteren Ende der Karte ausgehen. Sie laufen jeweils in das Symbol des Jupiters und des Löwen aus, welche das Dekanat repräsentieren.

Sieg nach einem Streit, Erfolg durch Einsatz und Fleiß, Liebe, durch Arbeit erreichtes Vergnügen, Sorgfalt, Geselligkeit und Meidung von Streit, jedoch Sieg darin. Aber auch Frechheit, Stolz auf Reichtum und Erfolg und so weiter. Das Ganze hängt von seiner Stellung ab.

Tiphareth von Jod. (Erfolg.) Hierzu gehören die beiden großen Engel der Shem ha-Mephoresh, Saitel und Olmiah.

Mars im Löwen: 20° bis 30°
Herr der Tapferkeit

Sieben der Stäbe

Zwei Hände, die sich im Griff halten wie zuvor, sechs Stäbe, zwei von dreien gekreuzt; eine dritte Hand, die aus einer Wolke am unteren Ende der Karte hervorragt und einen aufrechten Stab hält, der über die anderen hinwegläuft. Vom Verbindungspunkt gehen Flammen aus. Über und unter dem mittleren Stab befinden sich Symbole von Mars und Löwe, die das Dekanat repräsentieren.

Möglicher Sieg, abhängig von der eingesetzten Energie und dem Mut. Tapferkeit, Opposition, Hindernisse, Schwierigkeiten, jedoch Mut, ihnen zu begegnen, Streit, Ignoranz, Heuchelei, Feilschen und Drohen, auch Sieg in kleinen und unwichtigen Dingen und Einfluß über Untergebene. Wie gewöhnlich abhängig von der Stellung.

Netzach von Jod. (Widerstand aber Mut.) Hierin herrschen die beiden großen Engel Mahashiah und Lelahel.

Sonne in der Jungfrau: 1° bis 10°
Herr der Klugheit

Acht der Münzen

Eine weißstrahlende Engelhand kommt aus einer Wolke hervor und hält den Zweig eines Rosenbusches, mit vier weißen Rosen darauf, welche nur die vier untersten Münzen berühren. Keine Knospen sind zu sehen, nur Blätter berühren die vier obersten Scheiben. Alle Münzen gleichen derjenigen des Asses, haben jedoch kein Malteserkreuz und keine Flügel. Sie sind wie in der geomantischen Figur Populus angeordnet.

Über und unter ihnen befinden sich die Symbole von Sonne und Jungfrau für das Dekanat. Übermäßig sorgfältig in kleinen Dingen auf Kosten der großen. »Pfennigfuchser ohne Blick für den Taler«. Leichter Geldgewinn bei kleinen Summen. Geiz, Habsucht, Fleiß, Bebauung von Land, Viehhaltung, Mangel an Unternehmungsgeist.

Hod von Heh. (Geschick, Klugheit, Schläue.) Hier gebieten die mächtigen Engel Akaiah und Kehethel.

Venus in der Jungfrau: 10° bis 20°
Herr des materiellen Gewinns

Neun der Münzen

Eine weißstrahlende Engelhand wie vorher hält einen Rosenzweig mit neun weißen Rosen, von denen jede eine Münze berührt. (Bezüglich der verschiedenen Anordnungen, die bei diesen Beschreibungen angedeutet sind, siehe das Golden-Dawn-Tarotdeck von Wang und Regardie, U. S. Games Systems, 1978–9.[1]).

Auf den Zweigen befinden sich noch weitere Knospen und Blüten. Venus und Jungfrau darüber und darunter.

Völlige Verwirklichung materiellen Erfolges, Erbschaft, Begehrlichkeit, Horten von Gütern und manchmal Diebstahl und Streiche. Alles abhängig von der Stellung.

Jesod von Heh. (Erbschaft, Zuwachs an Gütern.) Hierin gebieten die mächtigen Engel Hazajel und Aldiah.

---

[1] Anm. d. Übers.: Die Beschreibungen stimmen nicht immer genau mit den Bilddarstellungen überein. Sie haben in der Symbolik jedoch den Vorrang, da in diesem Falle die Bilder nur Versuche darstellen, die Beschreibung zeichnerisch darzustellen.

Merkur in der Jungfrau: 20° bis 30°
Herr des Reichtums

Zehn der Münzen

Eine Engelhand hält einen Zweig am unteren Abschnitt, dessen Rosen alle Münzen berühren. Jedoch sind keine Knospen gezeigt. Die Symbole von Merkur und Jungfrau über und unter den Münzen.

Vollendung materiellen Gewinns und Glück, aber nichts mehr darüber hinaus, gleichsam am Gipfel des Erfolges. Alter, Faulheit, großer Reichtum, manchmal aber teilweise auch Verlust, und später Schwere, Geistesträgheit, aber klug und florierend bei Geldgeschäften.

Malkuth von Heh. (Reichtum und Wohlstand.) Hierin gebieten die Engel Hihaajah und Laviah.

Mond in der Waage: 1° bis 10°
Herr des wiederhergestellten Friedens

Zwei der Schwerter

Zwei gekreuzte Schwerter, wie die Luftdolche des Z. A. M., jedes gehalten von einer weißstrahlenden Engelhand. Am Kreuzungspunkt der beiden eine fünfblättrige Rose, die weiße Strahlen ausschickt. Oben und unten auf der Karte sind zwei kleine Dolche, die jeweils die Symbole von Mond (in waagerechter Lage) und Waage tragen, welche das Dekanat darstellen.

Entgegengesetzte Eigenschaften im gleichen Wesen. Stärke durch Leiden. Vergnügen nach Schmerz. Opfer und Pein und daraus hervorgehende Stärke, die durch die Lage der Rose symbolisiert wird, als hätte der Schmerz selbst die Schönheit hervorgerufen. Erneuerter Friede, Waffenruhe, Beilegung von Schwierigkeiten, Gerechtigkeit, Wahrheit und Unwahrheit. Mitleid und Sympathie für die Gequälten, Hilfe für die Schwachen und Unterdrückten, Selbstlosigkeit. Neigung zur Wiederholung von einmal entschuldigten Beleidigungen, zum Stellen unwesentlicher Fragen, Mangel an Taktgefühl, oft verletzend, wenn es gut gemeint ist. Geschwätzig.

Chokmah von Vau. (Beilegung von Streit, aber noch Spannungen in Beziehungen. Handlungen manchmal selbstsüchtig, manchmal selbstlos.) Hierin gebieten die großen Engel Jezalel und Mebahel.

Saturn in der Wagge: 10° bis 20°
Herr des Leidens

Drei der Schwerter

Drei weißstrahlende Engelhände, die aus Wolken hervorkommen und drei Schwerter aufrechthalten, (als hätte das mittlere Schwert die beiden anderen, die im vorhergehenden Symbol gekreuzt waren, auseinandergeschlagen). Das mittlere Schwert zerschneidet die fünfblättrige Rose (welche im vorhergehenden Symbol am Schnittpunkt der Schwerter wuchs). Ihre Blütenblätter fallen und senden keine weißen Strahlen mehr aus. Über und unter dem mittleren Schwert befinden sich die Symbole von Saturn und Waage, die sich auf das Dekanat beziehen.

Störung, Unterbrechung, Trennung, Streit, Saat von Zwietracht und Konflikt, Unfug stiften, Kummer, Tränen, Freude an boshaftem Vergnügen, Singen, Treue bei Versprechungen, Ehrlichkeit in Geldgeschäften, selbstsüchtig und zügellos, manchmal aber großzügig, betrügerisch im Gespräch, Wiederholung. Das Ganze je nach Stellung.

Binah von Vau. (Traurigkeit, Kummer, Tränen.) Hierin gebieten die Engel Harajel und Hoqmiah.

Jupiter in der Waage: 20° bis 30°
Der Herr der Ruhe nach dem Kampf

Vier der Schwerter

Zwei weiße, strahlende Engelhände, die je zwei Schwerter halten, welche sich in der Mitte alle vier überkreuzen. Die fünfblättrige Rose mit den weißen Strahlen sitzt wieder am Schnittpunkt. Darüber und darunter an der Spitze zweier kleiner Dolche befinden sich die Symbole von Jupiter und Waage als Darstellung des Dekanats.

Ruhe von der Trauer, jedoch hinterher und dadurch bedingt. Friede von und nach dem Krieg. Entspannung von Besorgnis. Stille, Ruhe, Behagen und Fülle, jedoch nach dem Kampf. Die Wohltaten dieses Lebens, Überfluß. Wie auch in den anderen Fällen von der Stellung her modifiziert.

Chesed von Vau. (Erholung, Genesung von Krankheit, Wandel zum Besseren.) Hierin gebieten Laviah und Kelial.

Mars im Skorpion: 1° bis 10°
Herr des Verlustes im Vergnügen

Fünf der Kelche

Eine weißstrahlende Engelhand wie vorher hält Lotusse oder Wasserlilien, deren Blüten sich zur Linken und Rechten hinabneigen. Nur Blätter und keine Knospen krönen sie. Diese Lotusstengel erheben sich zwischen den Kelchen in der Art einer Fontäne, aber kein Wasser fließt von ihnen, und es ist auch kein Wasser in den Kelchen, die in etwa die Form der magischen Werkzeuge des Z. A. M. besitzen. Darüber und darunter befinden sich die Symbole von Mars und Skorpion, die das Dekanat repräsentieren.

Tod oder Ende des Vergnügens: Enttäuschung, Trauer und Verlust in den Dingen, von denen Freude erwartet wurde. Traurigkeit, Betrug, Verrat, Böswilligkeit, Beeinträchtigung, Undank für Barmherzigkeit und Freundlichkeit. Alle möglichen Besorgnisse und Schwierigkeiten aus unerwarteten Quellen.

Geburah von Heh. (Enttäuschungen in der Liebe, gebrochene Ehe, Unfreundlichkeit von einem Freund, Verlust in der Freundschaft.) Hierin gebieten Livojah und Pehiljah.

Sonne im Skorpion: 10° bis 20°
Herr der Freude

Sechs der Kelche

Eine Engelhand wie vorher hält eine Gruppe von Lotus- oder Wasserlilienstengeln, von welchen sich sechs Blüten neigen, jede über einen Kelch. Von jeder dieser Blüten fließt weißschimmerndes Wasser in die Kelche, wie von einer Quelle, doch sind sie noch nicht ganz voll. Darüber und darunter die Symbole von Sonne und Skorpion, die das Dekanat darstellen.

Beginn eines steten Zuwachses, Gewinn und Vergnügen, aber nur der Beginn. Außerdem Beleidigung, Entdeckung, Wissen, und in manchen Fällen Kampf und Streit, der von unberechtigter Selbstgewißheit und Eitelkeit herrührt. Manchmal undankbar und anmaßend. Manchmal liebenswert und geduldig, je nach Stellung.

Tiphareth von Heh. (Beginn eines Wunsches, Glück, Erfolg oder Vergnügen.) Hierin gebieten Nelokhiel und Jejajel.

Venus im Skorpion: 20° bis 30°
Der Herr des illusionären Erfolges

Sieben der Kelche

Wie gewöhnlich hält eine Hand den Lotusstengel, der sich aus dem unteren, mittleren Kelch erhebt. Die Hand befindet sich oberhalb dieses und unterhalb des mittleren Kelches. Mit Ausnahme des unteren Kelches hängt über jedem eine Lotusblüte, aber von diesen fällt kein Wasser in die Kelche, die fast leer sind. Darüber und darunter sind die Symbole des Dekanates, Venus und Skorpion.

Möglicher Sieg, der durch die Trägheit der Person neutralisiert wird. Illusionärer Erfolg. Täuschung im Augenblick des scheinbaren Sieges. Lügen, Irrtum, unerfüllte Versprechungen. Betrunkenheit, Zorn, Eitelkeit, Wollust, Unzucht, Gewalt gegen Frauen. Selbstsüchtige Ausschweifung. Betrug in Liebe und Freundschaft. Oft Erfolg, der aber nicht ausgenutzt wird. Modifikation je nach Stellung.

Netzach von Heh. (Lügen. Unerfüllte Versprechungen. Illusionen. Irrtum. Betrug, anfangs kleiner Erfolg, aber Mangel an Energie, um ihn zu halten.) Hierin gebieten Melchel und Chahaviah.

Merkur im Schützen: 1° bis 10°
Der Herr der Schnelligkeit

Acht der Stäbe

Vier weiße Engelhände (zwei von jeder Seite), die strahlend aus den Wolken kommen und sich in zwei Paaren in der Mitte im Griff des Ersten Ordens halten. Sie halten acht Stäbe, die zu je vieren gekreuzt sind. Vom Schnittpunkt gehen Flammen aus. An der Spitze zwei kleine Stäbe mit Flammen, die von diesen herabfallen. Oben und unten in der Mitte der Karte befinden sich die Symbole von Merkur und Schütze, das Dekanat vertretend.

Zu viel, zu schnell eingesetzte Kraft. Schneller Ansturm, aber zu schnell vergangen und verausgabt. Heftig, aber nicht bleibend. Schnelligkeit. Geschwindigkeit. Mut, Kühnheit, Zuversicht, Freiheit, Krieg. Gewalt; Vorliebe, außer Haus zu sein; Freiluftsport, Garten, Wiesen. Großzügig, feinfühlig; beredsam, aber nicht ganz vertrauenswürdig. Habgierig, frech, repressiv. Diebstahl und Raub, je nach Stellung. Hod von Jod. (Eilige Verständigung und Botschaften. Schnelligkeit.) Hierin gebieten Nithahiah und Haajah.

Mond im Schützen: 10° bis 20°
Der Herr der großen Kraft

Neun der Stäbe

Wie beim vorigen Symbol halten vier Hände acht Stäbe, die vier zu vier gekreuzt sind, aber am Unterrand der Karte hält eine fünfte Hand einen weiteren aufrechten Stab, der den Verbindungspunkt der anderen überschneidet. Von diesem Schnittpunkt gehen Flammen aus. Darüber und darunter befinden sich die Symbole von Mond (horizontal dargestellt) und Schütze.

Gewaltige und beständige Kraft, die nicht erschütterbar ist. Herkuleische Stärke, manchmal auf wissenschaftliche Weise angewendet. Großer Erfolg, aber mit Kampf und Energie. Sieg, dem Besorgnis und Angst vorausgingen. Gute Gesundheit und Genesung, aber Zweifel. Großzügig, fragend und neugierig, von äußeren Erscheinungen eingenommen, hartnäckig, widerspenstig.

Jesod von Jod. (Stärke, Macht, Gesundheit. Genesung von Krankheit.) Hierin gebieten Jirthiel und Sahiah.

Saturn im Schützen: 20° bis 30°
Der Herr der Unterdrückung

Zehn der Stäbe

Vier Hände halten acht Stäbe über Kreuz wie vorher. Eine fünfte Hand am Unterende der Karte hält zwei aufrechte Stäbe, welche über den Schnittpunkt der anderen verlaufen. Darüber und darunter die Symbole von Saturn und Schütze. Flammen gehen daraus hervor.

Grausame und herrische Kraft und Energie, aber nur zu selbstsüchtigen und materiellen Zwecken eingesetzt. Versagt manchmal in einer Angelegenheit, und aus der anfänglichen zu großen Selbstbezogenheit der Person ergibt sich ein nicht mehr kontrollierbarer starker Widerstand. Böswilligkeit, Leichtfertigkeit, Lügen, Bosheit, Verleumdung, Neid, Widerspenstigkeit, rasch im Bösen, falls schlecht gestellt. Auch Großzügigkeit, Selbstopfer und Unvoreingenommenheit, wenn gut gestellt.

Malkuth von Jod. (Grausamkeit, Bosheit, Rachsucht und Ungerechtigkeit.) Hierin gebieten Rejajel und Avamel.

Jupiter im Steinbock: 1° bis 10°
Herr der harmonischen Veränderung

Zwei der Münzen

Zwei Räder, Scheiben oder Münzen ähnlich denen des Asses. Sie werden von einer grün und goldenen Schlange zur Figur einer Acht zusammengebunden. Die Schlange hält ihren Schwanz im Maul. Eine weißstrahlende Engelhand greift die Mitte oder hält das Ganze. In dieser Karte kommen keine Rosen vor. Oben und unten die Symbole von Jupiter und Steinbock. Es ist ein sich drehendes Symbol.

Die Harmonie der Veränderung. Abwechselnder Gewinn und Verlust, Schwäche und Stärke, sich ständig ändernde Beschäftigung, Wandern, Unzufriedenheit mit jeder festgelegten Verfassung der Dinge. Mal begeistert, mal melancholisch, fleißig, aber unzuverlässig, Glück durch kluges Management, aber manchmal unerklärlich töricht. Abwechselnd gesprächig und mißtrauisch. Freundlich aber schwankend und unbeständig. Glück auf Reisen. Streitsüchtig.

Chokmah vom abschließenden Heh. (Angenehme Veränderung, Besuch bei Freunden.) Hierin gebieten Lekabel und Veshiriah.

Mars im Steinbock: 10° bis 20°
Der Herr der materiellen Arbeiten

Drei der Münzen

Eine weißstrahlende Engelhand wie zuvor hält den Zweig eines Rosenbusches, von welchem zwei weiße Rosenknospen die obere Münze berühren und krönen. Die Münzen sind in Dreiecksform angeordnet.

Darüber und darunter sind die Symbole von Mars und Steinbock. Arbeitsame und konstruktive Kraft, Aufbau, Aufrichtung, Schöpfung, Verwirklichung und Zunahme in materiellen Dingen, Gewinn bei Geschäften, Status, Zuwachs an Substanz, Einfluß, Klugheit im Geschäft, Egoismus, Beginn einer Angelegenheit, die später gefestigt wird. Borniert und voller Vorurteile, schlau in Fragen des Gewinns. Modifiziert durch die Stellung. Manchmal eine Sucht nach dem Unmöglichen.

Binah vom abschließenden Heh. (Geschäft, bezahlte Arbeit, Geschäftsabschlüsse.) Hierin gebieten Jechavah und Lehachiah.

Sonne im Steinbock: 20° bis 30°
Der Herr der irdischen Macht

Vier der Münzen

Eine Hand, die den Zweig eines Rosenstrauches hält, jedoch ohne Blüten oder Knospen, außer in der Mitte, wo sich eine vollaufgeblühte weiße Rose befindet. Vier Münzen mit Sonne und Steinbock oben und unten. Gesicherter materieller Gewinn, Erfolg, Stellung, Herrschaft, Vollendung irdischer Macht, die aber zu nichts Weiterem führt. Vorurteile, begehrlich, mißtrauisch, sorgfältig und ordentlich, aber unzufrieden.

Wenig Unternehmungsgeist oder Originalität. Wie gewöhnlich von der Stellung veränderbar.

Chesed vom abschließenden Heh. (Gewinn an Geld oder Einfluß. Ein Geschenk.) Hierin gebieten Keveqiah und Mendial.

Venus im Wassermann: 1° bis 10°
Der Herr der Niederlage

Fünf der Schwerter

Zwei strahlende Hände, die jeweils zwei Schwerter fast aufrechthalten, aber zur Linken und Rechten der Karte auseinandergehen. Eine dritte Hand hält ein Schwert aufrecht in die Mitte, als hätte dieses die anderen getrennt. Die Rosenblätter (die in der Vier der Schwerter wieder in die Mitte eingesetzt waren) sind auseinandergezogen und fallen. Darüber und darunter die Symbole von Venus und Wassermann.

Der Kampf ist beendet und gegen die Person entschieden, Versagen, Niederlage, Besorgnis, Leiden, Armut, Habgier, Trauer nach Gewinn, Mühe, Ruhelosigkeit, Verlust und niederträchtiges Wesen. Boshaftigkeit, Verleumdung, Lüge, Gehässigkeit und Klatschsucht. Ein G'schaftlhuber und Entzweier von Freunden, der es haßt, Friede und Liebe zwischen anderen zu sehen. Grausam, aber feige, undankbar und unzuverlässig. Schlau und flink im Sprechen und Denken. Mitleid wird leicht erweckt, dauert aber nicht an. Je nach Stellung.

Geburah von Vau. (Niederlage, Verlust, Bosheit, Gehässigkeit, Verleumdung, üble Nachrede.) Hierin gebieten Aniel und Chaamiah.

Merkur im Wassermann: 10° bis 20°
Der Herr des verdienten Erfolges

Sechs der Schwerter

Zwei Hände wie zuvor, die je drei Schwerter halten, die sich in der Mitte kreuzen; die Rose befindet sich wieder am Kreuzungspunkt. Merkur und Wassermann darüber und darunter, getragen von den Spitzen zweier gekreuzter Dolche oder Schwerter.

Erfolg nach Besorgnis und Übel. Selbstsucht, Schönheit, Einbildung, jedoch manchmal mit Bescheidenheit verbunden, Herrschaft, Geduld, Arbeit und so weiter, je nach Stellung.

Tiphareth von Vau. (Arbeit, Mühe, Reise zu Wasser.) Hierin gebieten Rehaajal und Jejeziel.

Mond im Wassermann: 20° bis 30°
Der Herr der unbeständigen Mühe

Sieben der Schwerter

Zwei Hände wie zuvor, die Schwerter halten. Eine dritte Hand hält ein einzelnes Schwert in die Mitte. Die Spitzen aller Schwerter berühren sich gerade, das mittlere Schwert trennt sie nicht ganz. Die Rose des vorhergehenden Symboles dieser Reihe wird von der gleichen Hand gehalten, die das mittlere Schwert hält, als läge der Sieg in ihrer Reichweite. Darüber und darunter Mond und Wassermann. (Bei den Augenkarten werden die Dekanate des Mondes immer durch eine auf dem Rücken liegende Sichel dargestellt.)

Teilerfolg, der schwindet, wenn der Sieg in Reichweite ist, als wären die letzten Kraftreserven verbraucht. Neigung zum Verlieren, wenn man am Punkte des Gewinns ist, weil man die Mühe nicht durchhält. Vorliebe für Überfluß, Faszination von Angeberei, anfällig für Schmeichelei, Beleidigungen und Frechheiten, wie auch andere entlarven und ihnen nachspionieren. Neigt zum Verrat von Vertraulichkeiten, nicht immer absichtlich. Ziemlich schwankend und unzuverlässig, jedoch wie gewöhnlich abhängig von der Stellung.

Netzach von Vau. (Landreise, Mangel an Vertrauenswürdigkeit im Charakter.) Hierin gebieten Michael und Hahihel.

Saturn in den Fischen: 1° bis 10°
Der Herr des aufgegebenen Erfolges

Acht der Kelche

Eine Hand hält eine Gruppe von Stengeln von Lotussen oder Wasserlilien. Es sind nur zwei Blüten zu sehen, die sich über die beiden mittleren Kelche neigen und weißes Wasser in sie fließen lassen. Die Kelche sind noch nicht voll. Die drei oberen Kelche sind leer. Oben und unten auf der Karte sind Saturn und Fische.

Zeitweiliger Erfolg, jedoch ohne weiteres Ergebnis. Die Dinge werden fortgeworfen, sobald sie errungen sind. Keine Dauer, nicht einmal bei der in Frage stehenden Angelegenheit. Trägheit im Erfolg. Reisen von Ort zu Ort. Kummer und Hader ohne Grund. Suche nach Reichtum. Instabilität je nach Stellung.

Hod von Heh. (Aufgegebener Erfolg, nachlassendes Interesse an allem.) Hierin gebieten Vavaliah und Jelahiah.

Jupiter in den Fischen: 10° bis 20°
Der Herr des materiellen Glücks

Neun der Kelche

Eine Hand aus der Wolke hält Lotusse oder Wasserlilien, von denen je eine Blüte über einem Kelch hängt. Aus allen Blüten fließt Wasser, und alle Kelche sind voll und laufen über. Darüber und darunter befinden sich die Symbole von Jupiter und Fischen, welche das Dekanat repräsentieren.

Vollendete und vollständige Verwirklichung der Freude und des Glücks. Eigenlob, Eitelkeit, Einbildung, viel Reden von sich selbst, aber freundlich und liebenswert, damit einhergehend vielleicht selbstverleugnend. Hochgeistig, mit kleinen oder begrenzten Vorstellungen nicht leicht zufrieden. Wird wegen Anmaßung leicht verleugnet. Ein gutes, großzügiges, vielleicht aber törichtes Wesen.

Jesod von Heh. (Vollendeter Erfolg, Vergnügen, Glück, erfüllter Wunsch.) Hierin gebieten Saliah und Aariel.

Mars in den Fischen: 20° bis 30°
Der Herr des vollendeten Erfolges

Zehn der Kelche

Eine Hand hält einen Strauß Lotusse oder Wasserlilien, deren Blüten reines, weißes Wasser in alle Kelche ergießen, die überlaufen. Der oberste Kelch wird von einer Hand gekippt und gießt Wasser in den oberen linken Kelch. Eine einzige Lotusblume krönt den obersten Kelch und ist die Quelle des Wassers, das ihn füllt. Darüber und darunter Mars und Fische.

Dauernder und bleibender Erfolg, Glück, weil es von oben inspiriert ist. Nicht sinnlich wie die Neun der Kelche, der Herr des materiellen Glücks, aber fast noch wahrhaftiger glücklich. Vergnügen, Zerstreuung, Ausschweifung.

Mitleid, Ruhe, Frieden stiften. Freundlichkeit, Großzügigkeit, Schamlosigkeit, Verschwendung und so weiter, je nach Stellung.

Malkuth von Heh. (Alle Dinge sind so eingerichtet, wie man sie wünscht, vollendetes Glück.) Hierin gebieten Aasliah und Mihal.

(Diese Karte ist nicht so gut, wie oben behauptet. Sie stellt Langeweile dar und daraus entstehenden Streit, Abscheu, der von zu großem Luxus kommt. Sie kann insbesondere für Drogenabhängigkeit stehen, den trunkenen Exzeß der Vergnügungen und die Vergeltung seitens der Natur.)

Mars im Widder: 1° bis 10°
Der Herr der Herrschaft

Zwei der Stäbe

Eine Hand greift zwei gekreuzte Stäbe. Vom Kreuzungspunkt gehen Flammen aus. Auf zwei kleinen Stäben, oben und unten, von welchen Flammen ausgehen, befinden sich Mars und Widder.

Stärke, Herrschaft, Harmonie in Regierung und Gerechtigkeit. Kühnheit, Mut, Wildheit, Schamlosigkeit, Vergeltung, Bestimmtheit, Großmut, Stolz, sensibel, ehrgeizig, kultiviert, unruhig, aufgewühlt; zudem scharfsinnig, aber nachtragend und widerspenstig, je nach Stellung.

Chokmah von Jod. (Einfluß über andere. Autorität, Macht, Herrschaft.) Hierin gebieten Vehooel und Denejal.

Sonne im Widder: 10° bis 20°
Der Herr der gefestigten Kraft

Drei der Stäbe

Eine aus den Wolken vorkommende Hand hält drei Stäbe in der Mitte. Zwei davon sind gekreuzt und einer aufrecht. Vom Schnittpunkt gehen Flammen aus. Darüber und darunter sind Sonne und Widder.

Gefestigte Stärke und Kraft. Verwirklichung der Hoffnungen. Vollendung der Mühen, Erfolg des Kampfes. Stolz, Adel, Wohlstand, Macht, Einbildung. Grobe Anmaßung und Unverschämtheit. Großzügigkeit, Hartnäckigkeit, je nach Stellung.

Binah von Jod. (Stolz, Arroganz und Überheblichkeit.) Hierin gebieten Hechashiah und Aamamiah.

Venus im Widder: 20° bis 30°
Der Herr der vollbrachten Arbeit

Vier der Stäbe

Zwei Hände wie zuvor kommen von jeder Seite der Karte aus den Wolken und halten in der Mitte im Griff des Ersten Ordens vier gekreuzte Stäbe. Vom Schnittpunkt gehen Flammen aus. Darüber und darunter befinden sich zwei kleine flammende Stäbe mit Venus und Widder, welche das Dekanat repräsentieren.

Perfektion, Vollendung einer Sache, die mit Mühe und Arbeit aufgebaut wurde. Ruhe nach der Arbeit. Feinheit, Klugheit, Schönheit, Freude, Erfolg bei der Vollendung. Verstandeskraft; Schlußfolgerungen werden aus vorhergehendem Wissen gezogen. Unfertigkeit, Unzuverlässigkeit und Unstetheit durch zu große Besorgtheit und Übereiltheit der Handlung. Anmut im Benehmen. Manchmal unaufrichtig und so weiter.

Chesed von Jod. (Festigung, Ordnung, Vollendung.) Hierin gebieten Nanael und Nithal.

Merkur im Stier: 1° bis 10°
Herr der materiellen Schwierigkeiten

Fünf der Münzen

Eine Hand hält einen Busch eines weißen Rosenstrauches, von welchem Rosen herabfallen, ohne Knospen zurückzulassen. Fünf Münzen ähnlich derjenigen des Asses. Merkur und Stier stehen für das Dekanat.

Verlust von Geld oder Stellung. Schwierigkeiten in materiellen Angelegenheiten. Mühe, Arbeit, Bebauung von Land, Bauen, Wissen und Scharfsinn in irdischen Dingen, Armut, Sorgfalt. Freundlichkeit, nach schwerer Mühe und Arbeit manchmal Rückerhalt von Geld. Vorstellungsarm, hart, ernst, entschlossen, stur.

Geburah vom abschließenden Heh. (Verlust des Berufes, Geldverlust, Geldsorgen.) Hierin gebieten Mibahiah und Pooyal.

Mond im Stier: 10° bis 20°
Herr des materiellen Erfolges

Sechs der Münzen

Eine Hand hält einen Rosenzweig mit weißen Rosen und Knospen, von denen jede eine Münze berührt. Darüber und darunter Mond und Stier, um das Dekanat darzustellen.

Gewinn und Erfolg in materiellen Unternehmungen. Macht, Einfluß, Position, Adel, Herrschaft über Menschen. Glück und Erfolg, gerecht und liberal. Falls schlecht gestellt, Stolz auf das Geld, Überheblichkeit aufgrund des Erfolges, oder verschwenderisch.

Tiphareth vom abschließenden Heh. (Erfolg in materiellen Dingen. Blühendes Geschäft.) Hierin gebieten Nemamiah und Jejelal.

Saturn im Stier: 20° bis 30°
Der Herr des unerfüllten Erfolges

Sieben der Münzen

Eine Hand kommt aus einer Wolke und hält einen Rosenzweig mit sieben Münzen, die wie in der Figur Rubeus angeordnet sind. Nur fünf derselben hängen über, berühren aber nicht die fünf oberen Münzen. Keine anderen Knospen sind zu sehen, und keine befinden sich in der Nähe oder berühren die beiden unteren Münzen. Darüber und darunter Saturn und Stier.

Unerfülltes Versprechen auf Erfolg, (in der Symbolik der Rosenknospen gezeigt, welche gleichsam nirgendwohin führen.) Verlust von scheinbar vielversprechendem Glück. Betrogene und zerstörte Hoffnungen. Enttäuschung. Elend, Sklaverei, Not und Gemeinheit. Ein Bebauer von Land, der dadurch jedoch Verlust leidet. Manchmal zeigt es kleine und isolierte Gewinne an, die jedoch keine Früchte tragen und nicht weiterführen, obwohl sie vielversprechend scheinen. Je nach Stellung.

Netzach von Heh. (Spekulation und Beschäftigung, die keinen Gewinn bringen. Geringer Gewinn für viel Mühe.) Hierin gebieten Herochiel und Mitzrael.

Jupiter in den Zwillingen: 1° bis 10°
Herr der verringerten Kraft

Acht der Schwerter

Vier Hände, wie gewöhnlich, die je zwei Schwerter halten, Spitzen nach oben bis fast zur Oberkante der Karte, zwei Hände weiter unten links, zwei rechts auf der Karte. Die Rose der anderen Schwertsymbole befinden sich wieder in der Mitte. Darüber und darunter Jupiter und Zwillinge.

Zuviel Kraft für Kleinigkeiten eingesetzt, zuviel Aufmerksamkeit auf Einzelheiten auf Kosten wesentlicher und wichtigerer Punkte. In schlechter Stellung erzeugen diese Eigenschaften Bosheit, Kleinlichkeit und Herrschsucht.

Geduld im Detail des Studiums, große Ruhe in manchen Dingen, aufgewogen durch genauso große Unordnung in anderen. Impulsiv, Geld oder Geschenke werden genau so gern gegeben wie genommen. Großzügig, klug, scharfsinnig, egoistisch, ohne starke Zuneigungsgefühle. Bewundert Weisheit, wendet sie jedoch in kleinen und wertlosen Dingen an.

Hod von Vau. (Engstirnig, beschränkt, kleinlich, ein Gefängnis.) Hierin gebieten Vemibael und Jehohel.

Mars in den Zwillingen: 10° bis 20°
Der Herr der Verzweiflung und Grausamkeit

Neun der Schwerter

Vier Hände (etwa wie im vorigen Symbol) halten acht Schwerter aufrecht, aber mit auseinandergewandten Spitzen. Eine fünfte Hand hält ein neuntes Schwert aufrecht in die Mitte, als hätte dieses die anderen getrennt und auseinandergeschlagen. Es ist überhaupt keine Rose zu sehen (als wäre sie nicht nur in Stücke geschnitten, sondern vollständig und endgültig zerstört). Darüber und darunter Mars und Zwillinge.

Verzweiflung, Grausamkeit, Unbarmherzigkeit, Bosheit, Leiden, Mangel, Verlust, Elend. Last, Unterdrückung, Arbeit, Scharfsinn und Geschick, Lügen, Unehrlichkeit, Verleumdung. Aber auch Gehorsam, Treue, Geduld, Selbstlosigkeit und so weiter, je nach Stellung.

Jesod von Vau. Hierin gebieten Aaneval und Mochajel.

Sonne in den Zwillingen: 20° bis 30°
Herr des Verderbens

Zehn der Schwerter

Vier Hände (wie beim vorigen Symbol) halten acht Schwerter mit auseinanderweisenden Spitzen. Zwei Hände halten zwei in der Mitte gekreuzte Schwerter, (als hätte ihre Verbindung die anderen auseinandergebracht). Keine Rosenblüte oder -knospe ist zu sehen. Darüber und darunter Sonne und Zwillinge.

(Fast ein schlimmeres Symbol als die Neun der Schwerter.) Undiszipliniert kämpfende Kräfte, völlige Störung und Versagen. Ende aller Pläne und Vorhaben. Verachtung, Unverschämtheit und Aufdringlichkeit, dabei jedoch Vergnügen und Spaß. Ein Spielverderber, der gern das Glück anderer zerstört. Wiederholt viele Dinge, neigt zu unnützem Gerede und zu vielen Worten, aber klug, scharfsinnig und redegewandt und so weiter, je nach Stellung.

Malkuth von Vau. (Verderben, Tod, Niederlage, Zerstörung.) Hierin gebietet Dambajah und Menqal.

Venus im Krebs: 1° bis 10°
Herr der Liebe

Zwei der Kelche

Eine Hand im unteren Teil der Karte kommt aus Wolken und hält Lotusse. Eine Lotusblume erhebt sich über das Wasser, welches den Unterrand der Karte einnimmt, und über die Hand hinaus, die den Lotus hält. Von dieser Lotusblüte geht ein Stengel aus, der fast am Oberende der Karte in einer anderen Lotus- oder Wasserlilienblüte endet, von welcher weißes Wasser wie von einer Quelle herabrauscht. Direkt darunter sind zwei Delphine über dem Stengel gekreuzt, Silber und Gold, auf welche das Wasser fällt und von welchen es in vollen Strömen ausgeht, wie Strahlen von Gold und Silber in zwei Kelche hinein, welche wiederum überfließen und den unteren Teil der Karte überfluten. Darüber und darunter Venus und Krebs.

Harmonie des Maskulinen und Femininen miteinander verbunden. Harmonie, Vergnügen, Freude, Feinsinn, manchmal Torheit, Zerstreuung, Verschwendung und dumme Handlungen, je nach Stellung.

Chokmah von Heh. (Ehe, Heim, Vergnügen.) Hierin gebieten Ajoel und Chaboojah.

Merkur im Krebs: 10° bis 20°
Herr des Überflusses

Drei der Kelche

Hände halten eine Gruppe von Lotussen oder Wasserlilien, von welchen sich auf jeder Seite des oberen Kelches drei Blüten erheben und über diesen hängen. Sie gießen weißes Wasser in ihn hinein. Auf gleiche Weise gießen Blüten Wasser in die unteren Kelche. Alle Kelche fließen über, der obere in die beiden unteren und diese auf den unteren Teil der Karte. Darüber und darunter Merkur und Krebs.

Überfluß, Fülle, Erfolg, Vergnügen, Sinnlichkeit, passiver Erfolg, Glück und günstiges Geschick. Liebe, Zufriedenheit, Freundlichkeit und Wohlstand. Je nach Stellung.

Binah von Heh (Fülle, Gastfreundschaft, Essen und Trinken, Vergnügen, Tanzen, neue Kleidung, Fröhlichkeit). Hierin gebieten Rahael und Jebomajah.

Mond im Krebs: 20° bis 30°
Der Herr der gemischten Freude

Vier der Kelche

Vier Kelche, die beiden oberen fließen in die beiden unteren über, welche nicht überfließen. Eine Hand hält einen Strauß von Lotusblumen, von welchen sich ein Stengel erhebt, der am oberen Ende der Karte eine Blüte trägt, von welcher Wasser in die beiden oberen Kelche ausfließt. Von der Mitte aus gehen zwei Blätter nach rechts und links und bilden gleichsam ein Kreuz zwischen den vier Kelchen. Mond und Krebs oben und unten.

Erfolg oder Vergnügen, die sich ihrem Ende nähern. Eine zeitweilige Periode der Zufriedenheit, welche andauern kann oder nicht. Es deutet nicht so sehr wie das vorige Symbol auf Ehe und Liebe hin. Es ist ein zu passives Symbol, um vollendetes Glück zu repräsentieren. Schnelligkeit, Jagd und Verfolgung. Gewinn durch Wettkampf; manchmal Ungerechtigkeit. Umfaßt auch Rückschläge im Vergnügen.

Jesod von Heh. (Empfang von Freude, aber leichtes Unwohlsein und Besorgnis darin. Zusammenkommen von Freude und Erfolg.) Hierin gebieten Hajajel und Mevamajah.

G. H. Frater D. D. C. F. (Mathers)

Anmerkung zum Tarot

Hier endet die Beschreibung der 36 Augenkarten unter Bezug auf die 36 Dekanate des Tierkreises. Obwohl die Engel der Shem ha-Mephoresh mit den Dekanaten verbunden sind, ist ihr Herrschaftsbereich jedoch viel erhobener und weiter und wichtiger, als auf den ersten Blick daraus zu folgen scheint. Bei all diesem habe ich die Symbolik nicht nur übertragen, sondern auch geprüft, studiert, verglichen und sowohl hellsichtig als auch auf andere Weise untersucht. Das Ergebnis hat mir gezeigt, daß die Symbolik des Buches T völlig korrekt ist und die verborgenen Kräfte des Universums exakt repräsentiert.

Wahrsagen mit dem Tarot

Diese Form ist besonders zur Divination in bezug auf die gewöhnlichen Alltagsfragen anwendbar.

Die Methode des Kartenauslegens beruht auf dem Schema der Herrschaftsbereiche der Tarotsymbole. *Je strenger eine Divinationsform an das Muster des Universums angepaßt und mit diesem in Harmonie ist, um so wahrscheinlicher gibt sie für den Fragenden eine korrekte und verläßliche Antwort*, denn dann, und nur dann, wird zwischen derselben und den verborgenen Naturkräften eine feste Verbindung und ein Band der Einheit aufgebaut. Sobald man die richtigen Entsprechungen der eingesetzten Symbole nicht mehr beobachtet, wird die Verbindung zwischen ihnen und den inneren okkulten Kräften belastet und bricht in manchen Fällen. Aus diesem Grunde wird ein und dieselbe Divinationsmethode manchmal eine wahre und manchmal eine falsche Antwort ergeben, zu anderen Zeiten teilweise wahr und teilweise falsch sein, weil die Entsprechungen entweder nicht richtig beobachtet oder von einer unwissenden und uneingeweihten Person eingesetzt worden sind.

Deshalb sollte der Wahrsager mit klarem und unvoreingenommenem Geist an die Divination herangehen. Er sollte weder von Wut, Angst, noch Zuneigung gestört sein und ein sicheres Wissen der Entsprechungen der eingesetzten Symbole besitzen. Außerdem sollte er dabei in der Lage sein, seine hellsichtigen und intuitiven Fertigkeiten einzusetzen, wenn nötig, und so weit als möglich verzerrte oder gekünstelte Entscheidungen vermeiden. Es ist auch nicht gut, mehrmals in der gleichen Angelegenheit wahrzusagen. Der Wahrsager sollte anerkennen, daß selbst die materiellen okkulten Kräften nicht als Werkzeuge eines blinden Fatalismus wirken, sondern in Übereinstimmung mit dem Willen der spirituelleren Kräfte hinter ihnen.

Es ist für einen Wahrsager auch günstig, seine Insignien anzulegen und über dem Tarotdeck invozierende Hexagramme oder Pentagramme zu schlagen, entweder mit der bloßen Hand oder mit dem geeigneten magischen Instrument. Es kann in manchen Fällen auch ratsam sein, eine Elementarkraft zu invozieren, die zu der Angelegenheit paßt und die Divination unterstützt.

Und es sollte nicht vergessen werden, daß bei der Arbeit mit den kleineren magischen Werkzeugen alle vier zur Hand sein sollten, selbst wenn man nur eines wirklich braucht. Wird dies unterlassen, so gibt man derjenigen Farbe, die dem invozierten Element entspricht, über die Gebühr viel Kraft, und sie wird für eine korrekte Lesung zum Hindernis, anstatt dabei zu helfen.

Die Eröffnung des Schlüssels

Diese Wahrsagemethode wird als »die Eröffnung des Schlüssels« bezeichnet und besteht aus fünf aufeinanderfolgenden Kartenauslegungen. Diese sind vorher gut gemischt und zusätzlich im ersten und vierten Fall auch nach einer bestimmten Weise abgehoben worden. Diese fünf Operationen entsprechen jeweils: die erste dem Bereich der vier Knappen unter Herrschaft der vier Asse; die zweite dem der Könige, Königinnen und Ritter, entsprechend den zwölf Häusern; die dritte den zwölf Trümpfen, die den Zeichen zugehören; die vierte den Augenkarten, die den sechsunddreißig Dekanaten entsprechen; und die fünfte und letzte der Herrschaft der Sephiroth in den himmlischen Gefilden.

Dieses sind fünf getrennte Operationen, die nacheinander nach der Methode ausgeführt werden, die man »die Eröffnung des Schlüssels« nennt. Wie bereits gesagt, ist diese insbesondere bei alltäglichen Angelegenheiten anwendbar. Die erste der Methoden zeigt die Eröffnung der Angelegenheit, wie sie zur Zeit steht. Die zweite, dritte und vierte ihre weitere Entwicklung und die fünfte ihren Ausgang.

Bevor wir mit der Wahrsagung beginnen, sollte eine der sechzehn Hofkarten ausgesucht werden, um als Signifikator den Fragenden zu repräsentieren. Sie sollte seinem Aussehen so nahe wie möglich kommen.

Stäbe allgemein – sehr blonde und rothaarige Personen mit heller Gesichtsfarbe.
Kelche allgemein – mittelblonde Personen.
Schwerter allgemein – dunkelhaarige Personen.
Münzen allgemein – sehr dunkle Typen.
Könige – allgemein Männer.
Königinnen – allgemein Frauen.
Ritter – allgemein junge Männer.
Knappen (Buben) – allgemein junge Frauen.

Bei der Lesung der Karten in den verschiedenen Durchgängen repräsentieren die Königinnen und Ritter fast immer Personen, die mit der in Frage stehenden Angelegenheit zu tun haben. Die Könige repräsentieren die Ankunft einer Person oder eines Ereignisses, falls sie gegen die Richtung der Lesung schauen. Schauen sie in die Richtung der Lesung, so stellt dies die Abreise einer Person oder das Vorübergehen oder Nachlassen eines Ereignisses dar.

Die Knappen (Buben) repräsentieren eine allgemeine Meinung, die in Harmonie und Zustimmung mit der Angelegenheit ist, wenn sie in die Richtung der Lesung schauen. Schauen sie in die Gegenrichtung der Lesung, so bedeuten sie das Umgekehrte.

Führt der Wahrsager eine Divination für eine entfernte Person durch, deren Aussehen ihm nicht bekannt ist, so kann er den Signifikator durch Abheben herausfinden. Durch Abheben stellt er fest, welche Farbe den Fragenden repräsentieren soll. Dann nimmt er eine der Hofkarten dieser Farbe, wobei er natürlich ernsthaft an die betreffende Person denkt.

Es ist gewöhnlich viel besser, wenn der Fragende die Karten selbst mischt oder abhebt. Sollte der Wahrsager dies jedoch selbst tun, so muß er während dessen ernsthaft an die fragende Person denken oder an den Betreffenden, für den die Divination durchgeführt wird. Bei allen Fällen des Mischens und Abhebens sollte die durchführende Person ernsthaft an die zur Frage stehende Angelegenheit denken. Falls beim Abheben ein Fehler gemacht wird, das heißt, falls dabei eine oder mehrere Karten herausfallen, so sollten die Karten sofort neu gemischt und wieder neu abgehoben werden, sonst ist die Antwort nicht zuverlässig. Handelt es sich um eine wichtige Angelegenheit, so soll er vor dem erneuten Mischen zwölf Stunden warten.

Wenn beim Auslegen einige der Karten auf dem Kopf stehen, so müssen sie so bleiben und dürfen nicht umgedreht werden, da dieses die Richtung ändern würde, in welche sie blicken. Eine jede Karte hat immer die gleiche Bedeutung und Kraft, ganz gleich ob sie aufrecht oder umgekehrt ist, so daß darauf nicht besonders geachtet werden muß.

Auch die Reihenfolge der ausgelegten Karten darf nicht beeinflußt werden. Beim Lesen der ausgelegten Karten beginnt man mit dem Signifikator des Fragenden. Die Lesung geht dann weiter über das Abzählen bestimmter Karten in die Richtung, in welche das Gesicht der Hofkarte blickt, die als Signifikator des Fragenden gewählt wurde.

C. S. Hyatt

Eine alternative Methode zur Auswahl des Signifikators

Im Jahre 1963 traf ich zufällig eine Frau, die eine Teilzeitarbeit als Babysitter suchte. Nach ein paar Monaten ihrer Arbeit bei uns führte sie mich in ein Tarotsystem ein, welches, von heute aus betrachtet, ähnlich, wenn nicht gleich dem System des Golden Dawn erscheint, welches hierin beschrieben ist. Sie benutzte jedoch eine andere Methode, den Signifikator festzustellen, wobei sie sowohl Astrologie als auch Numerologie verwendete.

Als erstes fragte sie nach dem Geburtsdatum. Dann stellte sie fest, ob das Zeichen feurig, wäßrig, luftig oder erdig war. Sie ordnete die Stäbe dem Feuer zu, die Kelche dem Wasser, die Schwerter der Luft und die Münzen der Erde. Beispielsweise würde der 17. November 1907 ergeben: 11–17–1907. Dieser Fragende würde einen Kelch zugeordnet bekommen, da er im frühen November die Sonne im Skorpion hat. Als nächstes zählte sie die Ziffern zusammen, was eine Summe von 45 ergäbe. Diese Zahl würde auf eine Ziffer zwischen 2 und 10 reduziert (unter Ausschluß der Zahl 1), was in diesem Fall die Zahl 9 ergibt. Der Signifikator wäre nun also die Neun der Kelche, welches der Herr des materiellen Glücks ist.

Nun können wir zum offiziellen Dokument von D. D. C. F. zurückkehren.

Folgende Zählungsmethode wird verwendet, wobei man die Anfangskarte als Nummer eins betrachtet.

Von jedem As – Zähle fünf Karten (Geist und vier Elemente).
Prinzessin (Knappe) – Sieben Karten (die sieben Paläste von Malkuth).
König, Königin, Ritter – Zähle vier Karten (die Buchstaben des Tetragrammaton).
Augenkarten – Zähle ihre eigene Zahl (eine Sephirah).
Die Trümpfe Aleph, Mem, Shin – Zähle drei Karten (die Zahl der Mutterbuchstaben).
Die Trümpfe der Doppelbuchstaben – Zähle neun Karten (Zahl der Planeten und Caput und Cauda Draconis).
Die Trümpfe der Einzelbuchstaben – Zähle zwölf Karten (die Zahl der Zeichen).

Die Zählung wird fortgeführt, bis man auf eine Karte stößt, die man schon gedeutet hat.

Wir werden also im folgenden Beispiel davon ausgehen, daß der Signifikator die Königin der Kelche ist und daß sie nach links schaut. Wir lesen dann folgendermaßen: Königin der Kelche – eine blonde Frau. Wir zählen vier weiter und kommen zur Fünf der Münzen, das heißt »Geldverlust«. (Auf der einen Seite dieser Karte befindet sich der »Mond« und auf der anderen Seite eine Münzenkarte, welche darauf hinweisen, daß der Verlust durch Betrug in Geschäftsangelegenheiten zustande kommt). Dann zählen wir bis fünf (die Augenzahl der Karte), von der Fünf der Münzen ausgehend. Dies fällt dann auf die Sechs der Kelche »Erfolg«. Da sich hierbei aber auf der einen Seite der Narr und auf der anderen das As der Stäbe befindet, wird der Erfolg aufgrund von unklugem Vorgehen nicht groß sein. Dann zählen wir sechs Karten weiter, von der Sechs der Kelche aus immer noch in gleiche Richtung gehend, was uns zur Königin der Kelche bringt, eine Karte, die wir bereits gedeutet haben, so daß wir hier aufhören.

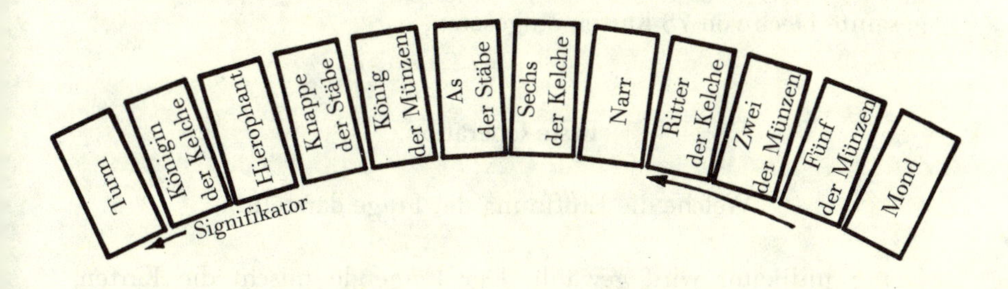

Signifikator – Königin der Kelche

Die Deutung wird lauten: »Eine blonde Frau hat durch Betrug im Geschäft Geld verloren; und obwohl sie wieder erfolgreich wird, wird dieser Erfolg jedoch durch unkluges Vorgehen ihrerseits zerstört werden, wofür sie sich bei sich selbst bedanken kann.«

Wäre der Knappe der Stäbe der Signifikator und schaute er nach rechts, so würden wir sieben Karten abzählen bis zur Zwei der Münzen, dann zwei bis zur Fünf der Münzen. Dann fünf von dort bis zum Hierophanten, zwölf von diesem bis zur Königin der Kelche, vier von dort bis zum König der Münzen. Dann wiederum vier zum Narren und von dort drei zur Zwei der Münzen, wo wir enden, da wir die Karte bereits gedeutet haben. Die Interpretation sähe folgendermaßen aus: »Eine junge Frau verändert gerade etwas in ihrem Geschäft, was ihr durch Betrug seitens einer blonden Frau und eines dunklen Mannes Geldverlust bringt, deren dummer Ratschlag sie zu dieser Veränderung verleitet hat.« Die Karten würden dann zu je zweien gepaart werden, wobei man sie von den entgegengesetzten Enden nimmt, wie anschließend gezeigt wird (hufeisenförmig, nämlich: Mond und Turm und so weiter).

Vom Mond und dem Turm: »Der Betrug wird entdeckt.« Drei der Münzen und Königin der Kelche: »Seitens dieser Person, die den Verlust hervorgebracht hat.« Zwei der Münzen und Hierophant: »Durch den Rat zur Veränderung.« Ritter der Kelche und Knappe der Stäbe: »Denn die junge Frau trifft auf einen älteren Mann.« König der Münzen und Narr: »Der dem törichten Ratschlag des dunklen Mannes entgegenwirkt.« As der Stäbe und Sechs der Kelche: »In der Folge ist sie erfolgreicher, aber nur durch ihre Energie und harte Arbeit.«

Zum Divinationsschema, welches als »Eröffnung des Schlüssels« bezeichnet wird, bringe ich ein Beispiel, das zur Anleitung eines Z. A. M. sorgfältig durch die fünf Stufen geführt wird. Dabei wird das gesamte Deck von 78 Karten eingesetzt.

Erste Operation,

Welche die Eröffnung der Frage darstellt

Der Signifikator wird gewählt. Der Fragende mischt die Karten, wobei er ernsthaft an die in Frage stehende Angelegenheit denkt. Dann legt er die Karten in einem einzigen Päckchen auf den Tisch vor sich hin, mit dem Bild nach unten. Dieses stellt den Namen JHVH dar, welcher nun in die einzelnen Buchstaben auseinandergenommen wird. Dazu muß er das Päckchen so genau wie mit bloßem Auge möglich in der Mitte abheben und die obere Hälfte rechts von der unteren Hälfte ablegen. Erstere repräsentiert JH und letztere VH (abschließend). Dann nimmt er das Päckchen zur Rechten in zwei Teile auseinander, so nahe der Mitte wie er kann, und legt die obere Hälfte wieder weiter nach rechts. Dieses stellt das J dar und der untere Teil das verbleibende H. Er hebt nun das linke Päckchen nach links hin ab, wobei der obere Teil das V repräsentiert und der untere das abschließende H. Nun hat er also vier Päckchen von fast gleicher Größe, die *von rechts nach links* den Namen JHVH bilden und unter der Vorherrschaft der vier Prinzessinnen (Knappen) und durch diese der vier Wurzelkräfte (Asse) stehen. Die vier Päckchen werden dann mit dem Bild nach oben gelegt, ohne ihre Position zu verändern, und die Bedeutung der vier untersten Karten (die sich jetzt offen oben befinden) können als ein Hinweis auf die Angelegenheit gelesen werden. Nun wird jedes Päckchen daraufhin untersucht, wo sich der Signifikator des Fragenden befindet, wobei die Reihenfolge der Karten nicht durcheinandergebracht werden darf. Man behält das Päckchen mit dem Signifikator für die Lesung, die anderen werden beiseite gelegt und bei dieser besonderen Lesung (Operation) nicht benutzt. Notiere sorgfältig, zu welchem der vier Buchstaben das Päckchen gehört, in welchem sich der Signifikator des Fragenden befindet. Ob zu J und Stäben, Energie und Kampf. Ob zu H und Kelchen, Vergnügen. Ob zu V und Schwertern, Krankheit und Leid. Ob zu H (abschließend) und den Münzen, Geschäft und Geld. Das Päckchen mit dem Signifikator wird nun mit den Bildern nach oben in Form eines Hufeisens ausgelegt (Zähle in der Richtung, in welche der Signifikator schaut), und seine Bedeutung wird in der zuvor beschriebenen Weise gelesen.

Zunächst dadurch, daß die Karten abgezählt werden, bis man auf eine stößt, die zuvor schon gedeutet worden war. Dann indem man sie nacheinander von den entgegengesetzten Enden des Hufeisens her paarweise zusammenlegt. (Man läßt dabei den Signifikator nicht aus.)

Bevor er vom Signifikator aus zu zählen beginnt, sollte der Wahrsager feststellen, welche Farbe der Anzahl nach bei den Karten vorherrscht. Eine Mehrzahl an Stäben würde auf Energie, Streitigkeiten und Widerstand hindeuten. Bei Kelchen auf Vergnügen und Fröhlichkeit. Bei Schwertern auf Kummer und Traurigkeit, manchmal Krankheit und Tod. Bei Münzen auf Geschäft, Geld, Besitz und so weiter. Achte außerdem darauf, ob sich bei den ausgelegten Karten drei oder vier Karten einer Sorte befinden. Etwa drei Asse, vier Fünfen oder ähnlich. Deren Bedeutung wird entsprechend der später angegebenen Tafel festgehalten. Eine Mehrheit an Trümpfen (»große Arkane«) zeigt Kräfte an, die unserer Kontrolle entzogen sind.

Angenommen, ein junger Mann stellt die Frage: »Werde ich in meinen gegenwärtigen Angelegenheiten erfolgreich sein?« Er hat helle Gesichtsfarbe und hellbraune Haare. Der Wahrsagende nimmt deshalb den Ritter der Kelche als Signifikator (Hätte es sich um einen älteren Mann gehandelt, wo würde er den König der gleichen Farbe wählen.) Er bittet den Fragenden, das Deck sorgfältig zu mischen und es mit den Bildern nach unten vor sich auf den Tisch zu legen. Dann bittet er ihn, das Päckchen so nahe wie möglich der Mitte abzuheben und die obere Hälfte nach rechts zu legen; dann jedes Päckchen so nah wie möglich der Mitte abzuheben und die jeweils obere Hälfte nach rechts neben die untere zu legen, wodurch man vier Päckchen von etwa gleicher Größe erhält.

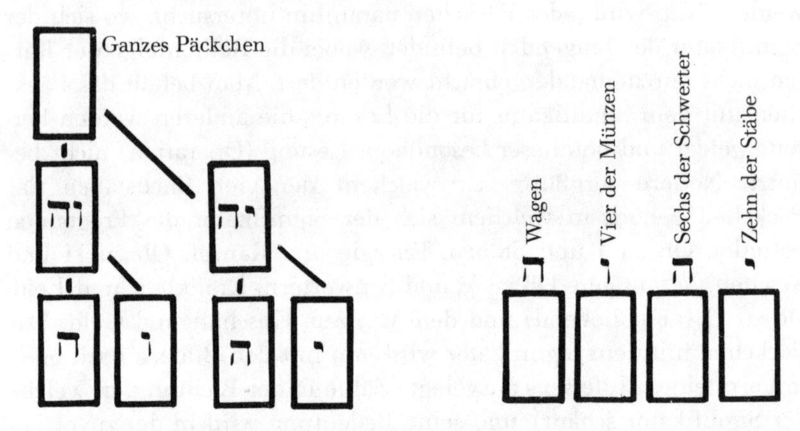

Hierbei ist die Zehn der Stäbe besonders stark, da sie sich an der Stelle des Jod befindet, welches über die Stäbe und Feuer gebietet. Die Sechs der Schwerter ist mäßig stark, denn sie ist an der Stelle des Heh, welches die Kelche und Wasser regiert, das kein dem Luftelement feindliches oder entgegengesetztes Element darstellt. Die Vier der Münzen ist schwach, denn sie befindet sich auf dem Platz des Vau, welches das entgegengesetzte Element zur Erde repräsentiert, nämlich Luft. Und der Wagen, Krebs, ein Wasserzeichen, ist ziemlich stark, da er an der Stelle des schließenden Heh liegt, welches über die Erde gebietet, ein dem Wasserelement freundliches Element.

Der Wahrsagende deutet dann diese vier Karten als eine Einleitung: »Der Fragende arbeitet sehr hart und bekommt wenig Geld; die Dinge scheinen sich aber zu bessern.« Das beruht auf der Zehn der Stäbe, welche Grausamkeit und Härte anzeigt, auf der Sechs der Schwerter, die Arbeit und Mühe bedeutet. Die Vier der Münzen zeigt Geldgewinn und der Wagen Erfolg.

Dann untersucht der Wahrsagende die vier Päckchen, um dasjenige mit dem Signifikator herauszufinden. Er befindet sich in demjenigen, wo die Sechs der Schwerter die unterste Karte war, also an der Stelle, die dem Buchstaben Heh entspricht, der für Vergnügen steht und über die Kelche regiert. Soweit ist das ein gutes Omen, da es Geselligkeit und Fröhlichkeit anzeigt. Dieses Kartenpäckchen wird zur Lesung zurückbehalten, die anderen als nicht für die Frage wesentlich beiseite gelegt.

Nehmen wir an, dieses Päckchen bestehe aus zwanzig Karten und sie befänden sich in der folgenden Reihenfolge. Der Wahrsagende legt sie in Form eines Hufeisens aus:

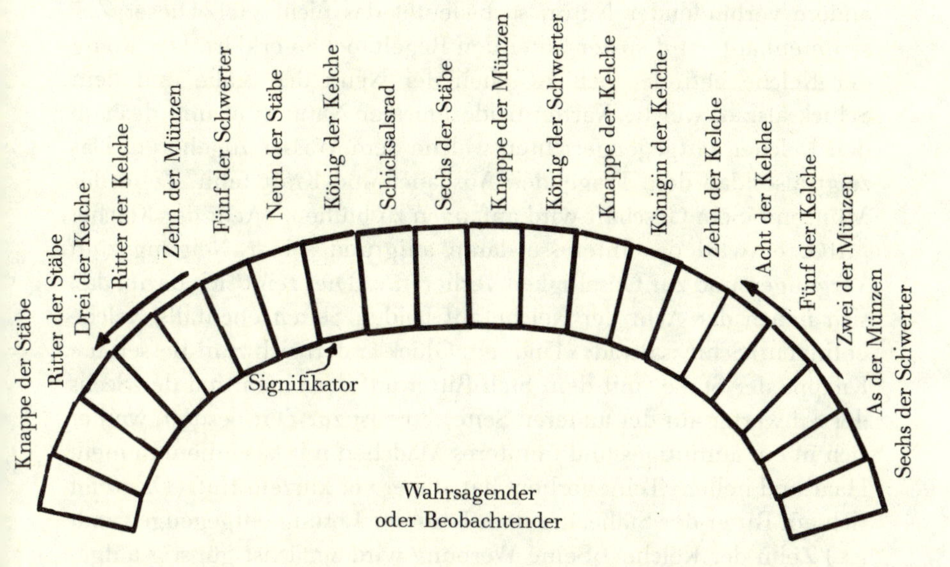

Die Farbe der Kelche befindet sich deutlich in der Mehrheit – Vergnügen, Besuch bei Freunden, Verliebtheit und so weiter. Es sind auch drei Knappen dabei, die auf Gesellschaft junger Menschen hindeuten. Daraus liest der Wahrsager, daß der Fragende gern junge Menschen mag, Flirts und dergleichen. Es gibt keine andere Reihe von drei oder vier Karten der gleichen Sorte, so daß der Wahrsagende damit fortfährt, durch Abzählen vom Signifikator aus zu lesen. Dieser schaut zur Neun der Stäbe.

Das Zählen geht deshalb in Pfeilrichtung weiter: Vier vom König der Kelche aus, Zehn der Münzen; von dort aus zehn, Acht der Kelche; von dort aus acht, das Schicksalsrad; von dort aus neun, der Knappe der Stäbe; von dort aus sieben, Zehn der Kelche; von dort aus zehn, Fünf der Schwerter; von dort aus fünf, Ritter der Stäbe; von dort aus vier, As der Münzen; von dort aus fünf, Zehn der Kelche. Da diese Karte bereits gedeutet worden ist, endet die Lesung hier.

Bei dieser Deutungsweise wird jede Karte durch diejenigen modifiziert, die links und rechts von ihr liegen, wie später erklärt wird. Handelt es sich um eine Karte an der Ecke, etwa die Sechs der Schwerter, so wird in diesem Falle nicht nur durch die danebenliegende Karte, As der Münzen, modifiziert, sondern auch durch die Karte am entgegengesetzten Ende, dem Knappen der Stäbe.

Sind diese Karten dem Element der Karte selbst entgegengesetzt, so schwächen und neutralisieren sie deren Kraft. Findet sich das entgegengerichtete Element jedoch nur in einer Karte und ist das andere verbindender Natur, so bedeutet das nicht viel. Dieser Zusammenhang wird später unter den Regeltabellen erklärt. Der König der Kelche befindet sich zwischen der Neun der Stäbe und dem Schicksalsrad, welche Karten beide feuriger Natur sind und deshalb den Kelchen entgegengerichtet, welche dem Wasser zugehören. Das zeigt also, daß dem Fragenden Ausdauer und Kraft fehlt. Zehn der Münzen: »Sein Geschäft wird anfangen zu blühen.« Acht der Kelche: »Aber er wird das Interesse daran aufgrund seiner Neigung zum Vergnügen und zur Geselligkeit verlieren.« (Dies zeigt sich darin, daß sich neben der Acht der Kelche auf beiden Seiten ebenfalls Kelche befinden.) Schicksalsrad: »Und sein Glück ändert sich zum Besseren.« Knappe der Stäbe (mit dem Stab Ritter auf der einen und der Sechs der Schwerter auf der anderen Seite): »Er ist zur Zeit besorgt, weil er sich in ein anmutiges und munteres Mädchen mit kastanienbraunem Haar und hellem Teint verliebt hat, die er vor kurzem traf. (Das zeigt sich am Ritter der Stäbe, der dem Lauf der Lesung entgegengewandt ist.) Zehn der Kelche: »Seine Werbung wird zunächst günstig aufgenommen.« Fünf der Schwerter: »Aber einige verleumderische und mißgünstige Berichte kommen ihr zu Ohren« (nicht ganz ohne Grund). As der Münzen: »Jedoch hat das Aufblühen seines Geschäftes,« Zehn der Kelche: »sie ihm günstig gesonnen gemacht.«

Der Wahrsager paart nun die Karten vom jeweils gegenüberliegenden Ende des Hufeisens wie im folgenden Beispiel:

Knappe der Stäbe – Sechs der Schwerter
»Sie ist darüber besorgt.«

Ritter der Stäbe – As der Münzen
»Und er beginnt sein Geschäft zu vernachlässigen, das aber noch relativ gut läuft.«

Drei der Kelche – Zwei der Münzen
»Und läßt für das Vergnügen sein Geschäft links liegen.«

Ritter der Kelche – Fünf der Kelche
»Die Folge davon ist, daß die Verlobung zwischen ihnen aufgelöst wird, was man am Ritter sieht, der in die Gegenrichtung gedreht ist.«

Zehn der Münzen – Acht der Kelche
»Sein Geschäft läuft noch relativ gut, obwohl er sein Interesse daran verliert.«

Fünf der Schwerter – Zehn der Kelche
»Die Angelegenheit wird zum Gegenstand von Klatsch.«

Neun der Stäbe – Königin der Kelche
Diese beiden Karten entgegengesetzter Farben haben deshalb wenig Bedeutung »...unter ihren Bekannten.«

König der Kelche – Knappe der Kelche
»Außerdem beginnt er, sein Auge auf ein anderes Mädchen zu werfen, das einen nicht so hellen Teint hat,«

Schicksalsrad – König der Schwerter
»...die jedoch einen Mann dunklen Typs vorzieht, der vom schönen Geschlecht sehr bewundert wird.« (Dies zeigt sich daran, daß er sich neben zwei Knappen und einer Königin befindet.)

Sechs der Stäbe – Knappe der Münzen
»Aber er hat schon die Zuneigung eines Mädchens mit dunklen, braunen Augen und Haaren gewonnen.« (Diese Beschreibung ergibt sich aus der gemischten Wirkung der Stäbe und Münzen.)

Damit endet die Lesung der ersten Operation, welche folgendermaßen zusammengefaßt werden kann:

»Der Fragende ist ein blonder junger Mann, der schwer arbeitet und bislang noch wenig Geld verdient hat. Die Dinge beginnen sich jedoch zu bessern. Er liebt die Geselligkeit und besucht gern Freunde. Es mangelt ihm jedoch an Durchhaltevermögen und Energie. Trotzdem werden sein Geschäft und seine finanziellen Abschlüsse zu blühen beginnen. Er wird jedoch sein Interesse daran verlieren, da er das Vergnügen und die Geselligkeit so sehr mag. Und obwohl sich sein Geschick zum Besseren wendet, ist er doch sehr besorgt, da er in ein anmutiges und lebhaftes Mädchen verliebt ist, die kastanienbraunes Haar und einen hellen Teint hat. Er hat sie vor kurzem getroffen, und seine Werbung wurde zunächst günstig aufgenommen. Einige Gerüchte und mißgünstige Geschichten, die nicht ganz ohne Grundlage sind, kommen ihr zu Gehör, obwohl sein wachsender geschäftlicher Erfolg sie dazu geführt hat, ihm günstig gesonnen zu sein. Sie ist deshalb besorgt, und er beginnt sein Geschäft zu vernachlässigen, das immer noch relativ gut läuft. Er verläßt es jedoch um des Vergnügens und der Fröhlichkeit willen.«

»Die Folge davon ist, daß die Verlobung aufgelöst wird. Noch immer läuft sein Geschäft recht gut, obwohl er das Interesse daran verloren hat. Die ganze Affäre ist Gegenstand umfangreichen Klatsches unter ihren jeweiligen Bekannten. (Eine der Hauptunruhestifterinnen ist eine blonde Frau mittleren Alters, die durch die Königin der Kelche angezeigt wird.) Er beginnt jedoch bald, sein Auge auf ein anderes Mädchen zu werfen, das keinen so hellen Teint hat. Sie jedoch zieht einen jungen Mann dunklen Typs vor, der vom schönen Geschlecht allgemein sehr bewundert wird. Aber er hat bereits die Zuneigung einer jungen Frau mit dunkelbraunem Haar und blauen Augen gewonnen.«

Zweite Operation,

Welche die Entwicklung der Angelegenheit darstellt

Der Fragende mischt die Karten wiederum sorgfältig und legt das Päckchen mit dem Bild nach unten auf den Tisch, aber er hebt sie nicht ab. Der Wahrsager nimmt das Päckchen nun und legt es Karte für Karte mit den Bildern nach unten in zwölf Päckchen aus, die nach folgendem Schema umlaufen:

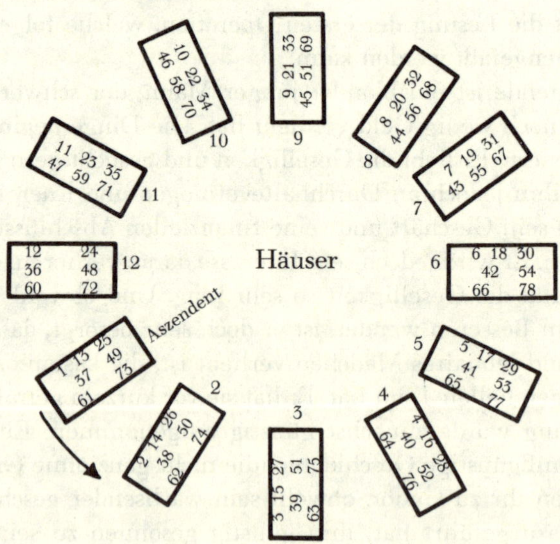

(Lege und lies in der Reihenfolge der Häuser entgegen der Sonnenlaufrichtung.) Das erste Päckchen, welches dem Aszendenten entspricht, besteht also aus der 1., 13., 25., 37., 49., 61. und 73. Karte wie gezeigt, und so weiter.

Die ganze Operation steht unter der Vorherrschaft der Hofkarten, deren Herrschaftsbereich in den himmlischen Gefilden direkt zwischen diejenige der vier Knappen und der Trümpfe fällt, die den zwölf Tierkreiszeichen entsprechen. Sie repräsentieren die zwölf astrologischen Häuser, wie gezeigt.

Ohne die Reihenfolge der Päckchen zu verändern, noch diejenige der Karten in den Päckchen, untersucht der Wahrsagende jedes nacheinander, bis er dasjenige findet, worin der Signifikator enthalten ist. Dieses behält er für die Lesung, wobei er sorgsam darauf achtet, zu welchem astrologischen Haus es gehört. Die anderen Päckchen sammelt er ein und legt sie beiseite, da sie in dieser Operation nicht von weiterem Nutzen sind.

Wie zuvor deutet der Wahrsager aus dem Päckchen, das den Signifikator enthält, indem er es zur Form eines Hufeisens auslegt und zunächst dadurch liest, daß er die Karten der Reihenfolge nach vom Signifikator ausgehend in die Richtung abzählt, in welche das Gesicht der Figur auf der Karte gedreht ist. Dann werden die Karten von den gegenüberliegenden Enden des Hufeisens her gepaart. Bei einem so kleinen Päckchen ist es unwahrscheinlich, daß sich drei oder vier Karten der gleichen Sorte darin befinden. Sollte das doch der Fall sein, so beachtet der Wahrsagende dies besonders und achtet auch darauf, welche Farbe vorherrscht. Ich fahre nun mit den Beispielen fort, die bei der vorigen Operation begonnen worden sind. Ich muß hier anmerken, daß das Beispiel eine bloße Erfindung von mir ist und sich natürlich nicht im Buch T befindet, worin allein die Arbeitsweise beschrieben wird. Zur Erläuterung habe ich absichtlich ein alltägliches, banales und materielles Problem genommen.

Gehen wir davon aus, daß der Fragende die Karten richtig und sorgfältig gemischt und dabei an die Angelegenheit gedacht hat. Der Wahrsager legt die Karten in zwölf Päckchen herum aus, wie oben gezeigt. Das Päckchen, welches den Signifikator enthält, liegt beim Aszendenten. Es enthält die folgenden Karten in der angegebenen Reihenfolge.

Diese Lesart weist darauf hin, daß sich die Sache hauptsächlich auf die Lebensweise des Fragenden zu diesem Zeitpunkt beziehen wird, da sich der Signifikator beim Aszendenten befindet.

In diesem Fall liegt der Signifikator aufrecht, während er bei der vorherigen Lesung auf dem Kopf lag, und blickt nun auf die Neun der Schwerter, in welcher Richtung also die Lesung verläuft. Die Zählung ist: vier vom König der Kelche – Knappe der Münzen; sieben von dort – Sonne; neun von dort – Knappe der Münzen; sieben von dort – Sonne, wo die Lesung endet.

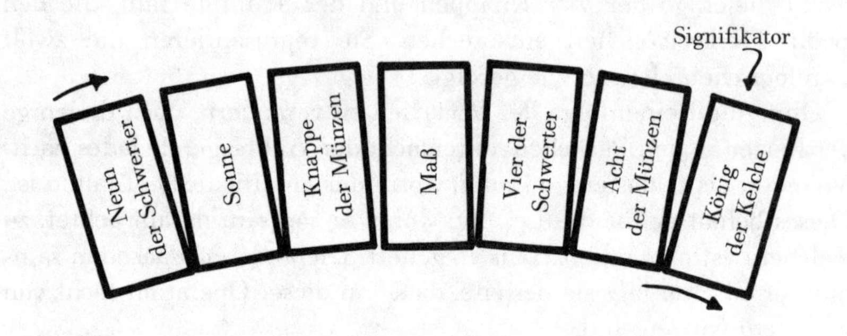

König der Kelche – Knappe der Münzen
»Der Fragende ist unglücklich« (da er auf die Neun der Schwerter schaut) »und macht die Bekanntschaft eines Mädchens mit dunklen Haaren und blauen Augen, in welche der dunkelhaarige junge Mann (sein Rivale) verliebt ist. (Sie ist künstlerisch begabt und hat gute Manieren. Sie hofft, ihre Wünsche ausführen zu können, nämlich den dunkelhaarigen Mann heiraten zu können, in den das blonde Mädchen, welchem der Fragende nun seine Zuneigung zugewandt hat, jetzt verliebt ist.) Sie beginnt sich nämlich um ihren Erfolg Sorgen zu machen und ist folglich eifersüchtig.«

Der Wahrsagende fährt fort, indem er die Karten von den gegenüberliegenden Enden des Hufeisens paart:

König der Kelche – Neun der Schwerter
»Der Fragende ist besorgt, und seine Gesundheit beginnt zu leiden.«

Acht der Münzen – Sonne
»Er hofft jedoch darauf, letztlich erfolgreich zu sein, wenn er in der Angelegenheit geschickt vorgeht.«

Vier der Schwerter – Knappe der Münzen
»Darum versucht er, sich mit dem dunkelhaarigen Mädchen anzufreunden.«

Das Maß
»Denn er erwartet, seine Wünsche am Ende mit ihrer Hilfe verwirklichen zu können.« (Das zeigt sich daran, daß die Karte am Schluß einzeln ist.)

Dritte Operation,

Welche die Entwicklung der Frage fortführt

Wieder mischt der Fragende die Karten sorgfältig, während er ernsthaft an die Angelegenheit denkt. Das Päckchen wird *nicht abgehoben.* Der Wahrsagende legt die Karten genau auf die gleiche Art wie bei der zweiten Operation in zwölf Päckchen. Aber anstatt auf die zwölf astrologischen Häuser bezogen zu werden, stehen die zwölf Päckchen nun unter der Vorherrschaft der zwölf Tarottrümpfe, die den zwölf Tierkreiszeichen zugeordnet sind. Das erste Päckchen: Herrscher – Widder; das zweite: Hierophant – Stier; das dritte: Die Liebenden – Zwillinge und so weiter. Der Wahrsagende wählt wie zuvor dasjenige Päckchen zur Deutung aus, welches den Signifikator enthält und legt den Rest beiseite. Er merkt sich auch die Bedeutung des Trumpfes, der dem Tierkreiszeichen entspricht, unter welches das Päckchen fällt. Er breitet die Karten zur Form eines Hufeisens aus, genau wie zuvor. Ich fahre nun wieder mit dem begonnenen Beispiel fort:

Beispiel

Wir wollen annehmen, daß das Päckchen, welches den König der Kelche enthält, dasjenige auf der Stelle des Hierophanten – Stier ist, und daß es aus folgenden Karten besteht, die wie im Diagramm geordnet sind.

Der Hierophant und die Mehrheit der Karten in diesem Päckchen sind Trümpfe und zeigen, daß sich die hierin wirkenden Kräfte der Kontrolle des Fragenden entziehen. Die Lesung erfolgt nach der gewöhnlichen Reihenfolge der Zählung: König der Kelche – Zwei der Stäbe. Magier – Königin der Stäbe. Die Welt – Der Turm. Wiederum Zwei der Stäbe.

Es sollte noch folgendes erwähnt werden: Angenommen das Päckchen würde aus sechs Karten bestehen und der Signifikator wäre ein Knappe, das heißt man würde von ihm aus sieben zählen und wieder zu ihm zurückkommen. Das würde darauf hindeuten, daß der Fragende in diesem Punkt der Frage nach seinen eigenen Vorstellungen handelt und seine Handlungsweise nicht von der Meinung anderer beeinflussen läßt. (Die Lesung würde dann damit weitergehen, die Karten wie gewöhnlich in Paare zu legen:)

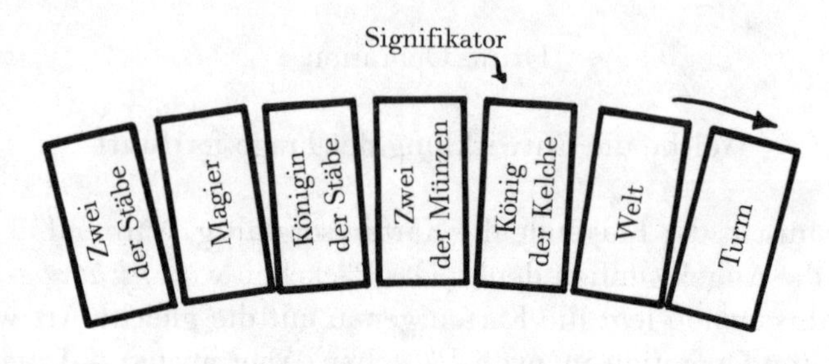

König der Kelche – Zwei der Stäbe
»Obwohl ihn noch viele Dinge beunruhigen, wird er (der Fragende) durch diese Handlungsweise erfolgreicher.«

Magier – Königin der Stäbe
»Was das beste zu sein scheint. Aber die ältere Frau (die schon zuvor Unruhe gestiftet hat und in der ersten Operation durch die Königin der Kelche dargestellt wurde), die raffiniert und eine Klatschbase ist...«

Welt – Turm – Zwei der Stäbe
»...wirkt in dieser Angelegenheit wieder schädlich, weil sie Einfluß über den Fragenden selbst zu gewinnen sucht.«

Der Wahrsagende fährt fort, indem er die Karten paart:

Zwei der Stäbe – Turm
»Indem sie ihren Einfluß gerissen ausübt, bringt sie die ganze Angelegenheit völlig durcheinander.«

Welt – Magier
»Die ganze Angelegenheit wird von Tricks und falschem Schein durchzogen...«

Königin der Stäbe – König der Kelche
»...da sie selbst ihm eine Menge Aufmerksamkeit und Sympathie zuwendet...«

Zwei der Münzen
»...was ihre Pläne vorwärts drängt, indem eine Freundschaft zwischen ihnen entsteht.«

Vierte Operation:

Die weitere Entwicklung der Frage

Wie zuvor soll der Fragende das Päckchen mischen und es vor sich auf den Tisch legen, *es jedoch nicht abheben.*

Der Wahrsagende nimmt das Päckchen, dreht es aufwärts und schaut es durch, wobei er darauf achtet, die Reihenfolge der Karten nicht durcheinanderzubringen. Er tut dies, bis er den Signifikator findet. An dieser Stelle hebt er das Päckchen ab, das heißt, er nimmt den Signifikator und die Karten, die sich darunter befunden haben, legt sie auf den Rest. Dann dreht er das Ganze wieder nach unten und hält es zum Austeilen bereit. *(Sei hierbei sehr sorgfältig: S. A.)*

Die Folge dieser Operation ist, daß der Signifikator zur oberen Karte des Päckchens wird (eigentlich zur unteren, mit dem Bild auf dem Tisch). Der Wahrsager nimmt nun den Signifikator und legt ihn mit dem Bild nach oben auf die Mitte des Tisches. Dann legt er die folgenden 36 Karten in Form eines Kreises mit dem Bild nach oben darum herum, so daß sie den 36 Dekanaten des Tierkreises entsprechen und die weitere Entwicklung der Frage anzeigen. Sie werden in der Reihenfolge und Richtung ausgelegt, wie die zwölf Päckchen bei den vorherigen Operationen.

Die Lesung verläuft nach der gleichen Regel des Zählens; anstatt aber vom Signifikator selbst aus zu zählen, beginnt man bei der ersten Karte der 36 und zählt immer in der Richtung des Austeilens. Die überwiegende Farbe und ein Zusammentreffen von drei oder vier Karten einer Sorte unter den 36 Dekanaten wird ebenfalls festgehalten. Ist die Lesung durch das Zählen beendet, so werden die Karten gepaart: Die 1. und 36., die 2. und 35., die 3. und 34. usw., die nacheinander auf den Signifikator gelegt werden. Ich fahre nun mit dem begonnenen Beispiel fort.

Wir nehmen an, der Fragende habe das Päckchen gemischt. Der Wahrsagende nimmt es in die Hand und findet beim Umdrehen als unterste Karte das Maß. Beim Durchblättern stößt er folgendermaßen auf den Signifikator:

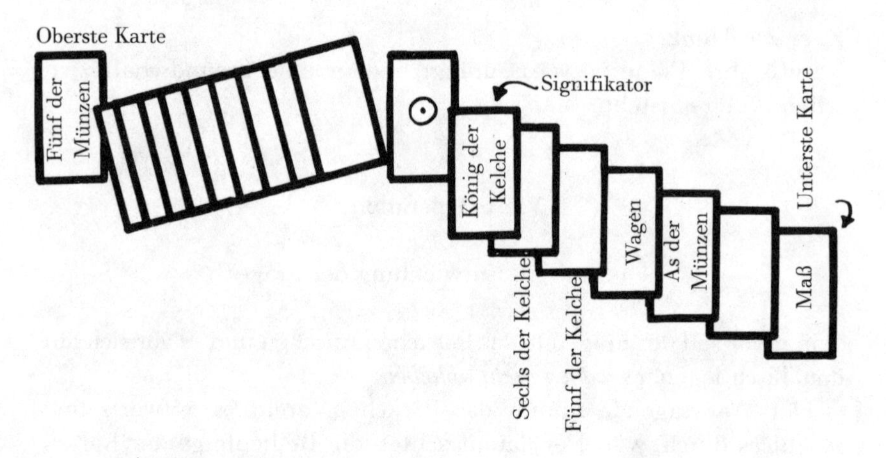

Er nimmt die Karten vom König der Kelche bis zum Maß einschließlich und legt sie auf (oder hinter; S. A.[1]) die Fünf der Münzen, wobei er darauf achtet, die relative Reihenfolge nicht zu verändern. Das hat die Wirkung eines Abhebens zwischen der Königin der Stäbe und dem König der Kelche.

Wenn er die Karten zum Austeilen wieder umdreht, befindet sich der König der Kelche ganz oben und die Königin der Stäbe ganz unten. »Das Maß« wird sich unmittelbar über der Fünf der Münzen befinden, welche früher über demselben lag. Der Wahrsagende nimmt nun die oberste Karte, den Signifikator, und legt ihn mit dem Bild nach oben in die Mitte. Dann teilt er der Reihenfolge nach 36 Karten offen aus, wie im Diagramm oben gezeigt.

Nehmen wir an, sie wären auf diese Weise angeordnet. Die Lesung erfolgt bei dieser Methode immer in der Richtung des Austeilens und beginnt bei der ersten ausgelegten Karte.

Wir treffen hier 12 von 22 Trümpfen an, 7 Stabkarten, 7 Kelchkarten, 5 Schwertkarten, 6 Münzenkarten, zusammen mit dem Signifikator also insgesamt 37. Das Vorherrschen der Trümpfe deutet auf Einflüsse außerhalb der Kontrolle des Fragenden« hin. Es sind dort vier Könige: »Zusammentreffen mit einflußreichen Persönlichkeiten« und vier Achten: »Viele Neuigkeiten und Korrespondenz«.

Die Zählung verläuft folgendermaßen von der ersten ausgelegten Karte her. König der Kelche, Sechs der Kelche, Fünf der Münzen, Eremit, Vier der Kelche, Stärke, Vier der Schwerter, Sieben der Kelche, Gerechtigkeit, Fünf der Kelche, König der Schwerter, Herrscher, wiederum Sechs der Kelche.

[1] Anm. d. Hrsg.: Anmerkung von Westcott.

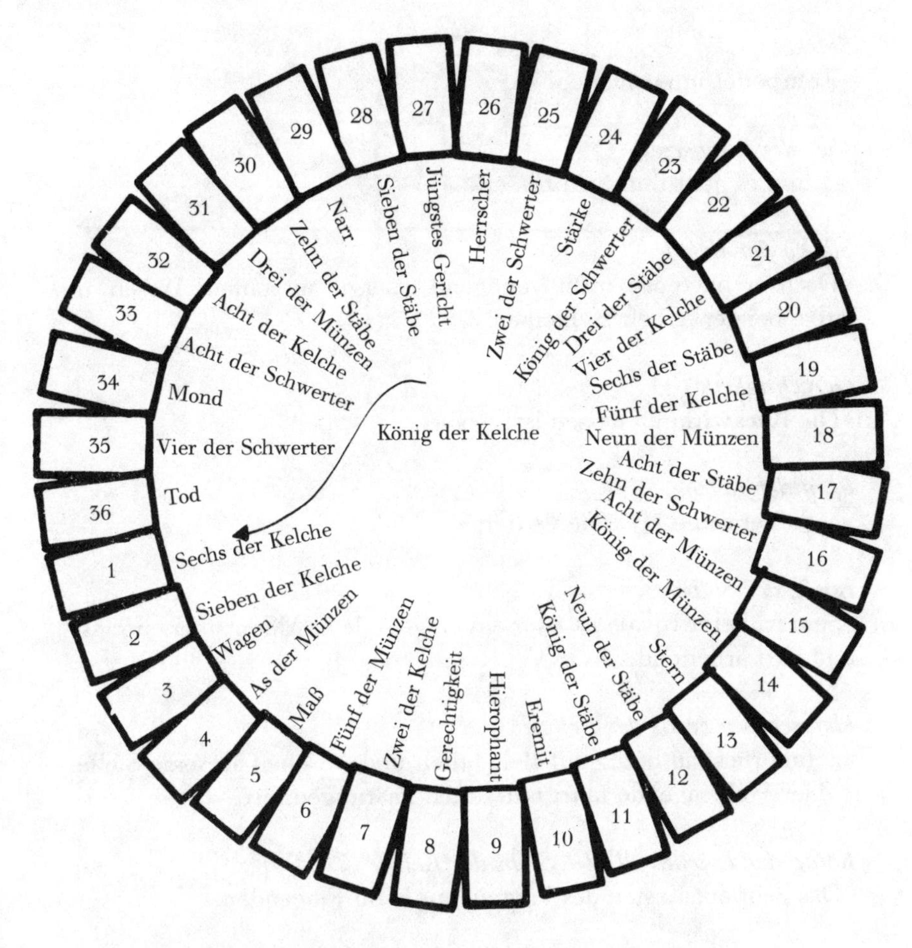

König der Kelche – Sechs der Kelche
»Die Vorliebe des Fragenden für Vergnügungen...«

Fünf der Münzen
»...sorgt für Verluste an Geld und im Geschäft...«

Eremit
»...und er ist gezwungen, sich vorsichtiger zu verhalten...«

Vier der Kelche
»...nicht zu viel in die Geselligkeit anderer zu gehen, was ihm bereits Sorgen eingebracht hat« (gezeigt durch die Vier der Kelche zwischen zwei Stabkarten, entgegengesetzten Elementen, die die Wirkung dieser Karte schwächen).

Stärke
»Er arbeitet intensiver...«

Vier der Schwerter
»...und es geht ihm bald besser.«

Sieben der Kelche
»Doch er hat noch nicht genügend Energie in seinem Wesen, um lange bei der Arbeit zu bleiben.«

Gerechtigkeit
»Die Rückwirkung dessen ist...«

Fünf der Kelche
»...daß er seine Freunde verliert.«

König der Stäbe
»Sein früherer Rivale ist zwar ein eingebildeter Mann, aber energisch und hart arbeitend...«

Herrscher – Sechs der Kelche
»...und rückt in bezug auf Beliebtheit und Ansehen an seine Stelle.«
Der Wahrsagende fährt nun durch Paarungen fort:

König der Kelche – Tod – Sechs der Kelche
»Das geht auf Kosten des Vergnügens beim Fragenden.«

Vier der Schwerter – Sieben der Kelche
»Er wird sogar noch energieloser und vergnügungssüchtiger als je zuvor.«

Mond – Wagen
»Mit Hilfe von Betrügereien gibt er der Versuchung des Müßiggangs und der Eitelkeit nach.«

Acht der Schwerter – As der Münzen
»Er unterschlägt Geld seines Arbeitgebers und sieht eine Gefängnisstrafe auf sich zukommen.«

Acht der Kelche – das Maß
»Das Ergebnis ist der Verlust seines guten Rufes...«

Drei der Münzen – Fünf der Münzen
»…und seiner Vertrauenssituation.«

Zehn der Stäbe – Zwei der Kelche
»Seine früheren Freunde und Bewunderer zeigen ihm die kalte Schulter.«

Narr – Gerechtigkeit
»Das Ergebnis dieser Dummheit ist, daß er festgenommen und vor ein Gericht gestellt wird.«

Sieben der Stäbe – Hierophant
»Das Urteil ist ungünstig…«

Jüngstes Gericht – Eremit
»…und fällt ganz zu recht gegen ihn aus.«

Herrscher – König der Stäbe
»Aber sein Arbeitgeber ist ein gutherziger Mann, obwohl sehr streng…«

Zwei der Schwerter – Neun der Schwerter
»…und bietet ihm an, ihn wieder einzustellen und die Vergangenheit zu vergessen…«

Stern – Stärke
»…weil er hofft, daß dies für den Fragenden eine Lektion gewesen ist.«

König der Schwerter – König der Münzen
»Und er erklärt dem Fragenden, daß sein früherer Rivale…«

Drei der Stäbe – Acht der Münzen
»…zwar vielleicht eingebildet, aber doch ein hart arbeitender und guter Geschäftsmann gewesen ist.«

Vier der Kelche – Zehn der Schwerter
»In der Folge dessen beschließt der Fragende, seine frühere Lebensweise völlig aufzugeben, die ihn an den Rand des Ruins gebracht hat, und wird zu einem beständigen Menschen.«

Acht der Stäbe – Sechs der Stäbe
»Danach erhält er eine plötzliche Eilbotschaft, die ihm große Freude bereitet...«

Drei der Kelche – Neun der Münzen
»...denn aufgrund des Todes eines Angehörigen ist er Empfänger einer Erbschaft geworden.«
Damit schließt die vierte Operation.

Der Wahrsager muß bei der Deutung stets seine Intuition einsetzen und manchmal vielleicht hellsichtig durch eine Karte mit zweifelhafter Bedeutung »hindurchgehen«. Bei der soeben gegebenen Lesung hängt es nur von der Umgebung des Mondes, des Wagens, der Acht der Schwerter und des Asses der Münzen ab, auf welche andere bestätigende Karten folgen, daß eine derart schlimme Bedeutung gerechtfertigt ist.

Fünfte Operation:

Der Abschluß der Angelegenheit

Die Karten sollen vom Fragenden wiederum sorgfältig gemischt aber *nicht abgehoben* werden. Der Wahrsager nimmt dann das Päckchen und legt es Karte für Karte zu zehn Päckchen aus, die dem Lebensbaum entsprechen. Das bezieht sich auf die Herrschaft der zehn Sephiroth in den himmlischen Gefilden.

Nachdem dies getan ist, wählt der Wahrsager dasjenige Päckchen zur Deutung aus, welches den Signifikator enthält, wobei er genau darauf achtet, unter welche Sephirah es fällt, und dies als allgemeinen Hinweis auf die Sache nimmt. Das Päckchen wird dann in Hufeisenform ausgelegt und wie gewöhnlich gedeutet, wobei vom Signifikator aus gezählt und in die Richtung gelesen wird, in welche die Figur schaut. Schließlich werden die Karten wie in der vorherigen Operation gepaart. Das vervollständigt die Divinationsmethode, die als »Eröffnung des Schlüssels« bezeichnet wird. Ich gebe nun den Abschluß des Beispiels.

Nehmen wir an, die Karten seien gemischt und in folgender Weise in zehn Päckchen ausgelegt worden, die den Sephiroth des Lebensbaumes entsprechen:

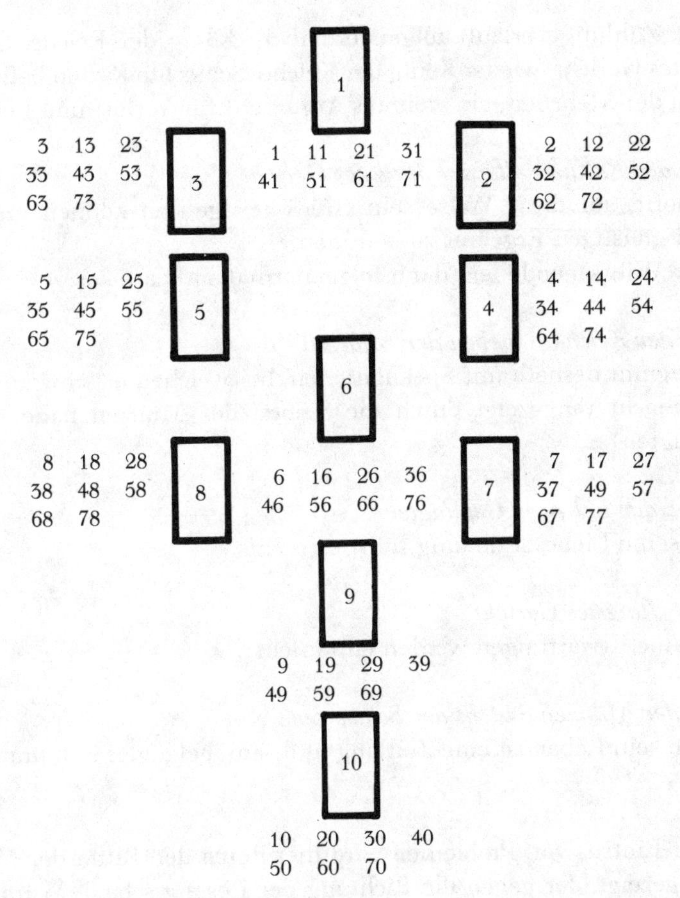

Das Päckchen, das den Signifikator enthält, fällt unter Binah und enthält die 9., 13., 29., 33., 43., 53., 63., 73. der ausgeteilten Karten. Das ist ein Hinweis auf Traurigkeit und Prüfung.

Die Karten werden wie folgt ausgelegt:

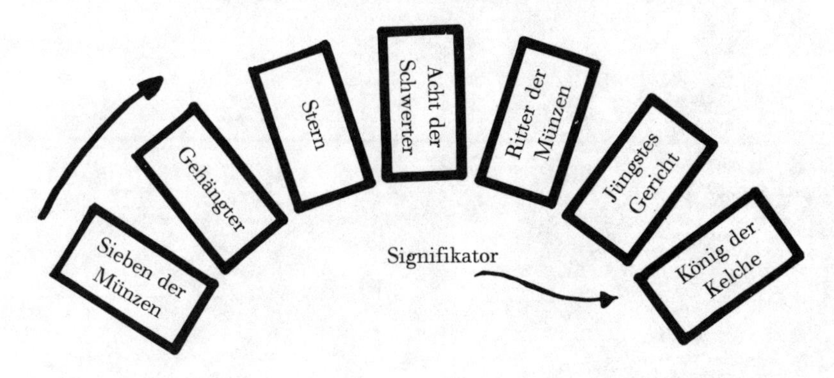

Die Zählung verläuft folgendermaßen: König der Kelche, Stern, Jüngstes Gericht, wieder König der Kelche. Schlechte Karten befinden sich in der Mehrheit, ein weiteres Argument für Verlust und Leid.

König der Kelche – Stern – Jüngstes Gericht
»Er hofft, auf diese Weise sein Glück festigen zu können und zu einem günstigen Ergebnis zu kommen.«

Der Wahrsagende legt dann folgendermaßen Paare aus:

König der Kelche – Sieben der Münzen
»Er beginnt deshalb mit Spekulationen, bei welchen er schwere Verluste macht (angezeigt durch die Sieben der Münzen nahe beim Gehängten).«

Knappe der Kelche – Gehängter
»Und seine Liebesbeziehung führt zu nichts.«

Stern – Jüngstes Gericht
»All seine Erwartungen werden enttäuscht...«

Ritter der Münzen – Acht der Schwerter
»...und sein Leben ist eine Zeitlang mühsam, belanglos und uninteressant.«

(Der Eintritt von Problemen wird hier durch den Ritter der Münzen angezeigt, der gegen die Richtung der Lesung schaut. Würde er andersherum blicken, so deutete er darauf hin, daß der Fragende die Probleme los und die Angelegenheit sich bessern würde.) Damit ist die Operation abgeschlossen und zeigt die allgemeine Entwicklung sowie das Ergebnis der Frage.

Regeln in Tabellen

Mischen, Abheben, Austeilen und Untersuchen

Beim Mischen sollte der Fragende seinen Geist ernsthaft auf die betreffende Angelegenheit konzentrieren, zu welcher er Informationen verlangt. Fallen irgendwelche Karten im Verlauf herab, sollten sie aufgehoben, aber nicht beachtet werden, und das Mischen wird wiederholt. Ist das Mischen schon beendet und liegt das Päckchen auf dem Tisch, wenn Karten zu Boden fallen oder in eine andere Richtung gedreht werden, so sollte das Mischen bei weniger wichtigen Angelegenheiten wiederholt werden. Bei wichtigeren Dingen beachte die vorhergehenden Anleitungen.

Das Abheben soll sauber und entschieden durchgeführt werden. Fallen dabei Karten aus der Hand, so soll die ganze Mischoperation wiederholt werden, bevor die Karten wieder abgehoben werden. Beim Austeilen soll darauf geachtet werden, daß die Karten nicht umgedreht werden. Ihre relative Reihenfolge soll streng beibehalten werden. Beim Untersuchen eines Päckchens von Karten muß ihre relative Reihenfolge streng beibehalten werden, denn bei mangelnder Sorgfalt in dieser Hinsicht könnte leicht eine unter die andere geschoben werden, was natürlich eine völlige Veränderung der Zählung bei der Lesung bewirken würde.

Die Auswahl des Signifikators und das den Hofkarten zugeordnete Aussehen

Stäbe allgemein	blonde und rothaarige Person
Kelche allgemein	mäßig blond
Schwerter allgemein	mäßig dunkel
Münzen allgemein	sehr dunkel
Könige	Männer
Königinnen	Frauen
Ritter	junge Männer
Prinzessinnen (Knappen)	junge Frauen

Die Signifikatoren werden deshalb folgendermaßen ausgewählt: Ein männlicher, dunkler Typ mittleren Alters – König der Münzen. Eine blonde junge Frau – Prinzessin (Knappe) der Kelche, und so weiter.

Bei der eigentlichen Lesung der Karten können diese Beschreibungen durch die Karten, die daneben liegen, modifiziert werden: Die Königin der Kelche, die an sich eine hellhäutige Frau mit goldbraunem Haar anzeigt, repräsentiert eine Frau mit ziemlich dunkelbraunem Haar und dunklen Augen, falls sie sich zwischen Schwert- und Münzenkarten befindet. Wie schon vorher gesagt, repräsentieren die Ritter und Königinnen fast durchgehend wirkliche Männer und Frauen, die mit der Angelegenheit zu tun haben. Die Könige jedoch repräsentieren manchmal entweder das Aufkommen oder Schwinden einer Sache, eine Ankunft oder einen Abschied, je nachdem, in welche Richtung sie schauen. Die Knappen können nur Meinungen anzeigen, Gedanken oder Vorstellungen, die sich in Harmonie mit der Sache befinden oder in Opposition dazu.

Die allgemeine Bedeutung des Vorherrschens einer bestimmten Farbe und die besondere Bedeutung von entweder drei oder vier Karten einer Farbe in einer Lesung

Ein Übergewicht an Stäben	Energie, Streit, Opposition
Ein Übergewicht an Kelchen	Vergnügen und Fröhlichkeit
Ein Übergewicht an Schwertern	Kummer und Trauer, Krankheit oder Tod
Ein Übergewicht an Münzen	Geschäft, Geld, Besitz
Ein Übergewicht an Trümpfen	recht starke Kräfte, jedoch vom Fragenden nicht kontrollierbar
Ein Übergewicht an Hofkarten	Gesellschaft, Zusammentreffen mit vielen Menschen
Ein Übergewicht an Assen	oft Stärke; Asse sind immer starke Karten
4 Asse	große Macht und Kraft
3 Asse	Reichtum und Erfolg
4 Könige	hohe Schnelligkeit
3 Könige	unerwartetes Treffen, zeigt generell Neuigkeiten an
4 Königinnen allgemein	Autorität und Einfluß
3 Königinnen allgemein	mächtige und einflußreiche Freunde
4 Ritter	Treffen mit den Mächtigen
3 Ritter	Status und Ehre
4 Knappen	Neue Ideen und Pläne
3 Knappen	Gesellschaft von Jugendlichen

4 Zehnen allgemein	Sorgen und Verantwortung
3 Zehnen allgemein	Kaufen, Verkaufen, Geschäfte
4 Neunen allgemein	zusätzliche Verantwortung
3 Neunen allgemein	viel Korrespondenz
4 Achten allgemein	viele Neuigkeiten
3 Achten allgemein	viele Reisen
4 Siebenen allgemein	Enttäuschungen
3 Siebenen allgemein	Verträge und Vereinbarungen
4 Sechsen allgemein	Vergnügen
3 Sechsen allgemein	Gewinn und Erfolg
4 Fünfen allgemein	Ordnung, Regelmäßigkeit
3 Fünfen allgemein	Streit, Kampf
4 Vieren allgemein	Ruhe und Frieden
3 Vieren allgemein	Fleiß
4 Dreien allgemein	Entschlossenheit und Lösungen
3 Dreien allgemein	Betrug
4 Zweien allgemein	Konferenzen und Besprechungen
3 Zweien allgemein	Neuorganisation und Neubeginn von Dingen

Dreier- und Vierergruppen von Trümpfen werden nicht berücksichtigt.

Kurze Einzelbedeutung der 36 Augenkarten

Stäbe

Zwei – Einfluß über andere. Herrschaft.
Drei – Stolz und Arroganz. Manchmal Macht.
Vier – Festigung. Ablauf vollendet.
Fünf – Streiten. Kampf.
Sechs – Gewinn und Erfolg.
Sieben – Widerstand. Manchmal Mut dagegen.
Acht – Eilige Mitteilung. Brief oder Botschaft. Schnelligkeit.
Neun – Stärke. Macht. Gesundheit. Energie.
Zehn – Grausamkeit und Bosheit gegenüber anderen. Herrische Kraft. Rache. Ungerechtigkeit.

Kelche

Zwei – Ehe, Liebe, Freude. Herzliche Freundschaft.

Drei – Fülle. Gastfreundschaft, Essen, Trinken. Vergnügen, Tanzen, neue Kleidung und Fröhlichkeit.

Vier – Freundlichkeit oder Freunde von anderen, manchmal aber Unbehagen dabei.

Fünf – Enttäuschung in der Liebe. Geschiedene Ehe. Unfreundlichkeit von Freunden. (Ob verdientermaßen oder nicht, wird von den begleitenden Karten gezeigt oder von denen, auf die die Zählung hingeht oder von denen sie herkommt.) Verlust von Freundschaften.

Sechs – Wünsche, Glück, Erfolg, Genuß.

Sieben – Lügen, Betrug, unerfüllte Versprechungen, Illusionen, Täuschung, Irrtum, kleiner Erfolg, aber nicht genug Energie, ihn zu halten.

Acht – Mißerfolg, Rückgang des Interesses an einer Sache, Langeweile.

Neun – Vollendeter Erfolg. Freude und Glück. Erfüllte Wünsche.

Zehn – Endgültig und gemäß der eigenen Wünsche geordnete und gefestigte Dinge. Gänzlich günstiges Geschick.

Schwerter

Zwei – Abgeschlossener und beigelegter Streit. Wiederhergestellter Friede, aber noch Spannung in Beziehungen.

Drei – Unglücklich sein, Kummer, Tränen.

Vier – Erholung, Genesung von Krankheit, Wandel zum Besseren.

Fünf – Niederlage, Verlust, Bosheit. Verleumdung, üble Nachrede.

Sechs – Arbeit, Mühe. Reise, wahrscheinlich zu Wasser. (Hinweis von den anliegenden Karten.)

Sieben – Nicht vertrauenswürdiger Charakter, Unentschlossenheit. Reise, wahrscheinlich zu Land (durch die anliegenden Karten gezeigt.)

Acht – Eng und eingeschränkt. Belanglosigkeit. Ein Gefängnis.

Neun – Krankheit. Leiden. Bosheit. Grausamkeit. Schmerz.

Zehn – Ruin. Tod. Versagen. Katastrophe.

Münzen

Zwei – Angenehme Veränderung. Besuch bei Freunden und so weiter.
Drei – Geschäft, bezahlte Arbeit. Geschäftliche Abschlüsse.
Vier – Gewinn an Geld und Einfluß. Ein Geschenk.
Fünf – Verlust des Berufes. Geldverlust. Geldsorgen.
Sechs – Erfolg in materiellen Dingen. Blühendes Geschäft.
Sieben – Nutzlose Spekulationen und Beschäftigungen. Ehrenamtliche Tätigkeit um ihrer selbst willen und ohne Verlangen nach Belohnung.
Acht – Geschick, Schläue, auch Gerissenheit und Raffiniertheit (hängt von den dabei liegenden Karten ab.)
Neun – Erbschaft. Großer Geldzuwachs.
Zehn – Reichtümer und Wohlstand.

Bedeutung der 22 Trümpfe

O. Narr
Idee, Gedanke, Spiritualität, was sich über das Materielle zu erheben trachtet (falls sich das in Frage Stehende auf Spirituelles richtet). Richtet sich die Wahrsagung jedoch auf materielle Ereignisse des Alltagslebens, so ist diese Karte nicht gut und deutet auf Narrheit, Dummheit, Exzentrizität und sogar Wahnsinn hin, falls sie nicht mit außergewöhnlich guten Karten zusammentrifft. Sie ist zu idealistisch und instabil, um in materiellen Dingen allgemein gut zu sein.

1. Magier oder Gaukler
Geschick, Weisheit, Anpassung. Fertigkeit, Schläue und so weiter, immer abhängig von der Stellung. Manchmal okkulte Weisheit.

2. Hohepriesterin
Wandel, Veränderung, Zunahme und Abnahme. Schwankung (ob zum Guten oder Bösen, hängt wiederum von den damit verbundenen Karten ab.) Vergleiche mit Tod und Mond.

3. Herrscherin
Schönheit, Glück, Vergnügen, Erfolg, auch Luxus und manchmal Zerstreuung, jedoch nur mit sehr schlechten Karten.

4. Herrscher
Krieg, Eroberung, Sieg, Kampf, Ehrgeiz.

5. Hierophant
Göttliche Weisheit. Manifestation. Erklärung. Lehre. Anders, obwohl in mancher Hinsicht auch ähnlich der Bedeutung des Magiers, des Eremiten und der Liebenden. Okkulte Weisheit.

6. Die Liebenden
Inspiration (passive und in manchen Fällen mediumistische, deshalb von derjenigen des Hierophanten, des Magiers und des Eremiten abweichend.) Motive, Macht und Handlungen, die von Inspirationen und Impulsen herrühren.

7. Der Wagen
Triumph. Sieg. Gesundheit. Erfolg, der manchmal nicht stabil und bleibend ist.

8. Kraft oder Stärke
(In früheren Zeiten und in anderen Decks waren die 8, Gerechtigkeit, und 11, Stärke, vertauscht.) Mut, Stärke, Kraft. Kraft, die nicht wie im Akt des Urteils festliegt, sondern zu weiterer Handlung führt, manchmal Hartnäckigkeit und so weiter. Vergleiche mit 11, Gerechtigkeit.

9. Der Eremit
Die Suche nach Weisheit und ihr Empfang von oben. Göttliche Inspiration (aber aktiv im Gegensatz zu derjenigen der Liebenden). Unter den mystischen Titeln bildet dieser mit dem Hierophanten und dem Magier die drei Magi.

10. Schicksalsrad
Günstiges Schicksal und Zufriedenheit (in Grenzen), manchmal aber auch eine Art Besessenheit vom Erfolg, falls die Karten daneben daraufhin deuten.

11. Gerechtigkeit
Ewige Gerechtigkeit und Ausgewogenheit. Stärke und Kraft, aber festliegend wie in einem Urteilsakt. Vergleiche mit 8, Stärke. In Kombination mit anderen Karten auch juristische Vorgänge, ein Gerichtshof, ein Prozeß und dergleichen.

12. Der Gehängte oder Ertrunkene
Erzwungenes Opfer. Bestrafung, Verlust. Schicksalhaft und nicht gewollt. Allgemein Leiden.

13. Tod
Zeit. Zeitalter. Wandlung. Ungewollte Veränderung, im Gegensatz zu »der Mond«. Manchmal Tod und Zerstörung, aber letzteres selten, und ersteres nur, wenn die anderen Karten darauf hindeuten. Vergleiche auch mit der Hohepriesterin.

14. Das Maß
Verbindung von Kräften. Verwirklichung. Handlung (materiell). Entweder zum Guten oder Bösen.

15. Teufel
Materialität. Materielle Kraft. Materielle Versuchung, manchmal Besessenheit, besonders in Verbindung mit den Liebenden.

16. Turm
Ehrgeiz, Kampf, Krieg, Mut. Vergleiche mit dem Herrscher. In bestimmten Kombinationen auch Zerstörung, Gefahr, Fall, Ruin.

17. Der Stern
Hoffnung, Glaube, unerwartete Hilfe. Manchmal auch Verträumtheit, betrogene Hoffnung und so weiter.

18. Der Mond
Unzufriedenheit, willentliche Veränderung (im Gegensatz zu »Der Tod«.) Irrtum, Lüge, Falschheit, Betrug. (Das Ganze je nachdem die Karte gut oder schlecht gestellt ist und wovon sie hauptsächlich abhängt.)

19. Sonne
Ruhm, Gewinn, Reichtum. Manchmal auch Arroganz. Angeberei, Eitelkeit, aber nur mit sehr schlechten Karten.

20. Jüngstes Gericht
Abschließende Entscheidung. Urteil. Urteilsspruch. Entscheidung der Angelegenheit ohne Einspruchsmöglichkeiten auf ihrer Ebene.

21. Die Welt
Die Angelegenheit selbst, Synthese. Welt. Königreich. Zeigt gewöhnlich den eigentlichen Gegenstand der Frage an und hängt deshalb völlig von den begleitenden Karten ab.

Die Stellung in bezug auf die Begleitkarten

Eine Karte ist stark oder schwach, gut oder schlecht, je nachdem, welche Karte sich zu ihren beiden Seiten befindet. Karten der gleichen Farbe auf beiden Seiten stärken sie sehr zum Guten oder Bösen, je nach ihrer Natur. Karten der Farbe, die ihrem entgegengesetzten Element entspricht, auf beiden Seiten schwächen sie sehr zum Guten oder Bösen. Luft und Erde sind Gegensätze, wie auch Feuer und Wasser. Luft steht zu Feuer und Wasser günstig, und Feuer zu Luft und Erde.

Falls eine Stabkarte zwischen eine Kelch- und Schwertkarte fällt, so modifiziert die Schwertkarte die Stabkarte und verbindet sie mit der Kelchkarte, so daß sie durch ihre Umgebung nicht geschwächt wird, sondern durch den Einfluß beider Karten modifiziert wird und deshalb ziemlich stark ist. Gerät eine Karte zwischen zwei, die von Natur aus gegensätzlich sind, so wird sie von beiden nicht sehr betroffen. Das wäre etwa bei einer Stabkarte zwischen einer Schwert- und einer Münzenkarte der Fall, denn die letzteren, Luft und Erde, widersprechen sich und schwächen sich daher gegenseitig.

Was hier die Stabkarte angeht, so wird bei ihr nicht beachtet, daß sie eine Verbindung zwischen Schwert und Münzen herstellt.

G. H. Frater S. R. M. D. (Mathers)

Einige Beispiele

Neun der Schwerter, Zehn der Schwerter, Fünf der Schwerter:
Stark und kraftvoll in der Handlung, sehr böse.

Zehn der Stäbe, Zehn der Schwerter, Zwei der Stäbe:
Nicht ganz so stark. Beherrschte und vielleicht überwundene Vernichtung.

Sechs der Kelche, Zehn der Schwerter, Zehn der Kelche:
Eher gut als anders. Fülle überwindet den Verlust wie eine pikante Sauce, die den Genuß steigert.

Neun der Münzen, Zehn der Schwerter, Zehn der Kelche:
Sehr schwach, schlecht, kleiner Verlust in materieller Hinsicht, aber mehr Besorgnis als tatsächlicher Verlust.

Fünf der Schwerter, Zwei der Stäbe, Neun der Schwerter:
Mäßig stark. Übereiltheit, die schlimme Folgen nach sich zieht. Böse.

Neun der Münzen, Zwei der Stäbe, Sechs der Münzen:
Ziemlich stark. Gut. Beachtlicher Gewinn und Sieg.

Zehn der Kelche, Zwei der Stäbe, Sechs der Kelche:
Schwach, schlecht. Sieg, der durch Ausschweifungen und eine ungute Lebensführung umgekehrt wird. Andere Karten können dieses Urteil jedoch mäßigen.

Neun der Schwerter, Zehn der Kelche, Fünf der Schwerter:
Mäßig stark. Böse. Sorgen, die aus dem Vergnügen und den eigenen Vergnügungen stammen.

Neun der Münzen, Zehn der Kelche, Sechs der Münzen:
Vollendeter Erfolg und Glück.

Zehn der Stäbe, Zehn der Kelche, Fünf der Schwerter:
Ziemlich schlecht. Eine Freude, die die Mühe zu ihrer Erlangung nicht wert ist.

Zehn der Schwerter, Sechs der Kelche, Neun der Münzen:
Ziemlich stark und gut. Die Schwert- und Münzenkarten sind von entgegengesetzten Elementen und heben sich gegenseitig auf. Deshalb ist es, als wären sie nicht da.

Zehn der Schwerter, Sechs der Kelche, Zehn der Stäbe:
Ziemlich gut. Einige Probleme, die aber überwunden werden. Wäre die Fünf der Kelche eine schlechtere Karte, so würde das Böse die Sache bestimmen.

Neun der Schwerter, Tod, Drei der Schwerter:
Tod, der von viel Schmerz und Elend begleitet ist.

Neun der Stäbe, Neun der Schwerter, Hohepriesterin:
Erholung von Krankheit.

Sechs der Stäbe, Königin der Stäbe, König der Münzen:
Eine aktive, mutige und zuverlässige Frau mit dunklem, kastanienbraunem Haar und offenem, furchtlosem Gesichtsausdruck.

Sieben der Kelche, König der Kelche, Fünf der Schwerter:
Ein ziemlich gutaussehender Mann, der jedoch betrügerisch und boshaft ist.

Die Paarung der Karten in der Deutung

Beim Paaren der Karten wird jede als genauso stark wie die andere angesehen. Stammen sie von entgegengesetzten Elementen, so schwächen sie sich gegenseitig. Wenn am Ende der Paarung eines Päckchens eine einzelne Karte übrigbleibt, so zeigt sie ein Teilergebnis dieser bestimmten Phase der Divination an. Handelt es sich um eine böse Karte, und die anderen sind gut, so würde sie das Gute modifizieren.

Wäre diese Einzelkarte der Signifikator des Vorhandenen oder einer anderen Person, so würde dadurch angezeigt, daß die Angelegenheit sehr von den Verhaltensweisen der dargestellten Person abhängt. Der Grund für die Wichtigkeit dieser Einzelkarte liegt darin, daß sie allein liegt und nicht modifiziert wird. Befinden sich zwei Karten anstelle einer einzelnen am Ende, so sind sie nicht so wichtig.

Die Übung der Hellsichtigkeit und Intuition

Der Wahrsager sollte in der eigentlichen Lesung bei der Beschreibung einer Person vom Signifikator aus versuchen, die betreffende Person durch Hellsicht, und indem er die entsprechenden Karten als Symbole benutzt, zu sehen, wobei er die Regeln anwendet, seine Vision zu unterstützen und zu begrenzen. Bei der Beschreibung eines Ereignisses aus den Karten der Lesung sollte er seine Intuition auf gleiche Weise einsetzen. Personenbeschreibungen werden durch die anliegenden Karten modifiziert. Der Knappe der Stäbe zum Beispiel repräsentiert gewöhnlich einen sehr hellen Mädchentyp; zwischen Karten der Münzenfarbe jedoch kann sie auch ziemlich dunkel sein, obwohl die Stäbe noch immer eine gewisse Helligkeit der Haare, Augen und Gesichtsfarbe ergeben würden.

Das Zählen

In allen Fällen wird von der zuletzt berührten Karte aus gezählt. Die Karte selbst gilt als 1, die nächste ist 2, und so weiter.

Von jedem As zähle 5.
Von jedem Knappen zähle 7.
Von jeder anderen Hofkarte zähle 4.
Von jeder Augenkarte zähle die Anzahl der Augen.
Von jedem Trumpf, der einem Element (Aleph, Mem, Shin) entspricht, zähle 3.
Von jedem Trumpf, der einem Zeichen entspricht, zähle 12.
Von jedem Trumpf, der einem Planeten entspricht, zähle 9.

G. H. Soror Q. L. (Mrs. H.M. Felkin)

Inoffizielle Beschreibung der Tarottrümpfe

Die Karten der kleinen Arkane repräsentieren für uns die Schwingungen der Zahlen, Farben und Elemente, das heißt die Ebene, auf welcher Zahl und Farbe wirken. Bei der Zehn der Münzen haben wir es also mit der Zahl 10 und den Mischfarben Zitron, Oliv und Rotbraun zu tun, die in Malkuth, der materiellen Ebene, wirksam sind. Bei der Zehn der Stäbe haben wir es mit der Zahl 10 und den Mischfarben zu tun, die in der reinen Energie wirksam sind. Bei diesen Karten wird durch die Färbung der Wolken auf die betreffende Sephirah hingedeutet, auf die Ebene durch die Färbung der Symbole.

In ihrer abstrakten Bedeutung werden die vier Hofkarten einer jeden Farbe folgendermaßen interpretiert:

Der König ist potentielle Kraft.
Die Königin ist schwebende Kraft.
Der Ritter ist handelnde Kraft.
Der Knappe ist Empfangsbereitschaft und Vermittlung.

All diese Karten sind nach dem Element und der Sephirah gefärbt, zu welcher sie gehören. Jede von ihnen stellt eine individuelle Kraft dar, die unabhängig zu betrachten ist. Es darf nie vergessen werden, daß die Trümpfe in sich Zeichen der kosmischen und nichtmenschlichen Mächte sind.

Trümpfe

0. Der Narr
Wie diese Karte gewöhnlich dargestellt wird, zeigt sie einen Mann im Narrenkostüm, der weitergeht, ohne den Hund zu bemerken, welcher an seinen Kleidern reißt und ihn anzugreifen droht. Darin sieht man nur den niederen Aspekt der Karte, die keinen Hinweis auf die göttliche Torheit zuläßt, von welcher der heilige Paulus spricht. Im Deck des Ordens ist jedoch ein Versuch gemacht worden, die tiefere Bedeutung zu enthüllen. Ein nacktes Kind steht unter einem Rosenbaum mit gelben Rosen, den goldenen Rosen der Freude wie auch jenen des

Schweigens. Während er zu den Rosen hinaufreicht, hält er einen grauen Wolf an der Leine, die weltliche Weisheit, die von der vollendeten Unwissenheit in Schach gehalten wird. Die Farben sind blaßgelb, blaßblau, grünlichgelb: Sie erinnern an die irdische Morgendämmerung eines Frühlingstages.

1. Der Magier

Diese Karte repräsentiert die Einheit und Ausgewogenheit der Elementarkräfte, die vom Geist kontrolliert werden. Der Adept weiht die kleineren Werkzeuge auf dem Altar. Die Pfade von Beth und Merkur verbinden Kether, die Krone, mit Binah, der Aimah Elohim. Der Magier wird deshalb im Intellekt gespiegelt, welcher das Wissen sammelt und speichert und in das Haus des Lebens, Binah, ausgießt. Die Zahl dieses Pfades, 12, weist auf die Synthese des Tierkreises hin, wie Merkur die Synthese der Planeten ist. Die Farben Gelb, Violett, Grau und Indigo deuten auf das geheimnisvolle Astrallicht hin, welches den großen Adepten umgibt. Die Erde steht mit dem Namen Tahuti und Hermes in Verbindung, so wie die vorige mit Krishna, Harparkrat und Dionysos.

2. Die Hohepriesterin

Sie gebietet über den langen Pfad, welcher Kether mit Tiphareth verbindet und die entgegenlaufenden Pfade von Venus und Löwe kreuzt. Sie ist die große weibliche Kraft, die die eigentliche Lebensquelle beherrscht, die in sich selbst alle energetisierenden Kräfte sammelt und sie in der Auflösung läßt, bis die Zeit gekommen ist, sie freizugeben. Ihre Farben sind Blaßblau, das sich zum Himmelblau hin vertieft, Silbrigweiß und Silber, die von einem Hauch Orange und Flammen durchzogen werden. Diese Farben sind Ausdruck der obengenannten Vorstellungen.

3. Die Herrscherin

Sie ist ein Aspekt der Isis, die kreative und positive Seite der Natur. Die ägyptische Trilogie, Isis und Hathor und Nephthys, die von der Mondsichel, dem Vollmond und dem Dreiviertelmond repräsentiert werden, erscheint im Tarot als die Hohepriesterin, Hathor; die Herrscherin, Isis, hat entweder die Mondsichel oder Venus als ihr Symbol; die Gerechtigkeit, Nephthys, nimmt den Dreiviertelmond.

Isis und Venus bringen den Aspekt der Liebe, während Hathor eher die mystische Seite ist, der Vollmond, der in Jesod die Sonne von Tiphareth reflektiert und die Strahlen der Sonne auf ihrem Pfade

Gimel übermittelt. Bei der Deutung im praktischen Tarot ist es oft zulässig, die Herrscherin als für Okkultismus stehend zu betrachten. Die Hohepriesterin steht für die Religion, die Kirche, im Unterschied zum Orden.

Die Herrscherin, deren Buchstabe Daleth ist, bildet die Tür zu den inneren Mysterien, wie Venus die Tür des Gewölbes ist. Ihre Farben sind Smaragd, Himmelblau, Blaugrün und Kirschrot oder Rosa, Pink.

4. Der Herrscher

Hier haben wir es mit starken, energieliefernden Kräften zu tun, worauf die verschiedenen Rotschattierungen hinweisen. Es müßte hier angemerkt werden, daß die roten Pfade auf allen Ebenen rot bleiben und nur in der Schattierung schwanken. Darum ist Widder, der Herrscher, der Pionier, der General, blutrot und tiefpurpur, rot, reines Zinnober oder feurigleuchtendes Rot. Er ist Ho Nike[1], der Eroberer, hitzig, leidenschaftlich, heftig, die Apotheose des Mars, ob in der Liebe oder im Krieg. Er ist das positiv Männliche, wie die Herrscherin das positiv Weibliche ist.

5. Hierophant

Der Hohepriester ist das Pendant zur Hohenpriesterin. So wie Widder das Haus des Mars und die Erhöhung der Sonne ist, so ist Stier das Haus der Venus und die Erhöhung des Mondes. Er stellt den reflektiven oder mystischen Aspekt des Männlichen dar. Er ist der Denker, wie der Herrscher der Macher ist.

Anders als diejenigen des Herrschers ändern sich seine Farben erheblich. Rot, Orange, Kastanienrot, Dunkelbraun und Kastanienbraun deuten auf verschleierte Gedanken und innewohnende Kraft hin, auf Ausdauer, Kontemplation und Versöhnung. Diese Karte deutet häufig auf eine verborgene Wächterschaft der Meister hin.

6. Die Liebenden

Der Impuls der Inspiration und der Intuition, der zur Erleuchtung und zur Befreiung führt, das Schwert, welches die Fesseln der Gewohnheit und des Materialismus durchschlägt, Perseus, der Andromeda vom Drachen der Furcht und den Wassern der Stagnation

---

[1] Anm. d. Übers.: Vermutlich ist »Ho Nike« eine Fehlbildung aus dem Griechischen, die eigentlich »Hos Nikos« heißen müßte: der Sieger; oder »He Nike«: der Sieg, die Siegesgöttin.

errettet. (Siehe das *Golden Dawn Tarotdeck*; Wang & Regardie, US Games Systems, New York.)

Die Farben sind Orange, Lila, Violettgrau und Perlgrau. Die blitzende Farbe zu Orange ergibt ein tiefes leuchtendes Blau, für Lila ist sie Goldgelb. Die blitzenden Farben können immer mit hineingebracht werden, wenn sie die wesentliche Farbbedeutung klarer herausstellen. In der Praxis zeigt diese Karte gewöhnlich mitfühlendes Verständnis an.

7. Der Wagen

Hier haben wir es mit einem Symbol des menschlichen Geistes zu tun, der die niederen Prinzipien, die Seele und den Körper kontrolliert. Auf diese Weise fährt er triumphierend durch die Astralebene, erhebt sich über die Wolken der Illusion und dringt zu den höheren Sphären durch.

Die Farben Bernstein, Silbergrau, Blaugrau und das tiefe Blauviolett des Nachthimmels erhellen dieses Symbol. Es ist die Sublimation der Psyche.

8. Stärke

Auch diese Karte repräsentiert die Meisterung des Niederen durch das Höhere. Doch in diesem Fall handelt es sich um die Seele, welche die Leidenschaften in Schach hält, obwohl ihre Füße noch auf der Erde stehen und ein dunkler Schleier um ihren Kopf schwebt und sie umschlingt. Die Farben, ein blasses Grünlichgelb, Schwarz, Gelblichgrün und Rötlich-Bernstein, deuten auf die erforderliche Beständigkeit und Kraft hin; aber die dunkelrote Rose, welches die blitzende Farbe zum Grünlichgelb ist, verleiht dem Motiv Macht.

9. Der Eremit

[1]Klugheit. Diese drei Trümpfe sollten im Studium zusammengehalten werden, denn sie repräsentieren die drei Stufen der Initiation. Ein Mann ist in Kapuze und Umhang gehüllt und trägt eine Laterne, seinen Pfad zu erleuchten, sowie einen Stock, seine Schritte zu stützen. Er ist der ewige Sucher, die pilgernde Seele. Kapuze und Umgang sind erdbraun, und über ihm befindet sich der Nachthimmel. Aber die feinen gelbgrünen und blaugrünen Töne des Frühlings sind um ihn herum; und Frühling ist es in seinem Herzen.

---

[1] Anm. d. Übers.: Hier fehlen offenbar eine Zeile oder zwei Zeilen im Original.

10. Das Schicksalsrad
Auf dem Lebensbaum wird das Schicksalsrad auf den Pfeiler der Gnade gelegt, wo es die Hauptsäule bildet, die Netzach mit Chesed verbindet, den Sieg mit der Gnade. Es ist die Umdrehung von Erfahrung und Fortschritt, die Stufen des Tierkreises, die sich drehende Treppe, die durch die abwechselnden Einflüsse von Licht und Dunkelheit, von Zeit und Ewigkeit an ihrer Stelle gehalten wird. Darüber gebietet der plutonische Cynocephalus darunter und die ägyptische Sphinx darüber, das ewige Rätsel, welches nur gelöst werden kann, wenn wir die Befreiung erlangen. Die Grundfarben dieses Trumpfes sind Blau, Lila, Tiefviolett und Blau mit gelben Strahlen. Aber die Tierkreisspeichen des Rades sollten in den Spektralfarben gehalten sein, der Affe in jenen von Malkuth und die Sphinx in den Primärfarben und Schwarz.

11. Die Gerechtigkeit
Nephthys, der dritte Aspekt von Luna, die Zwillingsschwester von Isis. Gerechtigkeit im Unterschied zur Liebe. Ihre Embleme sind Schwert und Waagschale. Wie ihre Schwester ist sie in Grün gekleidet, aber in ein schärferes, kälteres Grün als das reine Smaragd der Isis. Die Begleitfarben sind Blau, Blaugrün, Blaßgrün. Nur durch Gebrauch der blitzenden Farben können wir die verborgene Wärme und Beständigkeit finden.

12. Der Gehängte
Ein vielsagendes und zutiefst bedeutungsvolles Symbol. Es ist das Opfer, das Hineinverschmelzen des Höheren in das Niedere, um das Niedere zu sublimieren. Es ist der Abstieg des Geistes in den Stoff, die Inkarnation Gottes im Menschen, die Unterwerfung der materiellen Fesseln, damit das Materielle transzendiert und verwandelt werden kann. Die Farben sind Dunkelblau, Weiß und Schwarz, vermischt, aber nicht verschmolzen mit Oliv, Grün und Beige-Grün.

13. Der Tod
Das Zeichen der Wandlung und Auflösung. Nur das Skelett, welches die zerstörende Kraft der Zeit überlebt, kann als die Grundlage betrachtet werden, auf welcher sich Struktur aufbaut. Der Typus, der die Wandlungen der Zeit und des Traumes überdauert, der sich den Erfordernissen der Evolution anpaßt und doch in der Wurzel unverändert bleibt. Es stellt die verwandelnde Kraft der Natur dar, die von unten aufwärts arbeitet, wie der Gehängte, der die verwandelnde

Kraft des Geistes repräsentiert, die von oben abwärts arbeitet. Die Farben sind Blaugrün, sowohl dunkel als auch blaß, die beiden dominanten Farben der sichtbaren Welt und die blitzenden Farben Orange und Rotorange.

14. Das Maß

Hier haben wir es mit dem Gleichgewicht nicht der Waagschalen der Waage des Tierkreises, sondern mit dem Impuls des Pfeiles des Schützen zu tun, der sich seinen Weg durch die Luft mittels der Kraft bahnt, die ihm durch den festen Zug des Bogens mitgeteilt wurde. Es bedarf der abwechselnden Kräfte des Feuers und des Wassers, Shin und Qoph, die von der einschränkenden Kraft des Saturn gehalten und von den Energien des Mars konzentriert werden, um diesen Impuls einzuleiten. Diese alle werden in der Symbolik einer zwischen Erde und Wasser stehenden Figur zusammengefaßt, die zwei Amphoren mit ihren Strömen lebenden Wassers hält. Im Hintergrund befindet sich ein Vulkan. Die Farben sind Hellblau, Blaugrau, Schieferblau und Fliederfarben-Grau.

15. Der Teufel

Diese Karte sollte in Verbindung mit der Nummer 13 studiert werden. Diese beiden stellen die zwei großen kontrollierenden Kräfte des Universums dar, die zentrifugale und die zentripetale, die zerstörende und die erzeugende, die dynamische und die statische. Die niedere Natur des Menschen fürchtet und haßt den Wandlungsprozeß. Deshalb binden Ketten die niederen Figuren und tierischen Gestalten ihrer niederen Glieder. Und doch ist gerade diese Angst vor Veränderung und Auflösung notwendig, um die Lebenskraft zu stabilisieren und die Kontinuität zu wahren. Die Farben sind Indigo, flammendes Braun, Goldbraun und Grau.

16. Der Turm

Rot bleibt wie immer durch alle vier Ebenen hindurch gleich, obwohl es in der Tönung modifiziert wird. Deshalb finden wir hier lebhaftes Scharlachrot, das bis zu tief düsterem Rot und mit Bernstein durchzogenem Zinnoberrot getönt ist. Die dazu kontrastierenden Grünschattierungen dienen dazu, das Rot deutlicher hervorzuheben. Der ungeheuer zerstörende Einfluß des Blitzes zerreißt die verfestigten Formen, um den Weg für neue Gestalten hervortreten zu lassen. Hier handelt es sich um Revolution im Unterschied zur Wandlung oder Sublimation, Zerstörung im Gegensatz zum Erhaltenden, Energie im

Angriff auf die Trägheit. Der heftige Herauswurf derjenigen, die sich in den Wänden der Bequemlichkeit und Tradition einschließen.

17. Der Stern

Diese Karte zeigt den siebenstrahligen Stern der Venus, der über den Wassern des Wassermannes scheint, der führenden Kraft der Liebe in all ihren Gestalten und Aspekten, welche die Seele in ihrem Eintauchen in die Menschlichkeit erleuchtet. Die Fesseln des Saturn werden darum im läuternden Wasser der Taufe aufgelöst. Die Taube des Geistes schwebt über dem Baum des Wissens und bringt die Verheißung des letzten Zieles – und auf der anderen Seite einen Schimmer vom Lebensbaum.

Blasse Farben deuten auf das Morgengrauen und den Morgenstern – Amethyst, Blaßgrau, Beige, Taubengrau und Weiß mit dem blassem Gelb des Sternes.

18. Der Mond

Auch hier ist ein Fluß, aber es handelt sich um die aufgewühlten Wasser der Nacht, in welchen wir eines Krebses gewahr werden, dem Pendant zum Skarabäus. Vom Ufer des Wassers aus windet sich ein dunkler Pfad der Mühe, der Arbeit und des möglichen Versagens. Er wird von bedrohlichen Wachhunden behütet, die die Wandernden einschüchtern, während in der Ferne die kahlen Hügel von finsteren Burgen gekrönt sind, die den Weg zur Erfüllung zusätzlich hüten. Dieses ist der Pfad des Blutes und der Tränen, auf welchem Angst, Schwäche und Schwanken überwunden werden müssen. Die Farben sind dunkles Purpur, Rötlichbraun, Bräunlichpurpur und Pflaumfarben. Aber ihre düstere Tönung wird durch das durchscheinende Hellgrün aufgehellt und durch die gelben Farben, die in ihrem Gegenüber zu finden sind.

19. Die Sonne

Die wäßrigen Pfade der Prüfungen und Versuchungen werden durch die feurigen Pfade des Maßes, des Urteils und der Entscheidung aufgewogen. In heftigem Kontrast zu der dunklen Färbung des Wassermannes und der Fische werden wir mit den blendenden Tönen der Sonne und des Feuers konfrontiert. Ein zu ehrgeiziger Ikarus könnte seine wächsernen Flügel des Ehrgeizes und der Neugier unter den feurigen Strahlen der Sonne und der Hitze des Feuers schrumpfen und schmelzen fühlen. Nähert man sich ihr mit Demut und Achtung, so wird die Sonne zur wohlwollenden Lebensquelle.

Von einem umschließenden Reif geschützt und an den Wassern der Reue stehend, kann sich der Pilger demütig und ohne Angst dem suchenden Licht unterwerfen und seine Wärme und Vitalität aufnehmen, um für den Kampf gerüstet zu sein, der vor ihm liegt. Die Farben sind klares Orange, Goldgelb, rotdurchzogenes Bernstein und im Kontrast dazu Blau und Lila.

20. Das Jüngste Gericht

Die drei Trümpfe, die den Elementenpfaden zugeordnet sind, sind vielleicht am schwersten zu verstehen. Sie stellen die Wirkung von Kräften dar, die außerhalb des menschlichen Erfahrungsbereichs liegen, die nicht auf dem Einfluß der Umgebung beruhen, sondern auf den Impulsen des Himmlischen auf die sublunare Welt.

In der Luft haben wir den reinen Geist, der die Fleischeslust gezügelt hält. Im Wasser die sublimierende Kraft des Opfers. Im Feuer werden uns hier die kosmischen Kräfte gezeigt, die sich von allen Seiten her auf den Pilger konzentrieren. Das Jüngste Gericht wird über ihm verkündet. Er ist weder der Richter noch liegt die Entscheidung in seinen Händen. Lazarus kann von seinem Grabe nicht aufstehen, bevor die Stimme ihn ruft: »Tritt heraus!« Und er kann auch die Totenkleider nicht wegwerfen, bis der Befehl kommt: »Löst ihn!« Der Mensch selbst ist hilflos. Der Impuls zum Aufstieg muß von oben kommen, aber durch dessen Kraft kann er das Grab der Umwelt transzendieren und die Fesseln der Gebirge beiseite werfen. Ein weiteres Mal brennt hier die feurige Kraft des Rot durch die Ebenen. Es wird durch passive Grüntöne betont.

21. Die Welt

Beachte, daß diese Karte nicht die Erde, sondern das Universum, die Welt darstellt. Wir sollten daran denken, daß Saturn für unsere Vorfahren die Begrenzung des Sonnensystems repräsentierte. Sie konnten weder Uranus noch Neptun messen. Der spiralförmige Pfad des Saturns durch den Tierkreis, der an den Kardinalpunkten durch die cherubinischen Symbole in der Form eines Kreuzes markiert ist, war für sie eine verständliche Glyphe des Ganzen.

In dieser Karte finden wir deshalb eine Zusammenfassung des gesamten Taro oder Rota. Die Figur in der Mitte sollte als Hathor, Athor oder Ator angesehen werden, weniger als Isis, und zeigt so das verborgene Anagramm an, was man vielleicht folgendermaßen übersetzen könnte: ORAT – der Mensch betet. ATOR – zur großen Mutter. TARO – sie dreht. ROTA – das Rad des Lebens und des Todes.

Wie beim Schicksalsrad umfassen die Farben das gesamte Spektrum und die Elementenfarben, aber sie sind hier gegen das Indigo und das Schwarz des Saturn gestellt, mit dem weißen Schimmer der Sterne in der Dunkelheit und der nebelhaften Gestalt der Aimah Elohim der Mitte. Im praktischen Tarot wird diese Karte als der in Frage stehende Gegenstand gedeutet, das Thema also einer jeden gestellten Frage.

Nachdem der Studierende die 22 großen Arkane oder Trümpfe der Reihenfolge nach überschaut hat, wird es für ihn klug sein, den Verlauf umzukehren und dem Pfad des Pilgers von unten her aufwärts zu folgen, um auf diese Weise den inneren Prozeß der Einweihung und Erleuchtung zu verstehen. Das ganze Universum ist bereit, an diesem Prozeß teilzunehmen, denn der Mensch selbst ist der Mikrokosmos des Makrokosmos und das Kind der Götter. Der Makrokosmos muß selbst wiederum einen entsprechenden Prozeß durchlaufen, in welchem die Erfahrung nicht nur der Menschheit, sondern eines jeden einzelnen Menschen einen Anteil haben muß. Die Brocken werden in Körben aufgesammelt, damit nichts verlorengehe; und von der Speisung der Menge bleibt nicht weniger, sondern mehr als die ungebrochenen Brote und Fische – in passenden Symbolen der Erde und des Wassers.

Höre Tag und Nacht nicht auf, die läuternden Mysterien zu suchen.

V. H. Frater S. R. M. D. (Mathers)

Der Lebensbaum, in eine feste Sphäre projiziert

Die Planetensphäre, die dieses Manuskript als Teil der Tarot-Übersicht für den Z. A. M. illustriert, ist nach der Anweisung von S. R. M. D. gezeichnet worden. Es stellt den Himmel dar, wie er auf der Ebene der Ekliptik polarisiert ist, nicht auf der Ebene des Erdäquators, so daß sein Nordpol der ehrwürdige Nordpol unseres Himmels ist und nicht nur jener Teil desselben, auf welchen der Nordpol unserer Erde jetzt zeigt.

Ein weiterer wichtiger Unterschied liegt darin, daß die Lehre des wahren Tarot den Anfangspunkt des Tierkreises auf den hellen Stern »Regulus« im Löwen legt. Sie mißt die Rektaszension und die Längengrade von diesem Punkt aus und nicht von einem angenommenen, vom Frühlingspunkt abgeleiteten Punkt, welcher als 0 Grad Widder bezeichnet wird. (Dieser befindet sich in Wirklichkeit schon längst weit von der Konstellation des gleichen Namens entfernt, ist aber von der modernen oder westlichen Astronomie und Astrologie übernommen worden.)

Durch diese inzwischen übliche Berechnungsweise und die Präzession des Frühlingspunktes ist es allmählich dazu gekommen, daß die Zeichen (die 30 Grad-Abteilungen des Tierkreises) nicht mehr mit den gleichnamigen Konstellationen übereinstimmen und sich mit jedem Jahrzehnt langsam aber sicher zurückbewegen.

Die Tarot-Methode der Berechnung von einem Stern namens Regulus aus hat, wie wir sehen werden, die Wirkung, daß Zeichen und Konstellationen übereinstimmen.

»Regulus« wird auch als Cor Leonis – »das Herz des Löwen« bezeichnet.

»Regulus« bedeutet »Stern des Prinzen«. »Regulus« stimmt mit der Lage des »Herzens« in der Figur des Löwen auf den Sternkarten überein.

Die nördliche Halbkugel

Die südliche Halbkugel

Übersicht über die Herrschaftsbereiche der Tarotsymbole in der Himmelssphäre

Der Zelator Adeptus Minor soll wissen, daß der große »Königsstern« oder das »Löwenherz«, welcher sich auf dem Ekliptikverlauf im Löwen und an einem der »vier Tipharethpunkte« (siehe später) am Himmel befindet, der Anfangspunkt und Gebieter all unserer Berechnungen der Längengrade (oder der Ekliptik) ist. Der Pfad der Sonne selbst ist der Beginn unserer Berechnung der Breitengrade auf der Suche nach unserer verborgenen Weisheit.

Außerdem umgibt der Drache, die Konstellation Draco, den Pol Kether unserer Himmelssphäre.

Der Nordpol und Kether unseres materiellen Planeten (unserer Erde) ist immer auf Binah gerichtet, denn sie befindet sich stets unter Schmerz und Leid. Wann, o Herr des Universums, wird sie sich von ihrem bösen Pfade abwenden, daß sie wieder Kether schauen kann? Deshalb ist sie nun eine Stätte der Prüfung. Denn jedes Ding in dieser Welt Assiah schaut dahin, wo ihr natürlicher Herrscher sich befindet. Ein Planet wird von demjenigen Teil der Himmelsphäre regiert, wohin sein Kether ständig schaut. Denn die Sephiroth scheinen in alle Dinge hinein, wie bereits ausreichend gesagt wurde.

Vom Nordpol des Tierkreises bis 45° nördlicher Breite der Ekliptik gebieten die vier Knappen über die Himmelssphäre. Sie bilden die Throne der vier Asse, die in Kether gebieten. Die vier Könige, vier Königinnen und vier Ritter gebieten von 45° nördlicher Breite bis hinab zur Ekliptik über die Himmelssphäre. Von der Ekliptik bis herab zu 45° südlicher Breite gebieten die 12 Tarottrümpfe, die den 12 Tierkreiszeichen zugeordnet sind. Die 36 Augenkarten der Farben (von 2 bis 19) gebieten von 45° Süd der Ekliptik bis zum Südpol, oder der Stelle Malkuths darin, über die Himmelssphäre. Alle Berechnungen gehen vom Stern »Regulus«, 0° unseres Löwen, aus.

Symbole

Diese vier Asse drehen sich in Kether, ihre Throne sind der Mittelbereich von 45° Längenausdehnung im Herrschaftsbereich der Knappen in ihren entsprechenden Farben.

Sternengruppen

As der Stäbe

Ein Teil des Schwanzes vom Drachen (Draco), die Vorderfüße des Großen Bären (Wagens), der nördliche Hund des Canis Venatici.

As der Kelche

Kopf des Drachen, Körper und Beine des Herkules.

As der Schwerter

Körper des Drachen. Rechter Arm des Orpheus, Kopf und Körper der Eidechse (Lacerta). Körper des Schwanes.

As der Münzen

Körper des Drachen. Beine des Cepheus. Schwanz des Kleinen Bären (Wagens) und Polarstern. Beine der Cassiopeia. Kopf und Hals der Giraffe.

Knappe der Stäbe

Herrscht vom Nordpol bis 45° und von 0° Krebs bis 30° Jungfrau, dem Ende der Jungfrau. Der Thron des Asses der Stäbe erstreckt sich 45° von 22° 30' Krebs bis 7° 30' Jungfrau innerhalb von 45° Breite.

Die dazu gehörigen Sternengruppen

Schwanz des Drachen. Kopf und Vorderteil des Kleinen Bären, linker Arm und ein Teil des Kopfes und der Brust von Bootes. Der größte Teil des nördlichen Hundes der Canis Venatici. Schwanz und Rücken von Ursa Major (deren alter italienischer Name Septemtriones war, die sieben pflügenden Ochsen). Diese Konstellation umfaßt auch die gefeierten sieben Sterne der als »Großer Wagen« bezeichneten Sternengruppe, die bei den Hindus »die sieben Rishis« heißt und im ägyptischen Totenbuch, Kap. XVII, »die sieben Leuchtenden, die ihrem Herrn folgen; der Oberschenkel des nördlichen Himmels«. Im Tierkreis von Denderah und auf der Tafel von Edfus wird der Große Bär (Ursa Major) durch den Schenkel eines Ochsen dargestellt.

Knappe der Kelche

Regiert vom Nordpol bis 45° Breite und von 0° Waage bis 30° Schütze in der Länge. Der Thron des Asses umfaßt 22° 30' Waage bis 7° 30' Schütze innerhalb der genannten Breite.

Die dazu gehörigen Sternengruppen
Kopf des Drachen. Linker Arm, Körper und Beine des Herkules. Teil des Kopfes, rechte Schulter und Keule des Bootes.

Knappe der Schwerter
Regiert vom Nordpol bis 45° Breite und von 0° Steinbock bis 30° Fische in der Länge. Der Thron des Asses erstreckt sich von 22° 30' Steinbock bis 7° 30' Fische wie zuvor.

Sternengruppe
Körper des Drachen. Teil der Leier. Kopf, Körper und rechter Arm des Cepheus, des Königs und Vaters der Andromeda. Der ganze Schwan. Kopf und Körper der Eidechse. Rücken und Nacken von Vulpecula, dem Fuchs.

Knappe der Münzen
Regiert vom Nordpol bis 45° Breite und von 0° Widder bis 30° Zwillinge in der Länge. Der Thron des Asses erstreckt sich von 22° 30' Widder bis 7° 30' der Zwillinge innerhalb der oben genannten Breiten.

Sternengruppe
Körper des Drachen, Beine und Teil des rechten Armes und Szepter des Cepheus. Schwanz und Hinterteil des Kleinen Bären, mit dem Polarstern unserer Erde. Kopf und Hals der Giraffe. Körper und rechter Arm, Thron und Beine der Cassiopeia, der Königin des Cepheus und Mutter der Andromeda. Kopf des Großen Bären.

Prinz der Stäbe
Regiert von der Ekliptik bis 45° nördlicher Breite und von 20° Krebs bis 20° Löwe in der Länge.

Sternengruppe
Kopf, Körper und Schwanz des Löwen. Körper und Schwanz des Kleinen Löwen. Hinterteil und Beine des Großen Bären, Kopf und Vorderteil des südlichen Hundes von Canis Venatici.

König der Münzen
Gebietet von der Ekliptik bis 45° nördlicher Breite und von 20° Löwe bis 20° Jungfrau.

Sternengruppe
Kopf und Körper der Jungfrau. Linker Arm des Bootes. Haar der Berenike. Körper und Hinterteil des südlichen Hundes von Canis Venatici. Hinterfüße des nördlichen Hundes von Canis Venatici.

Königin der Schwerter
Regiert von der Ekliptik bis 45° und von 20° Jungfrau bis 20° Waage.

Sternengruppe
Rechtes Bein der Jungfrau. Körper und rechter Arm und rechtes Bein von Bootes. Balken und ein Teil der Schalen der Waage.

Ritter der Kelche
Regiert von der Ekliptik bis 45° und von 20° Waage bis 20° Skorpion.

Sternengruppe
Ein Teil der Waagschalen. Linke Klaue des Skorpions. Körper und Beine des Ophucus, des Schlangenträgers. Vordere Hälfte des Schlangenkopfes, rechter Arm und Keule des Herkules.

König der Stäbe
Regiert von der Ekliptik bis 45° nördlicher Breite und von 20° Skorpion bis 20° Schütze.

Sternengruppe
Scheitel und Bogen des Schützen. Kopf und rechter Arm des Schlangenträgers. Hintere Hälfte der Schlange.

Königin der Münzen
Regiert von der Ekliptik bis 45° nördlicher Breite und von 20° Schütze bis 20° Steinbock.

Sternengruppe
Scheitel, Hals und Hörner des Steinbocks. Linke Hand des Wassermannes, des Mannes, der das Wasser trägt. Der ganze Adler (Aquila). Der größte Teil des Delphins. Der ganze Pfeil. Vorderfüße und Körper des Fuchses und der Schwanz des Schwanes, den er greift.

Ritter der Schwerter
Regiert von der Ekliptik bis 45° nördlicher Breite und von 20° Steinbock bis 20° Wassermann.

Sternengruppe
Schwanz des Steinbocks. Kopf und Körper des Wassermanns. Kopf und Vorderfüße von Pegasus, des geflügelten Pferdes, das bei den Quellen des Ozeans dem Blut der Medusa entsprang. Das ganze Equilaus, das Kleinere Pferd. Ein Teil des Kopfes vom Delphin. Schwanz und Hinterteil des Fuchses. Teil des Flügels vom Schwan. Teil des Kopfes der Fische.

König der Kelche
Regiert von der Ekliptik bis 45° nördlicher Breite und von 20° Wassermann bis 20° Fische.

Sternengruppe
Körper und Schwanz von einem der Fische und ein Teil des Verbindungsstückes. Körper und Flügel des Pegasus. Kopf und Arme der Andromeda, die an den Felsen gekettet ist. Schwanz der Eidechse.

Königin der Stäbe
Regiert von der Ekliptik bis 45° nördlicher Breite und von 20° Fische bis 20° Widder.

Sternengruppe
Der andere Fisch und ein Teil des Verbindungsstücks der Fische. Kopf und Rücken des Widders. Körper und Beine der Andromeda. Das Dreieck. Hand und linker Arm der Cassiopeia. Der geflügelte Spann des Widders.

Ritter der Münzen
Regiert von der Ekliptik bis 45° nördlicher Breite und von 20° Widder bis 20° Stier.

Sternengruppe
Schwanz des Widders. Ein Horn, Schulter und Rücken des Stieres. Der ganze Perseus. Der Kopf der Medusa. Hinterteil und Beine der Giraffe. Linkes Bein von Fuhrmann, Wagenlenker und Teil der Capella, der Ziege mit den Jungen in ihren Armen.

König der Schwerter
Regiert von der Ekliptik bis 45° nördlicher Breite und von 20° Stier bis 20° Zwillinge in der Länge.

Sternengruppe
Kopf und Körper von Castor, einem der Zwillinge. Der Hauptteil des Fuhrmannes und der Capella. Kopf und Vorderteil des Luchses. Vorderfüße der Giraffe.

Königin der Kelche
Gebietet von der Ekliptik bis 45° nördlicher Breite und von 20° Zwillinge bis 20° Krebs in der Länge.

Sternengruppe
Kopf und Körper des Pollux, des anderen Zwillings. Hauptteil des Krebses. Gesicht des Löwen. Kopf und Gesicht des Großen Bären.

Die zwölf Trümpfe, die über die himmlischen Gefilde von der Ekliptik bis 45° südlicher Breite gebieten

Stärke
Gebietet über den ganzen Löwen, vom Punkt des Regulus oder Löwenherzen angefangen.

Sterne
Die Vorderfüße und Hinterfüße des Löwen. Hauptteil des Sextanten und des Bechers. Ein Teil des Körpers der Hydra, der großen Wasserschlange. Hauptteil der Luftpumpe, Antlia Pneumatica. Hauptteil der Pisces Nautica. Ein kleiner Teil des Schiffes Argo.

Eremit
Gebietet über die gesamte Jungfrau.

Sterne
Linke Hand und Arm der Jungfrau und ihre Getreideähre. Teil des Körpers der Hydra. Corvus, die Krähe. Teil von Crater, dem Becher. Schwanz und rechte Hand des Zentauren. Ein kleiner Teil der Luftpumpe und der Argo.

Gerechtigkeit
Gebietet über die gesamte Waage.

Sterne
Teil der südlichen Waagschale. Schwanz der Hydra (Wasserschlange). Kopf, Körper, Arme und Vorderfüße des Zentauren. Beine, Körper und Schwanz des Wolfes, den er tötet. Rechte Klaue des Skorpions.

Tod
Gebietet über den gesamten Skorpion.

Sterne
Körper und Schwanz des Skorpions. Kopf und Hals des Wolfs. Der ganze Altar. Zwei Füße des Schlangenträgers. Die Spitze des Pfeiles des Schützen. Ein Teil von Norma, dem Maurerwinkel.

Maß
Gebietet über den gesamten Schützen.

Sterne
Der ganze Schütze, der Bogenschütze, außer seinem rechten Hinterbein, dem Schwanz, dem Scheitel und den äußersten Punkten des Bogens und Pfeiles. Südliche Krone. Teleskop. Pavo, der Pfau.

Teufel
Gebietet über den gesamten Steinbock.

Sterne
Die ganze untere Hälfte des Steinbocks, des Ziegenbocks. Ein Teil der südlichen Fische, Pisces australis. Ein winziger Teil des Kranichs, Grus. Ein Teil des Indus.

Der Stern
Gebietet über den gesamten Wassermann.

Sterne
Beine des Wassermannes. Der aus dem Wasser ragende Kopf der südlichen Fische. Ein Teil des Kranichs. Ein Teil des Phönix. Ein Teil des Apparatus Sculptorum. Ein Teil des Cetus, des Seeungeheuers.

Mond
Gebietet über die gesamten Fische.

Sterne
Verbindungsstück der Fische. Körper des Seeungeheuers, dem Andromeda sich gegenübersah. Ein Teil des Apparatus Sculptorum. Ein Teil des Phönix. Ein Teil des Fornax, des Ofens.

Herrscher
Gebietet über den gesamten Widder.

Sterne
Beine des Widders. Teil des Körpers des Stieres. Kopf und Vorderteil des Seeungeheuers. Teil des Fornax und des Eridanus.

Hierophant
Gebietet über den gesamten Stier.

Sterne
Kopf und Vorderteil des Stieres, der von Neptun ausgesandt wurde, um die Pferde des Sol und des Hippolyt zu erschrecken. Der Hauptteil des Orion, des Riesen und Jägers. Der Anfang des Flusses Eridanus, in welchen Phaeton geschleudert wurde, als er versuchte, die Pferde des Sonnenwagens zu lenken. Hauptteil des Hasen, Lepus.

Die Liebenden
Gebieten über die gesamten Zwillinge.

Sterne
Beine von Castor und Pollux, der Zwillinge. Canis Minor, der Kleine Hund. Ein kleiner Teil des Krebses. Das ganze Einhorn, abgesehen vom Hinterteil. Kopf und Vorderteil des Canis Major, des Großen Hundes.

Wagen
Gebietet über den gesamten Krebs bis zu Regulus im Löwen.

Sterne
Eine Schere und ein Teil des Körpers des Krebses. Vordertatzen des Löwen. Kopf und ein Teil der Hydra. Ein Teil des Sextanten. Ein Teil der Pisces Nautica. Hinterbeine und Schwanz des Einhorns. Ein Teil des Mastes, der Takelage und des Bugs der Argo.

Zum Abschluß

Diejenigen Trümpfe, die den sieben wandernden Herrschern, den Planeten, entsprechen und den Drei Geistern (der Elemente) werden keinem bestimmten Herrschaftsbereich zugerechnet. Die folgenden 36 Augenkarten (Zweien bis Zehnen) gebieten über die Dekanate der Zeichen in den himmlischen Gefilden. Ihr Herrschaftsbereich erstreckt sich von 45° südlich der Ekliptik bis nach Malkuth am Südpol.

Fünf der Stäbe
0°–10° des Löwen, Saturn. Ein Teil der Argo. Ein Teil der Pisces Volcun.

Sechs der Stäbe
10°–20° des Löwen, Jupiter. Ein Teil der Argo. Ein Teil der Pisces Volcun.

Sieben der Stäbe
20°–30° des Löwen, Mars. Ein Teil der Argo. Ein Teil der Pisces Volcun.

Acht der Münzen
0°–10° der Jungfrau, Sonne. Ein Teil der Argo. Ein Teil der Pisces Volcun.

Neun der Münzen
10°–20° der Jungfrau, Venus. Hinterfüße des Zentauren. Ein Teil der Pisces Volcun.

Zehn der Münzen
20°–30° der Jungfrau, Merkur. Hinterfüße des Zentauren. Ein Teil des Chamäleons.

Zwei der Schwerter
0°–10° der Waage, Mond. Hinterbeine des Zentauren. Teil des Kreuzes. Teil der Musea und des Chamäleons.

Drei der Schwerter
10°–20° der Waage, Saturn. Teil des Kreuzes, der Musea und des Chamäleons.

Vier der Schwerter
20°–30° der Waage, Jupiter. Teil der Musea, des Circinus, des Kompasses und Chamäleons.

Fünf der Kelche
0°–10° des Skorpions, Mars. Teil des Circinus, des Chamäleons und des südlichen Dreiecks.

Sechs der Kelche
10°–20° des Skorpions, Sonne. Teil des südlichen Dreiecks, von Apus, der Schwalbe und des Octano.

Sieben der Kelche
20°–30° des Skorpions, Venus. Teil des Pfaues, der Schwalbe und des Octano.

Acht der Stäbe
0°–10° des Schützen, Merkur. Teil des Pfaues, der Schwalbe und des Octano.

Neun der Stäbe
10°–20° des Schützen, Mond. Teil des Pfaues, der Schwalbe und des Octano.

Zehn der Stäbe
20°–30° des Schützen, Saturn. Teil des Pfaues und der Hydra, der Wasserschlange.

Zwei der Münzen
0°–10° des Steinbocks, Jupiter. Teil des Pfaues und der Hydra.

Drei der Münzen
10°–20° des Steinbocks, Mars. Teil des Toncan und der Hydra.

Vier der Münzen
20°–30° des Steinbocks, Saturn. Teil des Toncan und des Phönix.

Fünf der Schwerter
0°–10° des Wassermanns, Venus. Teil des Phönix, Ende des Eridanus.

Sechs der Schwerter
10°–20° des Wassermanns, Merkur. Teil der Hydra, des Reticulum, des Rhombus.

Sieben der Schwerter
20°–30° des Wassermanns, Mond. Teil des Phönix, der Hydra, des Reticulum und Eridanus.

Acht der Kelche
0°–10° der Fische, Saturn. Teil des Phönix, des Eridanus, des Reticulum.

Neun der Kelche
10°–20° der Fische, Jupiter. Teil des Phönix, des Eridanus, des Reticulum.

Zehn der Kelche
20°–30° der Fische, Mars. Teil des Phönix, des Dorados und Reticulum.

Zwei der Schwerter
0°–10° des Widders, Mars. Teil des Phönix und Dorados.

Drei der Schwerter
10°–20° des Widders, Sonne. Teil des Coelum Sculptori, des Meißels und Dorados.

Vier der Schwerter
20°–30° des Widders, Venus. Teil des Meißels, Coelum Sculptori.

Fünf der Münzen
0°–10° des Stieres, Merkur. Teil des Eridanus, der Taube, des Naochi, Dorados, Equilaus und Pictoris.

Sechs der Münzen
10°–20° des Stieres, Mond. Vorderteil des Lepus, Schwanz und Flügel der Taube, Columba. Teil des Equilaus, des Kleinen Pferdes.

Sieben der Münzen
20°–30° des Stieres, Saturn. Teil des Equilaus und Lepus. Körper der Taube.

Acht der Schwerter
0°–10° der Zwillinge, Jupiter. Füße des Großen Hundes. Bug der Argo. Teil des Equilaus und Pictoris.

Neun der Schwerter
10°–20° der Zwillinge, Mars. Beine des Großen Hundes. Teil und Bug der Argo.

Zehn der Schwerter
20°–30° der Zwillinge, Sonne. Hinterteil des Großen Hundes. Bug der Argo.

Zwei der Kelche
0°–10° des Krebses, Venus. Bug der Argo. Schwanz des Großen Hundes.

Drei der Kelche
10°–20° des Krebses, Merkur. Bug der Argo.

Vier der Kelche
20°–30° des Krebses, Mond. Bug der Argo.

Während die meisten nördlichen Sternkonstellationen mit der klassischen Mythologie verbunden sind, stammen die Benennungen vieler südlicher Konstellationen, besonders in der Nähe des Südpols, aus mehr oder weniger jüngerer Namensgebung und zeugen von dem Mangel an Achtung vor okkultem Wissen. Solche Namen sind zum Beispiel Reticulum und Coelum Sculptores, Oktanus und so weiter.

Wiederholung

Der Herrschaftsbereich der verschiedenen Kräfte kann jeweils in drei Abteilungen eingeteilt werden. Das Zentrum ist in bezug auf das Wesen seines Herrschers am stärksten betont. Die beiden äußeren Bereiche sind vom Wesen des Gebieters des angrenzenden Herrschaftsbereichs getönt. Im Falle des Löwen zum Beispiel wird der Herrschaftsbereich der »Stärke«, die mittleren 10 Grade, am meisten von seinem Wesen haben. Die anfänglichen 10 Grade sind vom

Wesen des Krebses getönt und die letzten 10 Grade vom Wesen der Jungfrau, obwohl in der Mischung die Löwennatur noch überwiegt.

Der gesamte Himmel wird also in vier große Gürtel oder Zonen eingeteilt.

Der obere

Herrschaftsbereich der Knappen, hier ein Kreuz mit einem Kreis.

Der zweite Gürtel

Unter der Herrschaft der anderen Hofkarten stellt er einen Einflußgürtel dar, der vertikal abfällt.

Der dritte Gürtel

Unter der Herrschaft der zwölf Trümpfe, die den Tierkreiszeichen entsprechen, stellt er eine Einflußzone dar, die horizontal verläuft. Im Zusammenhang mit dem zweiten Gürtel ergibt diese Zone deshalb einen großen Bereich von zwölf Kreuzen, die den Himmel kreisförmig umgeben.

Der vierte Gürtel

Er besteht aus 36 Dekanaten unter der Herrschaft der 36 Augenkarten der vier Farben, der Zahlen 2 bis 10 einer jeden Farbe. In jeder dieser Gruppen von drei Teilen eines Zeichens wird der jeweils mittlere in der Wirkung stärker betont sein als die Randbereiche.

Die drei Dekanate eines jeden Zeichens werden deshalb durch ein Dreieck symbolisiert. So ergeben sich 12 Dreiecke, die den unteren Himmelsbereich umgeben, und deshalb umgeben schließlich 12 Kreuze, die 12 Dreiecke krönen, kreisförmig die Himmelssphäre. Mit anderen Worten, das Symbol des Äußeren G. D. wird zwölfmal wiederholt.

Die aufgehende Sonne in der Mitte repräsentiert den verborgenen Einfluß Tiphareths in der Mitte der Sphäre, wie später erklärt wird. Sie erhebt sich über die Wasser des Raumes, (die ätherischen Weiten des Himmels, die von den Ägyptern »die Wasser von Nu, die Eltern der Götter« genannt wurden, der uferlose Ozean des Raumes).

In der Einweihung des Golden Dawn wird das Kreuz auf dem Dreieck am besten durch ein Kalvarienkreuz aus sechs Quadraten repräsentiert, da dieses am ehesten mit Tiphareth zusammenhängt.

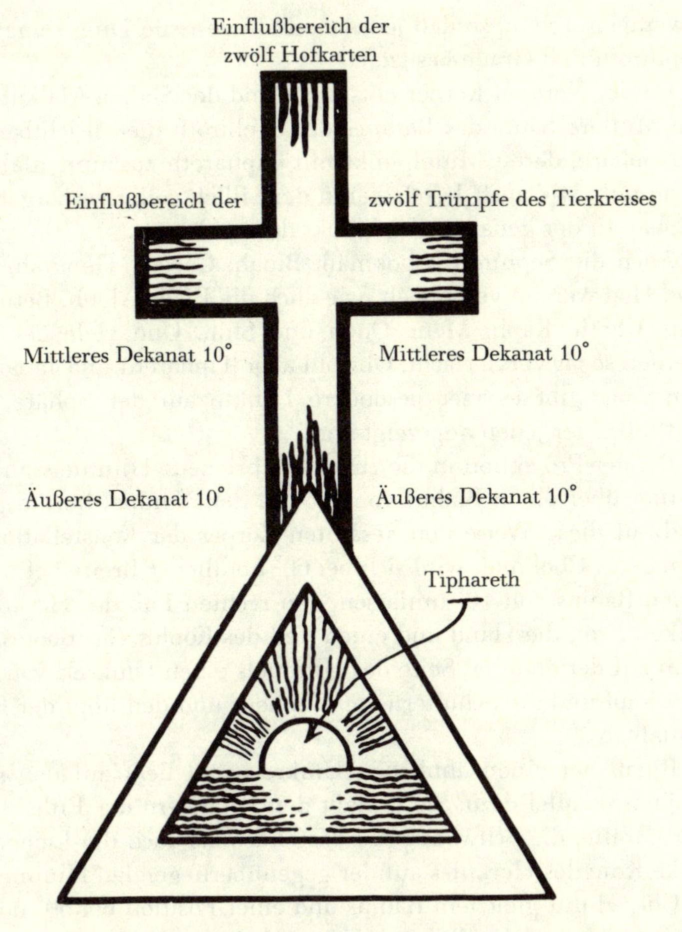

Die verborgene Sonne Tiphareths, die in den Wassern des Raumes wirkt und sich über diese erhebt.

Über die Wirkung und Herrschaftsbereiche des Lebensbaumes der Himmelssphäre bei der Projektion in eine feste Sphäre

Sieht man den Lebensbaum nicht als in einer Ebene befindlich, sondern als eine räumliche Figur an, und wenn diese in eine Sphäre projiziert wird, so fällt der Nordpol dieser Sphäre mit Kether zusammen, der Südpol mit Malkuth.

Wie wir bereits ausreichend lernten, wiederholen sich die zehn Sephiroth nicht nur in jeder ganzen Figur, sondern auch in ihren jeweiligen Teilen, so daß jedes erschaffene reale Ding seine eigenen Sephiroth und Grade besitzt.

Da der Nordpol Kether entspricht und der Südpol Malkuth, bildet die Mittlere Säule des Baumes der Sephiroth die unsichtbare Achse der Sphäre, deren Mittelpunkt mit Tiphareth zusammenfällt. Diese Sephiroth, wie auch Jesod, wären dem Blick völlig verborgen, so daß Tiphareth der genaue Mittelpunkt der Sphäre ist.

Auch die Sephiroth Chokmah, Binah, Chesed, Geburah, Netzach und Hod werden verdoppelt, wie auch die Pfade Aleph, Beth, Gimel, Vau, Cheth, Kaph, Mem, Qoph und Shin. Und viele der anderen werden sogar vervierfacht. Obwohl aber Tiphareth und Jesod verborgen sind, gibt es vier besondere Punkte auf der Sphäre, wo der Einfluß einer jeden angezeigt wird.

Bei der Projektion in die zuvor beschriebene Himmelssphäre wird Kether über einen Radius von 10° um den Nordpol herum gebieten und auf diese Weise den gesamten Körper der Konstellation Draco umfassen. Chokmah wird sich bei 60° nördlicher Breite befinden und einen Radius von 10° umfassen, den rechten Fuß des Herkules, den linken Arm, die Hand und einen Teil des Kopfes von Bootes. Außerdem auf der anderen Seite des Himmels einen Umkreis von 10°, der den Kopf und die Schultern von Cepheus und den Kopf der Eidechse umfaßt.

Binah hat einen ähnlichen Umkreis und liegt auf den gleichen Breiten parallel dazu. Sie umfaßt den Polarstern der Erde, den Kopf der Giraffe, die Schwanzspitze des Draco als auch die Leier und das linke Knie des Herkules auf der gegenüberliegenden Himmelsseite.

Chesed mit gleichem Radius und einer Position bei 30° nördlicher Breite umfaßt einen Teil des Haares der Berenike, von Bootes und der Jungfrau, sowie Teile von Andromeda und von Pegasus.

Gleiches gilt für die anderen Sephiroth der äußeren Pfeiler, die sich jeweils 30° von der Linie der anderen Sephiroth darüber und darunter entfernt befinden und einen Umkreis von 10° umfassen.

Die Mittellinie der beiden Pfeiler der Gnade und der Strenge verläuft: derjenige der Gnade durch 15° Jungfrau und 15° Fische; derjenige der Strenge durch 15° Zwillinge und 15° Schütze. Die vier Punkte Jesods befinden sich auf der Linie von 60° südlicher Breite und auf den gleichen Punkten des Tierkreises. Unter diesen Umständen verläuft der Pfad des Einflusses oder Wesens der Sonne entlang der Ekliptiklinie und fällt mit Tiphareth zusammen. Derjenige des Mondes liegt auf 60° südlicher Breite und entspricht den Punkten Jesods auf dieser Linie.

Nördliche Halbkugel

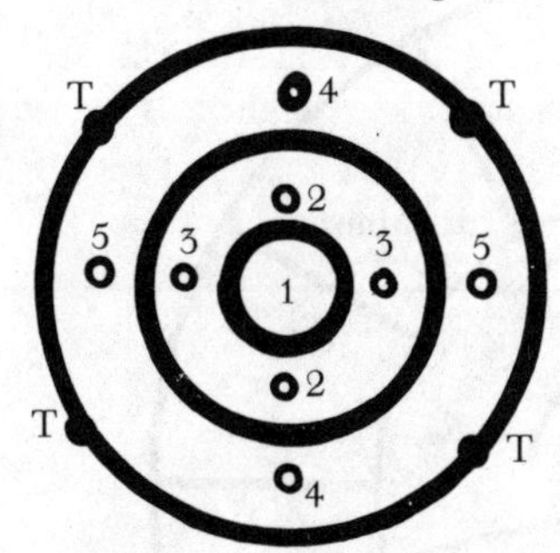

Ekliptikkreis von Tiphareth
mit vier Punkten

Südliche Halbkugel

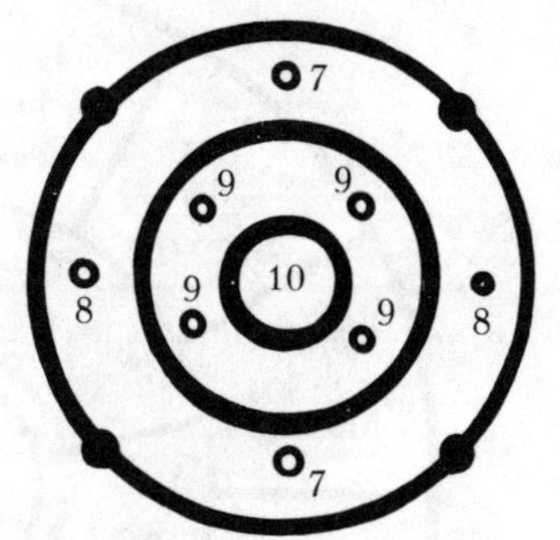

Vier Punkte des
Einflusses von Jesod

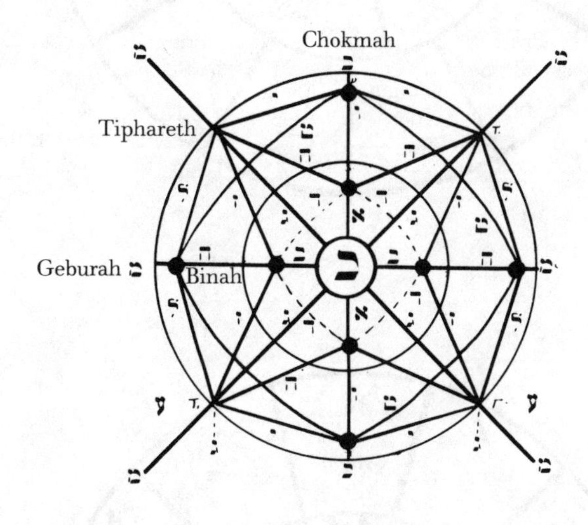

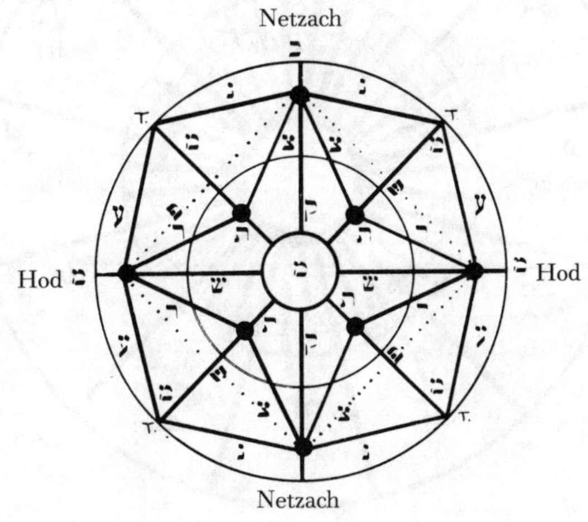

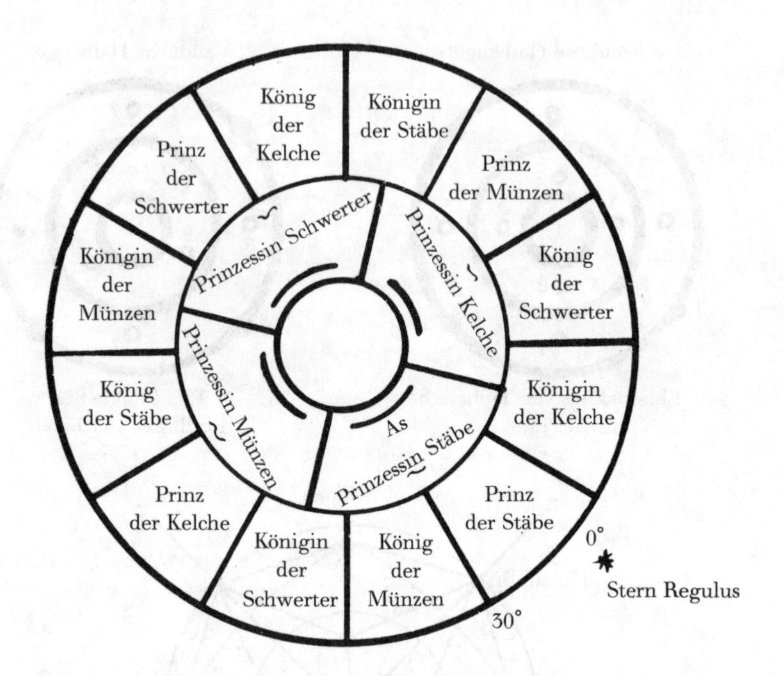

König der Kelche
Königin der Stäbe
Prinz der Münzen
König der Schwerter
Königin der Kelche
Prinz der Stäbe
König der Münzen
Königin der Schwerter
Prinz der Kelche
König der Stäbe
Königin der Münzen
Prinz der Schwerter
Prinzessin Schwerter
Prinzessin Kelche
As Prinzessin Stäbe
Prinzessin Münzen
0°
30°
Stern Regulus

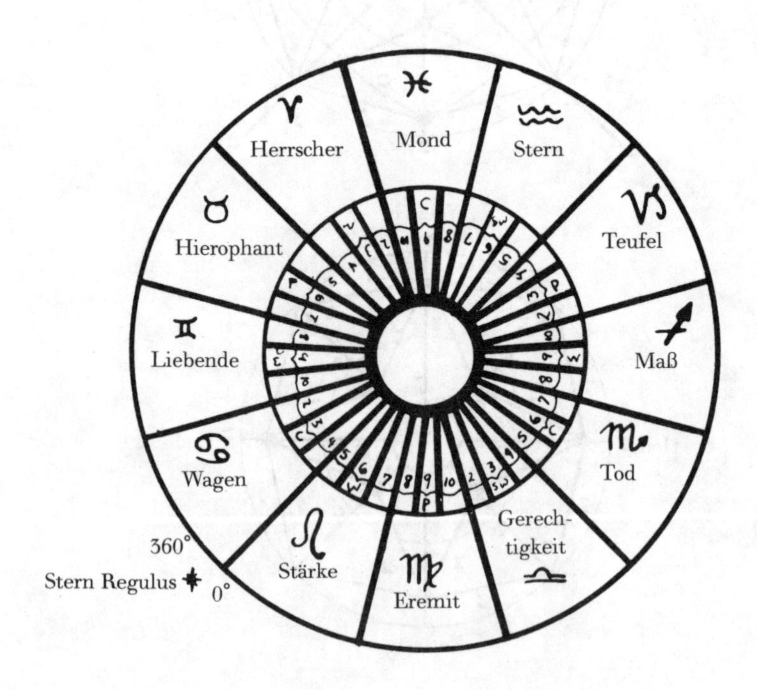

Mond
Stern
Teufel
Maß
Tod
Gerechtigkeit
Eremit
Stärke
Wagen
Liebende
Hierophant
Herrscher
360°
0°
Stern Regulus

Das Gesetz der schlangenförmig um den Nordpol gewundenen Anordnung der Kräfte, die durch die vier Asse vertreten werden

Im Buche »T« heißt es: »Außerdem umgibt der Drache (das heißt Draco, die Konstellation des Nordpols am Himmel) den Pol Kether der Himmelssphäre.« Weiterhin wird dargelegt, daß die vier Asse (symbolisiert durch die Knappen) die Himmelssphäre vom Nordpol des Tierkreises bis zu 45° nördlicher Breite der Ekliptik gebieten und zwar von den Thronen der vier Asse, welche in Kether gebieten. Außerdem wird festgestellt:

Der Thron des Asses der Kelche ist der Kopf des Drachen.
Der Thron des Asses der Schwerter ist das Vorderteil seines Körpers.
Der Thron des Asses der Münzen ist das Hinterteil seines Körpers.
Der Thron des Asses der Stäbe ist der Schwanz des Drachen.

Betrachten wir nun die Form dieser Konstellation des Drachen. Sie ist um die vier Orte gewunden, die der Herrschaft der Asse entsprechen.

Kopf, erste Windung, ist das As der Kelche.
Zweite Windung ist das As der Schwerter.
Dritte Windung ist das As der Münzen.
Vierte Windung ist das As der Stäbe.

Dieser gewundene Verlauf repräsentiert das Gesetz der Asse.

Unter den vier Angesichten des JHVH sind Feuer und Wasser einander entgegengesetzt und auch Erde und Luft. Der Thron eines Elementes wird gleichsam die Kraft jenes Elementes anziehen und ergreifen, so daß darin die Kräfte der Antipathie und Sympathie liegen oder, was wir chemisch als Anziehung und Abstoßung kennen.

Erinnern wir uns noch an die Zuordnung der Dreiheiten:

Widder, Löwe, Schütze sind Feuer, Stäbe im Tarot.
Krebs, Skorpion, Fische sind Wasser, Kelche im Tarot.
Zwillinge, Waage, Wassermann sind Luft, Schwerter im Tarot.
Stier, Jungfrau, Steinbock sind Erde, Münzen im Tarot.

Die Reihenfolge der Knappen und infolgedessen auch der Throne wird von rechts nach links gebildet:

Jod – Knappe der Stäbe ist Löwe und Feuer.
Heh – Knappe der Kelche ist Skorpion und Wasser.
Vau – Knappe der Schwerter ist Wassermann und Luft.
Heh (abschließend) – Knappe der Münzen ist Stier und Erde.

Die Reihenfolge der Asse wird von links nach rechts gebildet, obwohl ihre Bewegung von rechts nach links verläuft:

Jod – As der Stäbe
Heh – As der Kelche
Vau – As der Schwerter
Heh (abschließend) – As der Münzen

Dies ist also die Reihenfolge ihrer Bewegung. Nehmen wir nun die Asse auf folgenden Stationen an:

Station Zwei – As der Stäbe
Station Eins – As der Kelche
Station Zwölf – As der Schwerter
Station Elf – As der Münzen

Die Station Zwei ist nun der Thron des Asses der Stäbe, während die Bewegung der Asse stetig von rechts nach links verläuft, in der Richtung der Numerierung dieser Stationen. Im gewöhnlichen Verlauf würde das As der Stäbe weiter auf die Station Drei gehen, das As der Kelche auf die Station Zwei, das As der Schwerter auf die Station Eins, das As der Münzen auf die Station Zwölf.

Da aber die Station Zwei der Thron des Asses der Stäbe ist, zieht sie die Bewegung seiner Kraft an und hält sie fest, so daß es, anstatt sich zur Station Drei zu bewegen, auf der Station Zwei bleibt, bis die anderen Asse es überholt haben.

As der Stäbe bleibt auf Station Zwei.
As der Kelche geht auch auf Station Zwei,
As der Schwerter geht zu Station Eins,
As der Münzen geht zu Station Zwölf.
As der Kelche geht zu Station Drei,
As der Stäbe bleibt auf Station Zwei,

As der Schwerter geht auch auf Station Zwei,
As der Münzen geht auch zu Station Eins.
As der Kelche geht zu Station Vier,
As der Schwerter geht zu Station Drei,
As der Stäbe bleibt auf Station Zwei,
As der Münzen geht auch auf Station Zwei.
As der Kelche geht zu Station Fünf,
As der Schwerter geht zu Station Vier,
As der Münzen geht zu Station Drei,
As der Stäbe bleibt noch auf Station Zwei.

Station Fünf ist der Thron des Asses der Kelche. Deshalb zieht sie seine Kraft an und hält sie fest, so wie der Thron des Asses der Stäbe zuvor die Anziehung und Festhaltung des Asses der Stäbe bewirkt hat, woraufhin die vorher führende Kraft zur letzten der vier wurde.

As der Kelche bleibt auf Station Fünf,
As der Schwerter geht auch auf Station Fünf,
As der Münzen geht auch auf Station Vier,
As der Stäbe geht nun schließlich zu Station drei.

Es ist zum Letzten der vier geworden, und das As der Kelche hat begonnen, durch seinen Thron zu wirken. Das As der Münzen, das sich zu Station Vier bewegt, würde einen Sprung in der Bewegung der Asse erzeugen, wenn das As der Stäbe sich nicht weiter zu Station Drei bewegen würde. Außerdem besteht da die Anziehung der Bewegung der davor befindlichen Asse. Die Kombination all dieser Kräfte verursachte schließlich seine Fortbewegung, die so weitergeht:

Das As der Schwerter geht zu Station Sechs,
das As der Kelche bleibt auf Station Fünf,
das As der Münzen geht auch auf Station Fünf,
das As der Stäbe geht auch auf Station Vier.
Das As der Schwerter geht zu Station Sieben,
das As der Münzen geht zu Station Sechs,
das As der Kelche bleibt auf Station Fünf,
das As der Stäbe geht auch auf Station Fünf.
Das As der Schwerter geht zu Station Acht, seinem Thron,
das As der Münzen geht zu Station Sieben,
das As der Stäbe geht zu Station Sechs,
das As der Kelche bleibt auf Station Fünf.

Das As der Schwerter bleibt auf Station Acht,
das As der Münzen geht auch zu Station Acht,
das As der Stäbe geht zu Station Sieben,
das As der Kelche geht schließlich weiter zu Station Sechs.

Die Bewegung der Asse wird auf diese Weise sehr ähnlich den Windungen des Draco. Die Bewegung der Asse:

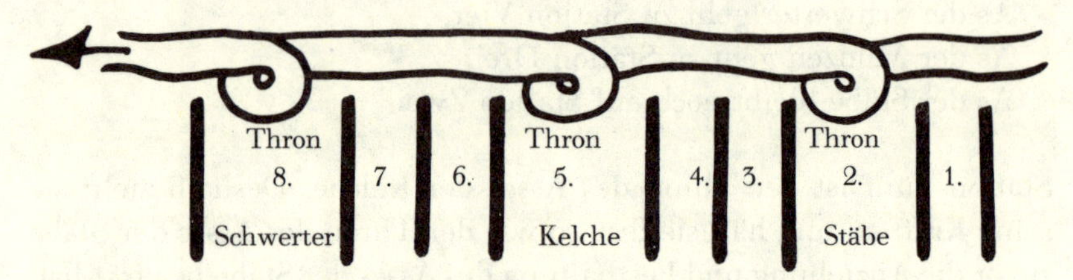

Das deutet auf eine viel anhaltendere Kraftausübung durch die Asse hin als anderswo. Die Hauptwirkung der Throne ist diejenige der Jahreszeiten, während die anderen Stationen, ihren jeweiligen Naturen gemäß und nach der Bewegungsfolge der Asse in ihnen, Variationen derselben ergeben.

So wie Kether direkt auf Tiphareth wirkte, welche gleichsam der Mittel- und Brennpunkt der Sephiroth bei der Projektion in eine Sphäre ist, so wirken die Asse auf die Sonne als Mitte und Brennpunkt des Sonnensystems. Die Sonne wird also je nach ihrer Position in bezug auf die Äquinox und die Erdoberfläche die Wirkung der Jahreszeiten übermitteln, da sie der Übermittler der Wärmeenergie ist, ob nun die Position des Äquinoktialpunktes mit demjenigen übereinstimmt, den wir als 0° Widder und 0° Waage bezeichnen (von Regulus aus gezählt) oder nicht. Wenn sie gerade den Frühlingspunkt verläßt, wird sie nördlich des Äquators die Wirkung des Widders haben, ob diese Konstellation nun wirklich am Himmel herrscht oder nicht.

Umgekehrt wird sie südlich des Äquators (in einem Land wie Australien) beim Verlassen des Äquinoktialpunktes südlich den gleichen Effekt des Widders übertragen.

Diese Regel soll keinen Augenblick lang nahelegen, daß Widder und Waage ihrem Wesen nach gleich wären, noch daß der Zodiak nicht wirklich wirksam wäre, noch daß die Natur der Sonne nicht durch die Konstellation modifiziert würde, in welcher sie sich befindet. Es folgt daraus nur, daß die direkte Wirkung des physikalischen Impulses ihrer Strahlen, die auf einen bestimmten Bereich der Erdoberfläche fallen, proportional zu der Wirkungsdauer sein wird und zur Anregung, die diese Strahlen auf die irdischen Kräfte ausüben.

	Zeichen	Thron von	Erste in der Reihe	Zweite in der Reihe	Dritte in der Reihe	Vierte in der Reihe
beweglich	♈		🜃	△	▽	🜁
fix	♉	As der Münzen	🜃	△	▽	🜁
kardinal	♊		△	▽	🜁	🜃
B.	♋		△	▽	🜁	🜃
F.	♌	As der Stäbe	△	▽	🜁	🜃
K.	♍		▽	🜁	🜃	△
B.	♎		▽	🜁	🜃	△
F.	♏	As der Kelche	▽	🜁	🜃	△
K.	♐		🜁	🜃	△	▽
B.	♑		🜁	🜃	△	▽
F.	♒	As der Schwerter	🜁	🜃	△	▽
K.	♓		🜃	△	▽	🜁

Bewegungsfolge der Elemente

Da die von diesen Assen symbolisierten Kräfte nacheinander über die genannten Stationen gehen, werden sie bestimmte irdische Wirkungen erwecken, jeweils dem Zeichen der Tierkreisabteilung gemäß, über welche sie in den Herrschaftsbereich der Knappen eintreten. Wenn ein As sich auf seinem Thron befindet, hat dennoch seine Kraft eine längere Wirkungsdauer als an anderen Punkten.

Aus diesem Grunde werden die Tierkreiszeichen in fixe oder cherubinische, kardinale und bewegliche eingeteilt, je nach dem Wesen der Kraft, die in ihnen erweckt werden kann. Und diese werden wiederum je nach ihren Elementen variiert, denn die Elemente haben unterschiedliche Klassifikationen.

G. H. Frater S. R. M. D. (Mathers)

Weitere Bemerkung zum Tarot

Hier ist es anzuraten, das folgende von Cornelius Agrippa zu übertragen:

Über die vier Elemente und ihre natürlichen Eigenschaften. »Es ist notwendig, daß wir das Wesen und die Eigenschaften der vier Elemente kennen und verstehen, um in den Prinzipien und Grundlagen unserer Studien der talismanischen oder magischen Künste vollkommen zu werden.«

»Es gibt vier Elemente und ursprüngliche Grundlagen aller körperlichen Dinge: nämlich Feuer, Erde, Wasser und Luft. Aus diesen sind alle Naturgegenstände unserer Welt zusammengesetzt, jedoch nicht auf dem Wege der Zusammenhäufung, sondern durch Verwandlung und enge Verbindung. Wenn sie zerstört werden, so lösen sie sich wieder in die Elemente auf.«

»Keines der sinnlichen Elemente ist übrigens rein, sondern sie sind mehr oder weniger gemischt und untereinander versetzbar, wie zum Beispiel aufgelöster Kot Wasser ergibt, während er verdichtet Erde ist, durch die Wärme aber verdampft in Luft übergeht, solche Luft bei übergroßer Erhitzung zu Feuer, und dieses, wenn es erloschen, wieder zu Luft wird; der erkaltete Niederschlag aus der Verbrennung wird wieder zu Erde oder zu einem Stein oder zu Schwefel, wie sich dies bei dem Blitze zeigt.«

»Jedes Element hat zwei spezifische Eigenschaften, wovon es die erste für sich ausschließlich besitzt, durch die zweite aber wie durch ein Medium mit den folgenden Elementen zusammenhängt. Das Feuer ist warm und trocken, die Erde trocken und kalt, das Wasser kalt und feucht, die Luft feucht und warm. Nach den zwei entgegengesetzten Eigenschaften sind auch die Elemente einander entgegengesetzt, wie das Feuer dem Wasser und die Erde der Luft.«

»Noch in anderer Weise stehen die Elemente einander entgegen: Die einen sind schwer, wie die Erde und das Wasser; die anderen leicht, wie die Luft und das Feuer.«

Die Eigenschaften der Elemente

Feuer
Hitze, Trockenheit, äußerste Helligkeit, Glanz, äußerste Feinheit, schnelle Bewegung.

Wasser
Kälte, Feuchtigkeit, Schwere, Dunkelheit, Festigkeit, Bewegung.

Luft
Hitze, Feuchtigkeit, Leichtigkeit, leichte Dunkelheit, Feinheit, äußerste Beweglichkeit.

Erde
Kälte, Trockenheit, äußerste Schwere, äußerste Dunkelheit, äußerste Festigkeit, Ruhe.

Die Elementarqualitäten in paarweiser Vermischung

Feuer und Wasser
Geringe Schwere, einige Feinheit, intensive und schnelle Bewegung.

Feuer und Luft
Große Hitze, intensive Leichtigkeit, leichter Glanz, intensive Feinheit, intensive Bewegung.

Feuer und Erde
Große Trockenheit, leichte Dunkelheit.

Wasser und Luft
Große Feuchtigkeit, intensive Bewegung.

Wasser und Erde
Große Kälte, intensive Schwere, intensive Dunkelheit, intensive Festigkeit.

Luft und Erde
Einige Schwere, intensive Dunkelheit, geringe Festigkeit, geringe Bewegung.

Deshalb wurden die ersteren von den Stoikern Passive (Leidende), die andern aber Aktive genannt. Plato unterscheidet die Elemente noch nach einer weiteren Art, indem er einem jeden drei Eigenschaften zuschreibt: dem Feuer Schärfe, Dünnheit und Bewegung; der Erde Dunkelheit, Dichtheit und Ruhe. Diesen Eigenschaften gemäß sind die beiden Eigenschaften Feuer und Erde entgegengesetzt. Die übrigen Elemente borgen ihre Eigenschaften von diesen. Die Luft hat mit dem Feuer die Dünnheit und die Bewegung, mit der Erde aber die Dunkelheit gemein. Das Wasser hat zwei Eigenschaften von der Erde: die Dunkelheit und Dichtheit, und eine vom Feuer, die Bewegung. Das Feuer aber ist um das Doppelte dünner, um das Dreifache beweglicher und um das Vierfache schärfer als die Luft. Die Luft ist um das Doppelte schärfer, um das Dreifache dünner und um das Vierfache beweglicher als das Wasser; das Wasser sodann ist um das Doppelte schärfer, um das Dreifache dünner und um das Vierfache beweglicher als die Erde. Wie sich also das Feuer zur Luft verhält, so verhält sich die Luft zum Wasser und das Wasser zur Erde; und umgekehrt; wie sich die Erde zum Wasser verhält, so verhält sich das Wasser zur Luft und die Luft zum Feuer. Dies ist die Wurzel und Grundlage aller Körper, Naturen, Kräfte und wunderbaren Werke; wer diese Eigenschaften der Elemente und ihre Mischungen kennt, der wird ohne Schwierigkeit wunderbare und erstaunliche Dinge vollbringen.

Jedes dieser Elemente ist also dreifacher Natur, so daß die Vier die Zahl zwölf vollständig macht und man durch sieben in zehn zur höchsten Einheit fortschreitet, von der alle Kraft und wunderbare Wirkung abhängt. In der ersten Ordnung sind die Elemente rein; es werden solche weder zusammengesetzt noch verändert, noch dulden sie eine Mischung, sondern sie sind unzerstörbar, und nicht aus ihnen, sondern durch sie werden die Kräfte aller natürlichen Dinge in Wirksamkeit gesetzt. Ihre Kräfte können von niemandem erklärt werden, denn sie vermögen alles in allem. Wer dieses nicht weiß, der kann nie wunderbare Wirkungen zustandebringen.

Die zusammengesetzten Elemente der zweiten Ordnung sind mannigfaltig, verschieden und unrein, lassen sich jedoch durch die Kunst in den Zustand der reinen Einfachheit zurückführen. Sind sie einmal in diesen Zustand zurückgekehrt, so besitzen sie eine über alles Vollkommenheit verleihende Kraft, in allen verborgenen Wirkungen sowie in den Wirkungen der Natur; sie sind die Grundlage der ganzen natürlichen Magie.

Die Elemente der dritten Ordnung sind an und für sich keine Elemente, sondern sie sind zersetzt, verschieden und gegenseitig vertauschbar; sie sind ein unfehlbares Medium und heißen deshalb mittlere Natur oder Seele der mittleren Natur. Sehr wenige verstehen ihre tiefen Geheimnisse. Auf ihnen beruht nach gewissen Zahlen, Graden und Ordnungen die Vollendung jeder Wirkung in jeglicher natürlichen, himmlischen und überhimmlischen Sache. Sie sind wunderbar und voll von Mysterien, welche sowohl in der natürlichen als auch in der göttlichen Magie wirken können; von ihnen hängt die Bindung und die Lösung sowie die Verwandlung aller Dinge, die Kenntnis und Vorhersagung der Zukunft, die Vertreibung der bösen und die Anziehung der guten Geister ab. Niemand bilde sich deshalb ein, daß er ohne diese dreifachen Elemente und ihre Kenntnis in den geheimen Wissenschaften der Magie und Natur etwas ausführen könne.«

»Wer aber das eine in das andere, das Unreine in das Reine, das Mannigfache in das Einfache zu verwandeln versteht, und wer die Natur, die Kraft und Gewalt desselben nach Zahl, Grad und Ordnung ohne Teilung der Substanz zu unterscheiden weiß, der wird in der Wissenschaft aller natürlichen Dinge und himmlischen Geheimnisse leicht ein vollkommener Meister werden. Dies ist die Vollendung der Kabbala, welches all dies zuvor Genannte erwähnt; durch ein vollkommenes Wissen derselben können wir seltene und wunderbare Experimente vollbringen. In der urbildlichen Welt (Archetypus) ist alles in allem, so auch in dieser körperlichen Welt. Die Elemente sind nicht allein in der unteren Welt, sondern auch in den Himmeln, in den Gestirnen, in den Dämonen, in den Engeln, endlich sogar in dem Schöpfer, in dem Urbild von allem.«
»Nun ist aber zu verstehen, daß in der unteren Welt die Elemente dichte Formen, grobe Stoffe und materielle Elemente sind; in den Himmeln dagegen sind sie nach ihren Eigenschaften und Kräften nämlich in himmlischer und vortrefflicherer Art als unter dem Monde. Denn die himmlische Erde ist dort ohne Dichtheit, die Beweglichkeit des Wassers und der Luft ohne heftige Strömung, das Feuer brennt daselbst nicht, sondern leuchtet nur und belebt alles mit seiner Wärme.«[1]

Die aufeinanderfolgende Wirkung des Durchlaufens der Asse in den Stationen über der Stelle eines Zeichens in der Anregung der Kräfte dieses Zeichens kann leicht mittels der Tafeln der einfachen und

[1] Anm. d. Übers.: Großenteils zitiert nach H. C. *Agrippa von Nettesheim: Magische Werke I*; Seite 49f., Ausgabe: Ansata Verlag, Schwarzenburg, 1979.

vermischten Elementareigenschaften berechnet werden, wobei darauf zu achten ist, daß auch die Wirkung des Thrones auf die Jahreszeit und die Natur des Zeichens mit in Betracht gezogen werden.

Es heißt, Kether sei in Malkuth, und wiederum, Malkuth sei in Kether, jedoch auf andere Weise.

Durch die vier Welten hinab wird Malkuth der weniger materiellen Welt, mit Kether der stärker materiellen verbunden sein. Aus der Synthese der zehn glänzenden Formen des AOUR (Licht) geht der Einfluß weiter bis zu EHEIEH, Kether von Atziluth. Und der Verbindungsfaden des AIN SOPH erstreckt sich durch die Welten der zehn Sephiroth in jede Richtung. So wie die zehn Sephiroth in jeder Sephirah wirksam sind, so wird es ein KETHER in jeder MALKUTH geben, und MALKUTH in jeder KETHER. Deshalb gilt:

Adonai Melekh – Dies ist Malkuth von Atziluth.
Metatron – Dies ist Kether von Briah.
Sandalphon – Metatron – Nephesch ha-Messiah – Diese sind Malkuth von Briah.
Chaioth ha-Qadesh – Dies ist Kether von Jetzirah.
Aschim – Dies ist Malkuth von Jetzirah .
Rashith ha-Gilgalim – Kether von Assiah.
Cholem Jesodoth – Malkuth von Assiah.
Thaumiel – Kether der Qlippoth.

Das Symbol der Verbindung zwischen MALKUTH von JETZIRAH und KETHER von ASSIAH wird in der Form in etwa einer Sanduhr ähneln. Der vorher schon erwähnte Faden des AIN SOPH wird durch die Mitte hindurchlaufen und die Verbindung des AIN SOPH zwischen den Welten bilden.

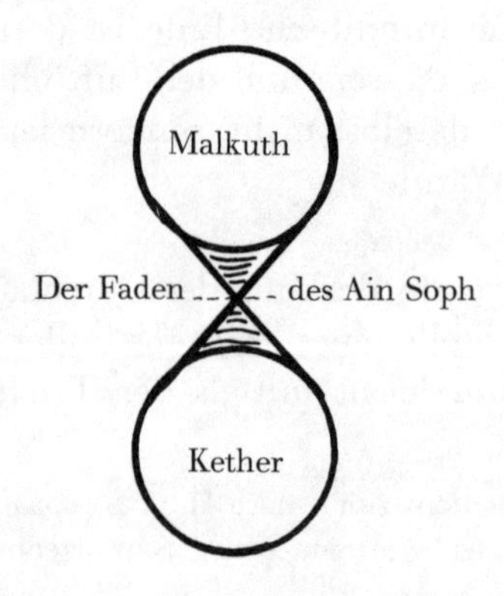

Dieses ist das Symbol der Verbindung zwischen den beiden Ebenen. Hierin liegt auch der Modus operandi, der Übertragung von Kraft von einer Ebene zur anderen. Und daher bezeichnet der Titel der Sphäre Kethers von Assiah den Beginn einer wirbelnden Bewegung.

Im Diagramm des Minutum Mundum werden Malkuth vier Farben zugeordnet: zitron, rotbraun, oliv und schwarz. Stellen wir uns diese vertikal in einer Sphäre verteilt vor, so finden wir das Zitrongelb ganz oben und horizontal, Rotbraun und Oliv in der Mitte und vertikal, Schwarz ganz unten und horizontal.

Und diese repräsentieren wiederum auf gewisse Weise die Wirksamkeit der vier Elemente in Malkuth. Zum Beispiel:

Zitronengelb – Luft von Erde.
Rotbraun – Feuer von Erde.
Oliv – Wasser von Erde.
Schwarz – Erde von Erde.

Aus dem Diagramm des Sanduhr-Symbols wird deutlich werden, daß *Malkuth* von *Jetzirah* der Übermittler der jetziratischen Kräfte zur *Kether* von *Assiah* sein wird. Letztgenannte wird Empfänger dessen sein. Das Stundenglas-Symbol selbst oder der Doppelkegel wird Übermittler von einer Ebene zur anderen sein. Nehmen wir also einmal an, die jetziratische Benennung des zehnten Pfades entspreche Malkuth und des ersten Pfades Kether.

Der zehnte Pfad: Er wird als die strahlende Intelligenz bezeichnet, weil er über jeden Kopf erhoben ist und auf dem Throne Binahs sitzt und den Glanz aller Lichter erleuchtet. Und er verursacht den Einflußstrom, der zum Ritter des Angesichtes, Metatron, fließt.

Der erste Pfad: Er wird als die wunderbare oder verborgene Intelligenz bezeichnet (die höchste Krone), denn das Licht ist es, welches das Verständnis des Ursprünglichen ohne Anfang hervorbringt; und es ist die ursprüngliche Herrlichkeit, denn nichts Erschaffenes ist würdig, seine Essenz zu Ende zu verfolgen.

Daraus wird deutlich, daß MALKUTH gleichermaßen der Sammler und die Synthese aller Kräfte ihrer jeweiligen Ebene der Welt bildet. KETHER hingegen steht über allen anderen in ihrer Ebene oder Welt und ist ihr Empfänger und Ordner der Kräfte von der darüber befindlichen Ebene, um diese in angemessen geordneter Weise unter die untergeordneten Sephiroth zu verteilen.

Deshalb kann eine jegliche Kraft der vielfältigen und unzähligen

Kräfte in Malkuth durch den oberen Kegel des Sanduhr-Symbols hindurch wirken und mittels des unteren seine Wirkung auf KETHER darunter übertragen. Seine Übertragungsweise wird jedoch durch die Kegel und den Faden des Ain Soph, des Ungeformten, verlaufen.

Das heißt, daß bei der Übertragung von Kraft zwischen zwei Welten das Geformte zunächst ungeformt werden muß, bevor es unter neuen Bedingungen wieder geformt werden kann, *denn es muß klar sein, daß eine in der Welt geformte Kraft ungeformt wird, wenn man sie in eine andere überträgt, entsprechend den Gesetzen einer dem Wesen nach unterschiedlicher Ebene.* So wie das Wasser im flüssigen Zustand Gegenstand anderer Gesetze ist als derjenigen, die es im Zustand des Eises oder Dampfes beherrschen.

Wie bereits gesagt wurde, gibt es im Minutum Mundum-Diagramm vier Hauptabteilungen der Elemente in der Sephirah MALKUTH, von denen jede eine Entsprechungsformel zur Übertragung in die folgende Sephirah Kether hat. Deshalb liegt in der Ordenslehre über den Tarot die Herrschaft der vier Knappen des Tarotdecks um den Nordpol herum. Warum aber entsprechen gerade die vier Knappen dem letzten Heh des JHVH, und nicht die vier Könige, Königinnen oder Ritter, oder jeweils einer von ihnen?

Wir werden gelehrt, daß diese die Statthalter des Namens in den vier Welten bilden und daß sie unter den Sephiroth folgendermaßen zugeordnet werden:

Jod – Chokmah und König.
Heh – Binah und Königin.
Vau – Tiphareth und Ritter.
Heh (abschließend) – Malkuth und Knappe.

Da nun Kether von Assiah aus Malkuth von Jetzirah empfängt, ist es erforderlich, daß in und um Kether herum sich eine Kraft befindet, die an der Natur Malkuths teilhat, aber im Wesen feiner ist. Deshalb befindet sich der Herrschaftsbereich des schließenden Heh oder die Kraft des Knappen um Kether herum. Sie sind so gestellt, daß sie Anziehung auf Malkuth des Höheren ausüben und die Tätigkeitsbasis für die Asse bilden. So zieht ein verfeinerter Stoff seinesgleichen an, und die spirituellen Kräfte verlieren sich nicht in der Leere, in welchem Falle sie nichts als eine fehlgeleitete und wirre Zerstörung hervorbringen, weil ihnen eine feste Grundlage fehlt. Und hierin liegt die Formel der Gegenseitigkeit bei allen Dingen eines Geistes und eines

Körpers, denn jedes bietet dem anderen, was dem anderen mangelt. Aber hierin müssen auch bestimmte Bedingungen gegeben sein, sonst wird die Harmonie nicht vollkommen sein. Denn ist der Körper seinem Wesen nach nicht verfeinert, so wird er die Tätigkeit eines ihm verwandten Geistes verhindern. Und wenn der Geist nicht bereit ist, sich mit dem Körper zu verbinden, dann wird der letztere von ihm verletzt werden, und ein jeder wird auf den anderen reagieren.

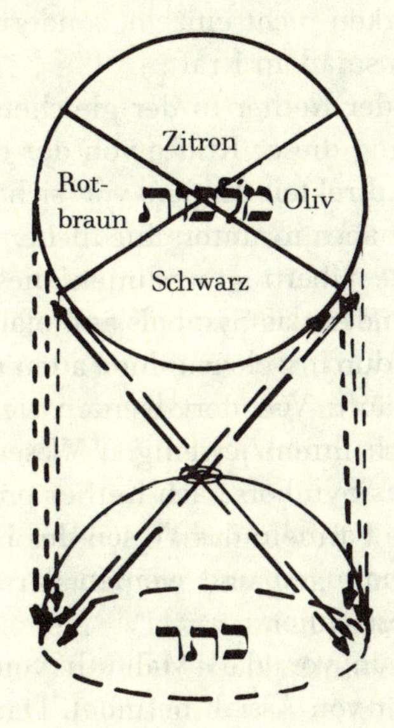

Die sanduhrförmige Verbindung zwischen Malkuth und Kether

Deshalb möge der Adeptus Minor also verstehen, daß sowohl im Geist als auch im Körper Fehler gemacht werden können und daß *es kaum einen Unterschied gibt zwischen der materialistischen und sinnlichen Person und der neidischen, boshaften und selbstgerechten Person* – nur daß die Sünden der letzteren, da sie feiner und weniger offensichtlich sind, heimtückischer sind als die der ersteren, obwohl beide gleichermaßen böse sind. Aber *es ist genauso notwendig, den Geist zu beherrschen, wie den Körper zu verfeinern.* Und was nützt es, den Körper durch Abstinenz zu schwächen, wenn gleichzeitig Hartherzigkeit und spiritueller Stolz gefördert werden! *Dadurch wird einfach eine Sünde auf die andere verschoben.*

Deshalb sind die Kräfte des schließenden Heh so notwendig in Kether, wie es im zehnten Pfade des Sepher Jetzirah heißt: »Es wird so genannt, weil es über jeden Kopf erhöht ist und auf dem Throne Binahs sitzt.« Im Lebensbaum beziehen sich nun die beiden Sephiroth, Chokmah und Binah, auf die Welt Briah, die ebenfalls als Thron oder Fahrzeug der Welt Atziluth bezeichnet wird, auf welche sich im Lebensbaum Kether bezieht. Und man wird feststellen, daß der Herrschaftsbereich der vier Knappen in der Sphäre auch die Bereiche Chokmahs und Binahs ebenso wie den von Kether umfaßt.

Es wird nicht nur eine, sondern vier Formeln für die Anwendung der vier Kräfte Malkuths auf die Umdrehung der Asse in Kether geben. Und diese wirken nicht einzeln, sondern gleichzeitig und mit unterschiedlichem Ausmaß an Kraft.

Wären Malkuth oder Kether in der gleichen Ebene oder Welt, so würde die Übertragung dieser Kräfte von der einen zur anderen auf mehr oder weniger direkten Linien vor sich gehen. Da sich nun Malkuth und Kether aber in unterschiedlichen Ebenen oder Welten befinden, werden die Übertragungslinien dieser Kräfte durch den oberen Kegel des Stundenglas-Symbols aufgefangen und in den Strudel hinaufgewirbelt, durch welchen der Faden des Ungeformten, des Ain Soph, hindurchläuft. Von dort werden sie in einer wirbelnden Drehung (jedoch nach ihrem jeweiligen Wesen) durch den unteren Kegel des Stundenglas-Symbols nach Kether projiziert.

Daher haben diese Formeln das Wesen des Drachen, das heißt, sie bewegen sich in Windungen und werden darum als Drachen- oder Schlangenformeln bezeichnet.

Stellen wir uns nun vor, daß Malkuth von Jetzirah sich genau senkrecht über Kether von Assiah befindet. Dann ist es klar, daß der gesamte schwarze Teil Malkuths auf Kether weist, aber nur jeweils ein Teil des rotbraunen und oliven Bereichs, und daß der zitronfarbene Bereich sich völlig abgewendet auf der anderen Seite befindet. Deshalb wird die natürliche Wirkung dieser vier Kräfte auf Kether sein: Schwarz, eher horizontal als vertikal, und voll wirkend.

Zitron, eher horizontal als vertikal, aber nur am Umkreisrande Kethers wirksam, und eher schwach als stark. Rotbraun und oliv eher vertikal als horizontal, und mäßig wirkend.

Diese vier Formeln ergeben vier gleichzeitige Bewegungen in der Drehung der Kräfte um den Nordpol, die durch die vier Asse symbolisiert werden.

Die erste und eindringlichste in ihrer direkten Wirkung wird diejenige sein, die der Erde von Malkuth und Jetzirah entspricht und sich auf Kether von Assiah überträgt und den Windungen der Konstellation Draco folgt. Sie wird als die direkte oder kriechende Formel bezeichnet, und aus diesem Grunde ist der Drache flügellos und hat in seiner symbolischen Darstellung Füße. Diese Formel ist zu Beginn des Abschnitts über die Umdrehung der Asse vollständig erklärt worden. Bei den Ausdrücken Erde von Malkuth und so weiter sollte daran gedacht werden, daß diese nicht reine, sondern vermischte Elementarnaturen bezeichnen, denn Malkuth erhält die äußerste Wirkung aller Kräfte auf dem Lebensbaum, wie auch die ihr zugeordneten Farben keine Grund-, sondern Mischfarben sind. Jedes Element in Malkuth wird deshalb mit anderen in Wechselwirkung stehen, wie die Cherubim in der Vision Hesekiels nicht einen, sondern jeder vier Köpfe hatten, die sich abwechselten.

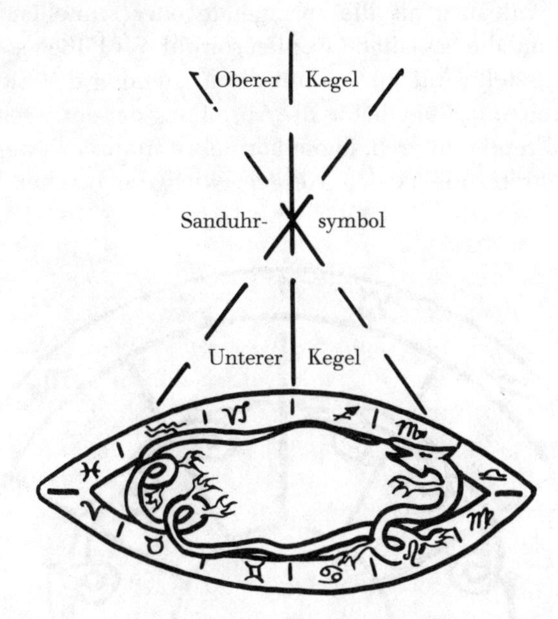

Direkte oder kriechende Formel

Die zweite und am wenigsten direkte in ihrer unmittelbaren Wirkung wird die Drachenformel sein, die der Luft von Malkuth von Jetzirah entspricht und sich auf Kether von Assiah überträgt. Sie folgt den Windungen von vier Schlangen auf den vier Dreiheiten der Elemente im Tierkreis, oder, genauer gesagt, auf den Stationen der Herrschaftsbereiche der Knappen über denselben.

Nun heißt es auch im Buche »T«, daß die Throne eines jeden Herrschaftsbereiches mehr als ein Drittel desselben umfassen, da ihre Kraft eine ausdauernde Wirkung hat. Diese Formel wird auch als die Schlaufen- oder fliegende Formel bezeichnet. Deshalb werden die Schlangen ohne Füße, aber geflügelt dargestellt. Ihre Bewegung verläuft mehr im Umkreis als die der anderen Formeln. Diese Wirkungsformel kann man anhand des Diagrammes leicht verstehen, besonders aber anhand der vier Diagramme, die den Wechsel der Reihenfolge und des Laufs der Asse anzeigen. In dieser Formel befinden sich die Köpfe der vier Schlangen über den vier Kardinalzeichen.

Die dritte Drachenformel, die in ihrer unmittelbaren Wirkung mäßig eindringlich ist, entspricht dem Feuer von Malkuth von Jetzirah, der Übertragung von Kether von Assiah und folgt dem Gesetz der Anziehung und Abstoßung der Elemente der Dreiheiten des Tierkreises. Diese wird auch als die springende oder schnellende Formel bezeichnet, und die Schlangen werden sowohl mit Füßen als auch mit Flügeln dargestellt; mit Füßen, um die Anziehung der Elemente zu repräsentieren, mit Flügeln, um die Abstoßung der entgegengesetzten Elemente zu repräsentieren. Diese Formel ist in ihrer Bewegung eher vertikal, während die beiden vorigen, wie gezeigt, eher horizontal verlaufen.

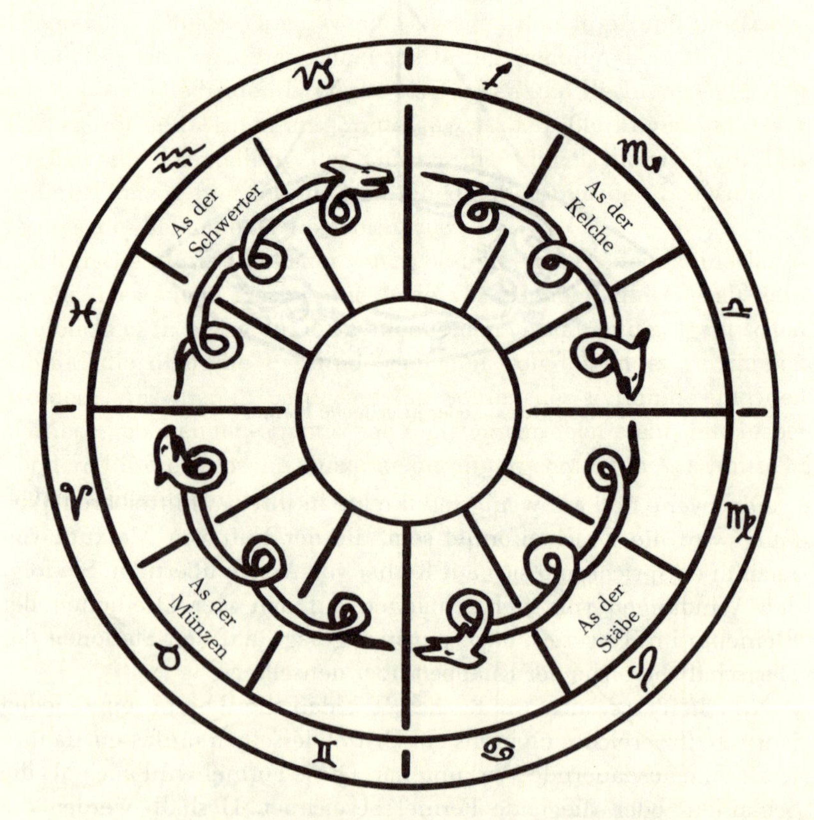

Schlaufen- oder fliegende Formel

Diese Formel wird man anhand der vier Diagramme derselben leicht verstehen, wie auch aus derjenigen, die den Wechsel der Reihenfolge und des Verlaufs der Asse anzeigt. Wie vorher auch ruhen die Köpfe der Schlangen auf den Stationen über den Kardinalzeichen.

Die Erklärung des Verlaufs einer der vier Schlangen wird ausreichen, um das Ganze zu erklären. Nehmen wir diejenige des Feuers:

Feuer wird stark von der Station über dem Feuer angezogen,
Feuer wird stark von der Station über dem Wasser abgestoßen,
Feuer wird leicht von der Station über der Luft angezogen,
Feuer wird leicht von der Station über der Erde abgestoßen.

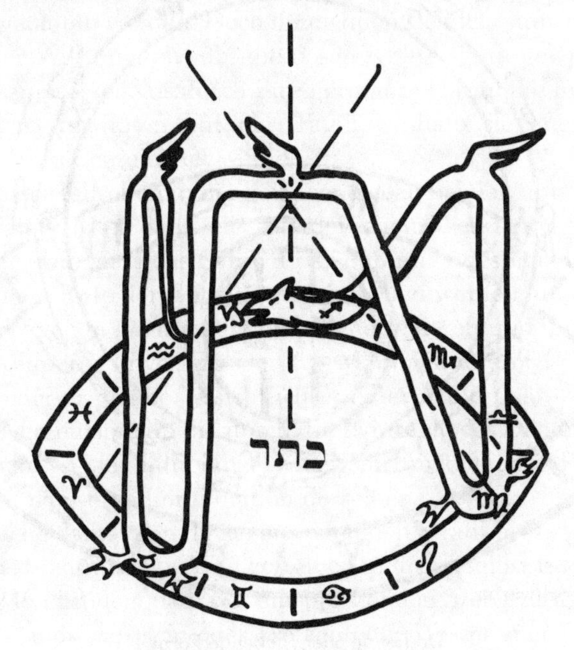

Springende Formel

Der Kopf ruht auf der Station über dem Widder;
die Schlange wird durch die Fische in den unteren Kegel hinein abgestoßen;
die Schlange wird leicht angezogen vom Wassermann;
die Schlange wird leicht angezogen vom Steinbock;
die Schlange wird stark angezogen vom Schützen;
die Schlange wird stark abgestoßen vom Skorpion;
die Schlange wird leicht angezogen von der Waage;
die Schlange wird leicht angezogen von der Jungfrau;

die Schlange wird stark angezogen vom Löwen;
die Schlange wird stark abgestoßen vom Krebs;
die Schlange wird leicht angezogen von Zwillingen und Stier.

Der Schwanz wird stark vom Widder angezogen, wobei er sich wieder mit dem Kopf vereint. (Der Verlauf der vier Schlangen wird in vier verschiedenen Diagrammen gezeigt, um Verwirrung zu vermeiden.)

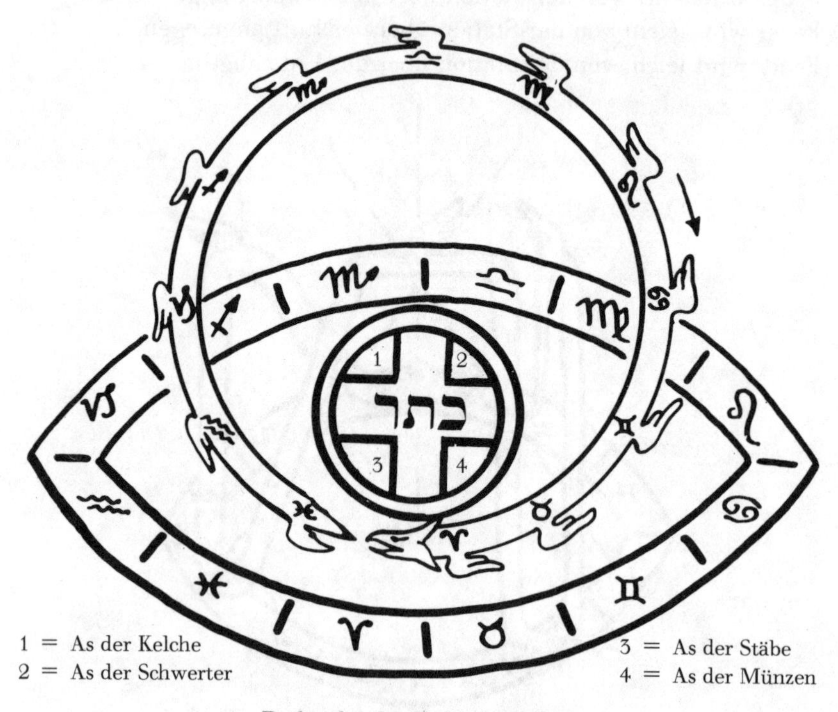

Drehende oder fließende Formel

Die vierte Drachenformel ist mäßig eindringlich und entspricht dem Wasser von Malkuth von Jetzirah in der Übertragung auf Kether von Assiah und folgt dem Gesetz der Tierkreisfolge der Zeichen. Diese wird auch als die sich drehende und fließende Formel bezeichnet, und ihre Schlange kann weder mit Flügeln noch mit Füßen dargestellt werden, sondern mit Flossen, um die fließende Bewegung anzuzeigen. Diese Formel wird in ihrer Wirkung vertikal verlaufen und kann aus dem Diagramm leicht verstanden werden, wie auch aus jenen, die die Veränderung der Reihenfolge und des Verlaufs der Asse anzeigen.

Diese Formel kann symbolisch am besten durch vier Asse dargestellt werden, die sich in einem kleinen runden Rad auf dem großen Kreis drehen, dessen Körper aus den Mächten der zwölf Zeichen zusammengesetzt ist, so daß dieses Rad sich wieder auf den Stationen über dem Zodiak dreht. Die Wirkung der Drehung des Rades der Asse liegt darin, daß durch das As der Stäbe die Feuerzeichen angeregt werden, durch das As der Kelche die Wasserzeichen, durch das As der Schwerter die Luftzeichen und durch das As der Münzen die Erdzeichen. Durch die Kräfte in der Umdrehung der Schlange werden die Kräfte der Asse selbst wiederum durch die Tierkreisnaturen im Körper der Schlange modifiziert.

Wie zuvor gesagt, wird die Wirkung dieser Formeln gleichzeitig zustande kommen, wenn auch dem Grade nach unterschiedlich. Von ihnen allen ist zu allererst die erklärt, welche den Windungen der Konstellation Draco folgt; sie ist in ihrer Wirkung die stärkste. Es sollte beachtet werden, daß bei zweien dieser Formeln die Köpfe der Schlangen in die Richtungsfolge der Zeichen schauen, bei den anderen beiden gegen die natürliche Reihenfolge des Tierkreises.

Die Wirkung des Geistes von Malkuth von Jetzirah in der Übertragung auf Kether von Assiah wird auch der Bewegung der fortgesetzten Schwingungsstrahlen gleichen, die von der Mitte zum Umfang hin wirken und auf diese Weise die Kraft des »Fadens des Ungeformten«, Mezla, wirksam werden lassen.

Denke daran, was im Kapitel über den Wagen geschrieben ist – (Hesekiel 1, 4 und 5):

»Und ich sah, und siehe, es kam ein ungestümer Wind von Norden her, eine mächtige Wolke und loderndes Feuer, und Glanz war rings um sie her, und mitten im Feuer war es wie ein strahlendes Auge. Und in der Mitte die Gestalten der vier Chaioth.«

G. H. Frater D. D. C. F. (Mathers)

Das wahre System der astrologischen Divination

(Anmerkung: Diese Schrift gehört zum Untergrade des Theoricus Adeptus Minor. Es wird im Vorwort zu dem Dokument über Ring und Scheibe erwähnt. Zu diesem Dokument gehören sechs Diagramme, die sich alle auf die verschiedenen Zeichen der Grade beziehen, besonders auf den Grad der Pforte und die Zeichen LVX des Grades Adeptus Minor. Diese Gesten sind bei den Zeichnungen der einzelnen Grade in dieser Arbeit zu finden. I. R.)

Es steht geschrieben: »Sein Vater war die Sonne, seine Mutter war der Mond, die Luft trug ihn in ihrem Schoße, seine Amme war die Erde.« (Die Smaragdtafel des Hermes) Erinnere dich an die Analyse des Schlüsselwortes im Grade Adeptus Minor.

I. N. R. I. heißt Jod, Nun, Resh, Jod.

Das erste »I« ist Jungfrau, Isis, mächtige Mutter – in dieser Hinsicht ist die »Mutter« die Hervorbringerin der Samen und Früchte auf der Erde, wenn die Sonne darin ist.

»N« ist der Skorpion, Apophis, Zerstörer – die zerstörende Kraft, welche ins Spiel kommt, um die Fortsetzung der Wirkung der erzeugenden Kraft in Schach zu halten oder zu beschränken.

»R« ist Sol, die Sonne.

Das abschließende »I« ist der erschlagene und erstandene Osiris – die Sonne im Niedergang der Kraft vom Herbst an und im Aufstiege der Kraft von der Frühlingsäquinox an.

Isis, Apophis, Osiris bilden das I. A. O. Die Initialen dieser drei ergeben den synthetischen Namen IAO. Das ergibt eine neue Triade, deren Beginn wieder die Jungfrau ist, nämlich Luft, TIPHARETH.

Wenn nun der Adeptus Minor diese Namen vibriert und diese Gesten gibt, so bekräftigt er bestimmte Entsprechungen in seiner eigenen Atmosphäre. Das heißt:

Die Gebärde des erschlagenen Osiris: Repräsentiert die Kräfte der Äquinox.

Die Gebärde der trauernden Isis: Die Kraft des Lichts erleuchtet in höchstem Maße. Der zwischen den Händen eingeschlossene Raum ist deshalb der »Halbbogen« der Sonne bei der Sommersonnenwende, welchen sie als Bekräftigung der Lebenskraft des Osiris in Erinnerung ruft.

Die Gebärde des Typhon und Apophis: Der Raum zwischen den Händen über dem Kopf zeigt die verminderte Ausdehnung des ganzen »Bogens« der Sonne und ihrer Wintersonnenwende und repräsentiert so das entsprechende Übergewicht der Dunkelheit über das Licht.

Die Gebärde des Auseinanderreißens und des Schließens des Schleiers: Zeigt den Bogen des Lichts in der Mitte zwischen den Äquinoxen und Solstitien an.

Die Gebärde des erstandenen Osiris: Repräsentiert die zusammenfassende Ausdehnung der Variation zwischen der äußersten Ausdehnung des Lichtes bei den Solstitien und den Äquinoxen und bestätigt auf diese Weise, daß die Macht der Herrschaft über diese Kräfte im Selbst gefunden wird, wenn sich dieses auf die höhere Erleuchtung stützt, wie auch der neue Name in den Initialen der anderen gefunden wird.

In den Diagrammen wird das Licht deshalb von oberhalb der Gestalten kommend gezeigt, was seinen Herabstieg bekräftigt. Außerdem hängt der Sonnenlauf der Jahreszeiten von der Bewegung der Kräfte ab, wie sie im Buche T durch die vier Asse am Nordpol des Universums und ihre gewundene Drehung symbolisiert sind.

Teil X

Das henochische System

Thomas Head, Ph.D. (Oxon)

Einführung in die henochische Lehre und Praxis

»Gabriel… Jeder Buchstabe bezeichnet einen Teil der Substanz, von welcher er spricht. Jedes Wort bezeichnet die Wesenhaftigkeit der Substanz. Die Buchstaben sind getrennt und verwirrt: Deshalb werden sie von Zahlen zusammengehalten: Die in der Zusammenstellung ebenfalls eine Zahl bezeichnen: Denn, wie jedes Größere sein Geringeres umfaßt, so sind die geheimen und unbekannten Formen der Dinge jeweils in ihren Eltern zusammengefaßt: Sie lassen sich leicht unterscheiden, wo sie der Zahl nach bekannt sind, so daß wir hier Stellen zur Bezifferung lehren: Buchstaben, die von den Bezifferungen abzuleiten sind und passende Worte von den Buchstaben…«[1]

Mit der henochischen Magie kommt der Leser nun zu dem vereinigenden System, das der gesamten praktischen Arbeit des Golden Dawn zugrunde liegt, wie sie ursprünglich im Jahre 1887 entworfen wurde. Alle Einweihungszeremonien des Ordens, vom Grade des Zelators bis zu dem des Philosophus, enthalten Bezüge auf das Henochische. Es wurde jedoch erst auf der Stufe des Zelators Adeptus Minor zum Gegenstand regelrechter Anweisungen und methodischer Forschungen. Das Interesse des Ordens am Henochischen wurde im Jahre 1912 mehr oder weniger öffentlich, als Aleister Crowley in der siebenten und achten Folge von »The Equinox« eine zweiteilige Zusammenfassung des Materials herausgab. Als historisches Dokument war Crowleys Bericht sehr fehlerhaft. Er packte Ordensmaterialien mit solchen zusammen, die aus seinen persönlichen Forschungen her-

[1] Meric Casaubon: *A True and Faithful Relation of What passed for many years Between Dr. John Dee and Some Spirits.* London, 1659, p. 92.

vorgegangen waren. Zweitens verwendete er den bei ihm üblichen Trick, alle offensichtlichen Dinge wortreich zu kommentieren, über die wirklich geheimnisvollen Passagen aber einfach hinwegzugehen, als wären sie evident. Als Anleitung ist die Sache sogar noch schlimmer, denn niemand wäre in der Lage, allein aus Crowleys Aufsatz abzuleiten, wie das henochische System oder ein Teil desselben funktionieren könnte. Infolgedessen wurde eine deutliche und genaue Aufstellung der henochischen Lehren des Ordens und der dazugehörigen magischen Techniken der Öffentlichkeit erst im Jahre 1940 zugänglich, als Israel Regardie den vierten Band des Golden Dawn publizierte.

Dabei sollte darauf hingewiesen werden, daß Regardie für seine Offenheit und seine Mühe einen schweren Preis zahlen mußte. Sein Buch wurde mit einem wahren Aufschrei negativer Kritik empfangen, einem wahren Geschnatter persönlichen Spotts, der in seiner unartikulierten Wut selbst für ein derart mit empfindlichen Egos gespicktes Milieu außergewöhnlich war, wie es die angloamerikanische Welt des Okkulten ist. Im Rückblick betrachtet sind diese »Buchbesprechungen« oft Meisterstücke unbeabsichtigter Komödie. Die meisten von ihnen lesen sich, als hätten die Autoren beim Schreiben Schaum vor dem Mund gehabt und mit der linken Hand in der Luft herumgerudert. Aber für den hingebungsvollen und sensiblen jungen Autoren – Regardie war gerade erst dreißig, als er den Golden Dawn herausgab – muß es sehr schmerzhaft gewesen sein, Zielscheibe derartig ungerechtfertigter Verleumdungen zu sein.

Die Beschimpfungen spitzten sich zu der Anklage zu, daß Regardie seinen Geheimhaltungseid gebrochen habe, den er als ein Adept des Hermestempels abgelegt hätte. Regardie hatte seine Verteidigung allerdings schon zwei Jahre zuvor abgedruckt, bevor er anfing, das Ordensmaterial zu publizieren. Er argumentierte mit drei Behauptungen: Erstens sei der Tempel selbst soweit degeneriert, daß sein Hierophant nicht mehr wirksam einweihen könne. Zweitens sei infolgedessen die Lehre derartig verzerrt worden, daß eine deutliche und unmittelbare Gefahr bestand, sie könne ganz verlorengehen. Und drittens seien die Eide der okkulten Geheimhaltung gewiß dahingehend gemeint, daß sie die Namen der Mitglieder und die Vorgänge in der Organisation schützen sollen, doch erstrecken sie sich nicht prinzipiell auf den Inhalt der Lehre selbst[1], welche an sich an all jene gerichtet

[1] Einige Leser werden dies vielleicht in Frage stellen, doch stellt es unter esoterischen Lehrern eine gängige Meinung dar. Um eine andere Tradition anzuführen: George

ist, die sich dafür interessieren. Nach dem Ablauf von etwa vierzig Jahren ist es heutzutage völlig klar, daß Regardie grundsätzlich recht hatte und seine Verleumder nicht. Das Material des Golden Dawn nimmt in den modernen esoterischen Arbeiten eine wesentliche Stellung ein, und sein Einfluß reicht weit über die Grenzen einzelner Organisationen hinaus. Das ist nicht auf die Weisheit seiner sogenannten Hüter zurückzuführen, sondern ganz allein auf Regardies Akt der Bewahrung. Von dieser Tatsache legen wohl die henochischen Lehren, mit welchen wir hier nur zu tun haben, am besten Zeugnis ab. Im Tempel, zu welchem Regardie gehörte, wurden sie fast völlig ignoriert. Heute werden sie wieder soweit zur Kenntnis genommen, daß zwei henochische Lexika gedruckt sind und ein drittes folgen wird. Sowohl in den Vereinigten Staaten als auch in England gibt es etliche Gruppen, die (mit unterschiedlichem Erfolg) sich um ernsthafte Forschungen sowohl an der Sprache als auch an der Magie bemühen.

Die Quellen des Henochischen

Das henochische System beruht auf den medialen Zeremonien des Doktor John Dee und Edward Kelley, deren Sitzungen von 1582 an sieben Jahre lang stattfanden. Dee war zu der Zeit 50 Jahre alt und Kelley 27. Dee war ein Universalgelehrter. Seine Gelehrsamkeit war wie die königliche Suppenschüssel: groß und tief und fast unglaublich breit gefächert. Nach dem zeitgenössischen Standard konnte er mit Recht ein Expertenwissen auf den Gebieten der Mathematik, der Sprachen, der Geographie, der Astronomie, der Mechanik, der Architektur, der Navigation, der Theologie, der Kryptologie, der Dichtung, der Malerei, der Dramatik, der Optik, der Musik, der Philosophie, der Genealogie, der Medizin – und der hermetischen Wissenschaften beanspruchen. Dee kam, mit der möglichen Ausnahme von Roger Bacon im 13. Jahrhundert, dem Umfassen allen Wissens seiner Zeit näher als jeder andere Engländer. Seine Bibliothek enthielt im Jahre 1583 um 2500 Bücher und 170 Manuskripte. Damit war sie die größte

---

Gurdjieff verlangte bei seinem ersten Treffen mit P.D. Ouspensky nur, daß sein Geheimhaltungseid gelten solle, solange er Gurdjieffs Ideen noch nicht klar verstanden habe. Mir selbst ist, obwohl ich kein Freimaurer bin, verschiedentlich Zugang zu Materialien gewährt worden, die den höheren Graden vorbehalten sind. Die Männer, die mir das Material gaben, *wußten*, daß ich darüber schreiben würde. Sie öffneten es mir, weil sie glaubten, ich würde korrekt darüber berichten.

in England und konnte sich mit fast jeder privaten Sammlung des Kontinents messen. Seine äußere Erscheinung war beeindruckend. Aubrey beschrieb ihn so: »Er hatte ein sehr helles, klares, rötliches Gesicht, einen langen Bart, so weiß wie Milch; er war groß und schlank, ein sehr stattlicher Mann.«[1]

Von Kelley ist weniger bekannt, denn er stand nicht in der Öffentlichkeit, und vieles, was über ihn geschrieben wurde, ist nur schlecht dokumentiert. Aus den Sitzungsberichten mit Dee ergibt sich das Bild einer sehr zwiespältigen Persönlichkeit, vorsichtig und mißtrauisch, labil und heikel, die einerseits zu erschreckenden Wutanfällen mit körperlicher Gewaltanwendung neigte, auf der anderen Seite zu plötzlichen spirituellen Bekehrungen, von welchen er prompt rückfällig wurde. Bevor er sich Dees Haushalt anschloß, hatte Kelley als Sekretär des Mathematikers und Hermetikers Thomas Allen gedient, von dem er möglicherweise einiges Wissen um die okkulte Philosophie erwarb. Er besaß eine Anzahl alter Bücher, von denen einige mit Alchemie zu tun hatten (woran er leidenschaftlich interessiert war), die meisten sich aber offenbar mit der Entdeckung von Schätzen unter Zuhilfenahme böser Geister beschäftigten. Wenn Dees Geist eine Terrine war, so glich der Kelleys einem Suppenteller: ziemlich flach, aber breit genug, um ein bißchen von allem zu enthalten. Gewiß war er intelligent und nicht ungebildet. Er war unter dem (falschen) Namen Edward Talbot Student in Oxford gewesen, scheint aber nach irgendwelchen Schwierigkeiten fortgeschickt worden zu sein. Ein paar Jahre später hatte er wegen Fälschungen in Lancaster am Pranger gestanden. Weder für seine Schuld noch Unschuld hat irgendein Beweis überlebt, aber man sollte sich vor Augen halten, daß die Gerichtsbarkeit im elisabethanischen England ebenso grob und leichtfertig war wie im amerikanischen Wilden Westen, wenigstens was die Armen und Unbekannten anging.

Kelley stellte sich am Donnerstag, den 8. März 1582, in Dees Haus in Mortlake vor und bot seine Dienste als Hellseher an. Zwei Tage später gewährte Dee ihm eine Probe. Ihre Vorbereitungen waren äußerst einfach und bestanden bloß aus dem Aufstellen der Kristallkugel auf dem Tisch und einem kurzen, vom Doktor gesprochenen Gebet. Das Ergebnis war, daß Kelley an jenem ersten Tag die Vision des Engels Uriel empfing, der ihm seine geheime Signatur enthüllte und vorbereitende Anweisungen für die Konstruktion zweier magischer Talismane: 1. des Sigillum Dei Aemeth, eines Pentakels mit

[1] John Aubrey; *Minutes of Lives.* Aufsatz über Dee.

neun Zoll Durchmesser, aus reinem Wachs; 2. Die Tabula Sancta, ein aus Lorbeerholz gemachter Tisch, zwei Ellen hoch und zwei Ellen im Quadrat, auf welchem sich ein rechtwinkliges Siegel befand, das zwölf henochische Buchstaben enthielt und von sieben kreisförmigen Siegeln umgeben war, die den planetaren Kräften zugeordnet wurden. Die beiden Talismane, welche eigentlich die beiden ersten henochischen Dokumente bilden, sollten zusammen eingesetzt werden, indem das Pentakel zum Gebrauch auf den heiligen Tisch gelegt wurde.

Von da an überstürzten sich die Ereignisse. Am 14. März gab ein Geist, der sich als ein Engel Michael zu erkennen gab, Anweisungen zur Herstellung eines goldenen magischen Ringes, der ein Siegel trug, welches mit demjenigen identisch sein sollte, »womit Salomo alle Wunder und göttlichen Taten vollbrachte«.[1] Es sieht folgendermaßen aus:

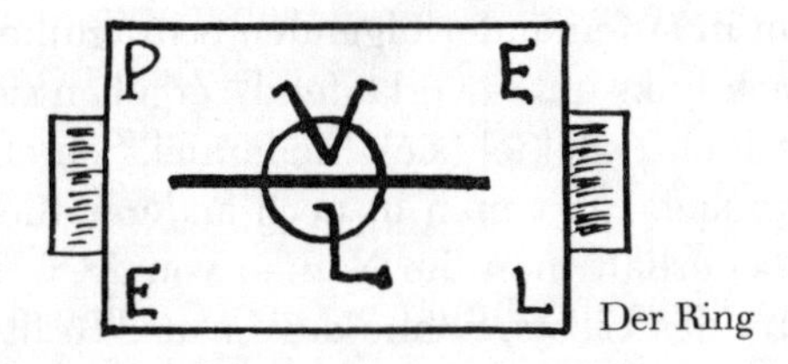

Der Ring

Sechs Tage danach diktierte Uriel ein Quadrat aus 49 Buchstaben, worin sieben Engelnamen enthalten waren:

Z	l	l	R	H	i	a
a	Z	C	a	a	c	b
p	a	u	p	n	h	r
h	d	m	h	i	a	i
K	K	a	a	e	e	e
i	i	e	e	l	l	l
e	e	l	l	M	G	+

Beginnt man in der linken Spalte und liest von oben nach unten, so ergeben sich folgende Namen: Zaphkiel, Zedekiel, Cumael, Raphael, Hanael, Michael und Gabriel. Ein Kreuzzeichen füllt das letzte Feld.

[1] British Library, Sloans MS 3677.

Am darauf folgenden Tage lieferte Uriel ein zweites Quadrat:

S	A	A	$I^{21}{}_{8}$	E	M	E	Venit in Coelis
B	T	Z	K	A	S	E	Dues Noster
H	E	I	D	E	N	E	Dux Noster
D	E	I	M	O	30	A	Hic Est
I^{26}	M	E	G	C	B	E	Lux in Aeternum
I	L	A	O	$I^{21}{}_{8}$	V	N	Finis Est
I	H	R	L	A	A	21_{8}	Vera Est Haec Tabula

Nun begann die Interpretationsmethode immer komplizierter zu werden. Die Zahl 21 ist hier als der Buchstabe E zu lesen, während 8, 26 und 30 als L gelten. Beginnt man beim S in der Ecke oben links und liest man in aufeinanderfolgenden Schräglinien in südwestlicher Richtung (nach links unten verlaufend), ergeben sich folgende Engelnamen: Sabathiel, Zedekiel (sic), Madamiel, Semeliel, Nogabel, Corabiel und Levanael. Liest man in noch anderer Richtung entlang der Diagonalen, so erhält man die Namen von 28 weiteren Geistern, je sieben Töchter des Lichts, Söhne des Lichts, Töchter der Töchter des Lichts und Söhne der Söhne des Lichts. Der Einfachheit halber und weil die Namen auch im Sigillum Dei Aemeth auftauchen, gebe ich alle Ergebnisse in Tabellenform an:

Planet	Engel	Filiae Lucis
Merkur	Corabiel[1]	Azdobn
Mond	Levanael	Me
Venus	Nogahel	Ese
Jupiter	Zedekiel	Iana
Mars	Madimiel	Akele
Sonne	Semeliel[1]	El
Saturn	Sabathiel	Stimcul

[1] In Zeile 1 müßte der Engelname Kokabiel und in Zeile 6 Semesiel lauten, damit sie mit den hebräischen Namen für Merkur und Sonne übereinstimmen. Ich gebe die Namen aber in Kelleys Weise an, da die Veränderung eines Buchstabens im Quadrat die Änderung vieler anderer Namen erfordert, die man durch verschiedene Umwandlungsmethoden erhält.

Kurz nach der Übermittlung dieser Quadrate begann Kelley, eine riesige Materialmenge über eine Engelsprache zu produzieren. Zunächst erschien das henochische Alphabet aus 21 Buchstaben, die im Stil, wenn auch nicht in der Formbildung, den äthiopischen ähnelten und wie in allen semitischen Sprachen von rechts nach links geschrieben wurden. Darauf folgte ein Buch mit fast 100 Quadraten, von denen manche bis zu 2401 Zeichen (49 × 49) enthielten. Das Diktat derselben wurde zur Hauptbeschäftigung aller Sitzungen in den nächsten vierzehn Monaten. Das Material häufte sich Seite für Seite, Buch für Buch, weiter auf, bis sich Dee und Kelley 1598 endgültig trennten.

Was fangen wir nun mit diesen Konferenzen der Engel an?

Die klassische Antwort nimmt natürlich drei Formen an: Erstens wird nahegelegt, daß Dee zwar ein ernsthafter und frommer, aber ziemlich dummer alter Mann war, der von Anfang bis Ende total geprellt und getäuscht wurde. Dann wird darauf hingewiesen, daß Kelley ein Lügner und ein Scharlatan war, dessen »Offenbarungen« bewußte Fälschungen darstellten, Fälschungen, die zudem den Vorteil hatten, narrensicher zu sein, da Dee, seinen spirituellen Tagebüchern nach zu urteilen, selbst selten, wahrscheinlich niemals behauptete, die besuchenden Engel zu sehen oder zu hören. Drittens und letztens wird geschlossen, daß die im Stein antwortenden Engel entweder Täuschungen Satans oder Produkte aus Kelleys überschäumender Phantasie waren. Das ist in groben Umrissen die Antwort, die Casaubon in seinem 54 Seiten umfassenden Vorwort zu »A True and Faithful

Filii Lucis	Filiae Filiarum Lucis	Filii Filiorum Lucis
Beigia	Madimi	Hagonel
Ih	Ab	An
Ilr	Ath	Ave
Dmal	Ized	Liba
Heeoa	Ekiei	Rocle
I	S	E
Stimcul	Esemeli	Ilemese

Relation« vorschlug.[1] Und das ist auch der Kern der Meinung, die bis heute vorherrscht, da Thomas Smith in seinem Buch, das zweihundert Jahre lang als Standardbiographie über Dee galt, Casaubon folgte und die Konferenzen der Engel als »abscheulichen Schwachsinn« abtat.

Nachdem ich die Aufzeichnungen der Sitzungen siebzehn Jahre lang von vorn bis hinten studiert habe, halte ich dies alles für grobe Verzerrungen der Tatsachen. Es ist keine Frage, daß Kelley einen starken Zug zum Opportunismus hatte. Aber wir stellen fest, daß er fast von Anfang an die Natur seiner spirituellen Kontakte offen bezweifelte und protestierte, daß sie vom Wesen her teuflisch und nicht engelhaft seien. Er sagte Dee, daß es Verführer seien, gegen die sich »sein Herz auflehne«, und daß man sich auf ihre Versprechungen nicht verlassen könne. Während der Sitzungen war er stets auf dem Posten, die Geister hereinzulegen und in Schwierigkeiten zu bringen. Bei einer Gelegenheit überführte er sie eines Plagiats aus Cornelius Agrippa. Man müßte schon Offensichtliches ignorieren, wollte man die Meinung annehmen, die von den Anhängern der Fälschungstheorie vertreten wird, daß nämlich Kelleys dauernde Bemühungen, die Sitzungen um jeden Preis abzubrechen, bloß eine schlaue Methode waren, Dees Begeisterung anzureizen. Ein echter Zweifel an der Natur der Geister wäre nämlich dasjenige gewesen, was Dee am wahrscheinlichsten dazu gebracht hätte, die Sitzungen zu beenden. Aus den Tausenden von Seiten der Berichtmanuskripte wird außerdem ganz klar, daß Kelley sich durch die spirituellen Kräfte sehr geängstigt und bedroht fühlte, die er als gegen sich gerichtet empfand. Bei all seiner Launenhaftigkeit und Labilität ließ er sich jedoch nie von der Überzeugung abbringen, daß sie zu gefährlich seien, um

---

[1] Der Puritaner-Geistliche John Webster wies in *A Displaying of Supposed Witchcraft* (London 1677) darauf hin, daß Casaubons *True & Faithful Relation* alles andere als ein unvoreingenommener Bericht war. Casaubon war im Gegenteil darauf aus, »Dee zu den Verdammten zu zählen«, und dies aus einem völlig einleuchtenden Grunde. Casaubon hatte einige Jahre zuvor schriftlich geäußert, alle (sogenannten) göttlichen Inspirationen seien nichts als »Schwindelei oder Melancholie oder aus natürlichen Gründen irregeleitete Phantasie«. Die Regierung unter Cromwell hielt nicht viel von dieser Meinung, und Webster fand sich plötzlich des Atheismus angeklagt. Daraufhin entschloß er sich, die Gegenposition einzunehmen, indem er sensationelle Texte veröffentlichte, die die Existenz sowohl von guten als auch von bösen Geistern behaupteten. Es ging ihm nicht darum, wie Webster sorgfältig festhält, aus persönlicher Abneigung oder Überzeugung Dees Ruf zu schädigen. Der »wahrhaftige und ehrliche« Casaubon wollte bloß unter Beweis stellen, was für ein guter Christenmensch er sei.

mit ihnen zu tun zu bekommen. Auch für Dee ist es nicht richtig, daß er einfach naiv alles akzeptierte, was ihm erzählt wurde. Die meiste Zeit hindurch war er geradezu ein Vorbild an Vorsicht. Er schrieb jede Frage und jede Antwort auf und verlangte die Erklärung einer jeden Diskrepanz, bevor weitergegangen wurde. In seinen Gebeten Gott gegenüber ist er reine Demut; im Falle dieser Offenbarungen jedoch war er stets mehr als bereit, »die Geister zu prüfen, ob sie Gottes seien«.

Paradoxerweise ist jedoch der wesentlichste und überzeugendste Beweis für die *grundlegende Echtheit von Dee und Kelley, daß sie nicht die geringste Ahnung hatten, was sie mit dem angesammelten Material anfangen sollten.* Es hebt die vom Golden Dawn gelehrte henochische Magie geradezu heraus, daß sie eine erstaunlich wirksame und kraftvolle Synthese der theoretischen und praktischen okkulten Philosophie ermöglicht. In den Händen von Dee und Kelley blieb das henochische Material eine nutzlose Masse von Buchstaben und Quadraten. Ob nun Kelley das Material fürchtete oder Dee es verehrte – die hervorstechende Tatsache ist, daß keiner von beiden damit irgend etwas erreicht hat. In den Händen von MacGregor Mathers und seinen Kollegen bildete das henochische System jedoch die Offenbarung des wahren Zusammenhangs zwischen allen Kräften im Makrokosmos, denjenigen der Sephiroth, denen der Elemente, der Planeten und der astralen Kräfte. Es verband die Kabbala, Tarot, Astrologie und Geomantie zu einem geeinten psychologischen Feld. Es enthält die ausführlichsten Skizzen der Ebenen und gleichzeitig die praktischsten, denen ich je begegnet bin. Kurz gesagt: die Methode funktioniert; sie erschließt die geheimen Türen des Geistes, wie sonst kein je veröffentlichtes System.

Die Möglichkeiten des Henochischen

Gleichzeitig möchte ich nicht unterstellen, daß das henochische System, wie es die Gründer des Golden Dawn zusammenstellten, schon perfekt und über alle Verbesserungsmöglichkeiten hinaus vollendet sei. Bei allem Respekt bin ich nicht dieser Meinung. Über die achtundvierzig Schlüssel der Engel, die vier Wachttürme und die Vereinigungstafel hinaus gibt es noch einen wesentlichen Teil der henochischen Dokumente, deren Durchforschung sich für den Studierenden sehr auszahlen wird, der das verfügbare Material des Golden Dawn bereits aufgearbeitet und verstanden hat. Diese Dokumente sind:

1. Sigillum Dei Aemeth.
2. Tabula Sancta.
3. Der runde Tisch des Nalvage.
4. De Heptarchia Mystica.
5. Liber Scientia Auxilii et Victoria Terrestris.
6. Liber Mysteriorum Sextus et Sanctus.
7. Tabula Bonorum Angelorum Invocationes.

Ein paar beschreibende Worte zu denselben werden sicherlich nützlich sein.

Das unten abgebildete Sigillum Dei Aemeth ist eine magische Synthese von Vorstellungen rein geistiger Natur, welche die göttlichen, Erzengel- und Engel-Namen betreffen, die mit den Himmelssphären zusammenhängen, worin die Planetenkräfte tätig sind. Die Wirkung dieser Siegel erstreckt sich auf die Welten Jetzirah und Briah. Außerdem erläutert dieses Siegel die vier kleinen Sigille, die den Tafeln der Wachttürme zugeordnet sind. Sie lösen sich hier in die Namen der vier großen aufsichtführenden Engel der Tafeln auf.

Die Tabula Sancta oder der heilige Tisch ist zur Benutzung zusammen mit dem Sigillum entworfen. Sein Wirkungsbereich erstreckt sich auf die Welt Assiah und die niederen Planetenkräfte, die er für die Wirkung der Kräfte aus den höheren Welten öffnet. Ich habe keine Kopie der Tabula gefunden, die man für den Druck hätte übernehmen können. Die Leser können aber im Text von Casaubon eine hervorragende Reproduktion direkt vor dem Beginn des Hauptteiles finden. Die sieben kleinen Sigille werden, wenn man sie im Uhrzeigersinne von oben her liest, so zugeordnet: Mond, Saturn, Jupiter, Mars, Sonne, Venus und Merkur.

Wer die Schlüssel der Engel studiert, sollte daran denken, daß der erste der neunzehn Rufe nicht ausgesprochen wird, denn er ist der Gottheit selbst zugeordnet. Der runde Tisch von Nalvage ist zwar mit dem unausgesprochenen Ruf nicht identisch, steht jedoch dazu in Beziehung. Diese Tafel wird unten wiedergegeben, zusammen mit einer Skizze ihrer Lesungsweise.

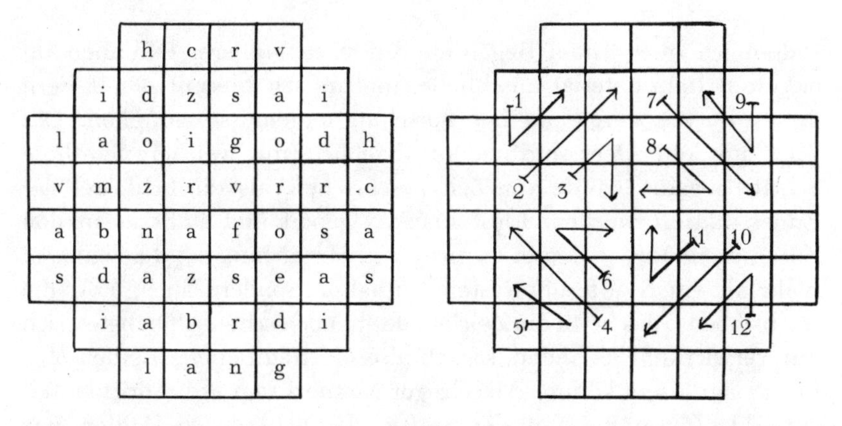

Das Buch mit dem Titel Liber Scientia Auxilii et Victoria Terrestris zeigt, wie man die Namen der 91 Engelprinzen aus den Tafeln der Wachttürme ableitet. Diese Prinzen gebieten über die 30 (Aethyre) des Makrokosmos. Jeder dieser Engelprinzen wird dadurch auch der Herrschaft eines der Erzengel zugeordnet, die über die Tierkreiszeichen gebieten. Sie werden in einer besonderen Reihenfolge angegeben, die derjenigen des Grades des Golden Dawn entspricht. Das Buch zeigt auch, wie die Sigille dieser Engelprinzen zu zeichnen sind. Die im Liber Scientia beschriebenen Kräfte wirken in der Welt Atziluth.

Das Liber Mysteriorum Sextus et Sanctus existiert nur als Manuskript in der British Library und ist in derart schlechtem Zustand, daß sich viele der Seiten als unlesbar erweisen. Es enthält eine große Anzahl von Engelsquadraten, von denen ich einige lösen konnte, andere aber noch weiterer Arbeit bedürfen. Viele von ihnen konnte ich aber nicht lesen. Es enthält auch eine große Anzahl von Worten in der Engelsprache, von denen ich einige versuchsweise übersetzen konnte. Die darin beschriebenen Kräfte wirken in allen vier Welten.

Die Tabula Bonorum Angelorum Invocationes schließlich beschreibt Wirkungen der Engel und Erzengel in der Welt des Makrokosmos. Das Buch ist sowohl für die Operationen der vier Wachttürme wie auch für das Liber Scientia Auxilii wichtig, das zuvor beschrieben wurde.

Henochische Zahlen

Indem ich mich Israel Regardies Ruf nach größerer Offenheit im okkulten Lehrmaterial anschließe, möchte ich hiermit den Lesern dieses Buches einige meiner Forschungsergebnisse mitteilen. Das Zitat aus John Dees spirituellem Tagebuch, mit welchem ich diese Schrift begann, wurde zur Zeit geschrieben, als die Schlüssel der Engel diktiert wurden. Liest man es genau und stellt es in den Zusammenhang, so deutet es nicht nur darauf hin, daß die Schlüssel mehr als ein Bezifferungssystem enthalten, sondern auch, daß »die Buchstaben«, das heißt die Zeichen des henochischen Alphabetes, sich »in Verwirrung« befinden, so daß also die traditionelle Reihenfolge nicht richtig sein könnte. MacGregor Mathers sagt es im dritten Teil von »Der Zusammenfluß der Kräfte« deutlicher: »Die Zahlen, wie etwa 456 und 6739, die in einigen der Rufe auftauchen, enthalten Mysterien, die nicht erklärt werden können.«

Indem ich diesem und anderen Hinweisen in den Tagebüchern von Dee folgte sowie auch einigen der oben besprochenen Buchmanuskripte, war ich in der Lage, mit ziemlich hoher Sicherheit drei Schlüsse zu ziehen: Es gibt erstens tatsächlich zwei Zahlensysteme im Henochischen, von welchen das eine zur Gematria benutzt wird und das andere zur Übersetzung der Buchstaben in einzelne Ziffern. Zweitens ähnelt die korrekte Anordnung der Zeichen im henochischen Alphabet derjenigen im griechischen und koptischen. Der gematrische Code (wie ich ihn nennen möchte) folgt einem dem Hebräischen ähnlicheren Muster. Da hier nicht der Ort ist, meine Begründung nachzuvollziehen, will ich dazu nur sagen, daß ich es für richtig befunden habe, nachdem ich es mehrfach prüfte und für mich auch auf einem IBM 370 unter Benutzung eines in LISP geschriebenen Programmes überprüfte. Hier sind meine Ergebnisse:

Zeichen	Gematrischer Code	Ziffern-Code
A	1	1
B	2	2
G	3	2
D	4	4
E	5	5
F	6	6
Z	7	7
H	8	8
I	10	1
K	20	2
L	30	3
M	40	4
N	50	5
X	60	6
O	70	7
P	80	8
Q	90	9
R	100	1
S	200	2
T	300	3
U	400	4

Der nächste Schritt war natürlich, Mathers Hinweis zu folgen, mit dem Ziffern-Code in den Schlüssel der Engel hineinzugehen und die Zahlen in ihre richtigen Werte zu übersetzen. Hier das Ergebnis:

Buchstaben	Falscher Wert	Korrekter Wert
A* F	19	16
A C A M	7699	1214
C I A L	9996	2113
C L A	456	231
D	3	4
D A O* X	5678	4176

Buchstaben	Falscher Wert	Korrekter Wert
D A R G	6739	4113
E M O D	8763	5474
E R A N	6332	5115
G* A*	31	31
L	1	3
M	9	4
M A P M	9639	4184
M A T B	1000	1000
M I A N	3663	4115
N	6	5
N I	28	51
N O R Z	6	6
O	5	7
O B	28	72
O P	22	78
O S	12	12
O X*	26	76
P*	8	8
P D	33	84
P E O A L	69636	85713
Q U A R	1636	9411
S	4	2
T A X S	7336	3162
V	2	4
V* X	42	46

Die sieben Buchstaben mit Sternchen sind die einzigen, bei welchen im Text die korrekten Werte angegeben sind und die vermutlich als eine Art Hinweise belassen worden sind. Sehr hilfreich.

Zum Abschluß

Es ist mir eine Freude, das »magische System des Golden Dawn« in der Welt willkommen zu heißen. Als Fundgrube neuen Materials und durch die aussagekräftigen und klugen Texte Israel Regardies erläutert, wird dieses Buch sicherlich den Rang eines Klassikers erhalten. Möge es seine Vorläufer an Erfolg übertreffen und reichen Lohn finden.

V.H. Frater A.M.A.G. (Regardie)

Die henochische Sprache

Die frühesten Kenntnisse dieses Alphabetes und dieser Sprache werden aus den medialen Sitzungen von Sir Edward Kelley und Dr. John Dee gegen Ende des 16. Jahrhunderts abgeleitet. Dies geschah in der Zeit der schottischen Königin Maria und der englischen Königin Elisabeth I. Dr. John Dee wurde ein Freund der Königin Elisabeth, ihr Astrologe und Vertrauter. Nach jüngsten Forschungen war Dr. John Dee nicht der leichtgläubige, naive Spiritualist, wie einige Kritiker angenommen haben, sondern ein wahrhafter Mensch der Renaissance, ein kompetenter Wissenschaftler, Geograph und interessanterweise auch ein Geheimagent unter Führung von Sir Francis Walsingham.

Das Alphabet und die Sprache werden als diejenige der Engel oder als henochische bezeichnet. Denn die Engel, die Dee und Kelley anleiteten, behaupteten, dieselben zu sein, die einst mit dem Patriarchen Henoch der Bibel in Verbindung standen. Kelley war Hellseher und benutzte eine Kristallkugel, die sich heute im britischen Museum befindet. In dieser Kugel sah er die Engel, die ihn anwiesen, große Skizzen und Zeichnungen anzufertigen, die Dr. Dee vor sich auf einem Tisch liegen hatte, während Kelley hellsah. Wenn ein Engel in der Kristallkugel auf einen bestimmten Buchstaben auf einer der Skizzen zeigte, dann gab Kelley diese Information an Dr. Dee weiter. Zum Beispiel: Tafel B, Reihe 7, Spalte 11. Dee fand dann den betreffenden Buchstaben heraus, schrieb ihn auf und wartete auf den nächsten.

Das war eine langsame und ermüdende Methode, die Informationen zu erlangen. Alle diese Mitteilungen und Anweisungen wurden von Dr. Dee in den Tagebüchern aufgezeichnet, die sich heute noch im Britischen Museum in den Manuskriptsammlungen von Sloane und Harleian befinden. Meric Casaubon veröffentlichte im Jahre 1659 einen dicken Wälzer, der Details von einigen dieser Unterhaltungen und Anweisungen angibt. In dem Buch befinden sich Dutzende von Gebeten, welche Dee demütig darbrachte, um in die richtige Richtung geführt zu werden. Manche davon sind schön, andere lang und ermüdend.

Aufgrund dieses Materials ist ein vollständiges System magischer

Arbeit entstanden, das so wundervoll und systematisch angeordnet ist, daß es über die wildesten Träume von Dee und Kelley hinausgeht. Dies geschah durch den hermetischen Orden des Golden Dawn gegen Ende des 19. Jahrhunderts.

Wie man bei Meric Casaubon sehen kann, wurden viele der Invokationen oder Rufe, wie man sie nannte, im Diktat der Engel rückwärts gegeben. Man meinte, die henochischen Worte seien so machtvoll, daß ihr direktes Diktat Kräfte und Mächte hervorrufen würde, die man zu der Zeit nicht wünschte. Das Lexikon der henochischen Sprache in diesem Band ist aus den Wörtern zusammengestellt, die in den neunzehn Anrufungen benutzt werden, welche Dee und Kelley gegeben wurden. Im Laufe der Zeit ist es möglich geworden, die Präfixe und Suffixe von den henochischen Kernwörtern abzutrennen. Dies war keine leichte Aufgabe, da ich kein Philologe bin. Und außerdem stellte sich bald heraus, daß sich im Verlauf des mehrfachen Abschreibens durch uninformierte Mitglieder des Golden Dawn zahlreiche Fehler in den Text eingeschlichen hatten. Die Worte in einer Invokation mußten an ähnlichen Worten in anderen Invokationen überprüft werden, um eine annähernde Genauigkeit zu erreichen. Kürzlich sind die Worte in diesem Lexikon auch mit denjenigen in Casaubons gewaltigem Werk verglichen worden. Selbst hier wurde noch eine enorme Anzahl an Fehlern gefunden, und mir wurde bewußt, was für eine bedeutungsvolle Aufgabe die Zusammenstellung dieses Lexikons in den dreißiger Jahren war.

Obwohl ich gewöhnlich Eigenlob peinlichst vermieden habe, muß ich zugeben, wenn ich dieses Lexikon jetzt nach fast fünfzig Jahren anschaue, daß es wirklich für ein einfaches Lexikon keine schlechte Arbeit ist. Allein die Trennung der Suffixe und Präfixe von der richtigen Wortwurzel war an sich schon keine geringe Errungenschaft, besonders wenn man bedenkt, daß sich darauf weder in den Dokumenten des Golden Dawn noch in Crowleys Wiedergabe der Rufe in der *Equinox I, ≠ 8* Hinweise finden. Sprachen zählen nicht zu meinen wenigen Leistungen. Mein Englisch ist gut, mein Französisch ist abscheulich (wie der Oberkellner eines französischen Restaurants bestätigen kann, das ich zu besuchen pflegte), und ich verstehe kaum Latein und Griechisch. Was das Hebräische angeht, so studierte ich es vor Jahren intensiv in der Absicht, einige alte kabbalistische Texte zu übersetzen. Aber das Projekt löste sich in Luft auf, bevor ich zwanzig wurde.

Die henochische Sprache ist nicht bloß eine zufällige Kombination und Zusammenstellung von Gottes- und Engelsnamen aus den Tafeln. Offenbar handelt es sich vielmehr um eine wirkliche Sprache mit einer Grammatik und Syntax. Schon ein oberflächliches Studium der Invokationen reicht aus, um diese Tatsache einzusehen. Die Invokationen bilden nicht nur Ketten von Worten oder barbarischen Namen, sondern sie sind Sätze, die man sinnvoll übersetzen und nicht nur transliterieren kann.

Die henochische Sprache hat keinen historischen Vorläufer vor der medialen Arbeit von Eduard Kelley und John Dee. Es gibt keine Aufzeichnungen ihrer vorherigen Existenz, ganz gleich, was für phantastische Theorien aufgestellt wurden, um dies zu belegen. Viele heutige Philologen haben oft darauf hingewiesen, daß es für einen einzelnen Menschen unmöglich ist, eine eigene Sprache zu erfinden, die einschließlich ihrer Fehler vollständig ist, so wie wir es in den Übertragungen in Dr. Dees Tagebuch finden. Jeder heutige Erfinder wäre sorgfältiger und konsequenter in der Konstruktion seiner Sprache, als es Dee und Kelley – oder die Engel, die die Rufe diktierten – waren.

Das henochische Alphabet besteht aus einundzwanzig Buchstaben, welche sich ins Englische übertragen lassen. Die einzelnen Buchstaben sind uns sowohl in ihrem gedruckten oder ausführlichen wie auch in ihrem handschriftlichen, kursiven Stil bekannt.

Eine der seltsamen Anomalien des henochischen Alphabetes liegt darin, daß zwar jeder Buchstabe einen Namen hat, wie auch in anderen Sprachen, etwa im Griechischen: Alpha, Beta, Gamma und so weiter. Dieser henochische Buchstabenname hat aber absolut keine Beziehung zum Klangwert des Buchstabens selbst. Dem Alpha wird im Griechischen der Klangwert A gegeben. Dem hebräischen Gimel wird der Klangwert G gegeben und so fort. Im Henochischen hat das Veh aber den Klangwert C oder K, nicht V, wie man zunächst meinen möchte.

Da die Namen der Buchstaben nicht allgemein in Gebrauch sind, wird die Benutzung der englischen alphabetischen Reihenfolge und Aussprache empfohlen, um Verwirrung und unnötige Komplikationen zu vermeiden. Das henochische Alphabet wird in einer Tabelle sowohl im ausführlichen wie auch im kursiven Stil gezeigt, und zwar in der durch die Tradition gegebenen Reihenfolge. Ich sollte noch anmerken, daß der kursive Stil nur selten benutzt wird und es deshalb nicht wert ist, ihn auswendig zu lernen.

In den ursprünglichen, von MacGregor Mathers und William Wynn Westcott geschriebenen Dokumenten des Golden Dawn wurden bestimmte Regeln zur Aussprache des Henochischen festgelegt.

Mathers schlug vor, den Konsonanten diejenigen Vokale folgen zu lassen, die bei den entsprechenden hebräischen Buchstaben folgen. Zum Beispiel würde das Wort »sobha« als so-be-ha ausgesprochen. Die Gottesnamen der Tafel des Wassers, MPH ARSL GAIOL, als Empe-he Ar-sel Ga-i-ol. Eine wesentliche Ausnahme bildet der Buchstabe Z, der immer als »sod« ausgesprochen wird. Das Wort Zamran ergibt also: Sod-a-mer-a-nu.

Dr. Westcott legte in einer anderen Schrift für die Adepti Minores ähnliche Regeln fest. Doch bringt seine Version verschiedene Abweichungen, die angemerkt werden sollten. Da sie besser klingen und leichter zu handhaben sind, habe ich sie für nützlich befunden. Er schreibt: »M wird als em ausgesprochen, N als en (auch als nu, da der dem hebräischen Konsonanten Nun folgende Vokal verwendet wird). A wird als a ausgesprochen, p als pe, S als es, D als de.« Diese Regeln vereinfachen die ganze Prozedur natürlich. Allein mit diesen Regeln wäre die ganze Frage der henochischen Aussprache, die so unnötig erschwert und verdunkelt wurde, leicht zu handhaben.

Eine weitere Variation ist, daß Y, J und I dem Hebräischen Jod ähneln, wie U und V dem Vau im Hebräischen gleichen. X bekommt manchmal den Wert des Samekh und manchmal des Tzaddi, obwohl es keinen Grund dafür gibt, es nicht wie im Englischen (oder im Deutschen; Anm. d. Übers.) zu benutzen.

Gebrauch und Erfahrung werden schließlich festlegen, was verwendet wird. Ich gebe hier einige zufällig ausgewählte Wörter als Beispiele, um die Einfachheit der Sache zu veranschaulichen. Man findet folgende Namen auf der Vereinigungs-Tafel:

EXARP - Ex-ar-pe
HCOMA - He-co-ma
NANTA - En-a-en-ta
BITOM - Be-i-to-em

Obwohl Westcott vorgeschlagen hat, *jeden* Buchstaben einzeln auszusprechen, wirkt das nur unbeholfen, klingt schlecht und ist unnötig lang, wodurch die Texte eintönig und ermüdend werden. Weitere Beispiele:

CHIS - Ka-hi-sa
CHISGE - Ka-his-dschi

Der Studierende sollte aber nicht nur nach diesen Regeln, sondern auch nach seinem eigenen Gefühl für guten Klang und seiner Intuition verfahren. Es gibt keine endgültige Version mit autoritativem Charakter.

Im Grade der Pforte findet sich eine kurze henochische Invokation, eine Abkürzung des ersten Rufes. Sie enthält aber auch drei aus der Vereinigungs-Tafel abgeleitete Erzengel. Ich gebe zunächst die Invokation an und dann ihre Übertragung in sprechbare Phrasen.

»OL SONUF VAORSAGI GOHO IADA BALTA. LEXARPH, COMANAN, TABITOM. ZODAKARA EKA ZODAKARE OD ZODAMARAN. ODO KIKLE QAA, PIAPE PIAMOEL OD VAOAN.«

Dies bedeutet: »Ich werde über euch gebieten, spricht der Gott der Gerechtigkeit. Lexarph, Comanan, Tabitom. Bewege dich darum, tritt hervor und zeige dich. Erkläre vor uns die Geheimnisse deiner Schöpfung, das Gleichgewicht von Rechtschaffenheit und Wahrheit.«

Die Aussprache dieser wenigen henochischen Zeilen ist nirgendwo auch nur annähernd so fürchterlich, wie es auf den ersten Blick erscheinen mag. Hier folgt die von mir verwendete Sprechweise. Ich sollte vielleicht noch hinzufügen, daß ich die folgende Anrufung mehr als vierzig Jahre lang häufig benutzt habe, hauptsächlich in Verbindung mit der Übung der Mittleren Säule (welche ich in verbesserter und verstärkter Fassung als *The Sceptre of Power* bei Falcon Press veröffentlichen werde) sowie in der Zeremonie der Wachttürme in dieser Ausgabe.

»O-el Zo-nuf Ve-o-ar-sa-dschi, Goho I-a-da Balta. El-ex-arpe-he. Ko-ma-na-nu. Ta-bi-to-em. Sod-a-ka-ra e-ka sod-a-ka-re o-da Sod-a-mer-a-nu. Oh-da ki-kle ka-a. Pi-a-pe pi-a-mo-el- o-da ve-o-a-nu.«

Der Studierende sollte anhand dieses Beispieles wenig Schwierigkeiten beim Umgang mit den Worten und Phrasen erleben, die er in den verschiedenen Rufen oder im Lexikon findet. Das hauptsächliche Hindernis liegt im fremdartigen Erscheinungsbild der Wörter und in mangelnder Erfahrung mit den beschriebenen Regeln. Anfangs mögen sich die Worte wie bloßes Gelalle anhören. Bleibt er jedoch bei der Sache, so lernt der Studierende bald, die Klänge aus dem scheinbaren Chaos zu differenzieren und steht einer sinnvollen Sprache und einem bedeutsamen System an Invokationen gegenüber. Aber er denke auf jeden Fall daran, daß es keine absolute oder endgültige Ausspracheweise dieser Rufe gibt. Sofern es den hier angegebenen

Anweisungen entspricht, ist seine eigene Version ebenso gültig wie jede andere.

Leo Vinci veröffentlichte 1976 bei Regency Press in England ein Lexikon des Henochischen unter dem Titel *Gmicalzoma.* Ich habe nichts dazu zu sagen, als daß es ein brauchbares und nützliches Lexikon darstellt. Es datiert bedeutend später als meines, das schon Jahre vorher in den USA und Großbritannien in Umlauf kam.

Nicht lange danach interessierte sich der Askin-Verlag in England für mein Lexikon; wir verhandelten über eine Veröffentlichung. Ein Freund von mir, ein Philologe, versprach mir eine Einleitung, die auch ein Licht auf die möglichen Ursprünge des Henochischen werfen sollte. Es gab jedoch eine ganze Reihe von Mißgeschicken, die das Entstehen einer Einleitung verhinderten. Infolgedessen übernahm Askin Publ. die Angelegenheit und bot an, Dr. Laycock (ein australischer Philologe, mit dem ich einige Zeit zuvor schon Kontakt hatte) für die Einführung zu gewinnen. Als sie dann eintraf, war ich sehr enttäuscht davon, weil ich das Gefühl hatte, daß sie vor Verachtung und Spott troff.

Als nächstes telefonierte ich mit Askins in London und brachte meine totale Enttäuschung zum Ausdruck. Ich drohte, mein Lexikon zurückzuziehen, wenn sie auf dem Vorwort bestünden. So schickte mir Askin Publishers also mein Lexikon zurück. Kurz darauf müssen sie selbst ein Lexikon zusammengestellt haben, das sie mit Laycocks Einführung veröffentlichten.

Diese Tatsachen sollen nur erwähnt werden, um den Vorrang meines Lexikons festzustellen. Es kommt zwar nicht sehr darauf an. Unter Magieschülern bestand ein Bedürfnis nach einem solchen, und jemand war eben der erste. Aber die Vorgeschichte des hier veröffentlichten Lexikons ist sicher nicht uninteressant.

Kurz nach meiner Erhebung in den Grad eines Adeptus Minor begann ich ein intensives Studium des henochischen Systems, ebenso mein Lexikon. Das Studium des Systems führte zu meiner Schrift »Anhang zum Buch über den Zusammenfluß der Kräfte«, die sich in diesem Band findet. Innerhalb weniger Jahre nahm das Lexikon deutlich Formen an – das war etwa 1940/41. Dann kam der Zweite Weltkrieg dazwischen, und ich mußte es zusammen mit einigen anderen Projekten bis in die 1950er Jahre beiseite legen. Während dieser Zeit verlieh ich das Lexikon an etliche Personen beiderseits des Atlantiks. Normalerweise nenne ich keine Namen, aber in diesem Falle halte ich es für meine Pflicht.

Anfang der fünfziger Jahre lieh ich es einem jungen Mann in

Surrey, einem Schützling meines Osteopathen-Freundes A.E. Charles, und außerdem einigen Studenten hier in den USA. Etwa 1956 besuchte mich Frau Tamara Bourkoun in Los Angeles, eine ernsthafte und gut unterrichtete Studierende der gemischten Freimaurerei und des Okkultismus. Unter anderem lieh ich ihr das Tarot des Golden Dawn und das henochische Lexikon aus und gestattete ihr, es für den eigenen Gebrauch zu kopieren. Von da an zirkulierte es unter ernsthaften Studierenden der Magie, die sich intensiver mit dem henochischen System auseinandersetzten.

Zu Beginn der Siebziger spielte die Sangreal Foundation, die bereits einiges von mir veröffentlicht hatte, mit dem Gedanken, das Lexikon des Henochischen endgültig herauszubringen. Es traten jedoch wieder einige unvorhergesehene Ereignisse ein, die dies verhinderten. Nun hat dieses lang erwartete Werk unter Leitung der *Israel Regardie Foundation* und Falcon Press endlich den Weg in den Druck gefunden.

V.H. Frater S.I.A.

Das henochische System

Einleitende Bemerkungen

(Anmerkung: Die offiziellen Dokumente H und S werden hier fortgelassen, weil sie sich wiederholen und schwer verständlich sind. Sie werden durch diese modernere Zusammenfassung ersetzt. I.R.)

Dem Ersten Orden wird über die Tafeln des Henoch wenig mitgeteilt. Sie werden in den Ritualen erwähnt, sind jedoch nicht Bestandteil der Lehrschriften. Ein ausführliches Studium der Tafeln und ihrer Zuordnung sowie der Methoden für ihre Benutzung zur geistigen Schau bildet einen festen Bestandteil des Lehrprogramms, das zwischen 5 = 6 und dem Grade T.A.M. vorgeschrieben ist.

Über dieses Thema befindet sich eine erhebliche Menge ausführlicher Anweisungen im Besitz des Ordens. Diese sind aber in einer ganzen Anzahl von Schriften enthalten, von denen einige recht alt, andere modern sind. Ein Teil des Materials wird mehrmals behandelt, wogegen andere Teile überhaupt nicht deutlich erklärt werden. Es scheint deshalb, daß eine Schrift den Anfängern der henochischen Studien dienlich sein könnte, die das ganze Material in logischer Reihenfolge behandelt. Danach kann auf die spezielleren und subtileren Schriften der einzelnen Zweige dieses Themas eingegangen werden.

Es sollte festgehalten werden, daß die vorliegende Schrift nicht behauptet, etwas Neues zu sagen. Sie stellt eine Neuordnung und, wie ich hoffe, eine deutlichere Erklärung der Informationen dar, die sich bereits im Besitz des Ordens befinden. Sie soll eine, wie man sagt, Einführung zu, nicht ein Ersatz für andere henochische Literatur sein.

Der Orden besitzt einen Satz vollständig und detailliert ausgearbeiteter Tafeln, welche man zur Illustration des Textes einsehen kann, falls nötig. Es ist jedoch nicht notwendig, Kopien davon anzufertigen, denn das würde mehrerer Monate bedürfen. Es wird aber jedem Adepten sehr nahegelegt, sich einen Satz der vier Elemententafeln anzufertigen, wie sie im Tempel zu sehen sind, sowie eine Vereinigungs-Tafel. Diese sollte er während des Lesens zur Verfügung halten. Sie können aus farbigem Papier angefertigt oder mit Wasserfarben bemalt werden. Die Buchstaben sollten genau und in den richtigen Farben kopiert werden. Etwa zentimetergroße Quadrate ergeben eine bequeme Größe, wodurch eine ganze Tafel die Größe von 12 × 13 cm bekommt.

Kapitel Eins

Die geheime Sprache der Engel

Die Konstruktion der Tafeln

Im Ritual des 1 = 10 wird festgestellt, daß die Tafel der Erde (und das gilt natürlich auch für die anderen) »in dem geschrieben ist, was unsere Tradition die geheime Sprache der Engel nennt«. Die Tafeln, die im Äußeren Tempel in Gebrauch sind, sind in englischen Buchstaben beschriftet. Diese stellen jedoch Übersetzungen oder besser Transliterationen aus sehr alten Zeichen dar, die einem Alphabet angehören, das als das thebanische bekannt ist. Es gibt zwei Arten dieser Buchstaben: kunstvolle und kursive. Hier das Alphabet:

Kunstvoll	Kursiv	Titel	Klangwert
		Pe	B
		Veh	C oder K
		Ged	G
		Gal	D
		Orth	F
		Un	A
		Graph	E
		Tal	M
		Gon	I, Y, oder J
		Na-hath	H
		Ur	L
		Mals	P
		Ger	Q
		Drun	N
		Pal	X
		Med	O
		Don	R
		Ceph	Z
		Vau	U oder V
		Fam	S
		Gisa	T

Sein Ursprung ist heute sehr zweifelhaft, doch ist es sicherlich sehr alt.

Ein jeder Buchstabe auf den englischen Tafeln kann daher durch den entsprechenden Buchstaben dieses Alphabetes ersetzt werden. Diese Buchstaben sollen größere magische Kräfte enthalten als das Hebräische oder Englische. Sie sind dem Wesen der Sigille ähnlicher als dem einfacher Buchstaben.

Diese geheime Sprache der Engel war eine wirkliche Sprache, was auch ihr Ursprung sein mag. Zusätzlich zu den »unzähligen Gottes- und Engelnamen«, die von den Tafeln nach Regeln abgeleitet werden, zu denen wir teilweise später noch kommen werden, gibt es in dieser Sprache eine ganze Anzahl »henochischer Rufe« oder Anrufungen der Kräfte der Tafel. Diese sind nicht nur Aneinanderreihungen von Namen, sondern können ins Englische übersetzt, nicht nur transliteriert werden. Der Ruf zur Eröffnung der Zeremonie der Pforte ist zum Beispiel:

OL SONUF VA-ORSAGI GOHO IADA BALATA ELEXARPEH COMANANU TABITOM: ZODAKARA EKA ZODAKARE OD ZODAMRANU: ODO KIKLE QAA PIAPE PIAMOEL OD VAOAN.

Es bedeutet: »Ich werde über euch gebieten, oh Lexarph, Comanan, Tabitom, spricht der Gott der Gerechtigkeit. Bewege dich darum, tritt hervor und zeige dich. Erkläre vor uns die Geheimnisse deiner Schöpfung, das Gleichgewicht von Rechtschaffenheit und Wahrheit.«

Im Ritual 5=6 wird behauptet, einige unserer frühen Brüder hätten ein Lexikon dieser Sprache zusammengestellt. Ich weiß nicht, ob es heute noch existiert. (Vor einigen Jahren habe ich ein Lexikon zusammengestellt, das sich am Ende dieses Bandes befindet. I.R.) Die Sprache wird gesprochen, indem man die Buchstaben überall einzeln nimmt, wo der Mangel eines Vokals das erfordert. Doch ergibt sich die Aussprache instinktiv, wenn man es will. M, p, h wird also als Em-pe gesprochen, Hctga als He-K-Te-Ga. Z wird immer SOD gesprochen (mit langem, klangvollem O). Im Namen Ic Sod He Kal, dem großen König des Nordens, wird das »Sod« auf der Erdtafel nur durch ein einzelnes Z dargestellt.[1]

[1] Anm. d. Übers.: Falls jemand mit Texten in englischer Lautschrift des Henochischen zu arbeiten wünscht: Die Aussprache-Regeln im Deutschen gleichen fast überall den Englischen. Man braucht nur zu beachten, daß folgende Laute anders geschrieben werden: engl. »ee« = dt. »i«; engl. »ay« = dt. »e«; engl. »ah« = dt.

Analysieren wir nun die Form und Anordnung der Elemententafeln. Bei den Ritualen des Äußeren Ordens ist es Ihnen vielleicht aufgefallen, daß die Tafel der Erde als das dritte oder große nördliche Viereck bezeichnet wird, diejenige der Luft als das erste, des Wassers als das zweite und des Feuers als das vierte. Möglicherweise haben Sie sich gefragt, warum im ersten Grade das dritte gegeben wird. Stellen Sie einmal die vier Tafeln folgendermaßen zu zwei Paaren zusammen:

Grundanordnung der vier Tafeln

Sie werden dann sehen, daß diese den vier Winkeln der Elemente im Pentagramm entsprechen, wobei der Winkel des Geistes der Vereinigungs-Tafel entspricht. Das ist auch die Reihenfolge der vier Unterabschnitte einer jeden einzelnen Tafel. Und die vier bilden zusammen eine Art Über-Tafel mit auf gleiche Weise angeordneten Elementen.

Nehmen wir uns nun eine der Tafeln vor und untersuchen sie näher. Um Verwirrung zu vermeiden, werden wir durchgehend die Tafel der Luft benutzen. Die Bemerkungen beziehen sich jedoch, mutatis mutandis, auf die anderen mit, wenn diese auch nicht besonders erwähnt werden.

Zunächst werden wir bemerken, daß wir 12 Quadrate in waagerechter Linie und 13 senkrecht vor uns haben. Das ergibt zusammen 156, oder 624 in allen vier Tafeln zusammen. Von diesen 156 sind 76 weiß und 80 farbig. Wir müssen diese beiden Gruppen getrennt betrachten. Jede davon läßt sich in zwei weitere Gruppen einteilen:

»a«; engl. »oh« = dt. »o«; engl. »oo« = dt. »u«; engl. »Z« = dt. »S«; engl. »oa« = dt. »oh«; engl. »v« = dt. »w«; engl. »S« = dt. »Z«, aber als scharfes SS, nicht als TS ausgesprochen; engl. »C« = dt. »K«.

Die weißen Quadrate in das große Kreuz und die vier Kreuze der Sephiroth.

Die farbigen Quadrate in die cherubinischen und die untergeordneten Quadrate.

Die weißen Quadrate

Sie werden immer in Schwarz beschriftet.

Das große Kreuz. Es besteht aus zwei mittleren waagerechten Linien – insgesamt 36 Quadrate. Die beiden senkrechten Reihen werden als »Linea Dei Patris Filiique« bezeichnet und die waagerechten als »Linea Spiritus Sancti«. Sie beziehen sich damit auf die göttliche Dreiheit, wie auch auf den Geist, der über die vier Elemente in den Unterabschnitten gebietet, die voneinander durch das große Kreuz getrennt werden.

Die vier Kreuze der Sephiroth. Diese werden durch die mittlere senkrechte Linie und die zweite waagerechte Linie in jedem Unterabschnitt gebildet. In einiger unserer Literatur ist über ihre Zuordnungen Verwirrung entstanden, indem an die äußeren Enden des Kreuzbalkens Chesed und Geburah anstelle von Chokmah und Binah plaziert wurden. Die letztere Form, welche in Azoth angegeben wird, wird für die richtige gehalten.

Die farbigen Quadrate

Die Buchstaben auf denselben sind folgendermaßen gefärbt:

1. In dem Unterabschnitt, der dem Element der Tafel selbst entspricht, in der Komplementärfarbe zum Untergrund. Das heißt, Lila im Luftviertel der Luft, Orange im Wasserviertel des Wassers, Grün im Erdviertel der Erde (genaugenommen hat Schwarz keine Komplementärfarbe), und Grün im Feuerviertel des Feuers.

2. In den anderen drei Unterabschnitten einer jeden Tafel in der Farbe des Elementes des Unterabschnitts. Die Königsreihe wird benutzt, wobei Luft gelb ist, Wasser blau, Erde schwarz und Feuer rot.

Cherubinische Quadrate. Dieses sind die vier Quadrate über den Kreuzbalken der sephirothischen Kreuze in jedem Unterabschnitt. Die Reihenfolge ihrer Zuordnung zu den Cherubim ändert sich je nach dem Unterabschnitt auf eine Weise, die noch erklärt wird.

Die sechzehn untergeordneten Quadrate. Dies sind die verbleibenden farbigen Quadrate unterhalb des Kreuzesbalkens der Kreuze der Sephiroth in jedem Unterabschnitt. Ihre Zuordnung hängt von derjenigen der cherubinischen Quadrate ab.

Wir müssen diese vier Gruppen jeweils getrennt behandeln. Ich werde sie in jedem Kapitel in dieser Reihenfolge abhandeln. Man kann sich allgemein merken, daß die weißen Quadrate immer den Geist als eine ihrer Zuordnungen besitzen, die farbigen niemals: Sie sind immer elementar.

Die Vereinigungs-Tafel

Sie wird in der Zeremonie der Pforte gezeigt und besteht aus zwanzig weißen Quadraten, die in vier waagerechten Reihen zu je fünf angeordnet sind. Ihre Zuordnung, Farbe und Beschriftung ist folgende:

Erste Linie: Luft – Gelbe Buchstaben – E X A R P
Zweite Linie: Wasser – Blaue Buchstaben – H C O M A
Dritte Linie: Erde – Schwarze Buchstaben – N A N T A
Vierte Linie: Feuer – Rote Buchstaben – B I T O M

Diese werden teils alle dem Geist zugeordnet, und die Buchstaben werden in Verbindung mit denjenigen der anderen vier Tafeln zur Bildung bestimmter Namen verwendet, wie im nächsten Kapitel erklärt wird.

Kapitel Zwei

Die Bildung der Gottes- und Engelnamen von den Tafeln

Wir wollen uns nun mit der Methode beschäftigen, die wichtigeren der »unzähligen Gottes- und Engelnamen« von den Tafeln zu bilden.

Die weißen Quadrate

1. Das große Kreuz.

Vom großen Kreuz jeder Tafel werden zehn wichtige Namen zu gegenwärtig anliegenden Zwecken gebildet. 1.2.3. Die »drei großen, heiligen, geheimen Namen Gottes« nehmen die gesamte Linea Spiritus Sancti ein und werden von links nach rechts gelesen. Sie bestehen auf jeder Tafel einer aus drei Buchstaben, einer aus vier Buchstaben und einer aus fünf Buchstaben: ORO IBAH AOZPI, entsprechend I.A.O.

Das sind die Namen auf den drei Bannern, die vor dem Angesicht der Vier, des »Großen Königs« jeder Richtung getragen werden. Dieser ist jeweils ein Name aus acht Buchstaben und nimmt die Mitte des Kreuzes ein. Er beginnt beim fünften Buchstaben der Linea Spiritus Sancti und wird in einer Spirale durch die beiden Buchstaben der Linea Patris Filiique direkt über der Linea Spiritus Sancti zum achten Buchstaben derselben hin gelesen, durch die Buchstaben der Linea Dei direkt unter der Linea Spiritus Sancti hindurch und endet beim sechsten und siebenten Buchstaben der Linea Spiritus Sancti.

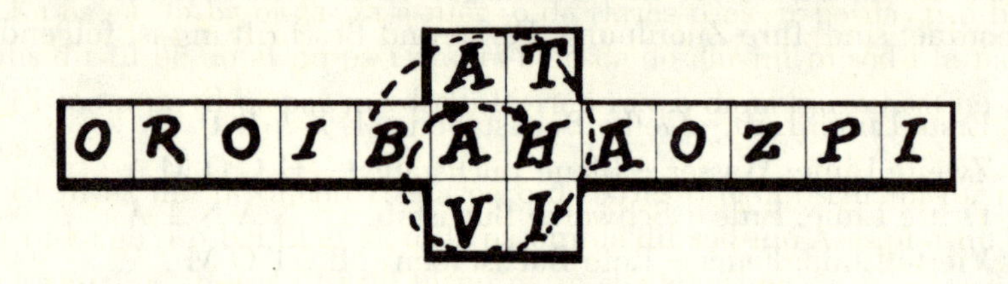

Der König stellt eine sehr mächtige Kraft dar und sollte mit großer Sorgfalt angerufen werden. 5.6.7.8.9.10. Die sechs Ältesten, deren Namen am sechsten und siebenten Quadrat der Linea Spiritus Sancti beginnen und entlang der drei Reihen in jeder Richtung nach außen bis zum Ende der Tafel gelesen werden. Jeder trägt einen siebenbuchstabigen Namen. Einer der beiden in der Linea Spiritus Sancti gebildeten wird deshalb gleich den ersten beiden rückwärts gelesenen Gottesnamen sein. Bei ORO IBAH heißt der Älteste also HABIORO. Der andere wird der dritte Gottesname mit Vorschaltung der beiden letzten Buchstaben des zweiten sein: ORO IBAH AOZPI ergibt also als Namen eines der Ältesten AHAOZPI.
Alle diese Namen gehören einer anderen und höheren Ebene an als diejenigen der Elemententafeln. Sie werden per Hexagramm, nicht per Pentagramm angerufen. Der König und die sechs Ältesten werden der Sonne und den Planeten zugeordnet.

2. Die Kreuze der Sephiroth

Die abwärts gelesene Vertikallinie ergibt einen Gottesnamen aus sechs Buchstaben, der benutzt wird, um die Engel und Geister der Unterabschnitte anzurufen. Der Querbalken von links nach rechts ergibt einen fünfbuchstabigen Gottesnamen, der verwendet wird, um den durch den ersten Namen gerufenen Geistern zu befehlen. Diese beiden Namen sollte man in einer vorbereitenden Invokation benutzen, wenn man mit einem Quadrat oder einem Unterabschnitt arbei-

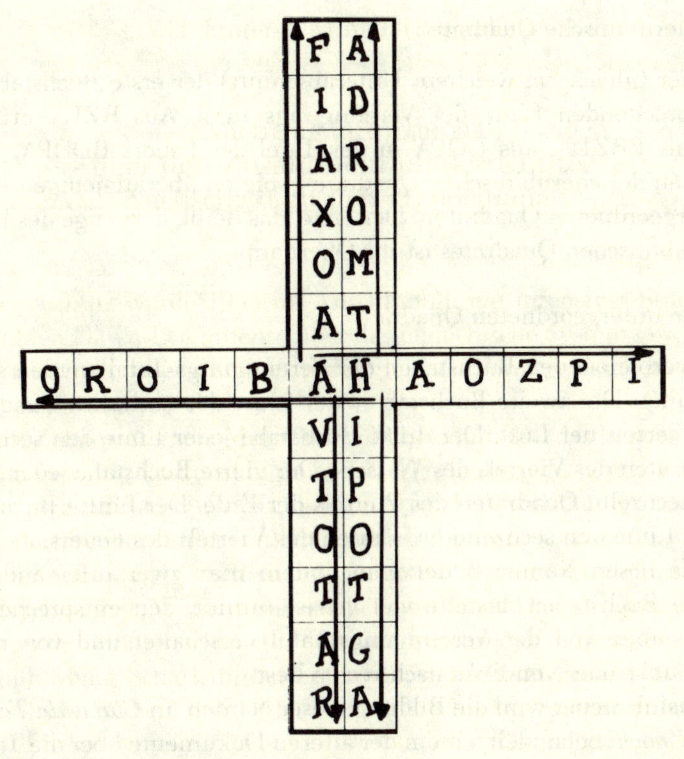

tet. Indem wir die Namen umkehren, also von unten nach oben und von rechts nach links lesen, erhalten wir die entsprechenden Namen der bösen Mächte, um die bösen Engel der Unterabschnitte zu rufen und ihnen zu gebieten. Unnötig zu sagen, daß das nicht getan werden sollte – jedenfalls nicht vom Z.A.M.

Die farbigen Quadrate

Aus jedem Quadrat wird ein Name gebildet, indem man die vier Buchstaben der vier farbigen Quadrate einer waagerechten Linie des Unterabschnitts nimmt. Damit beginnt man mit dem Buchstaben desjenigen Quadrats, dessen Namen man wünscht, und liest von links nach rechts. Im cherubinischen Quadrat des Luftviertels der Luft erhalten wir also für den ersten RZLA, für den zweiten ZLAR, für den dritten LARZ, für den vierten ARZL. Nach den Ausspracheregeln heißt es also: ERSODELA, SODELARE, LARSOD, ARSODEL.

Aus jedem dieser vierbuchstabigen Namen wird ein machtvollerer Name mit fünf Buchstaben gebildet, welcher über erstere gebietet, indem man einen Buchstaben von der Vereinigungs-Tafel vorschaltet:

1. Cherubinische Quadrate

Immer (gleich bei welchem Unterabschnitt) der erste Buchstabe der entsprechenden Linie der Vereinigungs-Tafel. Aus RZLA erhalten wir als ERZLA, aus DOPA in der Tafel des Feuers BDOPA. Diese Namen der cherubinischen Quadrate gebieten über diejenigen in den untergeordneten Quadraten. Der erste, das heißt, derjenige des linken cherubinischen Quadrates ist ihr Oberhaupt.

2. Die untergeordneten Quadrate

Die verbleibenden Buchstaben der Vereinigungs-Tafel werden so zugeordnet: Der zweite Buchstabe jeder Linie den sechzehn Quadraten des Viertels der Luft. Der dritte Buchstabe jeder Linie den sechzehn Quadraten des Viertels des Wassers. Der vierte Buchstabe jeder Linie den sechzehn Quadraten des Viertels der Erde. Der fünfte Buchstabe jeder Linie den sechzehn Quadraten des Viertels des Feuers.

Die bösen Namen bildet man, indem man zwei aufeinanderfolgende Buchstaben anstelle von vieren nimmt, den entsprechenden Buchstaben von der Vereinigungs-Tafel vorschaltet und von rechts nach links oder von links nach rechts liest.

Ausführlicher wird die Bildung dieser Namen im *Clavicula Tabularum Enochi* behandelt, einem der älteren Dokumente über die Tafeln.

Kapitel Drei

Die Zuordnung zum Namen JHVH

Der Große Namen JHVH bildet den Schlüssel zum gesamten System der henochischen Zuordnungen der Quadrate zu den Elementen. Die Buchstaben des Namens werden folgendermaßen zugeordnet:

Jod dem Feuer und den Stäben
Heh dem Wasser und den Kelchen
Vau der Luft und den Schwertern
Heh (abschließend) der Erde und den Münzen

Legen Sie ihre Tafeln noch einmal zusammen wie in Kapitel 1. Setzen Sie den entsprechenden Buchstaben an die äußere Ecke eines jeden, so findet sich gegen den Uhrzeigersinn gelesen der Name JHVH, wenn man am feurigen Abschnitt des Feuers beginnt und bei jeder Tafel den Unterabschnitt ihres eigenen Elementes nimmt. Setzen Sie dann die Buchstaben entsprechend den Unterabschnitten einer jeden Tafel ein, und sie werden den gleichen Namen auf gleiche Weise bilden. In der Mitte der vier Tafeln befindet sich wiederum der Name, wenn man beim feurigen Unterabschnitt der Luft beginnt. Soviel zur allgemeinen Zuordnung. Nun zu den Einzelheiten.

Die weißen Quadrate

1. Das große Kreuz

Teilen Sie jede senkrechte und waagerechte Linie in vier Gruppen mit drei aneinandergrenzenden Quadraten. Ordnen Sie den beiden oberen Gruppen und der Gruppe zur Linken denjenigen Buchstaben des Namens zu, der dem Element der gesamten Tafel entspricht. Im Falle der Luft ist dies Vau. Der Name wird aufwärts und von rechts nach links gelesen, so daß wir unter das Vau und zu seiner Rechten des Heh setzen, unter dasselbe und zu dessen Rechten der Jod. Bleibt das abschließende Heh für die unteren Gruppen und diejenigen zur Rechten.

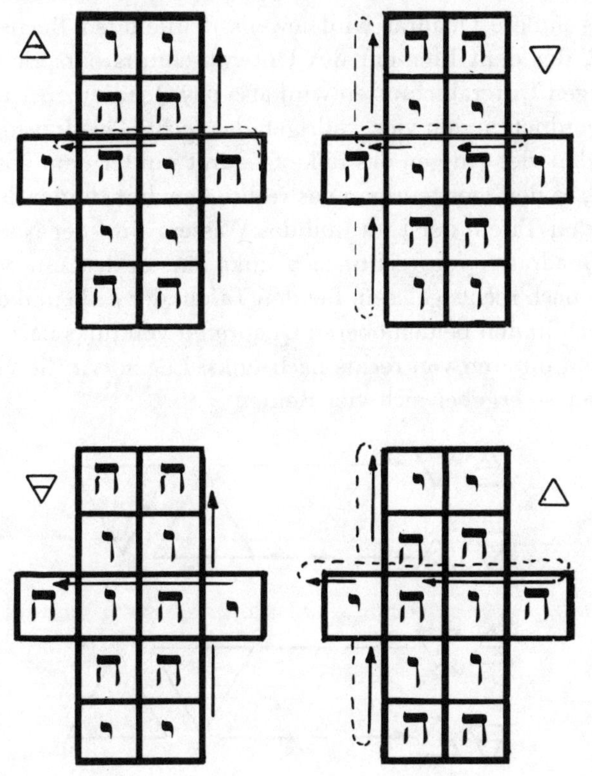

Jedes Quadrat repräsentiert dabei drei Quadrate von den Tafeln. Die Zuordnung ist völlig einfach, wenn man im Auge behält, daß der der jeweiligen Tafel entsprechende Buchstabe immer nach oben und links kommt.

2. Die Kreuze der Sephiroth

repräsentieren die Sephiroth, die durch den Buchstaben des Unterabschnittes modifiziert werden. Im Unterabschnitt der Luft wird es also Kether von Vau sein, von Heh im wäßrigen und so weiter. Ansonsten sind die Zuordnungen dieser Kreuze in allen Abschnitten auf allen Tafeln gleich.

Die farbigen Quadrate

1. Die cherubinischen Quadrate

Die Zuordnung des Namens zu den vier cherubinischen Quadraten eines jeden Unterabschnitts ist ein wenig komplizierter, aber immer noch ganz leicht, wenn man die folgenden Regeln beachtet.

a) Das äußere Quadrat wird jeweils demjenigen Buchstaben zugeordnet, der dem Element des Unterabschnitts entspricht. In den vier luftigen Unterabschnitten wird also das Quadrat zur Linken dem Vau zugeordnet, in den vier wäßrigen das rechte Quadrat immer dem Heh, in den vier erdigen das linke Quadrat immer dem abschließenden Heh, in den vier feurigen das rechte Quadrat immer dem Jod.

b) In den Tafeln der Luft und des Wassers wird der Name in den oberen Quadraten von rechts nach links und in den unteren beiden von links nach rechts gelesen. Bei den Tafeln der Erde und des Feuers liest er sich in den beiden oberen Quadraten von links nach rechts, in den beiden unteren von rechts nach links. Legen wir die vier Tafeln zusammen, so ergeben sich vier Reihen:

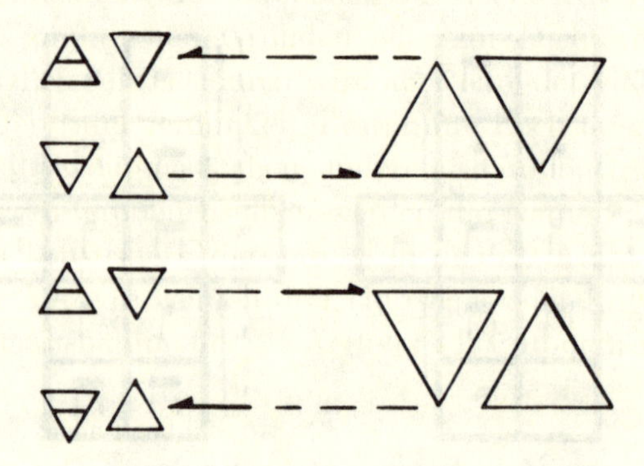

Wenden wir diese Regeln auf die vier Unterabschnitte der Luft an, so erhalten wir:

Luftiger Abschnitt: Vau auf der linken Seite nach Regel (a), in dieser Reihenfolge die anderen drei nach Regel (b).
Wäßriger Unterabschnitt: Heh nach der Regel (a) rechts, und links davon in gegebener Reihenfolge nach Regel (b).
Erdiger Abschnitt: (abschließendes) Heh steht nach Regel (a) zur Linken und rechts davon in der gegebenen Reihenfolge nach Regel (b).
Feuriger Abschnitt: Jod nach Regel (a) auf der rechten Seite, links davon in angegebener Reihenfolge nach Regel (b).

Bei der Tafel der Erde und des Feuers folgt daraus ein seltsames Ergebnis. Nehmen wir die Abschnitte der Luft und des Wassers. Bei der Luft, Vau, worauf nach links Heh, Jod, Heh folgt, wird das Heh auf die rechte Seite gebracht. Beim Wasser, mit dem Heh auf der rechten, wird es gleichermaßen nach links gebracht, so daß die Zuordnung der cherubinischen Quadrate (und deshalb, wie wir sehen werden, auch der untergeordneten Quadrate) sich bei dem oberen Paar Unterabschnitte bei beiden Tafeln gleich sind. Das gleiche geschieht bei den erdigen und feurigen Abschnitten. Das Heh auf der Linken bringt das Jod nach rechts, und umgekehrt. Die Zuordnungen der cherubinischen Quadrate der rechten Unterabschnitte der beiden unteren Tafeln haben also nur zwei Anordnungen, nämlich für die oberen und die unteren Abschnitte. Das heißt nicht, daß diese Quadrate identisch sind. Wie wir später sehen werden, unterscheiden sie sich in der Anordnung der Elemente in jedem Unterabschnitt.

2. Die untergeordneten Quadrate

Wie man sich erinnern wird, unterteilen sich diese in vier senkrechte Spalten aus vier Quadraten, oder vier waagerechte Reihen aus vier Quadraten. *Um Verwirrung zu vermeiden, werden wir das Wort »Spalte« für senkrechte und das Wort »Reihe« für waagerechte Linien benutzen.*

Die vier Spalten folgen immer der Reihenfolge der vier cherubinischen Quadrate. Es werden also die vier Quadrate unterhalb von Heh dem Heh zugeordnet und so weiter. Auch die vier Reihen hängen von den vier cherubinischen Quadraten ab. Ihre Reihenfolge von rechts nach links ist auch die Reihenfolge der untergeordneten Reihe abwärts. Diese Regel gilt immer, unabhängig davon, ob der Name von recht nach links oder von links nach rechts gelesen wird. Beispiele:

Luft von Luft	Luft von Feuer
Heh (schl) Jod Heh Vau	Heh Jod Heh (schl) Vau
Heh (schl) 1. Reihe	Heh 1. Reihe
Jod 2. Reihe	Jod 2. Reihe
Heh 3. Reihe	Heh (schl) 3. Reihe
Vau 4. Reihe	Vau 4. Reihe

Auf diese Weise hat jedes untergeordnete Quadrat eine doppelte Zuordnung, der Spalte und der Reihe entsprechend, die sich im selben Unterabschnitt niemals gleichen. Wir können erhalten: Heh, Heh-Spalte und Vau, Vau-Reihe, oder Vau, Vau-Spalte und Heh, Heh-Reihe. Die anderen Zuordnungen werden in beiden Fällen ziemlich unterschiedlich sein (im einen Fall zu den Fischen, dem Mond der Tarot-Trümpfe, zu Qoph und Laetitia; im anderen Fall zum Wassermann, dem Stern, zu Tzaddi und Tristitia.

Die anderen Zuordnungen hängen aber von derjenigen des Namens ab, der, wie bereits gesagt wurde, den Schlüssel zum System bildet. Man sollte diesen völlig beherrschen, bevor man mit den entsprechenden astrologischen, Tarot- und geomantischen Zuordnungen fortfährt, wie sie im nächsten Kapitel erklärt werden.

Kapitel Vier

Die Zuordnungen nach der Astrologie, dem Tarot, dem Hebräischen und der Geomantie

Die weißen Quadrate

1. Die großen Kreuze

beziehen sich auf die 36 Dekanate des Tierkreises. Die dem Jod zugeordneten Quadrate werden feurige Zeichen sein, diejenigen des Heh wäßrige Zeichen, diejenigen des Vau luftige und diejenigen des abschließenden Heh erdhafte.

Man wird sich daran erinnern, daß wir jeweils Gruppen von drei Quadraten den Buchstaben des Namens zuordneten. Jede Dreiergruppe repräsentiert ein Zeichen, wobei die unterschiedlichen Quadrate den drei Dekanaten zugeordnet werden, die jeweils von einem

Planeten beherrscht sind. Die Dekanate eines jeden Zeichens verlaufen der Reihenfolge nach abwärts und von links nach rechts. Die vier cherubinischen Zeichen und ihre Dekanate nehmen die Linea Spiritus Sancti ein, die vier Kardinalzeichen die linke Seite der Linea Dei Patris Filiique, die vier beweglichen die rechte Seite derselben. Wer mit den Tarotschriften vertraut ist, wird sich daran erinnern, daß die Dekanate mit dem ersten Dekanat des Löwen beginnen, das von Saturn beherrscht wird. Die Planeten folgen ihrer Reihenfolge nach, abgesehen davon, daß Mars das letzte Dekanat der Fische und das erste Dekanat des Widders beherrscht. Die 36 Augenkarten des Tarot werden ebenfalls diesen Quadraten zugeordnet, jedes seinem eigenen Dekanat. Die 2, 3 und 4 einer jeden Farbe gehören zu den Kardinalzeichen, die 5, 6, 7 zu den cherubinischen und die 8, 9 und 10 zu den beweglichen. In der Tafel der Luft erhalten wir:

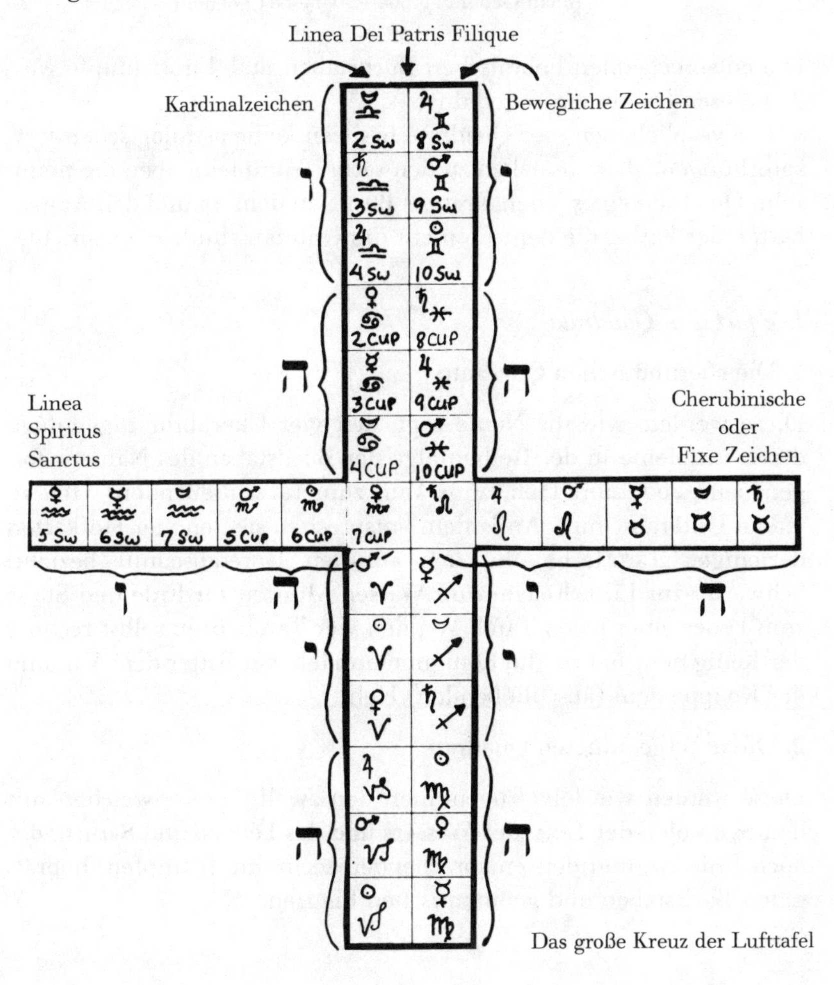

Das große Kreuz der Lufttafel

2. Die Kreuze der Sephiroth

Das obere Quadrat und die fünf Quadrate des Querbalkens werden sechs der sieben Planeten zugeordnet, außer Saturn. Diese Anordnung bleibt konstant; es handelt sich jedoch nicht um die gewöhnliche Zuordnung der Planeten zu den Sephiroth wie beim Hexagramm. Es sieht aus wie folgt:

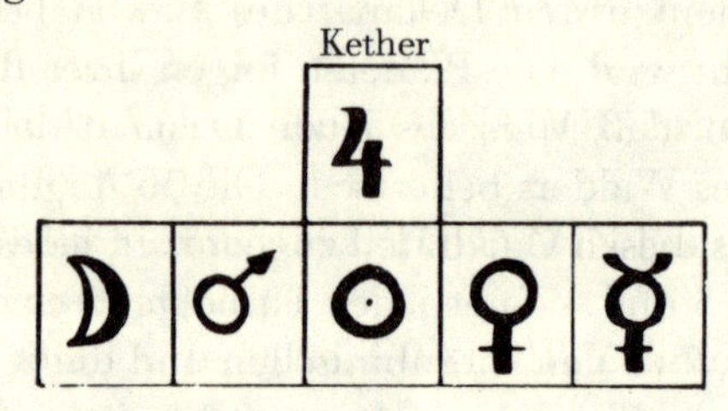

Die entsprechenden hebräischen Buchstaben und Tarottrümpfe werden diesen Quadraten zugeordnet.

Die verbliebenen vier Quadrate besitzen keine astrologischen Entsprechungen, aber zusätzlich zu den sechs Trümpfen haben die neunzehn Quadrate eines jeden Kreuzes Bezug zu dem As und den Augenkarten der Farbe, die dem Element des Unterabschnittes entspricht.

Die farbigen Quadrate

1. Die cherubinischen Quadrate

Diese werden, wie ihr Name sagt, den vier Cherubim zugeordnet, deren Embleme in der Reihenfolge der Buchstaben des Namens folgen: zum Jod, zum Heh, zum Vau, zum (abschließenden) Heh in jedem Unterabschnitt. Außerdem entsprechen sie den vier Hofkarten derjenigen Tarotfarbe, die sich auf den Unterabschnitt bezieht: Schwerter zur Luft, Kelche zum Wasser, Münzen zur Erde und Stäbe zum Feuer einer jeden Tafel. Von den vier Tarotkarten selbst rechnet der König dem Jod zu, die Königin dem Heh, der Ritter dem Vau und der Knappe dem (abschließenden) Heh.

2. Die untergeordneten Quadrate

Diese werden wie folgt zugeordnet: den zwölf Tierkreiszeichen mit den Symbolen der Luft, des Wassers und des Feuers, und Saturn, der auch Erde ist, und den entsprechenden sechzehn Trümpfen, hebräischen Buchstaben und geomantischen Figuren.

a) Die Spalten zählen nach der Dreiheit, je nach dem Element des cherubinischen Quadrates am Kopfe der Spalte, das heißt, unter Jod und Löwe werden sich Widder, Löwe, Schütze und Feuer befinden, so wie Heh, Tau, Samekh, Shin, der Herrscher, die Stärke, das Maß, das Jüngste Gericht. Auf gleiche Weise ist bei den anderen Spalten zu verfahren.

b) Die Reihen richten sich nach den Eigenschaften: Dem Jod und Feuer entsprechen die vier Kardinalzeichen. Dem Heh und Wasser entsprechen die vier cherubinischen Zeichen; dem Vau und der Luft entsprechen die vier beweglichen Zeichen. Dem (abschließenden) Heh und der Erde entsprechen die vier Elementensymbole.

Unter dem Heh werden sich in der Reihe des Jod befinden: Krebs, der Wagen, Cheth und Populus.
Unter dem Heh in der Reihe des Heh werden sich befinden: Skorpion, Tod, Nun und Rubeus.
Unter dem Heh in der Reihe des Vau werden sich befinden: Fische, der Mond, Qoph und Laetitia.
Unter dem Heh in der Reihe des (abschließenden) Heh werden sich befinden: Wasser, der Gehängte, Mem, Via
und so weiter.

Als Beispiel arbeite ich einmal den Abschnitt des Wassers der Lufttafel aus:

י	ה		ו	ה	
♌ Ritter (König) der Kelche	♉ Prinzessin der Kelche	♃ כתר As der Kelche	♒ König (Prinz) der Kelche	Königin der Kelche	
☽ בינה 3 der Kelche	♂ גבורה 5 der Kelche	☉ תפארת 6 der Kelche	♀ חסד 4 der Kelche	☿ חכמה 2 der Kelche	
♌ Stärke ט	♉ Hierophant ו	נצח 7 der Kelche ד	♒ Stern צ	♏ Tod נ	ה
♐ Maß ס	♍ Eremit י	הוד 8 der Kelche	♊ Liebende ז	♓ Mond ק	ו
△ Jüngstes Gericht ש	♄ Welt ת	יסוד 9 der Kelche	🜁 Narr א	▽ Gehängter מ	ה
♈ Herrscher ה	♑ Teufel ע	מלכות 10 der Kelche	♎ Gerechtigkeit ל	♋ Wagen ח	י

Die folgende Zuordnungstabelle ist eine Wiederholung und sollte zum größten Teil aus früheren Lehren bekannt sein. Bei der Arbeit mit den Quadraten wird sie sehr nützlich sein.

In der folgenden Tabelle ist die Spalte fettgedruckt. Darunter befindet sich der Reihenfolge nach: die Reihe, der Buchstabe, der Trumpf, das astrologische Symbol und schließlich die geomantische Figur.

Basis-Zuordnungen

Vau: Heh (abschl.), Aleph, Narr, Luft, Fortuna Minor.
Kreuz der Sephiroth (K.S.) Chokmah, Beth, Magier, Merkur, keine Figur.
K.S: Binah, Gimel, Hohepriesterin, Mond, keine Figur.
K.S: Chesed, Daleth, Herrscherin, Venus, keine Figur.
Jod: Jod, Heh, Herrscher, Widder, Puer.
Heh (abschließendes): Heh, Vau, Hierophant, Stier, Carcer.
Vau: Vau, Zajin, Liebende, Zwillinge, Albus.
Heh: Jod, Cheth, Wagen, Krebs, Populus.
Jod: Heh, Teth, Stärke, Löwe, Fortuna Major.
Heh (abschließendes): Vau, Jod, Eremit, Jungfrau, Conjunctio.
K.S: Kether, Caph, Schicksalsrad, Jupiter, keine Figur.
Vau: Jod, Lamed, Gerechtigkeit, Waage, Puella.
Heh: Heh (abschl.), Mem, Gehängter, Wasser, Via.
Heh: Heh, Nun, Tod, Skorpion, Rubeus.
Jod: Vau, Samekh, Maß, Schütze, Acquisitio.
Heh (abschließendes): Jod, Ajin, Teufel, Steinbock, Carcer.
K.S: Geburah, Peh, Turm, Mars, keine Figur.
Vau: Heh, Tzaddi, Stern, Wassermann, Tristitia.
Heh: Vau, Qoph, Mond, Fische, Laetitia.
K.S: Tiphareth, Resh, Sonne, keine Figur.
Jod: Heh, Shin, Jüngstes Gericht, Feuer, Cauda Draconis.
Heh (abschließendes): Heh (abschl.), Tau, Welt, Saturn (Erde), Caput Draconis.

Allgemeine Bemerkungen zu den Zuordnungen des Tarot

Weil 156 dem Doppelten von 78 entspricht, hätte man erwarten können, daß jede Tarotkarte nur zweimal pro Tafel auftaucht. Das ist jedoch nicht der Fall, denn:

a) Die 22 Trümpfe kommen viermal vor, in jedem Unterabschnitt einmal. Die zwölf zu den einfachen Buchstaben gehörigen, die drei zu den drei Müttern gehörigen und die zum Tau und Saturn gehörige »Welt« fallen auf die untergeordneten Quadrate. Die anderen sechs der Doppelbuchstaben auf die sechs oberen Quadrate des Kreuzes der Sephiroth. Im »Buch über den Zusammenfluß der Kräfte« wird die offensichtliche Anomalie der Saturnstellung folgendermaßen erklärt:

»In den Zuordnungen der Tarot-Trümpfe zu denselben entspricht die Welt der Erde oder dem Saturn, obwohl damit einer der sieben »Wandernden Herrscher« mit den feststehenden zusammengruppiert wird. Er ist jedoch unter den sieben der schwerste und bildet damit eine Verbindung zwischen den Wandernden und den Feststehenden.«

In der genannten Schrift werden auch die anderen Entsprechungen ausführlich begründet. Es lohnt sich also nicht, sie hier zu wiederholen.

b) Die Asse und die Hofkarten kommen nur einmal vor, nämlich in den Quadraten Kethers auf den Kreuzen der Sephiroth sowie in den vier cherubinischen Quadraten eines jeden Unterabschnittes.

c) Die 36 Augenkarten kommen je zweimal vor, nämlich auf dem großen Kreuz und bei den neun niederen Sephiroth auf dem Kreuz der Sephiroth.

E	X	A	R	P
H	C	O	M	A
N	A	N	T	A
B	I	T	O	M

Vereinigungs-Tafel

Die Vereinigungs-Tafel wird folgendermaßen den Assen und Hofkarten zugeteilt:

As der Schwerter	Prinz der Schwerter	Königin der Schwerter	Prinzessin der Schwerter	König der Schwerter
As der Kelche	Prinz der Kelche	Königin der Kelche	Prinzessin der Kelche	König der Kelche
As der Münzen	Prinz der Münzen	Königin der Münzen	Prinzessin der Münzen	König der Münzen
As der Stäbe	Prinz der Stäbe	Königin der Stäbe	Prinzessin der Stäbe	König der Stäbe

Man sollte die vorhergehende Methode der henochischen Zuordnungen vollständig verstanden haben, bevor man weitergeht. Vor der Ausarbeitung der Pyramiden eines jeden Quadrates müssen diese Prinzipien nämlich verstanden worden sein.

Kapitel Fünf

Die Pyramiden aus den Quadraten

Bis hierher haben wir jedes Quadrat als ein einzelnes flaches Ganzes behandelt, doch handelt es sich dabei in Wirklichkeit um eine Pyramide, die geformt ist wie die Pyramiden der Elemente im Grade des Philosophus. Sie haben eine quadratische Basis und die vier Seiten bestehen aus gleichseitigen Dreiecken. Die Pyramide ist stumpf abgeschnitten, so daß sich eine flache Oberfläche bildet. Wir müssen uns nun mit den Zuordnungen zu den Seiten dieser Pyramiden beschäftigen. Insgesamt werden sie alle Zuordnungen enthalten, die wir in bezug auf die Quadrate bereits in den vorigen Kapiteln ausgearbeitet haben (nur daß der Buchstabe des Namens, von welchem der Rest abhängt, nicht wirklich auftaucht). Zusätzlich trägt jede Pyramidenseite die zu ihr gehörige Elementenfarbe oder wird für den Geist weiß gelassen. Daraus folgt keinesfalls, daß zu dem Quadrat des luftigen Abschnitts der Luft eine völlig gelbe Pyramide gehört. Nur bei zweien (einer cherubinischen und einer untergeordneten) ist dies in der Tat der Fall. Aber jedes Quadrat der Tafel der Luft enthält wenigstens eine luftige Seite in seiner Pyramide. Und jedes Quadrat des luftigen Abschnitts einer jeden Tafel enthält wenigstens eine luftige Seite, jedes Quadrat in Luft von Luft hat wenigstens zwei luftige Seiten, (gleiches gilt für Wasser von Wasser, Erde von Erde und Feuer von Feuer). Die Elemente der betreffenden Tafel und des betreffenden Unterabschnitts dominieren deshalb stets über die anderen.

Es sind beispielsweise im luftigen Abschnitt der Luft von 30 Pyramiden mit 120 Seiten: (Dieses Schema gilt mutatis mutandis für jeden Unterabschnitt, der dem Element der Tafel selbst entspricht. Beachte auch, daß die Seiten der Erde, falls erwünscht, in den vier Farben von Malkuth nach der Reihe der Königin gefärbt werden können.)

70 Seiten sind gelb für Luft.
10 Seiten sind blau für Wasser.
10 Seiten sind schwarz für Erde.
10 Seiten sind rot für Feuer.
10 Seiten sind weiß für Geist.
10 Seiten sind entweder weiß oder in den Farben der Sephiroth vom Minutum Mundum.

In Wasser von Luft:

40 Seiten sind gelb für Luft.
40 Seiten sind blau für Wasser.
10 Seiten sind schwarz für Erde.
10 Seiten sind rot für Feuer.
10 Seiten sind weiß für Geist.
10 sind entweder weiß oder in den Farben der Sephiroth.

In einer zweidimensionalen Ebene wird die Pyramide durch die Einteilung eines Quadrates in vier Dreiecke dargestellt, wobei in der Mitte ein kleineres Quadrat bleibt, um die Oberfläche des Pyramidenstumpfes darzustellen. Darauf kann, falls erwünscht, der entsprechende thebanische Buchstabe gezeichnet werden.

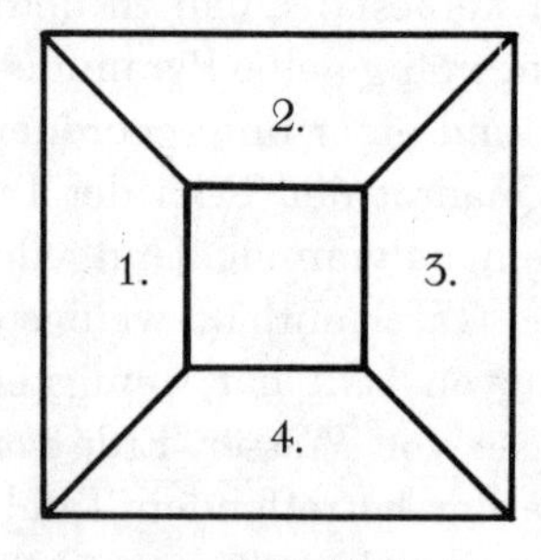

Die Pyramide sollte sich in derjenigen Position auf der Tafel befinden, in der das Dreieck Nummer 2 auf die Oberseite der Tafel gerichtet ist. Um die Pyramide eines beliebigen Quadrates völlig auszuarbeiten, muß man die Zuordnungen zu den vier Dreiecken und das Element eines jeden kennen. Gewöhnlich werden sie in der angegebenen Reihenfolge genannt.

Die weißen Quadrate.
Nummer 2 ist immer Geist und weiß.

Das große Kreuz

Nummer 1: Tierkreiszeichen, Augenkarte des Tarot.
Nummer 2: Geist.
Nummer 3: Planet oder Dekanat.
Nummer 4: Elementensymbol der betreffenden großen Tafel. Ich bringe hier als Beispiel die drei linken Quadrate der Linea Spiritus Sancti auf der Tafel der Luft:

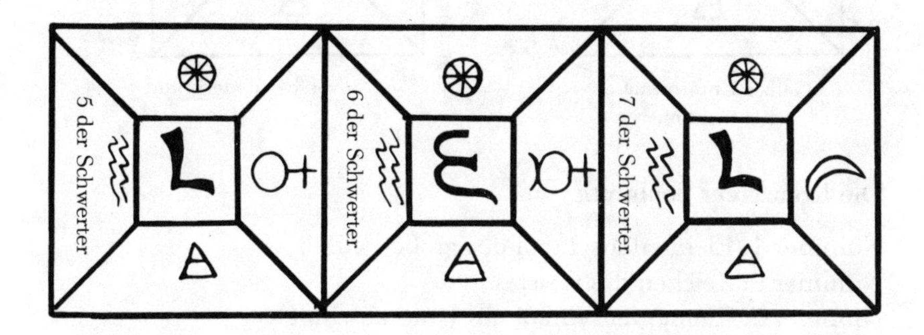

Die Farben der Dreiecke

Beim großen Kreuz gibt es zwei alternative Methoden, für deren Gültigkeit jeweils sehr viel spricht.

Bei beiden bleibt die Nummer 2 weiß und die Nummer 4 wird gemäß dem Element der Tafel selbst gefärbt. Sie unterscheiden sich nur in den beiden Seitendreiecken.

a) Nummer 1 kann in der Elementarfarbe derjenigen Dreiheit gefärbt werden, zu welcher das Zeichen gehört, und Nummer 3 in derjenigen der Dreiheit, die von dem Planeten beherrscht wird, das heißt Saturn, Merkur für Luft; Jupiter, Sonne für Feuer; Venus, Mond für Erde; und Mars für Wasser.

Bei dieser Methode bleibt die Färbung aller Tafeln bei den Elementarfarben der Königsreihe, wobei die Zuordnungen jeweils in der Komplementärfarbe auf den Untergrund gemalt werden.

b) Nummer 1 wird in der Farbe des Zeichens selbst gefärbt, und Nummer 3 in derjenigen des Planeten selbst, gemäß dem Diagramm Minutum Mundum. In der zur Übersicht ausgearbeiteten Reihe an Tafeln habe ich die Methode (a) angewendet, gebe hier jedoch ein Quadrat an, das nach beiden Methoden ausgearbeitet ist zum Vergleich. Dazu nehme ich das zweite Dekanat der Waage auf der Tafel der Luft.

Weißer Untergrund,
rote Symbole
Gelber Untergrund,
lila Symbole

Weißer Untergrund,
rote Symbole
Grüner Untergrund,
rote Symbole
Blauer Untergrund,
gelbe Symbole,
Gelber Untergrund

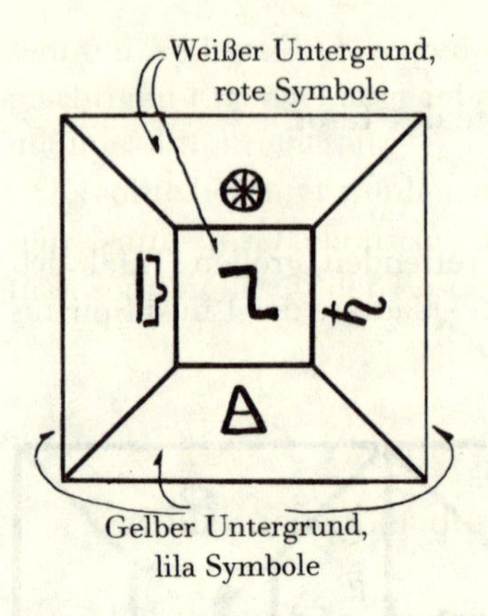

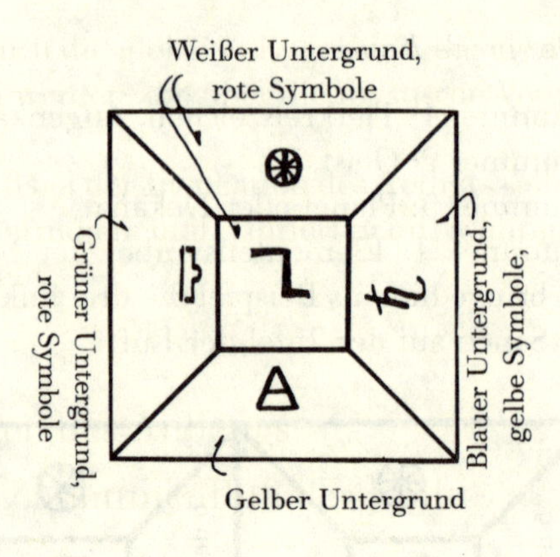

Die Kreuze der Sephiroth

Nummer 1: Elementensymbol der großen Tafel.
Nummer 2: Zeichen des Geistes.
Nummer 3: Elementensymbol des Unterabschnitts.
Nummer 4: Name der Sephirah, modifiziert durch den Buchstaben des Namens im Unterabschnitt.
As des Tarot oder Augenkarte der betreffenden Farbe. Bei den ersten sechs nur Planet, hebräischer Buchstabe und Tarottrumpf.

Farben

Nummer 1: Elementenfarbe der großen Tafel.
Nummer 2: weiß.
Nummer 3: Elementenfarbe des Unterabschnitts.
Nummer 4: entweder weiß oder in der Farbe der Sephirah vom Minutum Mundum.

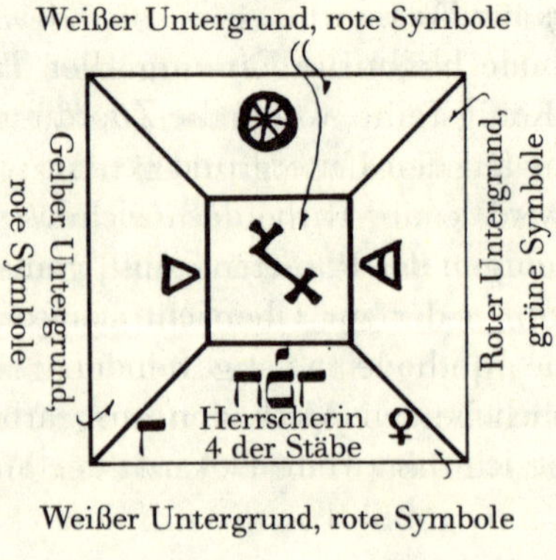

Weißer Untergrund, rote Symbole
Gelber Untergrund,
rote Symbole
Roter Untergrund,
grüne Symbole
Herrscherin
4 der Stäbe
Weißer Untergrund, rote Symbole

Das Quadrat Cheseds aus dem feurigen Unterabschnitt der Luft.

Das untere Dreieck kann auch blau gefärbt und in Orange beschriftet werden, falls man das vorzieht.

Die farbigen Quadrate einschließlich der cherubinischen und untergeordneten

Nummer 1: Hofkarte des Tarot aus der entsprechenden Farbe des Unterabschnitts. Die Karte wird dem cherubinischen Symbol in 3. entsprechen.
Nummer 2: Elementensymbol der großen Tafel.
Nummer 3: Der dem Buchstaben des Namens entsprechende Cherub, dem dieses Quadrat zugeordnet ist.
Nummer 4: Elementensymbol des Unterabschnitts.

Farben

Nummer 1: paßt zu Nummer 3. (Das scheint richtig zu sein. Bei der Ausarbeitung der Tafeln für den Orden färbte ich jedoch Nummer 1 der cherubinischen Quadrate nach dem Element der Farbe, anstatt nach dem Element der Hofkarte, die dem Cheruben entspricht. Das ist wahrscheinlich falsch, und die Diagramme sind in dieser Hinsicht nicht korrekt.)
Nummer 2: Elementenfarbe der großen Tafel.
Nummer 3: Elementenfarbe des Cheruben.
Nummer 4: Elementenfarbe des Unterabschnitts.
Das Quadrat des Adlercheruben im wäßrigen Unterabschnitt der Luft:

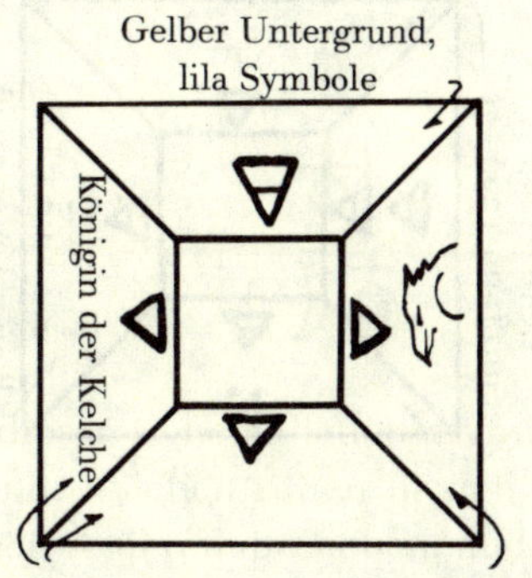

Die untergeordneten Quadrate

Nummer 1: Elementensymbol der großen Tafel. Astrologische Zuordnung.

Nummer 2: Elementensymbol des über die Spalte gebietenden Buchstabens. Tarottrumpf.

Nummer 3: Elementensymbol des Unterabschnitts. Geomantische Figur.

Nummer 4: Elementensymbol des über die Reihe gebietenden Buchstaben. Hebräischer Buchstabe, der dem Trumpf in 2. entspricht.

Jedes Dreieck ist gemäß seines Elementensymbols gefärbt. Diese Methode mag fürchterlich kompliziert erscheinen, ist jedoch tatsächlich viel einfacher, als sie klingt. Man braucht viel weniger Zeit, ein Quadrat auszuarbeiten, als um die Methode zu beschreiben.

Nehmen wir uns ganz zufällig das dritte Quadrat aus der dritten Reihe des zweiten Unterabschnitts der Luft. (Ich habe im Moment noch nicht die geringste Idee, welches dieses ist.)

Tafel der Luft – deshalb Nummer 1 gelb.
Abschnitt des Wassers – deshalb Nummer 3 blau. Heh zur Rechten der Cherubim, deshalb am Kopf unserer Spalte Vau, und (abschließendes) Heh für die dritte Reihe.
Deshalb Nummer 2 gelb, Nummer 4 schwarz oder zitron. Spalte der Luft, Reihe der Erde, deshalb Luft, Narr, Aleph und Fortuna Minor.

Wir können das Quadrat folgendermaßen zusammensetzen:

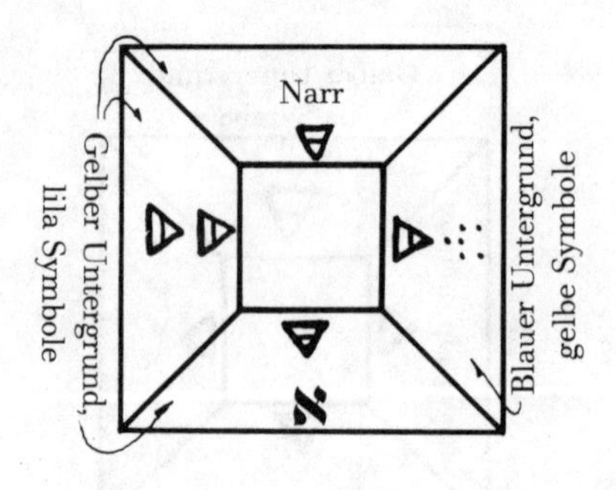

Rein zufällig stieß ich auf ein Quadrat, welches einen Zweifelsfall gut erläutert: Ist es richtig, für die Erde stets schwarz zu nehmen oder besser die vier Farben Malkuths aus dem Minutum Mundum? Dadurch wird die Reihe der Königin eingeführt, was dagegen zu sprechen scheint, doch werden sie im Siegel der Erdtafel verwendet. Ich habe sie auch bei der Ausarbeitung der vollständigen Tafeln benutzt. Setzt man sie ein, so sollte man Zitron für den Unterabschnitt der Erde auf der Tafel der Luft überall da verwenden, wo das Element des Unterabschnitts die Farbe bestimmt; außerdem überall, wo in irgendeinem Unterabschnitt die Spalte der Erde die Reihe der Luft kreuzt oder umgekehrt. Gleiches gilt für Oliv, Rotbraun und Schwarz.

Die Vereinigungstafel

Nummern 2 und 4 immer Geist.
Nummer 1: Element der Spalte (Geist in der ersten Spalte).
Nummer 3: Element der Reihe und entsprechende Farbe.

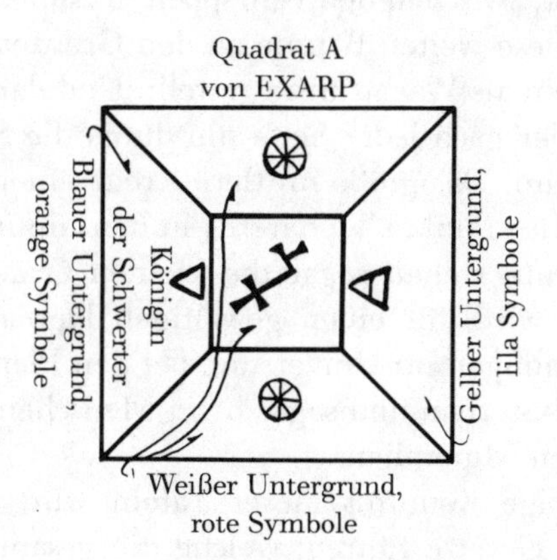

Im ersten Teil der Prüfung F kann vom Kandidaten gefordert werden, alle Zuordnungen eines jeden Unterabschnitts oder Quadrates auszuarbeiten, das der Prüfende aussucht. Es steht zu hoffen, daß das Vorhergehende ihn dazu in die Lage versetzen wird.

G.H. Frater D.D.C.F. (Mathers)

Das Buch über den Zusammenfluß der Kräfte

In dem als »T« bezeichneten Buch wird gezeigt, daß bei der Projektion der zehn Sephiroth in der Anordnung, die man als Lebensbaum bezeichnet, in eine Sphäre (Kether fällt damit mit dem Nordpol, Malkuth mit dem Südpol zusammen und die Säule der Barmherzigkeit mit der Achse) die Säulen der Strenge und der Gnade vervierfacht werden, daß wir es also schließlich mit fünf statt drei Säulen zu tun haben.

Deshalb läßt sich das gleiche Schema auch auf die himmlischen Gefilde anwenden, und auch die Art der Herrschaft dieser Tafeln in den Himmeln wird ebenfalls im Buch »T« erläutert. Wie aber zuvor schon gesagt wurde, liegt die Herrschaft dieser vier Tafeln, sowohl der terrestrischen als auch der himmlischen, im Raume zwischen den vier Säulen, das heißt, zwischen den verdoppelten Säulen der Strenge und der Gnade. In diese weiten Räume an den Grenzen des Universums werden die Tafeln als Wachttürme gestellt. Und darin liegt ihr Herrschaftsbereich, der nach jeder Seite hin durch die Säulen der Sephiroth begrenzt wird. Das große mittlere Kreuz einer jeden Tafel fällt mit einem der vier Punkte Tiphareths in den himmlischen Gefilden zusammen. Darum stehen sogar die kleinen Quadrate, in die jede Tafel eingeteilt wird, für einen gewaltigen Herrschaftsbereich und haben Entsprechungen im Universum, bei den Planeten, auf unserer Erde, bei den Fixsternen und sogar beim Menschen, den Tieren, den Pflanzen und den Mineralien.

Die vollständige Kenntnis dieser Tafeln wird darum zu einem Verständnis der Gesetze führen, welche die gesamte Schöpfung beherrschen. Der Herrschaftsbereich der Einheitstafel liegt über demjenigen der vier terrestrischen Tafeln und zum Norden des Universums hin.

Der Unterschied zwischen den mystischen Namen der Engel auf den Tafeln und den hebräischen Namen wie Cherub, Auriel und Michael und so weiter werden hier erklärt. Diejenigen hebräischen Engelnamen, die im Ersten Orden gelehrt wurden, sind eher allgemein als speziell und gehören besonders zu einem Amt oder einer Regel, zu der solch ein Engel gerechnet wird. Wie es geschrieben steht: »Kein Engel überbringt zwei Botschaften.« Diese mächtigen

Engel zeigen nämlich ihre Macht eher in der Herrschaft in den vier großen Säulen der Sephiroth, nämlich in der Doppelsäule der Strenge und der Gnade, wenn sie in eine Sphäre projiziert werden. Und auch diese steht unter der Vorherrschaft der Sephiroth. Aber die Namen der Engel auf den Tafeln drücken eher besondere Anpassungen der Kräfte aus, die alle Variationen und unterschiedliche Kombinationen derjenigen aufzeigen, die sich im anderen Fall auf allgemeinere Weise manifestieren.

Zur Beachtung: Bei den Buchstaben der Tafeln werden manche als Großbuchstaben geschrieben. Dabei handelt es sich um die Anfangsbuchstaben bestimmter Engelnamen, die durch eine andere Methode abgeleitet werden, die jetzt nicht erklärt wird. Die Ämter derselben betreffen den Z.A.M. nicht. Die mystische Bedeutung bestimmter Buchstaben, die umgedreht werden, wird jetzt auch nicht erklärt.

Manche Quadrate enthalten mehr als einen Buchstaben. In solchen Fällen charakterisiert jeder der Buchstaben das Quadrat. Der höhere ist vorzuziehen. Der niedere ist schwächer. Stehen die beiden Buchstaben nebeneinander, so spricht das für ihre Gleichwertigkeit. Wo sich zwei Buchstaben in einem Quadrat befinden, werden sie am besten beide angewendet. Aber auch einer allein kann wirksam angewendet werden.

Über die vier mächtigen und gewaltigen Wächterengel dieser Tafeln

In den Clavicula Tabularum Henochi steht geschrieben:

»Wir müssen nun verstehen, daß es vier Wächterengel gibt, von denen ein jeder ein mächtiger Prinz ist, ein mächtiger Engel des Herrn, und sie sind von ihm. Sie sind die obersten Wächter und Aufseher, über mehrere und entsprechende Teile der Welt gesetzt, nämlich: Osten, Westen, Norden, Süden, und dies unter dem Allmächtigen, ihrem Gebieter, Schützer und Verteidiger. Und ihre Siegel und Herrschaft sind von Anbeginn der Welt eingesetzt worden. Zu ihnen gehören vier Zeichen als Zeichen des Gottessohnes, von dem alle Dinge in der Schöpfung gemacht wurden und von dessen Heiligkeit sie natürliche Zeichen sind.«

Im Buch vom Zusammenfluß der Kräfte sollt ihr nun beachten, daß jedem der vier Elemententafeln ein Zeichen beigefügt ist:

der Tafel der Luft das Symbol eines T mit vier Jods darüber;
der Tafel des Wassers ein mächtiges Kreuz mit zwei Buchstaben b.b., einer Figur 4 und einer Figur 6 in den jeweiligen Winkeln;
der Tafel der Erde ein einfaches mächtiges Kreuz ohne Hinzufügungen;
der Tafel des Feuers ein Kreis mit zwölf davon ausgehenden Strahlen.

Dieses sind die heiligen Sigille oder Zeichen, auf welche im vorigen Zitat angespielt wurde. Wisset nun, daß die vier Sigille dem »Sigillum Dei Ameth« entnommen sind gemäß und entsprechend »einer gewissen Anweisung und Briefen, die dort angeführt sind. Und dieses ›Liber Ameth vel Sigillum Dei‹, welches das Buch der Wahrheit ist oder das Siegel Gottes« fällt nicht unter den Stoff eines Z.A.M.

Die Buchstaben des Wortes Ameth, Wahrheit, sind die drei Elemente Erde, Wasser und Luft. Denn Tau ist Erde; Aleph, Mem und Shin sind Luft, Wasser und Feuer.

Diese drei Buchstaben zusammen sind bereit zum Empfang des göttlichen Feuers, welches sie erleuchten soll, wenn sie ausgeglichen sind. Darin manifestiert sich also Emethsh oder Amethsh, wobei das Shin des göttlichen Feuers hinzugekommen ist. Diese Anordnung der Buchstaben ist diejenige der Abschnitte der Tafel sowie der vier Tafeln selbst:

der Erste – Luft und Aleph
der Zweite – Wasser und Mem
der Dritte – Erde und Tau
der Vierte – Feuer und Shin

Das ist wiederum die Reihenfolge der Elemente im Sepher Jetzirah der Kabbala. Von diesen vier Sigillen werden die vier Namen der Reihenfolge nach abgeleitet.

Aus dem Tau mit den vier Jods oder dem von vier Jods gekrönten (T) des Sigillum Ameth, (T) mit vier anderen Buchstaben, die nach der Regel 4, 22, 20, 18 gezählt werden, ergibt sich: Thaolog – Tahaoelog für die Tafel der Luft. (Vom letzten aus zeigt jeweils das vierte Quadrat den Buchstaben und die Figur. Zähle dann nicht zum Beispiel 22 oder 20 oder 18, sondern nur 4, N.O.M.)

Diese Namen sind nicht leichthin auszusprechen.

Von dem Kreuz aus, in dessen Ecken sich 2 (b's) befinden, eine 6 und eine 4 – siehe das vorhergehende Diagramm und beachte, daß (T) einem (t) entspricht, wogegen das Kreuz (th) entspricht.

Die Zählung verläuft vom Kreuz zum (h), dann b4, dann 6b und geht weiter mit 6. 4 ist Th, 22 ist (h), (b) ist 4, (y) ist 14, 6 ist (b), 6 ist (A), (a) ist 5, (t) ist 9, (n) ist 14. Indem (n) die Zählung beendet, ergibt sich der Name Thahebyobeaatanun für die Tafel des Wassers.

Zur weiteren Erläuterung: Vier Schritte von (T) ergibt 22. (h)(b)4 wird gesondert gesetzt, (y) 14 geht von (t) zur 22. Dann ist 6 (b) gesondert. Von 6 (b) geht es eindeutig um 6 nach rechts.

Vom Kreuz aus entspricht (th) 4, fahre dann in jedem Falle durch das Abzählen der Zahlen vorwärts fort, und fahre dann durch Vorwärtszählen fort. 4 ist (Th), 22 ist (h), 11 ist (a), (a) ist 5, (o) ist 10, (t) ist 11, mit dem Schlußbuchstaben (h) ergibt sich der Name Thahaaothe für die Erdtafel.

(Zähle hier nicht um 4 oder 6, sondern um die angegebenen Zahlen: nach rechts, falls sie darüber, nach links, falls sie darunter sind.)

Zähle vom Sigill der Feuertafel zum mittleren Kreis, der das griechische Omega darstellt, das lange (o), und fahre dann im Sigillum Ameth durch Weiterzählen um jeweils 12 fort, denn die Anzahl der Strahlen um den Kreis beträgt 12. 6 ist Omega, (o) ist 8, (o) ist 17, (o) ist 20, (h) ist 12, 6 ist (A), (t) ist 9, und es endet auf (n), woraus sich für die Tafel des Feuers der Name Ohooohaatan ergibt.

(Zähle jeweils um 12 immer vorwärts weiter und vernachlässige die Zahlen darüber oder darunter. S.A.)

Das Gesetz über die Zuordnung der Abschnitte, Kreuze und Quadrate dieser Tafeln

Der Schlüssel zu einer jeden Zuordnung und Kombination der verschiedenen Unterteilungen der vier terrestrischen Tafeln ist in der Umstellung der Buchstaben des Großen Namens zu finden. Denn die Stellung dieser Tafeln mit der Vereinigungs-Tafel in der Mitte und über sie gebietend erinnert an das Pentagramm mit der Zuordnung der Winkel unter der Vorherrschaft des Großen Namens Jeheshuah. (Die Farben in der Königs-Reihe sind weiß, rot, blau, gelb und schwarz.)

Jede Farbe wird dann wieder in vier Unterabschnitte unterteilt, welche die anderen drei Elemente in Vermischung mit dem Element der Tafel selbst und zur Differenzierung derselben unter Vorherrschaft der fünf Kreuze darstellen:

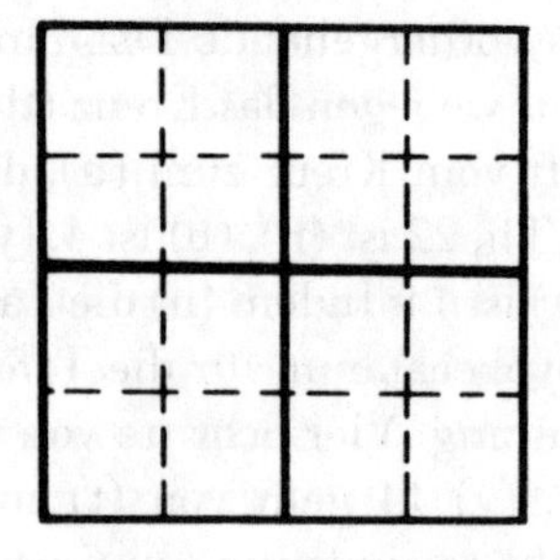

Auch das Wort Aemeth setzt sich aus dem ersten Buchstaben des Alphabetes und seinem letzten zusammen sowie aus einem mittleren, als würden wir dadurch bekräftigen, daß die Wahrheit in der Versöhnung der Gegensätze durch die Kenntnis der Mittel liegt.

Vergessen wir nicht, daß Aleph das Spirituelle und Ätherische bedeutet und Tau das Universum. Mem ist der geopferte Mensch, der zwischen ihnen steht, um die Verbindung und Versöhnung des Natürlichen und des Spirituellen durch das Selbstopfer auszudrücken. Wenn zuletzt das Shin hinzugefügt wird, wird eine Bestätigung des Urteils gegeben und das Buch des Lebens, das im JHVH liegt, geöffnet. Die Trümpfe, die diesen vier Buchstaben entsprechen, sind:

Aleph ist der Geist des Äthers.
Mem ist der Geist der mächtigen Wasser.
Tau ist der Große aus der Nacht der Zeit.
Shin ist der Geist des Urfeuers.

Zunächst drückt dies den ätherischen und göttlichen Geist aus, der über den mächtigen Wassern schwebt in der Stille des Abgrundes der Nacht des Großen, die vor der Schöpfung und vor der Zeit war, und schließlich das Gericht über die Welt durch Feuer, wenn das Ende der Zeitalter kommt. Darum folgt die Numerierung der Abschnitte folgender Reihenfolge:

Shin ist Feuer.
Tau ist Erde.
Mem ist Wasser.
Aleph ist Luft.

Die hier angegebene Zuordnung der Elemente, nicht diejenige zum Tetragrammaton, ist die korrekte.

Man könnte vielleicht fragen, weshalb die Buchstaben des Namens wie in der gewöhnlichen Zuordnung zum JHVH angeordnet sind, da doch die Buchstaben in der Rose und im Sepher Jetzirah anders verwendet werden, wo JHVH dem Widder, Stier, Widder, Jungfrau entspricht.

Der Grund ist folgender: Es stimmt, daß Aleph, Mem, Tau, Shin für Luft, Wasser, Erde und Feuer stehen, für die rein terrestrische Wirksamkeit. Der Name JHVH ist ihnen jedoch als Kontrolle ihrer Heftigkeit beigegeben. Über die Gewaltsamkeit des Elementes Feuer wird Jod als der sanfte Buchstabe gesetzt, die Jungfrau, um seine Raserei zu beruhigen und zu läutern. Über das stille und friedliebende Element Wasser wird der starke Buchstabe Heh gesetzt, der Widder, um es zu einem angemessenen Ausdruck der Kraft zu erwecken. Über das wechselhafte und wirbelnde Element der Luft wird das feste und entschiedene Vau gesetzt, der Stier. Und über die beständige und feststehende Erde wird die anregende Kraft des Heh, des Widders, gestellt.

So hat also der Allmächtige mit diesen unter den zwölf einfachen Buchstaben die Beherrschung und Kombination der Elemente verwaltet. Deshalb zeigt sich also in diesen Tafeln das Gesetz ihrer Kombination und nicht Aleph, Mem, Tau und Shin. Darum gilt der Name JHVH für die Heftigkeit aller Elemente und bindet dieselbe. Wird jedoch der heilige Buchstabe Shin des göttlichen Geistes dazugestellt, so wird er beruhigt, weil dann das Urteil gefällt ist und das Buch des Lebens geöffnet. Darin liegt ein großes Arcanum, denn es geht um die Kenntnis des Lebensgeheimnisses.

Durch das große Kreuz in der Mitte wird nun eine jede der vier terrestrischen Elemententafeln in vier Unterabschnitte eingeteilt. Es tritt hervor wie aus dem Tore des Wachtturmes des Elementes selbst. Die waagerechte Linie eines jeden dieser drei großen Kreuze wird als »Linea Spiritus Sancti« bezeichnet. Der Querbalken heißt »Linea Dei«, die Linie Gottes, des Vaters und des Sohnes, »Patris Filiique«, des kombinierten Makroprosopus und Mikroprosopus. Diese vier senkrechten Linien ähneln nämlich den vier mächtigen Säulen, welche jeweils durch einen Lichtstrahl entzweigeteilt werden, welcher den Vater selbst zeigt in Abwesenheit der Linie, bei ihrer Anwesenheit den Sohn. Wie zuvor gesagt, zeigen sich die vier großen Kreuze in den himmlischen Gefilden und entsprechen den Punkten Tiphareths, wie sie im Buch über die astronomische Ansicht des Tarot beschrieben sind. Die Linea Spiritus Sancti fällt dann natürlich mit dem Gürtel des Tierkreises zusammen, durch welchen der Weg der Sonne verläuft, welche den Lebensgeist verbreitet und der »Herr des Weltenfeuers« ist. Die vier Linea S.S. bilden also den vollständigen Kreis der Ekliptik, einen Kreis in der Mitte des Tierkreises.

Deshalb stellen die vier senkrechten Linien der vier Kreuze die vier großen Kraftströme dar, die vom Norden oben nach unten in den Süden fließen, die Punkte Tiphareths durchschneiden und auf diese Weise die Existenz des verborgenen mittleren Pfeilers des Lebensbaumes bestätigen, der die Achse der himmlischen Sphäre bildet.

Deshalb werden diese Linien, die in der Senkrechten »Linea Dei Patris Filiique« heißen, als Manifestation jener großen Säule angesehen, in welcher sich Kether und Tiphareth, Makroprosopus und Mikroprosopus befinden. Das Kalvarienkreuz aus zehn Quadraten, das sich in jedem Unterabschnitt der Tafeln befindet, wird der Wirksamkeit des Geistes durch die zehn Sephiroth darin zugeordnet.

Dieses Kreuz aus zehn Quadraten ist das Einlassungsabzeichen des 27. Pfades, welcher zum Grade eines Philosophus führt, dem einzigen Grade des Ersten Ordens, in welchem alle Tafeln gezeigt werden. Es stellt die Sephiroth in ausgewogener Lage dar, vor welchen das Ungestaltete und die Leere weichen. Es ist die Form des geöffneten Doppelwürfels und des Räucheraltars. Darum wird es zur Herrschaft über die Unterabschnitte einer jeden Tafel gesetzt.

Die Schlüssel zur Beherrschung und Kombination der Quadrate auf den Tafeln

Sie bilden die Sphinx und die Pyramide Ägyptens, welche die Kombination der Cherubim ist, aus welchen die Sphinx gebildet wird. Die Kombination der Pyramide stellt die Elemente dar.

Lerne nun das Mysterium der ägyptischen Weisheit: »Werden die Sphinx und die Pyramide vereint, erhältst du die Formel der Naturmagie.«

»Dieses sind die Schlüssel zur Weisheit aller Zeit und ihrer Anfänge – wer kennt sie? Darin, sie zu halten, liegen die heiligen Mysterien und das magische Wissen und alle Götter.«

Es heißt im Ritual des 32. Pfades, welcher zum Grade des Theoricus führt: »Die ägyptische Sphinx erhob ihre Stimme und sprach: Ich bin die Zusammenschau der elementaren Kräfte. Ich bin auch das Symbol des Menschen. Ich bin das Leben, und ich bin der Tod. Ich bin das Kind aus der Nacht der Zeit.«

Die feste Elementenpyramide ist wiederum das Einlassungsabzeichen des 28. Pfades, der zum Grade des Philosophus führt. Sie wird den vier Elementen zugeordnet. Deshalb befindet sich auf ihrer Basis das Wort Olahm, welches die Welt bedeutet. Und auf ihren Seiten befinden sich die Namen der Elemente: Aesh, Ruach, Majim, Aretz oder Ophir. Doch darf auch die Spitze nicht leer bleiben und auch in ihrer Form nicht spitz. Sie wird abgeschnitten, und es bildet sich so an der Spitze ein kleines Quadrat. In dieses werden die Buchstaben ETH geschrieben, welche Essenz bedeuten.

Dieses kleine Quadrat macht aus der Pyramide einen bestimmten Thron oder Schrein. Auf diesen Thron wird eine bestimmte gebietende Kraft gesetzt. Innerhalb des Thrones befindet sich ein heiliges Symbol. Stelle dann seine Sphinx in die Pyramide und das Bild seines Gottes darüber. Nimm jede Pyramide als den Schlüssel zum Wesen des betreffenden Quadrates der Tafel. Die Sphinx eines jeden wird der Gestalt nach unterschiedlich sein, je nach den Elementen, welche das Quadrat bilden. Der ägyptische Gott, dessen Bild über eine jede Pyramide gestellt wird, soll die Kräfte repräsentieren, welche dort unter der Anweisung des großen Engels des Quadrates herrschen. Dieser Engelname kann durch die Korrespondenzen der vier Buchstaben des Engelnamens bestimmt werden, indem am Ende AL hinzugefügt wird. Die Buchstaben des Namens stehen für Kopf, Brust und Arme, Leib, untere Gliedmaßen. Schreibe den Namen in thebanischen Buchstaben auf den Gürtel.

Dieser Gott soll Symbol der Macht des Lichts sein, die darin wirksam ist, wie der Engel die Herabkunft dieses Lichtes selbst bedeutet. Die vier Gestalten der Sphinx sind:

Der Stier – ungeflügelt
Der Adler oder Falke – geflügelt
Der Engel – geflügelt
Der Löwe – ungeflügelt

Die Unterschiede bei den Flügeln stellen einen weiteren Grund dafür dar, warum bei der Anordnung der Tafeln und ihrer Unterabschnitte diejenigen der Luft und des Wassers über die Tafeln der Erde und des Feuers gestellt werden.

Auf diese Weise wird die symbolische Gestalt einer jeden Sphinx aufgrund der Pyramide des Quadrates gebildet.

Die oberen vier Dreiecke (in welche ein Quadrat zerfällt, wenn die Diagonalen eingezeichnet werden), zeigen den Kopf und den Hals. Handelt es sich um einen Engel oder Adler, gehören diese zur Gestalt der Sphinx. Die beiden Dreiecke zur Linken und Rechten zeigen den Körper mit den Armen und Vordergliedmaßen. Bei Engel und Adler werden zur Darstellung der Gestalt die Flügel hinzugefügt. Das untere Dreieck fügt die unteren Gliedmaßen und den Schwanz des Stieres, des Falken oder Löwen hinzu.

Herrschen Luft und Feuer vor, so besteht eine Tendenz zum Männlichen. Herrschen Wasser und Erde vor, so neigt die Gestalt zum Weiblichen. In bezug auf die symbolischen Gestalten der ägyptischen Götter, die über die Pyramide gebieten, soll folgendes verstanden werden: Was hier in bezug auf die Sphinx der Pyramide und den darüber gebietenden ägyptischen Gott geschrieben steht, gilt insbesondere für die sechzehn Quadrate der untergeordneten Abschnitte in jedem Unterabschnitt.

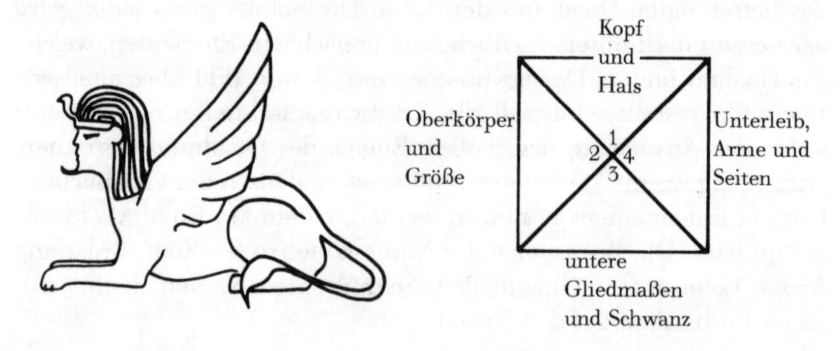

Zwei Auszüge aus dem
Buch über den Zusammenfluß der Kräfte

1. Das volle Verständnis der mit umgekehrten Buchstaben markierten Quadrate gehört zu einem weiter fortgeschrittenen Grade als dem des Z.A.M. Es reicht an dieser Stelle deshalb aus zu sagen, daß ein umgekehrter Buchstabe eine isolierte Wirksamkeit des Quadrates anzeigt, wodurch dasselbe gleichsam weniger vollständig und harmonisch mit den anderen darüber ist, sondern ein Vermögen ausdrückt, welches mit denselben nicht gänzlich harmonisiert. Deshalb muß es gesondert gehalten werden. Doch bezeichnen sie nicht unbedingt eine böse Art der Wirkung, obwohl die bösen Kräfte sie in gewisser Hinsicht leichter erfassen, als durch ihre geringere Harmonie mit den sie umgebenden Quadraten auf der Tafel, weshalb sie auch als die »Kampfformeln« bezeichnet werden.

2. Über das Hellsehen in der geistigen Schau bei den untergeordneten Quadraten. Man habe die erforderlichen Werkzeuge und Insignien bereit, wie auch das Symbol der Pyramide des Quadrates. Die dazugehörigen Rufe der Engel sind gesprochen worden, und man hat die entsprechenden Namen, die die Ebene regieren und die in Frage stehende Abteilung, invoziert. Der Z.A.M. imaginiere sich nun eingehüllt von, oder er glaube, absichtlich in einer Atmosphäre zu stehen, die derjenigen entspricht, die durch die Pyramide des Quadrates symbolisiert wird, sei es nun Hitze oder Feuchtigkeit oder Kälte oder Trockenheit oder eine Kombination derselben.

Er versuche dann, dem davon ausgehenden Strahl bis zu den Grenzen der makrokosmischen Welt zu folgen und sich selbst in einer dem Wesen des Pyramidenquadrates entsprechenden Szene zu finden. Das kann eine Landschaft sein oder Wolken oder Wasser oder Feuer oder Äther oder Dampf oder Nebel oder strahlendes Licht oder eine Kombination derselben gemäß dem Wesen der Ebene.

Die Pyramiden der Quadrate sind nicht Festpyramiden aus Steinen oder Ziegeln, die von Menschenhand gemacht sind, sondern symbolische Darstellungen der Elementenformel, die über die Ebene dieses betreffenden Quadrates regieren.

Ist er auf der betreffenden Ebene angekommen, so invoziere der Z.A.M. den ägyptischen Gott, der durch die Macht des Engels des Quadrates über die Pyramide gebietet, indem er besonders gleichzeitig den ägyptischen Namen des Gottes oder der Göttin vibriert. Dann nehme er vor sich die gewaltige symbolische Formel der Engel wahr und überprüfe sie kraft der Symbole und Zeichen. Hält das Bild dem

Test stand und zeigt sich dadurch als ein echtes, so fordere er vor sich die Manifestation der Sphinx der betreffenden Kraft.

Auch diese sollen in einer gewaltigen Figur und Gestalt erscheinen und mittels der passenden Formel getestet werden. Er setze seine Invokationen fort, bis er sie deutlich wahrnehmen kann, wobei er jeweils den Engel der Ebene durch die höheren Namen und den ägyptischen Gott durch den Namen des Engels und seinen eigenen Namen anrufe, sowie durch seine Kenntnis seines symbolischen Bildes, und die Sphinx durch den Namen des ägyptischen Gottes und ihre besondere symbolische Gestalt, je nach der Formel des Quadrates. Willst du Täuschungen aus dem Wege gehen, so sollst du allein auf diese Weise in der geistigen Schau das Wesen der Ebene und ihre Wirkung unterscheiden. Indem du vor der Sphinx stehst und sie mit den entsprechenden Zeichen grüßt und den ägyptischen Gott bei seinen passenden und wahren Namen invozierst, sollst du kraft und bei der Macht dieser Symbole und Namen nach dem wahren Wissen um die Wirkung und den Einfluß der betreffenden Ebene fragen.

Nämlich betreffs der besonderen Zuordnungen jenes gewaltigen Bereichs des Universums, der in jener Sphäre eingeschlossen ist, nach seinen unterschiedlichen Wesen, seiner elementaren Natur, seinen Bewohnern, elementaren und geistigen und so weiter. Nach der Wirksamkeit seiner Strahlen in der größeren Welt, das heißt, dem Universum; nach seinem Einfluß auf diesen bestimmten Planeten, auf Tiere, Pflanzen, Mineralien; und schließlich auf den Menschen des Mikrokosmos.

Und hast du all dieses erhalten, so halte dir vor Augen, daß all das nichts als ein kleiner Teil der Kenntnisse über die Weisheit dieser Formel ist, die in der Ebene allein schon dieses einen Quadrates enthalten ist.

Anweisungen zur Herstellung der Pyramide

1. Die Pyramide sollte aus weißem, ziemlich kräftigem Karton sein, mit einer Basis von etwa 10 cm Länge.
2. Zeichne in die Mitte des Kartons ein Quadrat als Basis.
3. Zeichne auf jede Seite desselben ein gleichseitiges Dreieck, und teile an der Spitze eines jeden Dreiecks einen kleinen Teil ab.
4. Zeichne auf eine dieser abgeteilten Spitzen ein kleineres Quadrat und markiere einen Schlitz, der den Fuß der Gottesform aufnehmen soll.

5. Schneide dann die ganze Figur aus und ritze die Umrandung des Basisquadrates ein, so daß der Karton knickt ohne zu brechen. Halte die Ecken mit Papierstreifen zusammen, außer einer Seite, und befestige das obere Dreieck an die drei Seiten, wobei eine als Tür zu öffnen bleibt. In den Innenraum setzt du deine Sphinx.

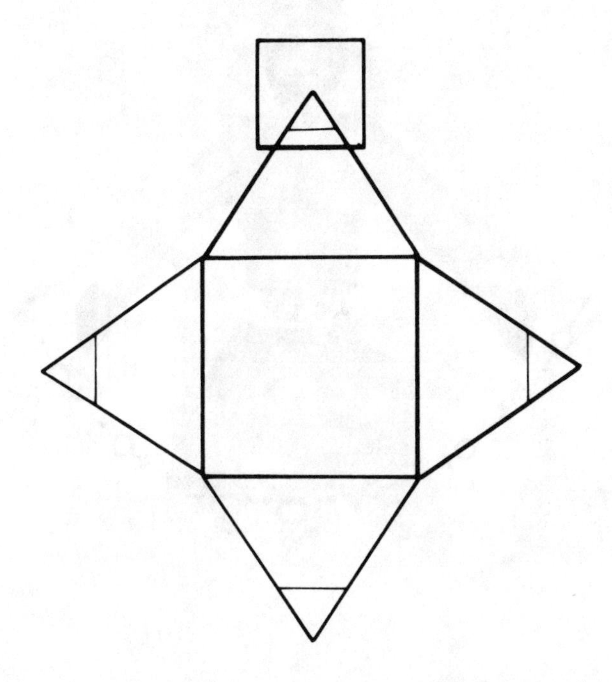

Anmerkungen von S.R.M.D.

Zur schnellen Verarbeitung mache sechzehn Quadrate: vier rote, vier blaue, vier gelbe, vier schwarze.

1. Mache aus Karton eine flache umgekehrte Pyramide. Fülle die Seiten, wie erforderlich, mit farbigen Dreiecken für die verschiedenen Quadrate. Die Pyramide soll flach genug sein, um alle vier Seiten gleichzeitig sehen zu können.
2. Fertige einen roten Löwen, einen schwarzen Stier, einen blauen Adler, einen gelben Engel. Teile jede Figur in drei Teile, wobei die

Mitte halbiert wird. Mache aus denselben zusammengesetzte Sphinxe, die unter die Pyramide gelegt werden.

3. Fertige kleine ägyptische Götter, die auf einem Kork auf die Pyramide gestellt werden können.

G.H. Frater S.A. (Westcott)

Die henochischen Tafeln

1. Fertige für den eigenen Gebrauch vier Tafeln mit den korrekten Buchstaben, wie sie in der offiziellen Lehrschrift angegeben sind, sowie eine Vereinigungs-Tafel.
2. Fertige vier Tafeln in so strahlenden und blitzenden Farben wie möglich und im richtigen Verhältnis. Das sollte mit farbigem Papier ausgeführt werden. Sie können auch mit Wasserfarben gefertigt werden, jedoch ist das nicht so gut.
3. Mit den henochischen Tafeln zusammen werden die vier kleineren Werkzeuge verwendet. Zur Zeit der Arbeit wird ein kleiner Altar im Raum aufgebaut, mit schwarzem Tuch verhüllt, mit einer angezündeten Kerze beim Stab, brennendem Weihrauch beim Dolch, Gold und Silber oder Salz beim Pentakel und Wasser beim Kelch.
4. Verwende das Hexagrammritual zur Invokation der Könige und sechs Ältesten.
5. Verwende das Pentagrammritual für den Geist und die vier Elemente.
6. Nimm bei der Aussprache der Namen einen jeden Buchstaben einzeln: M wird als EM gesprochen, N, als EN; A ist A, P ist PE, S ist ES, D ist DE. NRFM wird als EN-RA-EF-EM gesprochen. Z wird als SOD gesprochen, ZIZA also als: SOD-I-SOD-A. ADRE als A-DE-RE oder A-DE-ER-RE. SISP ist ES-I-ES-PE. GMNM klingt GE-EM-EN-EM. TAAASD klingt TE-A-A-A-ES-DE.

AIAOAI klingt A-I-A-O-A-I. BITOM klingt BE-I-TO-EM oder BE-I-TE-O-EM. NANTA klingt EN-A-EN-TA. HCOMA klingt HE-KO-EM-A. EXARP klingt EX-AR-PE.

PSAC beherrscht durch BPSAC	**SACP** beherrscht durch **BSACP**		**ACPS** beherrscht durch BACPS	**CPSA** beherrscht durch BCPSA
DATT beherrscht durch IDATT	**ATTD**		**TTDA** beherrscht durch ITTDA	**TDAT**
DIOM beherrscht durch IDIOM	**I**		**O**	**M**
O OOPZ	**O**		**P** PZOO beherrscht durch OPZOO	**Z**
R RGAN beherrscht durch MRGAN	**G**		**A** ANRG beherrscht durch MANRG	**N**

7. Der Unterabschnitt der Erde im südlichen oder Feuerquadrat. Jeder der Unterabschnitte kann derart unterteilt werden. Die vorhergehende Analyse bedarf sorgfältiger Untersuchung mit den Tafeln, bevor sie ganz verstanden werden kann. Man kann beobachten, daß die Elemente in Blöcken von vier Worten zu je vier Buchstaben angeordnet sind. Die Namen der Geister bestehen aus je fünf Buchstaben, wobei der fünfte der Vereinigungs-Tafel entnommen wird.

Im Quadrat des Feuers, dem großen südlichen Quadrat, haben wir BE-I-TO-EM von der Vereinigungs-Tafel, BITOM. BE-DE-O-PE-A von der Spitze des Kalvarienkreuzes ist B, 1. Abschnitt, Bdopa. BE-A-EN-A-A von der Spitze des Kalvarienkreuzes ist B, 2. Abschnitt, Banaa. BE-PE-ES-AK von der Spitze des Kalvarienkreuzes ist B, 3. Abschnitt, Bpsac. BE-SOD-I-SOD-A von der Spitze des Kalvarienkreuzes ist B, 4. Abschnitt, Bziza.

8. Die Namen des Kalvarienkreuzes rufen an mit einem sechsbuchstabigen Wort und gebieten mit einem fünfbuchstabigen. Sie gebieten über die Unterabschnitte, in denen sie liegen, und sollten in den einleitenden Anrufungen verwendet werden.
9. Die sechs Ältesten und der König befinden sich auf einer höheren Ebene und sollten mittels des Hexagrammrituals angerufen werden. Die Namen der sechs Ältesten bestehen aus je sieben Buchstaben, derjenige des Königs aus acht.
10. Die Gottesnamen bestehen jeweils aus drei beziehungsweise vier oder fünf Buchstaben. Die übernatürliche Dreiheit, IAO. JHVH, JHShVH, JHVShH.
11. Der Name des Königs und die Buchstaben von den Zentren der Kreuze initiieren jeweils den Wirbel und sollten nur von denjenigen benutzt werden, die diese Handlung verstehen.

Mit diesen Kenntnissen sagt einem allein schon der Verstand eine ganze Menge, wenn auch die intuitiven und hellsichtigen Fähigkeiten bei der Arbeit absolut notwendig sind. Es folgt ein Beispiel der Arbeit:

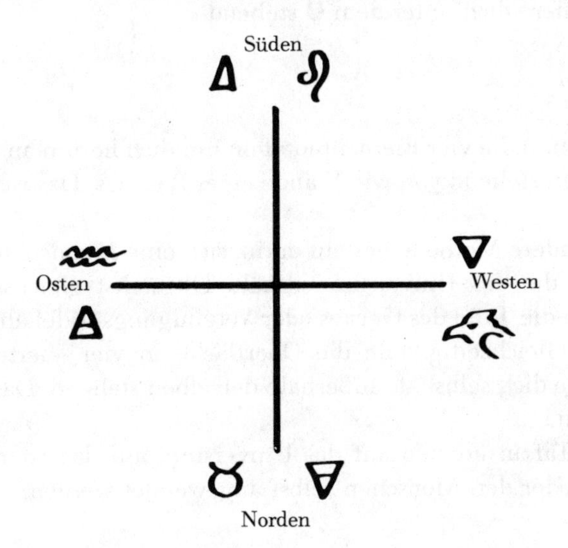

Wenn man die Geister auf ihren eigenen Ebenen finden will, wird folgende Zuordnung der Elemente zu den Kardinalpunkten sowie im Tierkreis verwendet:

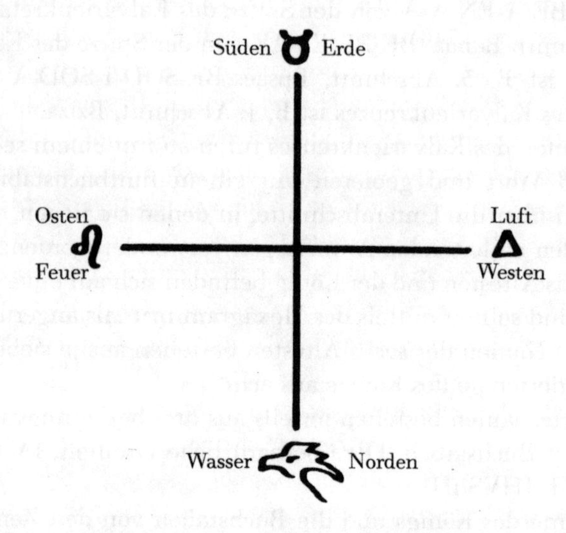

Indem du das im Gedächtnis behältst, stelle dich in die Mitte eines Hohlwürfels, wobei du in der Mitte der Vereinigungs-Tafel zwischen dem O von HCOMA und dem zweiten N von NANTA stehst:

EXARP
HCOMA
Imaginiere dich unter dem O stehend
NANTA
BITOM

Stelle dir nun die vier Elemententafeln um dich herum an den Kardinalpunkten stehend vor, wie Wände eines Raumes. Das ist subjektive Arbeit.

Eine andere Methode besteht darin, sich eine Mondsteinkugel vorzustellen, die das Universum enthält. Du stehst gleichsam in der Mitte und die Tafel des Geistes oder Vereinigungs-Tafel am Süd- und Nordpol. Gleichzeitig teile die Oberfläche in vier Viertel ein und imaginiere dich selbst als außerhalb derselben stehend. Das ist objektive Arbeit.

Diese Tafeln können auf das Universum, auf das Sonnensystem, die Erde oder den Menschen selbst angewendet werden: »Wie oben, so unten.«

Für Anfänger ist wahrscheinlich die praktischste Methode, das Schema auf die Erde anzuwenden und die drei Gottesnamen als die Tierkreiszeichen eines jeden Viertels zu behandeln. Nimm also die Tafel des Feuers und lege OIP auf den Löwen, TEAA auf die Jungfrau, PDOCE auf die Waage, und so weiter auch mit den anderen Gottesnamen. Dabei werden die cherubinischen Zeichen als Ausgangspunkte benutzt, und ein Viertel eines astrologischen Hauses wird ungefähr einem Quadrat eines Buchstabens entsprechen.

Unter diesen Umständen würde ein jeder der genannten Räume von einer etwa vier Meter großen Heldengestalt beherrscht, die nicht geflügelt ist. Doch die Namen des Geistes und die Namen über dem Kalvarienkreuz bringen sogar auf der Ebene der Erde Gestalten von gewaltiger Größe und Schönheit hervor, die ein menschliches Wesen mühelos in der Handfläche halten könnten. Aus dem feurigen Unterabschnitt des Feuers habe ich die Gestalt ASODISOD gesehen, die flammendrot war mit smaragdenen, flammenden Flügeln. SODASODI, schwarz und weiß, blitzend und flammend. ISODASOD, blau und orange, mit einem feurigen Nebel. SODISODA, orange, mit verschwommenen, gazeähnlichen, goldenen Flügeln und goldenen Netzen um ihn herum.

Führe das kleine, bannende Pentagrammritual mit Hilfe des Schwertes durch, nachdem du eine der angegebenen Methoden ausgewählt hast.

Invoziere das betreffende Element mit der Elementarwaffe.

Unser Beispiel ist das Quadrat des OMDI, ein wäßriges und erdhaftes Quadrat im Unterabschnitt der Erde im großen südlichen oder Feuerquadrat. Wir nehmen dazu den Stab des Feuers und invozieren mittels des ausgleichenden aktiven Pentagrammes und des Feuerpentagrammes, indem wir nur die Namen von der Tafel benutzen: EDEL PERNA – VOLEXDO und SIODA. »Ich befehle dir bei den göttlichen Namen OIP TEEA PEDOCE und BITOM, daß der Engel, der das erdhafte und wäßrige Quadrat von OMEDEHI beherrscht, meinen Aufforderungen Folge leistet und sich mir unterordnet, wenn ich den heiligen Namen TEHOMEDEHI ausspreche.«

Nachdem du diese Invokation in die vier Richtungen wiederholt hast, wende dich nach Osten, wenn du dich auf die Ebene begeben willst, oder nach Süden, wenn du die Geister zu dir invozieren[1] willst. Schaue die gezeichnete Tafel an, die du vorbereitet hast, bis du sie im

[1] Anm. d. Übers.: Gemeint ist hier offenbar eine Evokation, nicht eine Invokation, wie es im Text immer wieder heißt. Siehe auch Erklärungen dazu im Glossar.

Gedächtnis behalten kannst. Schließe dann die Augen und vibriere die Namen OMEDHI OEMDEHI, bis dein gesamter Körper zittert und du fast das brennende Gefühl spürst. Die folgenden Punkte stehen noch zur Diskussion und stellen einfach meine persönlichen Erfahrungen dar. Durchschreite dann die Tafel und versuche eine Art Landschaft zu sehen. Ich erfuhr diese betreffende Ebene als von dumpfroter krümeliger Erde. Zuerst befand ich mich in einer Höhle. Als Symbol wurde mir gesagt; das Quadrat des OMDI sei wie die Wurzeln der Tigerlilie. Das Quadrat MDIO rechts davon stellt das darin wirkende Leben dar, das Quadrat IOMD zur Linken den durch Stil und Blätter fließenden Saft, das Quadrat DIOM zur Linken des letzteren die orange Blume mit schwarzen Punkten darauf, welche passend Luft, Feuer und Erde darstellt: gelb, rot und schwarz.

Danach invozierte ich den König und die sechs Ältesten, damit sie mir die allgemeine Aufgabe des Quadrates erklärten. Nachdem ich mehrere Ebenen des Feuers durchschritten hatte, von denen eine jede heller und strahlender war als die vorige, schien ich zuletzt auf einem hohen Turm in der Mitte des Quadrates zu stehen, der sich zwischen den zwei A's befand. Die sechs Ältesten sagten mir, sie würden zum Teil die Planeten vertreten. Ihre Namen sollten eigentlich im Kreis gelesen werden; sie wollten uns diese Methode später lehren. Ich konnte bei diesem Male nur behalten, daß folgende Zuordnungen zum griechischen Kreuz gemacht werden, in dessen Mitte sich der König befindet:

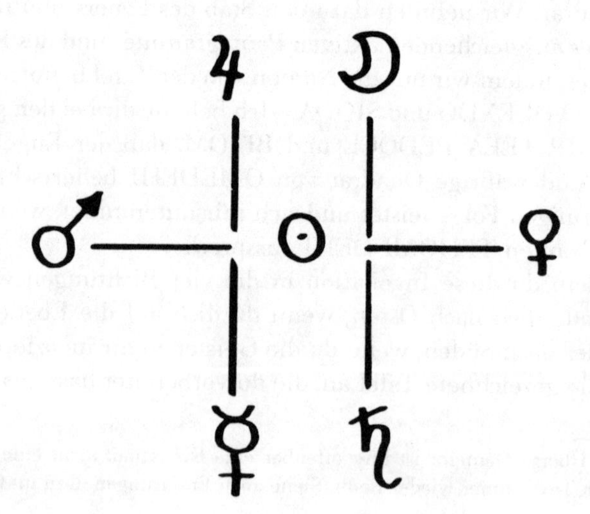

Außerdem gewann ich die Vorstellung, daß die Buchstaben auf den Kreuzen ihrer Kraft nach den Buchstaben in den Quadraten entgegengesetzt sind, positiv oder negativ, je nachdem. Aus den unter den Adepten kreisenden Schriften habe ich entnommen, daß die über die Unterabschnitte gesetzten Engel folgende Eigenschaften haben:

Zusammenfügen: Feuer – Zentrifugale und zentripetale Kräfte
Zerstörung: Ausdehnung und Zusammenziehung und dergleichen
Ortsbewegungen: Wasser – Bewegung, Schwingung, Wandel der Formen
Mechanische Kräfte: Erde – Kreativ oder produktiv in bezug auf materielle Wirkungen
Geheimnisse der Menschheit: Feuer – Kontrolle des menschlichen Wesens, klare Schau und dergleichen

Die untergeordneten Engel der Abschnitte gebieten über

Elixiere: Luft – Läuterung von Illusionen, Krankheiten und Sünden durch Sublimation
Metalle: Wasser – die rechte Methode zur Polarisierung der Seele, um das LVX anzuziehen
Steine: Erde – die Befestigung des Höheren Selbstes im geläuterten Körper.
Transmutation: Feuer – die Weihung des Körpers und die Transmutation, die durch die Weihung erzeugt wird.

G.H. Frater D.D.C.F. (Mathers)

Die 48 Schlüssel oder Rufe der Engel

Man sollte von den nun folgenden Rufen oder Schlüsseln nur mit größter Vorsicht und Ernsthaftigkeit Gebrauch machen, besonders wenn sie, wie angegeben, in der Sprache der Engel ausgesprochen werden. Wer sie durch Anwendung mit unreinem Geiste oder ohne das erforderliche Wissen um die Entsprechungen und Anwendungen profaniert, wird dadurch ernsthaften geistlichen und körperlichen Schaden über sich bringen.

Die ersten neunzehn Rufe, von denen nur achtzehn ausgedrückt werden, gehören der Vereinigungs-Tafel und den anderen vier terrestrischen henochischen Tafeln an und werden in Verbindung mit denselben angewendet. Der erste Schlüssel besitzt keine Zahl und kann nicht ausgesprochen werden, denn er steht für die Gottheit. Deshalb trägt er bei uns die Zahl 0, obwohl er in den Engelchören als der erste bezeichnet wird. Bei uns ist also der zweite Schlüssel der erste. Der Vereinigungs-Tafel werden sechs Rufe zugerechnet, von denen der erste der höchste ist und über den anderen steht. Die übrigen zwölf Rufe zusammen mit vieren der Vereinigungs-Tafel werden den vier Tafeln der Elemente zugeordnet.

Der erste Schlüssel oder Ruf regiert allgemein, das heißt im ganzen, die Vereinigungs-Tafel. Er wird zunächst bei allen Anrufungen von Engeln dieser Tafel benutzt, nicht aber in den Invokationen der Engel der anderen Tafeln. Der zweite Schlüssel wird bei Anrufungen von Engeln der Buchstaben E.H.N.B. verwendet, die die besondere Vorherrschaft des Geistes auf der Vereinigungs-Tafel repräsentieren. Er steht zweitens vor allen Invokationen von Engeln der anderen vier Tafeln. Wie der erste Schlüssel wird er bei Invokationen der Engel anderer Tafeln nicht eingesetzt. (Die Zahlen, wie etwa 456 und 6739, die in einigen Rufen vorkommen, enthalten Geheimnisse, die hier nicht besprochen werden.) Die nächsten vier Schlüssel oder Rufe werden sowohl bei Anrufungen von Engeln der Vereinigungs-Tafel wie auch von solchen der anderen Tafeln angewandt. Der dritte Schlüssel wird demnach zur Invokation der Engel der Buchstaben der Zeile EXARP benutzt, für diejenigen der gesamten Erdtafel und für den Unterabschnitt dieser Tafel, der dem Element selbst zugehört – Luft von Luft. Der vierte Ruf wird bei der Invokation der Engel der Buchstaben der Zeile HCOMA, für diejenigen der gesamten Wassertafel und den Unterabschnitt Wasser von Wasser benutzt. Der fünfte Schlüssel wird für die Invokation der Engel der Zeile NANTA, für die gesamte Erdtafel und für den Unterabschnitt Erde von Erde verwendet. Der sechste Schlüssel gilt für die Invokation der Engel der Buchstaben der Zeile BITOM, für diejenigen der ganzen Tafel des Feuers und für den Unterabschnitt Feuer von Feuer. Damit ist die Verwendung der Schlüssel der Vereinigungs-Tafel abgeschlossen. Die verbleibenden zwölf Schlüssel beziehen sich auf die vier terrestrischen Tafeln, wie sie anschließend in der Tabelle dargestellt werden.

Erster Schlüssel

Ich herrsche über dich, spricht der Gott der Gerechtigkeit. Das gilt für die Tafel der Vereinigung als ganze.

Zweiter Schlüssel

Können die Schwingen der Winde die Wunder deiner Stimme verstehen. Das gilt für die Zeile EHNB.

Dritter Schlüssel

Siehe, spricht dein Gott, ich bin ein Kreis, auf dessen Händen zwölf Königreiche stehen. Das gilt für die Linie EXARP und für die Tafel der Luft, IDOIGO, Luft von Luft.

Vierter Schlüssel

Ich setzte meine Füße in den Süden und schaute um mich und sprach. Das gilt für die Zeile HCOMA und NELGPR, Wasser von Wasser.

Fünfter Schlüssel

Die mächtigen Klänge sind in den dritten Abschnitt eingetreten. Das gilt für die Zeile NANTA und die Tafel der Erde, CABALPT.

Sechster Schlüssel

Mein sind die Geister des vierten Abschnittes, die Mächtigen am Firmament der Wasser. Das gilt für die Zeile BITOM und die Feuertafel. RZIONR, Feuer von Feuer.

Siebenter Schlüssel

Der Osten ist das Haus der Jungfrauen, die unter den Flammen der ersten Herrlichkeit lobsingen. Das gilt für die Zeile des Wassers der Luft, LILACZO.

Achter Schlüssel

Der Mittag, der Erste, von hyazinthenen Pfeilern gemacht wie der dritte Himmel. Diese Zeile gilt für Erde von Luft. AIAOAI.

Neunter Schlüssel

Ein mächtiger Feuergott mit flammendem, zweischneidigem Schwert. Diese Zeile gilt für Feuer von Luft, OAUVRRZ.

Zehnter Schlüssel

Die Donner des Gerichts und des Zornes sind gezählt und liegen im Norden gleich einer Eiche vor Anker. Diese Zeile gilt für Luft von Wasser, OBLGOTCA.

Elfter Schlüssel

Die mächtigen Sitze stöhnen laut, und fünfhundert Donner flogen gen Osten. Diese Zeile gilt für Erde von Wasser, MALADI.

Zwölfter Schlüssel

Oh, die ihr im Süden regiert habt und 28 seid, die Laternen der Trauer. Diese Zeile gilt für Feuer von Wasser, IAAASD.

Dreizehnter Schlüssel

Oh, ihr Schwerter des Südens, die ihr 42 Augen habt, den Zorn der Sünde zu erwecken. Diese Zeile gilt für Luft von Erde, ANGPOI.

Vierzehnter Schlüssel

Oh, ihr Söhne der Wut, Kinder der Gerechten, die auf 24 Sitzen sitzen, diese Zeile gilt für Wasser von Erde. ANAEEM.

Fünfzehnter Schlüssel

Oh, du Gebieter der ersten Flamme, unter dessen Flügeln sich 6739 befinden, die weben. Diese Zeile gilt für Feuer von Erde, OSPMNIR.

Sechzehnter Schlüssel

Oh, du zweite Flamme, Haus der Gerechtigkeit, deren Anfänge in der Herrlichkeit liegen. Diese Zeile gilt für Luft von Feuer, NOALMR.

Siebzehnter Schlüssel

Oh, du dritte Flamme, deren Schwingen Throne sind, um Plagen zu erwecken. Diese Zeile gilt für Wasser von Feuer, VADALI.

Achtzehnter Schlüssel

Oh, du mächtiges Licht und brennende Flamme des Trostes. Diese Zeile gilt für Erde von Feuer, UVOLBXDO.

Auf die Tafel des FEUERS bezieht sich der 6., 16., 17. und 18. Schlüssel. Um zum Beispiel die Engel der Zeile NANTA von der Vereinigungs-Tafel anzurufen, lies zuerst den 1. und 2. Schlüssel, dann den 5., und wende danach die entsprechenden Namen an. Um die Engel des Unterabschnitts IDOIGO anzurufen, Luft von Luft der Tafel der Luft, lies nur den 3. Ruf und wende dann die erforderlichen Namen an. Um aber die Engel des Unterabschnitts CADALI, Wasser von FEUER der Tafel des FEUERS, anzurufen, lies zunächst den 6. Ruf, dann den 17. und wende danach die erforderlichen Namen an. Für den Abschnitt FEUER VON FEUER darin würde jedoch der 6. Ruf allein bereits ausreichen, wie auch für die Könige und Ältesten der Engel der betreffenden Tafel. Dies gilt auch für die übrigen Abschnitte der anderen Tafeln. Obwohl diese Rufe dazu gedacht sind, euch bei der geistigen Schau mittels der Tafeln und der magischen Arbeit mit denselben zu helfen, sollt ihr wissen, daß sie einer viel höheren Ebene als die Tafeln der Welt Assiah angehören. Deshalb werden sie dann eingesetzt, um das Höhere Licht und die allmächtigen Kräfte darin in Tätigkeit zu bringen. Darum dürfen sie auch nicht profaniert oder leichthin mit unreinem Geist eingesetzt werden, wie schon gesagt wurde.

Erster Schlüssel
Deutsch

Ich herrsche über dich, spricht der Gott der Gerechtigkeit. Machtvoll über das Firmament der Himmel erhoben.

In dessen Hand die Sonne zum Schwerte wird und der Mond zu einem durchschlagenden Feuer:

Der deine Kleider unter meinen Gewändern maß und dich zu meinen Handflächen fesselte:

Dessen Sitz ich mit dem Feuer der Versammlung zierte:

Der deine Kleider mit Bewunderung verschönte:

Dem ich ein Gesetz zur Beherrschung der Heiligen machte: Der dir einen Stab mit der Lade des Wissens gab.

Und du erhobst deine Stimme und gelobtest ihm, der lebt und triumphiert, Gehorsam und Vertrauen:

Der keinen Anfang hat und kein Ende haben kann: Der wie eine Flamme leuchtet mitten unter deinen Palästen und unter euch regiert als Gleichgewicht zwischen Rechtschaffenheit und Wahrheit.

Begebt euch hierher und zeigt euch: Eröffnet die Mysterien eurer Schöpfung. Seid mir freundlich gesinnt, denn auch ich bin ein Diener eures Gottes, ein wahrer Verehrer des Höchsten.

Erster Schlüssel
Henochisch

Ol Sonf Vorsag Goho Iad Balt, Lonsh Calz Vonpho Sobra Z-O! Ror I Ta Nazps Od Graa Ta Malprg Ds Hol-Q Qaa Nothoa Zimz Od Commah Ta Nobloh Zien. Soba Thil Gnonp Prge Aldi Ds Vrbs Oboleh G Rsam; Casarm Ohorela Taba Pir Ds Zonrensg Cab Erm Iadnah Pilah Farzm Znrza Adna Gono Iadpil Ds Hom Od To h Soba Ipam Lu Ipamis Ds

Loholo Vep Zomd Poamal Od Bogpa Aai Ta Piap Piamol Od Vaoan Zacare Eca Od Zamran Odo Cicle Qaa Zorge Lap Zirdo Noco Mad, Hoath Iaida.

Erster Schlüssel
Phonetisch[1]

O-l Zo-nuf We-o-er-zadschi Go-ho I-a-da Bal-ta, Elon-schi Kal-sod Won-pe-ho:

Zo-be-ra Sod-o-la.

Ro-re I Ta Nan-sod-pe-es, O-da Dschi-ra-a Ta Mal-pir-dschi:

Da-es Ho-l-ko Ka-a No-tho-a Sod-i-ma-sod O-da Ko-ma-ma-he Ta No-blo-he Sod-i-enu;

Zo-ba Ta-hila Dschi-no-nu-pe Pir-dschi Al-di; Da-es Ur-bas O-bo-le Dschi Ra-za-me;

Kas-arme O-hor-rela Ta-ba Pir; Da-es Sod-o-nu-re-nu-sa-dschi Ka-ba Er-me I-ad-na.

Pila-he Far-sod-mi Sod-nu-re-sod-a Ahd-na Go-no I-a-da-pi-el Da-es Ho-me O-da To he;

Zo-be I-pa-me Lu I-pa-mies; Da-es Lo-ho-lo We-pe Sod-o-Me-da Po-a-me-el, O-da Bo-dschi-pe A-a-i Te-a Pi-a-pe Pi-a-mo-el O-da We-o-a-nu.

Sod-a-ka-re E-ka O-da Sod-a-mer-anu. O-da Ki-kle ka-a. Sod-ord-schi La-pe Sod-ir-redo No-ko Mada, Ho-a-ta-he I-a-i-da.

Zweiter Schlüssel
Deutsch

Können die Schwingen der Winde die Wunder deiner Stimme verstehen, oh du zweiter des Ersten. Den die brennenden Flammen mit der Tiefe meiner Fänge umrahmt haben:

Den ich bereitet habe wie einen Hochzeitskelch oder wie Blumen in ihrer Schönheit in der Halle der Gerechten.

Deine Füße sind stärker als das bloße Gestein, und deine Stimme ist mächtiger als die mannigfachen Winde.

[1] Anm. d. Übers.: Siehe dazu auch die Fußnote zur Phonetik auf Seite 1278. Die hier angegebene Lautumschreibung gibt die gleichen Klänge wieder wie das englische Original. Sie ist jedoch zu lesen wie gewöhnliche deutsche Wörter. Im Zweifelsfalle werden Vokale eher lang als kurz gesprochen. »z« wird immer als scharfes »ss« gesprochen. »Th« spricht man allerdings als englisches »th« (wie in »mother«).

Denn du wurdest zu einem Gebäude, das nur im Geiste des Allmächtigen besteht.

Erhebe dich, spricht der Erste. Begib dich darum zu deinen Dienern. Zeige dich in der Kraft und mache mich zu einem mächtigen Seher der Dinge, denn ich stamme von dem, der ewig lebt.

Zweiter Schlüssel
Henochisch

Adgt Vpaah Zong Om Faaip Sald Vi-I-V L Sobam Ial-Prg I-Za-Zaz Pi-Adph.

Casarma Abrang Ta Talho Paracleda Q Ta Lorslq Turbs Ooge Baltoh.

Givi Chis Lusd Orri Od Micalp Chis Bia Ozongon.

Lap Noan Trof Cors Ta Ge O Q Manin Ia-Idon.

Torzu Gohe L Zacar Eca C Noqod Zamran Micalzo Od Ozazm Vrelp Lap Zir Io-Iad.

Zweiter Schlüssel
Phonetisch

Ad-gi-te U-pa-he Sod-o-nu-dschi O-ma Fa-a-i-pe Salda, Wi-i-wi El. So-ba-me I-al-pir-ji I-sod-a-sod-a-sod Pi-ad-pe-he;

Ka-zarma A-bran-dschi Ta-ho Parakleda, Ko Ta Lor-es-zel-ko Tur-be-es O-o-ji Bal-toha.

Dschi-wi Ka-hi-za Lus-da Or-ri O-da Mi-kal-pa Ka-his-a Bi-a O-sod-o-nu-go-nu.

La-pe No-a-nu Tro-ef Korze Ta Dschi O Ko Ma-ni-no I-a-i-do-nu.

Tor-sod-u Go-he El. Sod-a-kar-ne E-ka Ka No-Kwo-da. Sod-amer-a-nu. Me-ka-el-sod-o O-da O-sod-a-sod-me U-rel-pe, La-pe Sod-i-re I-o I-a-da.

Dritter Schlüssel
Deutsch

Siehe, spricht dein Gott, ich bin ein Kreis, auf dessen Händen zwölf Königreiche stehen. Sechs derselben sind die Sitze des lebendigen Atems, die übrigen sind wie scharfe Sicheln oder die Hörner des

Todes, worin die Geschöpfe der Erde sind und nicht sind, außer meinen eigenen Gehilfen[1], die schlafen und sich erheben werden.

Im Ersten machte ich euch zu Statthaltern und setzte euch auf die Plätze der zwölf Herrschenden, wobei ich euch nacheinander die Macht über die Vier, Fünf und Sechs verlieh, die wahren Zeitalter: Zum Zwecke, daß ihr meine Macht aus dem höchsten Gefäße und den Winkeln eurer Herrschaft ausübt: Indem ihr das Lebensfeuer herabgießt und es auf der Erde beständig vermehrt.

So werdet ihr zum Saume der Gerechtigkeit und der Wahrheit.

Ich sage euch, erhebt euch im Namen dieses eures Gottes. Sehet, seine Gnaden erblühen und sein Name ist unter uns mächtig geworden, bei welchem wir sprechen: Bewegt euch, steigt herab und begebt euch zu uns als den Teilhabern an der geheimen Weisheit eurer Schöpfung.

Dritter Schlüssel
Henochisch

Micma Goho Mad Zir Comselha Zien Biah Os Londoh Norz Chis Othil Gigipah Vnd-L Chis ta Pu-Im Q Mospleh Teloch Qui-I – N Toltorg Chis I Chis-Ge In Ozien Ds T Brgdo Od Torzul

I Li E Ol Balzarg Od Aala Thiln Os Netaab Dluga Vonsarg Lonsa Cap-Mi Ali Vors CLA Homil Cocasb Fafen Izizop Od Miinoag De Gnetaab Vaun Na-Na-E-El Panpir Malpirg Pild Caosg.

Noan Vnalah Balt Od Vaoan. Do-O-I-A p Mad Goholor Gohus Amiran. Micma Iehusoz Ca-Cacom Od Do-O-A-In Noar Mica-Olz A-Ai-Om, Casarmg Gohia. Zacar Vniglag Od Im-Va-Mar Pugo Plapli Ananael Qa-A-An.

Dritter Schlüssel
Phonetisch

Mik-mah! Go-ho Ma-da. Sod-ire Kom-sel-ha Sod-i-e-nu Be-a-he O-es Lon-do-ha. Nor-sod Ka-hiessa Othila Dschi-dschi-pe-he, Un-da-la Ka-hiessa Ta Pu-im Kwo-Mos-ple Telok-he, kju-inu Tol-tordschi, Ka-his I Ka-his-dschi I-nu O-sod-i-e-nu, De-es Te Bre-dschi-da O-da Tor-sod-u-la.

I-Li E O-la Bal-sod-ar-dschi O-da A-a-la, Te-hilnu O-es Ne-ta-a-be,

[1] Anm. d. Übers.: Im Original heißt es »hands«, was sowohl »Hände« als auch »Gehilfen« oder »Mannschaft« bedeuten kann.

Da-lu-gar Won-zardschi Lon-za Kapimi-ali Wor-za Ka El A, Ho-mil Ko-kas-be; Fa-fenu I-sod-i-sod-o-pe O Da Mi-i-no-adschi De Dschi-neta-a-ba Wa-u-nu Na-na-e-el; Pan-pir Mal-pirdschi Pi-l-da Ka-os-ga.

No-a-nu U-na-la Balta O-da We-o-a-nu.

Du-o-i-a-pe Ma-da, Go-ho-lor Go-hus A-mi-ra-nu. Mik-ma Je-huzo-sod Ka-Ka-koma O-da Do-o-a-i-nu No-ar Mi-ka-ol-sod A-a-i-o-ma, Ka-zarmdschi Go-hi-a;

Soda-ka-re U-ni-gla-dschi O-da Im-va-mar Pudscho, Plapli A-nana-el Ka-a-nu.

Vierter Schlüssel
Deutsch

Ich setzte meine Füße in den Süden und schaute um mich und sprach:

Zählen nicht die Donner des Wachstums 33, die im zweiten Abschnitt gebieten?

Unter welche ich Neun Sechs Drei Neun stellte, die niemand außer einem bisher zählte:

In welchem der zweite Anfang der Dinge liegt und stark zunimmt, welches auch die einander folgenden Zahlen der Zeit sind. Und ihre Mächte sind wie die des ersten.

Erhebt euch, ihr Söhne der Freuden und besucht die Erde: Denn ich bin Gott, euer Herr, welcher ist und ewiglich lebt.

Begebt euch her im Namen des Schöpfers und zeigt euch als freundliche Boten, damit ihr ihn unter den Söhnen des Menschen lobpreist.

Vierter Schlüssel
Henochisch

Othil Lusdi Babage Od Dorpha Gohol

G-Chis-Gee Avavago Cormp P D Ds Sonf Vi-vi-Iv?

Casarmi Oali MAPM Soham Ag Cormpo Crp L

Casarmg Cro-Od-Zi Chis Od Vgeg, Ds T Capmiali Chis Capimaon Od Lonshin Chis Ta L-O CLA, Torzu Nor-Quasahi Od F Caosga Bagle Zire Mad Ds I Od Apila

Do-O–A–Ip Qaal Zacar Od Zamran Obelisong Rest-El-Aaf Nor-Molap.

Vierter Schlüssel
Phonetisch

O-ti-la Lus-di Ba-ba-dschi O-da Dor-pe-ha Go-ho-la:

Dschi-ka-his-dschi A-wa-wa-go Kor-em-pe Pe-Da Da-es Zonuf Wi-wi-i-wa Kas-arm-i O-a-li Em-A-Pe-Em Zo-ba-ma A-gi Kor-em-po Ka-ar-pe El:

Ka-zarmdschi Kro-o-da-sodi Ka-hissa Oda Wa-dschidschi, Da-es Te Ka-pi-ma-li Ka-hiessa Kapi-ma-onu, O-da Lon-schinu Ka-hiessa Te-a Elo-o Ke-L-A.

To-sod-u Nor-qua-zahi, O-da F Ka-os-ga; Ba-gle Sod-ire Mada Da-es I Oda Apila.

Du-a-i-pe Ka-a-la, Sod-a kara O-da Sodameranu O-belissondschi, Restella A-a-eff Nor-mo-lape.

Fünfter Schlüssel
Deutsch

Die mächtigen Klagen sind in den dritten Abschnitt eingetreten und wurden zu Oliven auf dem Ölberge, sie schauen voll Freude auf die Erde und wohnen in der Helligkeit des Himmels als stete Tröster.

An ihnen befestigte ich 19 Pfeiler der Freude und gab ihnen Gefäße, die Erde mit all ihren Kreaturen zu bewässern.

Sie sind aber die Brüder des Ersten und des Zweiten, und der Beginn ihrer eigenen Sitze, die mit 69636 stetig brennenden Lampen geschmückt sind, deren Zahl ist wie der Erste, die Grenzen und der Lauf der Zeit.

Kommt darum und gehorcht eurer Schöpfung. Besucht uns in Friede und Trost.

Nehmt uns auf unter die Empfänger eurer Mysterien, und warum? Unser Herr und Meister ist der All-Eine.

Fünfter Schlüssel
Henochisch

Sapah Zimii DUIV od noas ta quanis Adroch, Dorphal Caosg od faonts Piripsol Ta blior.

Casarm am-ipzi nazarth AF od dlugar zizop zlida Caosgi toltorgi:

Od z chis e siasch L ta Vi-u od Iaod thild ds Hubar PEOAL, Sobo-Cormfa chis Ta LA, Vls od Q Cocasb.

Eca niis, od darbs qaas. F etharzi od bliora. Ia-Ial ednas cicles. Bagle? Ge-Iad I L.

Fünfter Schlüssel
Phonetisch

Sa-pa-he Sod-i-mi-i Du-i-we, O-da No-as Te-a Ka-nis A-dro-ke. Dorpe-hal Ka-os-ga O-da Fa-on-te-es Pi-riep-zol Te-a Bli-or.

Ka-zarme A-mi-ip-sod-i Na-sod-arth A-eff O-da Dalu-gar Sod-i-sod-o-pe Sod-lida Ka-os-dschi Tol-tordschi;

O-da Sod Ka-hiessa E-Zi-as-ke El Ta Wi-u-o-da I-a-oda Tehielda Da-es Hubar Pe E O A El.

Zo-ba Kor-em-fa Ka-hiessa Te-a L-a Wa-les O-da Ko-Ko-Kas-be. Ag-ka Ni-i-za O-da Dar-be-es.

Ka-a-za F Ethar-sodi O-da Bli-or-a. I-a-i-a-el.

Ed-nas Kikle-za. Ba-gle? Dschi-I-Ada I-L!

Sechster Schlüssel
Deutsch

Mein sind die Geister des vierten Abschnittes, die Mächtigen am Firmament der Wasser: Die der Erste den Bösen zur Qual und den Gerechten zum Schmucke eingesetzt hat.

Er gab ihnen feurige Pfeile, die Erde zu säubern, und 7699 stete Arbeiter, deren Gruppen die Erde zum Troste besuchen und deren Herrschaft und Dauer wie diejenige des Zweiten und Dritten sind.

Höret darum meine Stimme. Ich habe von euch gesprochen, und in Macht und Gegenwärtigkeit rufe ich euch, deren Werk ein Lobgesang und ein Preis eures Gottes in eurer Schöpfung sei.

Sechster Schlüssel
Henochisch

Gah S diu chis Em micalzo pilzin: Sobam El harg mir Babalon od obloc Samvelg:

Dlugar malprg Ar Caosgi od ACAM Canal sobol zar f bliard Caosgi, od chisa Netaab od Miam ta VIV od D.

Darsar Solpeth bi-en. Brita od zacam g-micalza sobol ath trian lu-Ia he od ecrin Mad Qaaon.

Sechster Schlüssel
Phonetisch

Ga-he Es Di-u Ka-hiessa A I-m, Mi-kal-sodo Pil-sodinu; So-ba-me El Hardschi Mir Ba-ba-lonu O-da O-blo-ka Zam-we-landschi:

Da-lugar Ma-la-pirdschi Are Ka-osdschi, O-da A Ka A M Ka-nal Zobola Sod-a-re F Bli-ar-da Ka-os-dschi, O-da Ka-hiesse Neta-a-be O-da Mi-a me Te-a Wi-i-wa O-da Da.

Dar-zar Zol-pet-he Bi-enu. Be-rita O-da Sod-a-kame Dschi-mikael-soda Zo-bo-la At-he Tre-a-nu Lu-I-a He O-da Ekrinu Mada Ka-a-onu.

Siebenter Schlüssel
Deutsch

Der Osten ist das Haus der Jungfrauen, die unter den Flammen der ersten Herrlichkeit lobsingen, als der Herr seinen Mund öffnete und sie zu 28 lebenden Stätten wurden, in welchen die Stärke des Menschen jauchzt. Und sie sind in leuchtenden Schmuck gewandet, wie er unter allen Geschöpfen Wunder tut.

Ihre Herrschaft und Dauer sind wie diejenige des Dritten und Vierten, starke Türme und Stätten des Trostes, der Platz der Gnade und Beständigkeit.

Oh ihr Diener der Gnade, bewegt euch und erscheint, lobsingt eurem Schöpfer! Und seid unter uns mächtig! Denn diesem Andenken ist Macht verliehen, und unsere Kraft wächst stark in unserem Tröster!

Siebenter Schlüssel
Henochisch

Raas i salman paradiz oecrimi aao Ialpirgah, quiin Enay Butmon od I Noas NI Paradial casarmg vgear chirlan od zonac Luciftian cors ta vaul zirn tolhami.

Sobol londoh od miam chis ta I od ES vmadea od pibliar, Othil Rit od miam.

C noqol rit, Zacar zamran oecrimi Qaada! od O micaolz aaiom! Bagle papnor i dlugam lonshi od vmplif vgegi Bigl IAD!

Siebenter Schlüssel
Phonetisch

Ra-as I Zalmanu Par-adisod, O-e Ka-rimi A-a-o I-al-pir-ga, Qui-i-i-nu En-a-ji But-mona O-da I Nu-a-za Ni Par-a-di-ala Ka-zar-emdschi Wedschi-ar Ka-hir-lanu O-da Sod-o-na-ka Lu-kif-ti-anu Te-a Wa-u-la Sod-i-renu Tol-hami.

Zo-bo-la Lon-d-do-ha O-da Mi-ame Ka-hiessa Te-a Da-O-da E-es, Uma-de-a O-da Pi-bli-are Othila, Rita O-da Mi-ame.

Ka-no-kola Rita, Sodakare Mi-ka-ol-sod A-a-i-om! Bagle Pap-nor I De-lu-gam Lon-schi On-da Umpli-fa U-ge-dschi Bi-gla I-a-da.

Achter Schlüssel
Deutsch

Der Mit-tag, der Erste, ist wie der dritte Himmel von 26 hyazinthenen Pfeilern gemacht, in denen die Ältesten stark werden, die ich um meiner eigenen Rechtschaffenheit willen bereitet habe, spricht der Herr.

Ihre lange Dauer sei wie ein Schild vor dem gebeugten Drachen und gleichwie die Ernte einer Witwe.

Wie viele bleiben in der Herrlichkeit der Erde, welche sind und den Tod nicht erblicken werden, bis dieses Haus fällt und der Drache versinkt?

Kommt fort! Denn die Donner haben gesprochen!

Kommt fort! Denn die Krone des Tempels ist geteilt und das Gewand dessen, der gekrönt ist, war und sein wird.

Kommt! Erscheint zum Schrecken der Erde und zum Troste jener, die bereit sind.

Achter Schlüssel
Henochisch

Bazm ELO i ta Piripson oln Nazavabh OX casarmg vran chis vgeg ds abramg balthoha goho Iad,

Soba mian trian ta lolcis Abaivovin od Aziagiar rior. Irgil chis da ds paaox busd caosgo, ds chis, od ipuran teloch cacrg oi salman loncho od voviva carbaf?

Niiso! Bagle avavago gohon!

Niiso! Bagle momao siaion od mabza IAD OI as Momar Poilp.

Niis! Zamran ciaofi caosgo od bliors od corsi ta abramig.

Achter Schlüssel
Phonetisch

Ba-sod-m Elo, Ita Piripsonu Olnu No-sod-a-wa-be-he O-Ex, Ka-zarmdschi U-ranu Ka-hiessa Wa-dschidschi, Da-es A-bramdschi Bal-toha

Goho I-a-da, Zo-ba Mi-anu Tri-anu Te-a Lol-kies A-ba-i-wo-wi-nu O-da A-sode a-dschi-ar Ri-ore.

Ir-dschila Ka-hiessa De-a Da-es Pa-a-O-Ex Buhs-da Ka-os-go, Da-es Ka-hiessa, O-da I-pur-anu Te-lok-a Ka-kardschi O-i Zal-manu Lon-ka-ho O-da Wo-wi-na Kar-bafe.

Ni-izo! Bagle A-wa-wa-go Go-ho-nu.

Ni-i-zo! Bagle Mo-ma-o Zi-a-zi-onu O-da Mab sod-a I-a-da O I Ahssa Mo-mare Po ilape.

Ni-i-za, Sodameranu Ki-a-o-fi Ka-os-go O-da Bli-or-za, O-da Kor-zi Te-a A-bra-midschi.

Neunter Schlüssel
Deutsch

Ein mächtiger Feuergott mit flammenden, zweischneidigen Schwertern, welche Gefäße des Zornes für zweieinhalb Male haben, deren Flügel aus Wermut und aus dem Mark des Salzes sind. Sie haben ihre Füße in den Westen gesetzt und werden mit 9996 Ministern bemessen. Diese sammeln das Moos von der Erde auf, wie die Reichen ihre Schätze.

Verflucht sind ihre Feinde. Mühlsteine sind in ihren Augen größer als die Erde, und von ihren Mündern strömen Meere von Blut.

Ihre Häupter sind mit Diamanten bedeckt, und sie tragen marmorne Manschetten an den Händen.

Glücklich ist, dem sie nicht zürnen! Warum aber? Der Gott der Rechtschaffenheit jubelt in ihnen. Kommt fort! Und nicht eure Gefäße, denn die Zeit verlangt nach Trost.

Neunter Schlüssel
Henochisch

Micaolz bransg prgel napea Ialpor, ds brin P Efafage Vonpho olani od obza, sobol vpeah chis tatan od tranan balie, alar lusda soboln od chis holq c Noquodi CIAL.

Unal alson Mom Caosgo ta las ollor gnay limlal. Amma chis sobca madrid z chis ooanoan chis aviny drilpi caosgin, od butmoni parm zumvi cnila.

Dazis ethamza childao, od mirc ozol chis pidiai collal. Vlcinina sobam vcim.

Bagle? IAD Baltoh chirlan par. Niiso! Od ip efafafe bagle a cocasb i cors ta vnig blior.

Neunter Schlüssel
Phonetisch

Mi-ka-ol-sod Bran-zadschi Pir-dschi-la Na-pe-ta I-al-po-re Da-es Bri-nu Pe E-fa-fa-fe Won-pe-ho O-la-ni O-da Ob-sod-a, Zo-bo-la Upa-a Ka-hiessa Ta-tanu O-da Tra-na-nu Ba-li-e, A-lare Lus-da Zo-bolnu Od-da Ka-hiessa Hol-kju Ka No-ko-di Ka-i-a-la.

U-na! Al-donu Mo-ma Ka-os-go Te-a La-za Ol-lore Dschi-neo Li-me-la-la.

Am-ma Ka-hiessa Zo-be-ka Ma-drida Sod Ka-hiessa. U-a-no-anu Ka-hiessa A-wini Dri-lapi Ka-os-dschinu O-da But-moni Parme Sod-umvi Ka-nila.

Da-sod-iessa Et-ham-soda Ka-hil-da-o O-da Mir-ka O-sod-ola Ka-hies-a Pi-di-a-i Kol-la-la.

Wal-ki-nina Zo-bame Ukime. Bagle? I-a-da Bal-toha Kar-hirlanu Pare. Ni-i-zo! O-da I-pe E-fa-fe Bagle A Ko-Kas-be I Korse Te-a U-nige Bli-ora.

Zehnter Schlüssel
Deutsch

Die Donner des Gerichts und des Zornes sind gezählt und liegen im Norden vor Anker gleich einer Eiche, deren Äste 22 Nester der Klage und des Weinens um die Erde sind, die Tag und Nacht brennen.

Und die Köpfe von Skorpionen und lebendigen Schwefel erbrechen, vermischt mit Gift.

Dies sind die Donner, die (im 24. Teil eines Augenblicks) 5678 mal donnern mit hundert mächtigen Erdbeben und tausendmal so vielen Flutwellen, die niemals ruhen und darin auch keine widerhallende Zeit kennen.

Ein Fels bringt tausend andere hervor, wie des Menschen Herz seine Gedanken.

Weh! Weh! Weh! Weh! Weh! Weh! Ja Weh! der Erde, denn ihre Greueltaten sind, waren und werden groß sein.

Kommt fort! Doch nicht eure mächtigen Klänge.

Zehnter Schlüssel
Henochisch

Coraxo chis cormp od blans lucal aziazor paeb sobol ilonon chis OP virq eophan od raclir, maasi bagle caosgi, di ialpon dosig od basgim;

Od oxex dazis siatris od salbrox, cinxir faboan.

Unal chis const ds DAOX cocasg ol oanio yorb voh m gizyax, od math cocasg plosi molvi ds page ip, larag om dron matorb cocasb emna.

L Patralx yolci matb, nomig monons olora gnay angelard.

Ohio! Ohio! Ohio! Ohio! Ohio! Ohio! Noib Ohio! Casgon, bagle madrid i zir, od chiso drilpa.

Niiso! Crip ip Nidali.

Zehnter Schlüssel
Phonetisch

Ko-rahx-o Ka-hiessa Kor-m-pe O-da Bla-nus Lu-kala A-sod-i-a-sod-ora Pa-e-ba Zo-bola Ilo-nonu Ka-hiessa O-pe Wir-quo E-o-fanu O-da Raklira, Ma-ahssi Bagle Ka-os-dschi, Da-es I-a-la-ponu Do-zidschi O-da Bas-dschimi.

O-da O Ex-Ex Da-sodiessa Zi-a-triessa O-da Zalbrox, Kinu-tzira Fabo-anu.

U-na-la Ka-hiessa Ko-nu-sta Da-es Da-Ox Ko-kasdschi O-l O-a-ni-o Jor-be Wo-hima Dschi-sod-i-ax O-de E-orza Ko-kasdschi Pe-lo-zi Molwi Da-es Pa-dsche I-pe, La-ra-gi O-em Da-rol-nu Ma-tor-be Ko-kasdschi Em-na.

L Pa-tra-laxa Jol-ki Mat-be, No-migi Mo-no-nus O-lo-ra Dschi-naji An-dschi-lar-da.

O-hi-o! O-hi-o! O-hi-o! O-hi-o! O-hi-o! O-hi-o! No-ibe O-hi-o! Kaos-gonu, Ba-gle Ma-dri-da I, Sodira, O-da Ka-hiesso Da-ril-pa.

Ni-iesso! Ka-ar-pe I-pe Ni-da-li.

Elfter Schlüssel
Deutsch

Die mächtigen Sitze stöhnten laut, und fünfhundert Donner flogen gen Osten, und der Adler sprach und schrie mit lauter Stimme.

Kommt fort! Und sie sammelten sich und wurden zum Hause des Todes, welches bemessen wird, und es ist 31.

Kommt fort! Denn ich habe euch eine Stätte bereitet.

Bewegt euch darum und zeigt euch. Eröffnet die Mysterien eurer Schöpfung! Seid mir freundlich gesinnt, denn auch ich bin ein Diener eures Gottes, ein wahrer Verehrer des Höchsten.

Elfter Schlüssel
Henochisch

Oxyiayal holdo, od zirom O coraxo dis zildar Raasy, od Vabzir camliax, od bahal.

Niiso! † Salman teloch, casarman holq, od t i ta Z soba cormf I GA.

Niiso! Bagle abrang noncp.

Zacar ece od zamran. Odo cicle qaa! Zorge lap zirdo noco Mad, hoath Iaida.

Elfter Schlüssel
Phonetisch

Ohx-i-a-ja-la Hol-do O-da Sod-ir-o-ma O Kor-ahxo Da-es Sod-il-dar Ra-as-i O-da Wab-sod-ir Kam-li-ahx O-Da Ba-hal.

Ni-i-zo! Zal-ma-nu Te-lo-ka Ka-zar-manu Hohel-ko O-da Te I Te-a Sod Zo-ba Kor-m-fa I Gi-a!

Ni-i-zo! Ba-gle A-bran-dschi no-nu-ka-pe.

Sod-akara E-ka O-da Sodameranu. O-do Ki-kle Ka-a. Sod-ordschi La-pe Sodirido No-ko Mada, Ho-a-ta-he I-a-i da.

Zwölfter Schlüssel
Deutsch

Oh, die ihr im Süden regiert habt und die 28 Laternen der Trauer seid, bindet eure Gürtel und besucht uns.

Bringt herab euer Gefolge 3663, daß der Herr gepriesen werde, dessen Name unter euch Zorn ist.

Bewegt euch, sage ich, und zeigt euch. Eröffnet die Mysterien eurer Schöpfung.

Seid mir freundlich gesinnt! Denn auch ich bin ein Diener eures Gottes, ein wahrer Verehrer des Höchsten.

Zwölfter Schlüssel
Henochisch

Nonci ds sonf babage, od chis OB Hubardo tibibp, allar atraah od ef!

Drix fafen MIAN, ar Enay ovof, sobol ooain vonph.

Zacar gohus od zamran. Odo cicle qaa.

Zorge lap zirdo noco Mad, hoath Iaida.

Zwölfter Schlüssel
Phonetisch

No-nu-ki Da-es Zo-nuf Ba-ba-dschi, O-da Ka-hiessa O-be Hu-bardo Ti-bi-bi-pe, A-la-lar A-tra-a-he O-de E-f. Da-riex Fa-fa-enu Mia-nu A-re A-na-i O-wo-fa, Zo-o-la Du-a-i-nu A-a Won-pe-ho. Sod-a-kare Go-hu-za O-da Sod-a-mer-anu, O-do Ki-kle Ka-a.

Sodordschi Lape Sodirido No-ko Ma-da. Ho-a-ta-he I-a-i-da.

Dreizehnter Schlüssel
Deutsch

Oh, ihr Schwerter des Südens, die ihr 42 Augen habt, den Zorn der Sünde zu erwecken: Menschen trunken zu machen, welche nüchtern sind.

Siehe den Bund Gottes und seine Macht, welche unter euch ein bitterer Stachel heißen!

Bewegt euch, und zeigt euch. Eröffnet die Mysterien eurer Schöpfung.

Seid mir freundlich gesinnt! Denn auch ich bin ein Diener eures Gottes, ein wahrer Verehrer des Höchsten.

Dreizehnter Schlüssel
Henochisch

Napeai babage ds brin VX ooaona lring vonph doalim: eolis ollog orsba, ds chis affa.

Micma Isro Mad od Lonshi Tox, ds i vmd aai Grosb.

Zacar od zamran. Odo cicle qaa.

Zorge lap zirdo noco Mad, hoath Iaida.

Dreizehnter Schlüssel
Phonetisch

Na-pe-a-i Ba-ab-dschi Da-es Be-ri-nu Wi Ex U-a-o-na La-rin-gi Won-pe-he Do-a-liem; E-o-liessa O-lo-dschi Ors-ba, Da-es Ka-hiessa Af-fa. Mik-ma Ies-ro Mada O-da Lon-schi To-tsa.

Da-es I-Wa-mi-da A-a-i Gros-be!

Sod-a-ka-ra O-da Sod-a-mer-anu. O-do Ki-kle Ka-a. Sod-ordschi La-pe Sod-ier-ido No-ko Ma-da, Ho-a-ta-he I-a-i-da.

Vierzehnter Schlüssel
Deutsch

Oh, ihr Söhne der Wut, Kinder der Gerechten, die ihr auf 24 Sitzen sitzt und alle Kreaturen der Erde mit dem Alter quält, welche unter euch 1636 haben.

Siehe die Stimme Gottes! Das Versprechen dessen, der unter euch Wut oder äußerste Gerechtigkeit heißt.

Bewegt euch, und zeigt euch. Eröffnet die Mysterien eurer Schöpfung. Seid mir freundlich gesinnt! Denn auch ich bin ein Diener eures Gottes, ein wahrer Verehrer des Höchsten.

Vierzehnter Schlüssel
Henochisch

Noromi baghie, pashs O Iad, ds trint mirc O L thil, dods tol hami caosgi homin, ds brin oroch QUAR.

Micma bialo Iad! Isro tox ds I vmd aai Baltim.

Zacar od zamran. Odo cicle qaa.

Zorge lap zirdo noco Mad, hoath Iaida.

Vierzehnter Schlüssel
Phonetisch

No-ro-mi Bag-hi-e, Pas-he-za O-i-a-da, Da-es Tri-nu-te Mir-ke O-el Ta-hila, Do-da-za Tol-ha-mi Ka-os-dschi Ho-mi-nu, Da-es Be-ri-nu O-ro-cha Qua-a-re, Mik-ma Bi-a-lo I-a-da!

Is-ro Tox Da-es I Wa-mi-da A-a-i Bal-ti-ma.

Sod-a-ka-ra O-da Sod-a-mer-anu. O-do Ki-kle Ka-a.

Sod-ordschi La-pe Sod-ier-ido No-ko Ma-da, Ho-a-ta-he I-a-i-da.

Fünfzehnter Schlüssel
Deutsch

Oh, du Gebieter der ersten Flamme, unter dessen Flügen sich 6739 befinden, die die Erde mit Trockenheit überweben;

Der du den großen Namen der Rechtschaffenheit und das Siegel der Ehre kennst!

Bewegt euch, und zeigt euch. Eröffnet die Mysterien eurer Schöpfung.

Seid mir freundlich gesinnt! Denn auch ich bin ein Diener eures Gottes, ein wahrer Verehrer des Höchsten.

Fünfzehnter Schlüssel
Henochisch

Ils tabaan L Ialpirt, casarman vpaachi chis DARG ds oado caosgi orscor:

Ds oman baeouib od emetgis Iaiadix!

Zacar od zamran. Odo cicle qaa.

Zorge lap zirdo noco Mad, hoath Iaida.

Fünfzehnter Schlüssel
Phonetisch

I-la-za Ta-ba-a-nu El I-al-pier-ta, Kas-ar-ma-nu U-pa-a-chi Ka-hiessa Dar-dschi Da-es O-a-do Ka-os-dschi Ors-ko-re: Da-es O-Manu Ba-e-o-u-i-be O-da E-met-gies I-a-i-a-dix.

Sod-a-ka-ra O-da Sod-a-mer-anu. O-do Ki-kle Ka-a.

Sod-ordschi La-pe Sod-ir-ido No-ko Ma-da, Ho-a-ta-he I-a-i-da.

Sechzehnter Schlüssel
Deutsch

Oh, du zweite Flamme, Haus der Gerechtigkeit, deren Anfänge in der Herrlichkeit liegen und die du die Gerechten trösten wirst, die du mit 8763 Füßen auf der Erde wandelst, welche die Kreaturen verstehen und trennen.

Groß bist du im Gotte der Eroberung.

Bewegt euch, und zeigt euch. Eröffnet die Mysterien eurer Schöpfung. Seid mir freundlich gesinnt! Denn auch ich bin ein Diener eures Gottes, ein wahrer Verehrer des Höchsten.

Sechzehnter Schlüssel
Henochisch

Ils viv Ialprt, Salman Balt, ds a croodzi busd, od bliorax Balit, ds insi caosgi lusdan EMOD, ds om od tliob.

Drilpa geh ils Mad Zilodarp.

Zacar od zamran. Odo cicle qaa.

Zorge lap zirdo noco Mad, hoath Iaida.

Sechzehnter Schlüssel
Phonetisch

I-la-za Wi-i-wi I-al-piert, Zal-man-u Bal-to, Da-es A Kro-o-da-sod-i Buhsda, O-Da Bli-or-ahx Ba-li-ta, Da-es I-nu-zi Ka-os-dschi Lus-danu A-M-O-De, Da-es O-M O-da Ta-li-o-ba.

Da-ril-pa Ge-ha I-la-za Ma-da Sod-i-lo dar-pe. Sod-a-ka-ra O-da Sod-a-mer-anu. O-do Ki-kle Ka-a.

Sod-ordschi La-pe Sod-ir-ido No-ko Ma-da, Ho-a-ta-he I-a-i-da.

Siebzehnter Schlüssel
Deutsch

Oh, du dritte Flamme, deren Schwingen Throne sind, um Plagen zu erwecken.

Und die du 7336 lebende Lampen hast, die vor dir einhergehen.

Deren Gott wütender Zorn ist.

Rüstet euch und höret.

Bewegt euch, und zeigt euch. Eröffnet die Mysterien eurer Schöpfung. Seid mir freundlich gesinnt! Denn auch ich bin ein Diener eures Gottes, ein wahrer Verehrer des Höchsten.

Siebzehnter Schlüssel
Henochisch

Ils D Ialpirt, soba vpaah chis nanba zixlay dodseh, od ds brint TAXS Hubardo tastax ilsi.

Soba Iad i vonpho vonph.

Aldon dax il od toatar.

Zacar od zamran. Odo cicle qaa.

Zorge lap zirdo noco Mad, hoath Iaida.

Siebzehnter Schlüssel
Phonetisch

I-lo-za Da I-al-pier-ta Zo-bo U-pa-a-he Ka-hiessa Na-nu-ba Sod-iexla-jo Dod-ze-ha: O-da Da-es Be-rin-ta Ta-a-ex-za Hu-bar-do Tas-tax I-la-zi. Zo-ba S-a-da I Won-pe-ho Un-pe-ho.

Al-do-nu Dax Ila O-da To-a-tare.

Sod-a-ka-ra O-da Sod-a-mer-anu. O-do Ki-kle Ka-a.

Sod-ordschi La-pe Sod-ier-ido No-ko Ma-da, Ho-a-ta-he I-a-i-da.

Achtzehnter Schlüssel
Deutsch

Oh, du mächtiges Licht und brennende Flamme des Trostes, die du dem Herzen der Erde die Herrlichkeit Gottes öffnest.

In welcher die 6332 Geheimnisse der Wahrheit wohnen, welche in deinem Reiche Freude heißen und nicht zu ermessen sind.

Sei mir ein Fenster des Trostes.

Bewegt euch, und zeigt euch. Eröffnet die Mysterien eurer Schöpfung. Seid mir freundlich gesinnt! Denn auch ich bin ein Diener eures Gottes, ein wahrer Verehrer des Höchsten.

Achtzehnter Schlüssel
Henochisch

Ils micaolz Olprt od Ialprt, bliors ds odo Busdir O Iad ovoars caosgo, casarmg ERAN la Iad brints cafafam, ds I vmd Aqlo Adohi Moz od Maoffas.

Bolp como bliort pampt.

Zacar od zamran. Odo cicle qaa.

Zorge lap zirdo noco Mad, hoath Iaida.

Achtzehnter Schlüssel
Phonetisch

I-lo-za Mi-ka-ol-sod Ol-pierta O-da I-al-pierta Bli-or-za Da-es O-do Buhs-di-ra O-i-a-de O-wo-arza Ka-os-go, Kass-armdschi E-ranu La i-ada Brien-tas Ka-fa-fe-me Da-es I U-me-de Ahk-lo A-do-hi Mo-sod O-da Ma-o-fa-fa-za.

Bo-la-pe Ko-mo Bli-orta Pam-be-te.

Sod-a-ka-ra O-da Sod-a-mer-anu. O-do Ki-kle Ka-a.

Sod-ordschi La-pe Sod-ir-ido No-ko Ma-da, Ho-a-ta-he I-a-i-da

Die Titel der 30 Aethyre

1	LIL	16	LEA
2	ARN	17	TAN
3	ZOM	18	ZEN
4	PAZ	19	POP
5	LIT	20	KHR
6	MAZ	21	ASP
7	DEO	22	LIN
8	ZID	23	TOR
9	ZIP	24	NIA
10	ZAX	25	VTI
11	ICH	26	DES
12	LOE	27	ZAA
13	ZIM	28	BAG
14	UTA	29	RII
15	OXO	30	TEX

Der Ruf der dreißig Aethyre
Deutsch

Die im (ersten Aethyr) (oder Name des betreffenden Aethyrs) wohnenden Himmel sind mächtig in den Teilen der Erde und führen das Urteil des Höchsten aus!

Es wird dir gesagt: Siehe das Antlitz deines Gottes, den Anfang des Trostes, dessen Augen des Himmels Helligkeit sind, der dich zur Regierung der Erde und ihrer unsagbaren Vielfalt einsetzte, gerüstet mit einer Macht des Verstehens, alle Dinge nach der Vorsehung dessen anzuordnen, der auf dem heiligen Throne sitzt und sich im Anfang erhob und sprach:

Möge die Erde durch ihre Teile regiert werden, und möge sie geteilt sein, so daß ihre Herrlichkeit stets in sich selbst trunken und geplagt ist.

Möge ihr Lauf mit den Himmeln kreisen und möge sie ihnen als Zofe dienen.

Es verwirre eine Jahreszeit die andere, und es gleiche auf und in ihr keine Kreatur der anderen.

Mögen die denkenden Geschöpfe der Erde, der Mensch, sich plagen und einander ihre Wohnstätten auslöschen, und mögen sie ihre Namen vergessen.

Mögen die Werke des Menschen und sein Prunk verunstaltet werden. Mögen seine Gebäude zu Höhlen für die wilden Tiere werden! Sein Begreifen werde von Dunkelheit verwirrt.

Denn warum? Es reuet mich, daß ich den Menschen erschuf.

Sie sei einmal bekannt und dann wieder eine Fremde. Da sie das Bett einer Hure ist und die Stätte dessen, der gefallen ist.

Oh, erhebt euch, ihr Himmel! Die niederen Himmel unter euch, mögen sie euch dienen! Gebietet über die Gebietenden. Werfet nieder die Fallenden. Hebt hervor die Wachsenden und zerstört die Verkommenen.

Laßt keinen Ort bei einer Zahl. Fügt hinzu und vermindert, bis die Sterne gezählt sind.

Erhebt euch! Begebt euch her und erscheint vor dem Bunde seines Mundes, den er uns in seiner Gerechtigkeit gelobte. Eröffnet die Mysterien eurer Schöpfung und macht uns zu Teilhabern des ungeschändeten Wissens.

Der Ruf der dreißig Aethyre
Henochisch

Madriaax ds praf LIL (oder Name des erforderlichen Aethyrs) chis micaolz saanir caosgo od fisis balzizras Iaida!

Nonca gohulim: Micma adoian Mad, Iaod bliorb, soba ooaona chis Lucifitias Piripsol, ds abraassa noncf netaaib caosgi od tilb adphaht damploz, tooatnoncfg Micalz Oma Irasd tol glo marb Yarry Idoigo od torzulp Iaodaf gohol:

Caosga ta ba ord saanir od christeos yrpoil tiobl busdir tilb noaln paid orsba od dodrmni zylna.

Elzap tilb parm gi Piripsax, od ta qurlst booapis.

L nibm ovcho symp od christeos ag toltorn mirc q tiobl l el. Tol paomd dilzmo as pian od christeos ag L toltorn parach asymp.

Cordziz, dodpal od fifalz L smnad: od fargt bams omaoas.

Conisbra od avavox, tonug. Orsca tbl noasmi tabges levithmong. Unchi omp tibl ors.

Bagle? Modoah ol cordziz. L capimao izomaxip, od cacocasb gosaa. Baglem pii tianta a babalond, od faorgt teloc vovim.

Madriiax, torzu! Oadriax orocho aboapri! Tabaori priaz ar tabas. Adrpan cors ta dobix. Iolcam priazi ar coazior, od Quasb Qting.

Ripir paoxt sa la cor. Vml od prdzar cacrg aoiveae cormpt.

Torzu! Zacar! Od zamran aspt sibsi butmona, ds surzas tia balta.

Odo cicle qaa, Od ozozma plapli Iadnamad.

Der Ruf der dreißig Aethyre
Phonetisch

Ma-dri-ahx da-es pe-ra-fe (Name des Aethyrs) Ka-hies mi-ka-ol-sod za-a-nier ka-ohs-go o-da fi-zi-za bal-sod-i-sod-ra-za I-a-i-da!

No-nu-ka go-hu-liem; mi-ka-ma a-do-i-a-nu Ma-da; I-a-o-da bli-or-be, zo-ba u-a-o-na ka-hies Lu-kif-ti-ahs Pi-rip-zo-la, da-es a-bra-as-za no-nu-ka-fe ne-ta-a-i-be ka-os-dschi o-da ti-la-be ad-fa-he-ta da-ma-plo-sod, tu-a-ta no-nu-ka-fe, dschi mi-kal-sod o-ma el-ra-zad to-la dschi-lo-ha m-a-be ja-ri I-do-i-go o-da tor-sod-ul-pe I-a-o-da-f go-hol;

Ka-os-ga ta-ba-or-za za-a-nier o-da kries-ti-os ir-po-ila ti-o-bel buhs-dir til-be no-al-nu pa-i-da ors-ba o-da do-dar-mi-ni sod-i-la-na.

El-sod-a-pe til-be par-me dschi Pi-riep-zax, o-da ta kju-rel-sat bu-a-pies.

El ni-ba-me o-wa-cho zi-ma-pe o-da kries-ti-os a-dschi tol-tor-nu mi-ra-ka go ti-o-bel El ei-la, to-la pa-om-da dil-sod-mo A-es pi-a-nu o-da kries-ti-os ab-dschi El tol-tornu pa-ra-cha a-zim-pa.

Kor-da-sod-i-sod, do-da-pa-le o-da fi-fal-sod El es-ma-nu-ad; o-da far-gi-ta ba-m-za om-a-o-a-za.

Ko-nies-bra o-da a-wa-wa-otsa, to-nu-gi. Ors-ka ti-be-el no-ahs-mi ta-be-dschi-za lev-i-ta-mo-nu-dschi, u-nu-chi o-me-pe ti-be-el or-za.

Ba-gle? Mo-do-a o-l kor-da-sod. El ka-pi-ma-o i-sod-i mahx-i-pe, o-da ka-ko-kas-be go-za-a. Ba-gle-nu pi-i ti-anu-ta a ba-ba-lo-nu-da, o-da fa-or-dschi-te te-lok-wo-wim.

Ma-dri-ahx, tor-sod-u! O-a-dri-ahx or-ocho a-bo-a-pri! Ta-ba-ori pri-a-sod a-re ta-ba-za. Ad-re-panu Kor-za te-a do-biex. I-ol-ka-ma pri-a-sod-i-a-re ko-a-sod-i-ore-re, o-da kju-ahs-ba khu-ti-nu-ga.

Ri-pi-ra pa-ohx-te essa el-akor. U-me-la pre-da-sod-a-re ka-kar-dschi a-o-i-we-a-ei Ko-m-pe-to.

Tor-sod-u! Sod-a-ka-re! O-da sod-a-mer-a-nu ahs-pe-ta zi-be-zi buht-mo-na, da-es zu-re-sod-ahs ti-a bal-to-nu.

O-do ki-kle ka-a. O-da O-sod-o-sod-ma pla-pli I-ad-na-ma-da.

V.H. Frater A.M.A.G. (Regardie)

Nachtrag zum Buch über den Zusammenfluß der Kräfte Nachschrift zu den Henochiana

(Dieser Aufsatz wurde 1935 im Anschluß an ein intensives Studium der Golden Dawn-Dokumente über das henochische System geschrieben. Er ist mehr oder weniger in der gleichen Form gelassen worden, die er damals hatte.)

Dem Zelator Adeptus Minor ist wohl bekannt, daß das henochische Schema gewaltig und umfangreich ist. Ich glaube jedoch, nur wenige wissen, wie umfangreich es tatsächlich ist. Das vollständige System der henochischen Tafeln umfaßt nämlich mehrere anscheinend voneinander unabhängige Schemata, von denen die meisten dem durchschnittlichen Z.A.M nicht einmal bekannt sind. Daß sie ihm unbekannt sind, heißt jedoch nicht, daß sie unwichtig sind, denn es erfordert nur wenig Scharfsinn zu erkennen, daß einem großen Teil der wesentlichen Arbeit des Ordens das henochische System zugrunde liegt.

Es gibt viele Hinweise darauf, daß der Z.A.M. sich nicht in vollem Besitz des gesamten henochischen Wissens befindet. Wie das Ritual des Adeptus Minor so wortreich über einen Teil des Systems beobachtet: »Als symbolische Wächter befinden sich vor der Tür der Gruft die Elemententafeln und die Symbole der Cherubim, wie vor dem mystischen Tor Edens die wachthabenden Cherubim und das Flammenschwert standen. Vergeßt darum nicht, daß die Tafeln und die Cherubim die Wächter der Gruft der Adepten sind ...«

Das Gesamtsystem setzt sich aus folgenden Teilen zusammen:

1. Liber Enoch – (Liber Logaeth), die henochischen Tafeln
2. Schlüssel der Engel
3. Liber Scientiae Auxiliis et Victoriae Terrestris
4. Sigillum Dei Aemeth
5. Heptarchia Mystica
6. Der runde Tisch des Nalvage

Auf die beiden ersten Punkte ist bereits ausreichend in den Routineanweisungen für den Zelator Adeptus Minor, etwa in einer Schrift wie dem »Buch über den Zusammenfluß der Kräfte«, eingegangen worden, wie auch in den verschiedenen Einleitungen und Auszügen aus jenem Buch, sowie im Ritual »T«, welches als »das Buch der 48 Engelsrufe oder -schlüssel« bekannt ist.

Im Studienprogramm für den Z.A.M. ist von den übrigen Schemata überhaupt nicht die Rede. An verschiedenen Stellen der Manuskripte befinden sich absichtliche Lücken, die darauf hindeuten, daß ein bestimmtes Wissensgebiet nicht in den Bereich des Z.A.M fällt.

Wir können jedoch ohne größere Schwierigkeiten einiges Licht auf diese absichtlichen Lücken werfen. Ob der Z.A.M. sie für wichtig hält oder nicht, hängt ganz davon ab, wieviel des gewöhnlich zugänglichen henochischen Materials er sich bereits angeeignet und zur Kenntnis genommen hat.

Obwohl ich mich in dieser Schrift fast ausschließlich mit dem dritten der oben angeführten Schemata beschäftigen werde, um seine Verbindung zu den zwei vorhergehenden zu zeigen, welche im frei zirkulierenden Material des Ordens zusammengefaßt sind, werden doch einige beschreibende Worte über die restlichen Schemata nützlich sein.

Das Sigillum Dei Aemeth besteht aus einem äußerst ausführlichen Pentakel, welches die magische Zusammenschau von Vorstellungen rein spiritueller Natur im Hinblick auf die Gottes-, Erzengel- und Engel-Namen sein soll, und sich auf die Himmelssphären bezieht, worin die planetaren Kräfte wirksam sind. Letztere sind bloß die Paläste oder Throne der in dem Sigillum abgebildeten Kräfte. Dies läßt sich aus einer Aussage des Engels MICHAEL in seiner Kommunikation mit den Hellsehern, Dr. John Dee und Sir Edward Kelley, entnehmen, die für die Niederschrift des Systems verantwortlich waren:

»Wollt ihr irgend etwas mit der Welt und menschlichen Angelegenheiten tun, so sucht nicht im Sigillo Aemeth. Henochs Buch ist ein weltliches Buch. Veritas in Coelo. Imago veritatis, in terra homini, Imago imagini respondet. Coelestia autem petuntur a Coelo.«

Im Ritual »T« ist erwähnt, daß das Manuskript von Irwin nach den ersten achtzehn Schlüsseln bestimmte Namen angab. Die meisten dieser Namen erscheinen auf den vom Sigillum eingeschlossenen Heptagrammen.

(Die Ordensschriften erklären nicht, wer dieser rätselhafte Irwin ist, obwohl sein Namen mehrfach benutzt wird. Waite bezieht sich in seiner Bruderschaft des Rosenkreuzes jedoch auf ihn und löst das

Rätsel, wenn auch auf seine gewohnte sarkastische Weise. Er scheint nicht viel von Major Irwin gehalten zu haben.)

Es muß festgehalten werden, daß die den vier henochischen Tafeln zugeordneten Sigille, ein Kreuz, eine Sonne mit zwölf Strahlen, ein Kreuz mit b, 4, 6, b in seinen Winkeln und ein (T) mit vier Jods darüber, durch dieses Sigillum erhellt werden, da sie sich in die Namen der sogenannten vier großen Wächterengel dieser Tafeln auflösen.

Die Heptarchia mystica bezieht sich sehr eng auf das vorhergehende System, denn sie gibt die Namen und Sigille und Invokationen der Engel und niederen Planetengeister an. Sie berührt eine viel niedrigere Ebene als das Sigillum, nämlich die Himmel Assiahs, während das Sigillum in den Welten Briah und Jetzirah schwebt. Die Welt Atziluth wird durch das System des Liber Scientiae Auxiliis et Victoriae Terrestris berührt. Darüber hinaus gibt das heptarchische Mysterium zusätzliche sieben Tafeln, welche sich in Inhalt und Struktur erheblich von den vier Elemententafeln unterscheiden, die wir bereits kennen.

Die als 1 bis 5 numerierten Schemata hängen sehr eng mit dem henochischen System und miteinander zusammen. Punkt 6, der runde Tisch von Nalvage, ist jedoch eine magische Tafel, die ich im Moment nicht auf die anderen beziehen konnte. Der Engelbote NALVAGE diktierte auf die gleiche Weise wie zuvor Ave und Michael in anderem Zusammenhang eine Reihe von Buchstaben und Wörtern, die auf bestimmte Weise angeordnet werden sollten. Sie beginnen mit ZIR MOZ IAD – Sodire Mosod Iada – »Ich bin die Freude Gottes«. Die praktische Anwendung dieser Tafel bleibt noch zu entdecken. Sie besteht aus vier sehr kleinen Tafeln, von denen jede neun Buchstaben enthält, in welchen jeweils das Wort IAD in vier unterschiedlichen Wandlungen steht und von vier Worten mit je fünf Buchstaben umgeben ist, was zusammen 32 Buchstaben ergibt. Ich kann zur Zeit kaum sagen, ob diese Tatsache sie mit den vier terrestrischen Tafeln und der Vereinigungs-Tafel verbindet. NALVAGE sagte über diese Tafel: »Die Substanz ist Gott, der Vater. Der Umkreis ist Gott, der Sohn. Die Anordnung und Verbindung untereinander ist Gott, der heilige Geist und so weiter.« Dies scheint auf die drei Spalten oder den Kreuzesbalken und den Doppelpfeiler des mittleren Kreuzes der Tafeln hinzuweisen: Linea Spiritus Sancti, Linea Dei Patris Filiique.

Um auf das Liber Scientiae Auxiliis einzugehen, soll als vorhergehender Punkt erwähnt werden, daß im Ritual »T« folgende Passage auftaucht: »Die Anwendung der Rufe der 30 Aethyre gehört nicht zu den Kenntnissen des Z.A.M. Obwohl diese Rufe dazu gedacht sind, euch bei der geistigen Schau mittels der Tafeln und der magischen Arbeit mit denselben zu helfen, sollt ihr wissen, daß sie einer viel höheren Ebene als die Tafeln der Welt Assiah angehören. Deshalb werden sie dann eingesetzt, um das Höhere Licht und die allmächtigen Kräfte darin in Tätigkeit zu bringen. Darum dürfen sie auch nicht profaniert oder leichthin mit unreinem Geist eingesetzt werden.«

Es bezieht sich mit anderen Worten auf das Schema, das in der Ordensschrift mit dem Titel *Der Mikrokosmos*[1] beschrieben ist, worin sich der philosophische Satz findet, daß des Menschen Kether »seine Jechidah«, das göttliche Bewußtsein darstellt, weil sie den einzigen Teil des Menschen bildet, der an die allmächtigen Kräfte rühren kann. Hinter Jechidah stehen die Mächte der Engel und Erzengel, deren Ausdruck sie ist. Sie bildet deshalb den niederen Genius oder Stellvertreter des höheren Genius, der jenseits liegt, ein mächtiger und furchtbarer Engel. Dieser Engel ist der höhere Genius, jenseits dessen die Erzengel und göttlichen Kräfte liegen.«

Daraus läßt sich entnehmen, daß der höhere Genius von gleichem Wesen ist wie die allmächtigen makrokosmischen Kräfte, die durch die Rufe der Aethyre angerufen werden, was sich an der Tatsache zeigt, daß sie zwar der Zahl nach 91 sind, was den Buchstaben AMN entspricht, letztere aber die Gematria von 741 haben, was sich auf 12 reduziert. 12 ist auch die Gematria von HUA, dem großen Racheengel, dem heiligen und göttlichen Genius in KETHER. Die Invokation dieser Kräfte ist in Erfüllung des Eides zu unternehmen, mit welchem der Eingeweihte des 5=6 am Kreuz gelobte, sich dem großen Werk zu widmen, so daß er eines Tages mehr als menschlich würde. Deshalb kann kein leichtfertiger, unwissender Geist diese göttlichen Kräfte invozieren, ohne ernsthaften geistigen oder körperlichen Schaden über sich zu bringen, wovor das Ritual »T« ganz zu Recht warnt.

Zweitens sollte angemerkt werden, daß die Konstruktion der henochischen Tafeln allein mit Großbuchstaben einen schweren Fehler darstellt. Aus praktischen Gründen oder zur leichteren Lesbarkeit mag dies nützlich sein. Dadurch wird aber eine der vielen wichtigen Funktionen der Tafel verdunkelt. Bestimmte Buchstaben darauf sollten nämlich als Kleinbuchstaben, andere als Großbuchstaben auftauchen. Aus diesen Großbuchstaben werden die Namen der mächtigen Engelprinzen konstruiert, die jeweils in den 30 Aethyren regieren. Jedem dieser Aethyre werden drei Herrscher oder Engelprinzen zugeordnet, mit Ausnahme des 30. Aethyrs TEX, in dem vier sind. Auf

[1] Anm. d. Übers.: Siehe Band I, S. 318.

diese Weise enthalten die Tafeln zusätzlich zu den bereits im »Buch vom Zusammenfluß der Kräfte« beschriebenen Namen noch die Namen von 91 Engelprinzen, die in den 30 Aethyren der makrokosmischen Welt gebieten.

Die Zahl 91 entspricht der Gematria von Aleph Mem Nun, was Amen entspricht, wie schon erwähnt. Und Amen entspricht Amoun, dem Verborgenen, dem Öffner des Tages. Deshalb sind auch die Namen der 91 Prinzen in den vier terrestrischen Tafeln und der mystischen Vereinigungs-Tafel gleichermaßen eröffnet und doch im Geheimnis verborgen. Beachte, daß Amoun im Herzen des Gott-Menschen JHShVH (mit der Gematria 326) verborgen ist, denn 91 + 326 entspricht 417 und daher 12.

Das in dem Buch *Liber Scientiae Auxiliis et Victoriae Terrestris* ausführlich dargestellte Schema zeigt weiterhin, daß jeder dieser Engelprinzen sich unter der Herrschaft von einem der mächtigen Erzengel befindet, welche die zwölf mystischen Stämme Israels sowie die zwölf Tierkreiszeichen regieren. Sie werden in einer bestimmten Folge angegeben, welche derjenigen der Erzengel auf dem Diagramm des Schaubrotes beim Zelator entspricht. Es gibt trotzdem eine gewisse Diskrepanz in der Reihenfolge der Stammesnamen in bezug auf die Erzengel. Korrigiert würde die Zuordnung folgende sein:

Widder
Der Stamm ist Gad, der Gottesname ist AOZPI, der Name des Erzengels ist MALCHIDAEL und derjenige des regierenden Engels OLPAGED.

Stier
Der Stamm ist Ephraim, der Gottesname ist MOR, der Name des Erzengels ist ASMODEL und derjenige des regierenden Engels ZIRACAH.

Zwillinge
Der Stamm ist Manasseh, der Gottesname ist DIAL, der Name des Erzengels ist AMBRIEL und derjenige des regierenden Engels HONONOL.

Krebs
Der Stamm ist Issachar, der Gottesname ist HCTGA, der Name des Erzengels ist MURIEL und derjenige des regierenden Engels ZARNAAH.

Löwe
Der Stamm ist Juda, der Gottesname ist OIP, der Name des Erzengels ist VERCHIEL und derjenige des regierenden Engels GEBABAL.

Jungfrau
Der Stamm ist Naphthali, der Gottesname ist TEAA, der Name des Erzengels ist HAMALIEL und derjenige des regierenden Engels ZURCHOL.

Waage
Der Stamm ist Asshur, der Gottesname ist PDOCE, der Name des Erzengels ist ZURIEL und derjenige des regierenden Engels ALPUDUS.

Skorpion
Der Stamm ist Dan, der Gottesname ist MPH, der Name des Erzengels ist BARACHIEL und derjenige des regierenden Engels CADAAMP.

Schütze
Der Stamm ist Benjamin, der Gottesname ist ARSL, der Name des Erzengels ist ADVACHIEL und derjenige des regierenden Engels ZARZILG.

Steinbock
Der Stamm ist Zebulun, der Gottesname ist GAIOL, der Name des Erzengels ist HANAEL und derjenige des regierenden Engels LAVAVOTH.

Wassermann
Der Stamm ist Reuben, der Gottesname ist ORO, der Name des Erzengels ist CAMBRIEL und derjenige des regierenden Engels ZINGGEN.

Fische
Der Stamm ist Simeon, der Gottesname ist IBAH, der Name des Erzengels ist AMNITZIEL und derjenige des regierenden Engels ARFAOLG.

Bei der Klassifizierung dieser Namen habe ich die passenden großen und heiligen Namen Gottes angeordnet, wie sie auf der Elemententafel erscheinen, wobei ich den Anregungen des Rituals von S.A. folgte, wo es heißt:

»Wende dieses Schema auf die Erde an, indem du die drei Gottesnamen als die Tierkreiszeichen eines jeden Viertels behandelst. Nimm also die Tafel des Feuers und lege OIP auf den Löwen, TEAA auf die Jungfrau, PDOCE auf die Waage, und so weiter auch mit den anderen Gottesnamen. Dabei werden die cherubinischen Zeichen als Ausgangspunkte benutzt, und ein Viertel eines astrologischen Hauses wird ungefähr einem Quadrat eines Buchstaben entsprechen.«

Die oben gegebene Klassifizierung stellt selbst schon ein brauchbares Schema dar, welches, allein oder in Verbindung mit den Engelnamen der Schem-hamphoresch benutzt, in der Kunst der Invokation von großem Wert ist. Die beiden Namensreihen können bei der Invokation gemeinsam benutzt werden und erzeugen eine erhebliche Macht. Das Pentagramm kann zusammen mit dem Namen der Erzengel verwendet werden sowie den passenden Formen des Tetragrammaton, wie es im Sepher Jetzirah angezeigt ist. Der Name des regierenden Engels kann zusammen mit dem Hexagramm benutzt werden, wobei die entsprechende Figur des Planeten verwendet wird, der das Zeichen regiert: Mars für Widder, Jupiter für Fische und so weiter. Dabei nimmt man nicht das Sigill des Planeten, sondern dasjenige des betreffenden Tierkreiszeichens.

Die nun folgende Namenstabelle enthält die Namen

der Aire oder Aethyre selbst;
den Namen des Engelsherrschers der Abteilung;
die Zahl des Stammes Israel und seines vorsitzenden Erzengels;
die Zahl der Minister und Begleiter.

Bevor wir mit der Klassifizierung fortfahren, rufe sich der Z.A.M. in Erinnerung, daß im Ritual »T« folgende Passage auftaucht: »Die Zahlen 456 und 6739 und so weiter, welche in einigen der Rufe auftreten, enthalten Mysterien, die hier nicht erklärt werden.«

Diese unerklärten Mysterien werden sich selbst erklären, indem man sich auf die letzte Spalte der folgenden Tabelle bezieht, welche die Aethyre in systematischer Reihenfolge aufzählt. Ihre Herrscher und ihre Engel sowie die Anzahl der untergeordneten Begleiter

1. LIL: OCCODON Neunte, 7209, PASCOMB Elfte, 2360, VALGARS Siebente, 5562.
2. ARN: DOAGNIS Vierte, 3636, PACASNA Zweite, 2362, DIALIVA Zweite, 8962.

3. ZOM: SAMAPHA Neunte, 4400, VIROOLI Siebente, 3660, ANDISPI Zehnte, 9236.
4. PAZ: THOTANF Zehnte, 2360, AXZIARG Zehnte, 3000, POTHNIR Zwölfte, 6300.
5. LIT: LAZDIXI Erste, 8630, NOCAMAL Siebente, 2306, TIARPAX Elfte, 5802.
6. MAZ: SAXTOMP Fünfte, 3620, VAVAAMP Zwölfte, 9200, ZIRZIRD Fünfte, 7220.
7. DEO: OBMACAS Vierte, 6363, GENADOL Dritte, 7706, ASPIAON Elfte, 6320.
8. ZID: ZAMFRES Fünfte, 4362, TODNAON Erste, 7236, PRISTAC Neunte, 2302.
9. ZIP: ODDIORG Dritte, 9996, CRALPIR Zehnte, 3620, DOANZIN Neunte, 4230.
10. ZAX: LEXARPH Elfte, 8880, COMANAN Siebente, 1230, TABITOM Neunte, 1617.
11. ICH: MOLPAND Thenth, 3472, VANARDA Sixth, 7236, PONODOL Third, 5234.
12. LOE: TAPAMAL Sechste, 2658, GEDOONS Achte, 7772, AMBRIAL Zweite, 3391.
13. ZIM: GECAOND Zehnte, 8111, LAPARIN Erste, 3360, DOCEPAX Siebente, 4213.
14. VTA: TEDOOND Fünfte, 2673, VIVIPOS Siebente, 9236, OOANAMB Zwölfte, 8230.
15. OXO: TAHANDO Neunte, 1367, NOCIABI Zehnte, 1367, TASTOXO Zwölfte, 1886.
16. LEA: COCARPT Zweite, 9920, LANACON Dritte, 9230, SOCHIAL Zwölfte, 9240.
17. TAN: SIGMORF Zweite, 7623, AYDROPT Fünfte, 7132, TOCARZI Neunte, 2634.
18. ZEN: NABAOMI Fünfte, 2346, ZAFASAI Siebente, 7689, YALPAMB Zwölfte, 9276.
19. POP: TORZOXI Zwölfte, 6236, ABAIOND Achte, 6732, OMAGRAP Elfte, 2388.
20. KHR: ZILDRON Fünfte, 3626, PARZIBA Dritte, 7629, TOTOCAN Siebente, 3634.
21. ASP: CHIRSPA Zwölfte, 5536, TOANTOM Achte, 5635, VIXPALG Sechste, 5658.
22. LIN: OXIDAIA Zwölfte, 2232, PARAOAN Erste, 2326, CALZIRG Zwölfte, 2367.

23. TOR: RONOAMB Siebente, 7320, ONIZIMP Siebente, 7262, ZAXANIN Achte, 7333.
24. NIA: ORCAMIR Vierte, 8200, CHIALPS Zehnte, 8360, SOAGEEL Zwölfte, 8236.
25. VTI: MIRZIND Vierte, 5632, OBVAORS Zweite, 6333, RANGLAM Zwölfte, 6236.
26. DES: POPHAND Zwölfte, 9232, NIGRANA-Achte, 3620, BAZCHIM Zwölfte, 5637.
27. ZAA: SAZIAMA Zweite, 7220, MATHULA Vierte, 7560, ORPAMB Fünfte, 7263.
28. BAG: LABNIXP Zehnte, 2630, FOCISNI Neunte, 7236, OXLOPAR Sechste, 8200.
29. RII: VASTRIM Dritte, 9632, ODRAXTI Vierte, 4236, GOMZIAM Fünfte, 7635.
30. TEX: TAOAGLA Zwölfte, 4632, GEMNIMB Vierte, 9636, ADVORPT Dritte, 7632, DOZINAL Sechste, 5632.

Aus diesen Namen werden magische Sigille gebildet. Doch ist es äußerst schwierig, angemessen zu beschreiben, wie die Namen dieser 91 Prinzen gebildet und ihre Sigille abgeleitet werden. Um unnötiges Gerede zu vermeiden, sollen die folgenden vier Diagramme deutlich aufzeigen, wie die Sigille von den henochischen Tafeln abgeleitet werden. Durch Vergleich dieser Diagramme mit den henochischen Tafeln sollte es dem Z.A.M. leicht fallen, die Namen nachzuzeichnen und für sich selbst eine Methode auszuarbeiten, mit welcher sie aus den Buchstaben der Tafeln gebildet werden. Bei dieser Angelegenheit kommt die gewöhnliche Einteilung in Luft, Feuer, Wasser und Erde als Unterelemente oder Unterabschnitte nicht zum Tragen, sofern es die Namen und Sigille der Prinzen in irgendeiner Form angeht.

Ich stolperte zufällig über diese Formeln und entdeckte später, daß Crowley sie bereits Jahre zuvor ausgearbeitet und die Sigille in einer der *Equinox*-Bände veröffentlicht hatte. Ich hatte diese einige Jahre vor meiner eigenen Entdeckung gesehen, doch bedeuteten mir die Sigille und Entdeckungen zu jener Zeit nichts. Es gibt zwischen Crowleys Version der Sigille und meiner eigenen einige Abweichungen. Ich kann zur Zeit nicht entscheiden, welche genauer ist. Es sind etwa fünfzehn Jahre vergangen, seit ich an diesem speziellen Problem gearbeitet habe, und mein Gedächtnis hilft mir da zur Zeit nicht weiter.

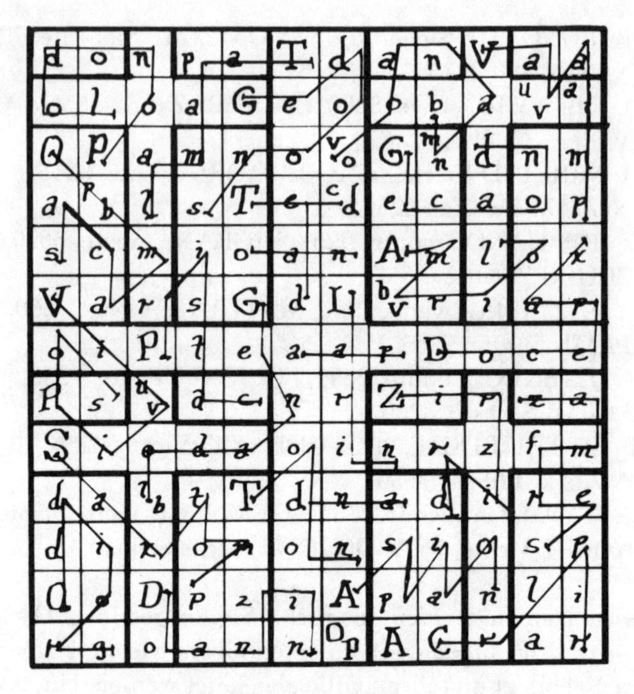

Sigille der Herrscher

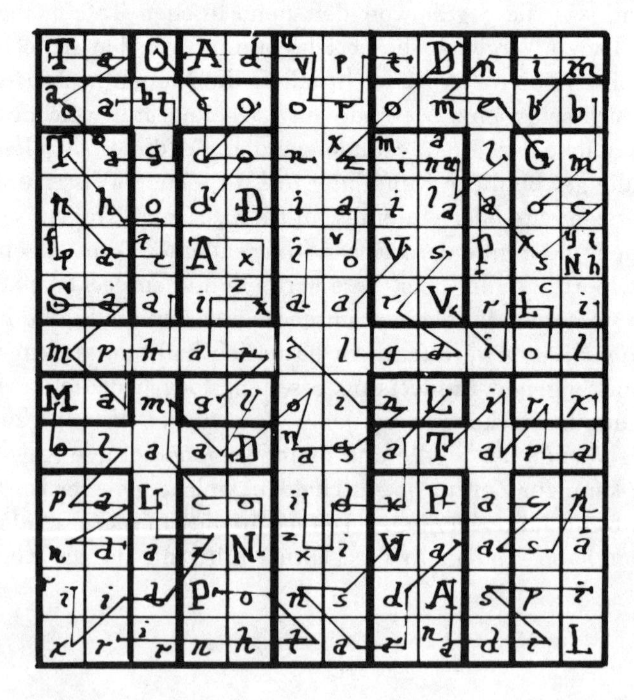

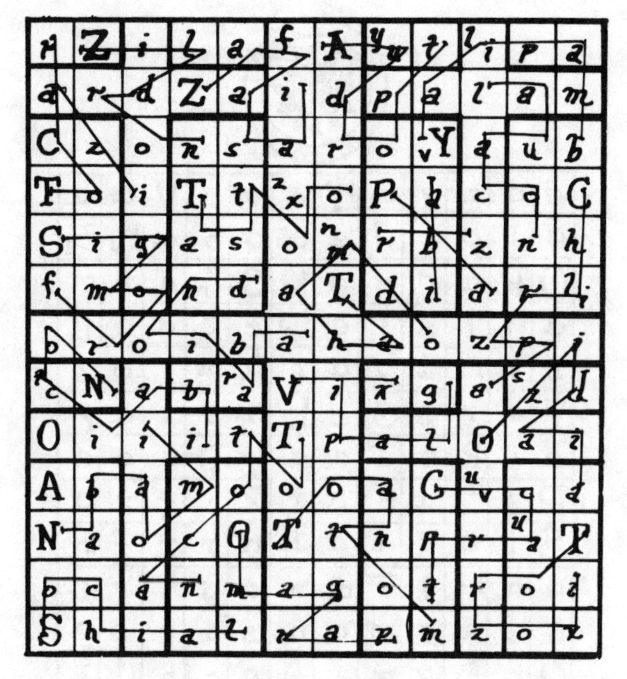

Sigille der Herrscher

Tafel mit Sigillen

d	o	n	p	a	T	d	a	n	V	a	a
o	l	o	a	G	e	o	o	b	a	^{u}v	^{a}i
O	P	a	m	n	o	^{v}o	G	^{m}n	d	n	m
a	^{p}b	l	s	T	e	^{c}d	e	c	a	o	p
s	c	m	i	o	a	n	A	m	l	o	x
V	a	r	s	G	d	L	^{b}v	r	i	a	p
o	i	P	t	e	a	a	p	D	o	c	e
P	s	^{u}v	a	c	n	r	Z	i	r	z	a
S	i	o	d	a	o	i	n	r	z	f	m
d	a	^{l}b	t	T	d	n	a	d	i	r	e
d	i	x	o	m	o	n	s	i	o	s	p
O	o	D	p	z	i	A	p	a	n	l	i
r	g	o	a	n	n	^{o}p	A	C	r	a	r

T	a	O	A	d	^{u}v	p	t	D	n	i	m
^{a}o	a	^{b}l	c	o	o	r	o	m	e	b	b
T	^{o}a	g	c	o	n	^{x}z	^{m}i	^{a}nu	l	G	m
n	h	o	d	D	i	a	i	^{l}a	a	o	c
^{f}p	a	^{t}c	A	X	i	^{v}o	V	s	P	^{x}s	$^{y\,l}$Nh
S	a	a	i	^{x}x	a	a	r	V	r	L^{c}	i
m	p	h	a	r	s	l	g	a	i	o	l
M	a	m	g	l	o	i	n	L	i	r	x
o	l	a	a	D	^{n}a	g	a	T	a	p	a
p	a	L	c	o	i	d	x	P	a	c	n
n	d	a	z	N	^{z}x	i	V	a	a	s	a
^{r}i	i	d	P	o	n	s	d	A	s	p	i
x	r	^{i}r	n	h	t	a	r	^{n}a	d	i	L

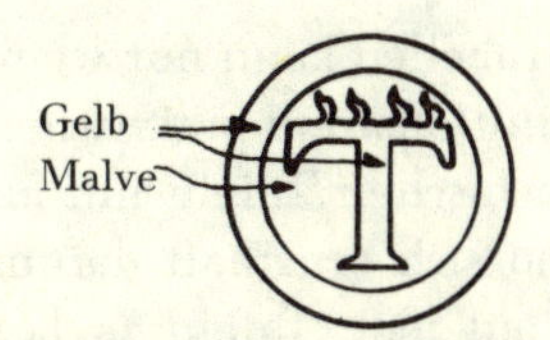

r	Z	i	l	a	f	A	y/u	t	l/i	p	a
a	r	d	Z	a	i	d	p	a	L	a	m
C	z	o	n	s	a	r	o	v/Y	a	u	b
T	o	i	T	t	z/x	o	P	a	c	o	C
S	i	g	a	s	o	n/m	r	b	z	n	h
f	m	o	n	d	a	T	d	i	a	r	l/i
o	r	o	i	b	a	h	a	o	z	p	i
t/c	N	a	b	r/a	V	i	x	g	a	s/z	d
O	i	i	i	t	T	p	a	l	O	a	i
A	b	a	m	o	o	o	a	C	u/v	c	a
N	a	o	c	O	T	t	n	p	r	u/a	T
o	c	a	n	m	a	g	o	t	r	o	i
S	h	i	a	l	r	a	p	m	z	o	x

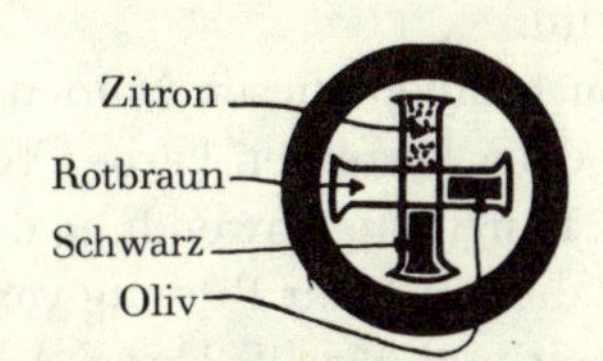

b	O	a	Z	a	R	o	p	h	a	R	a
u/v	N	n	a	x	o	P	S	o	n	d	n
a	i	g	r	a	n	o	a/o	m	a	g	g
o	r	p	m	n	i	n	g	b	e	a	l
r	s	O	n	i	z	i	r	l	e	m	u
i	z	i	n	r	C	z	i	a	M	h	l
M	O	r	d	i	a	l	h	C	t	G	a
R/o	C/O	a/c	n/a	c/nm	h/c	i/h	ia/bt	s/a	o/s	m/o	t/m
A	r	b	i	z	m	i	l/l	l	p	i	z
O	p	a	n	a	B	a	m	S	m	a	T/L
d	O	l	o	P/F	l	n	i	a	n	b	a
r	x	p	a	o	c	s	i	z	i	x	p
a	x	t	i	r	V	a	s	t	r	i	m

Über diese zusätzlichen Tabellen kann nur weniges gesagt werden, was für den Z.A.M. von unmittelbarem praktischem Wert ist. Wer die ganzen Schemata der henochischen Tafeln mit all ihren unzähligen Verzweigungen studiert und sich ernsthaft darum bemüht, die hier gegebenen Informationen auf jene Tafeln zu beziehen, wird selbst viele Tatsachen von ungeheurer Wichtigkeit und Bedeutung entdekken. Ist man jedoch über dieses Thema nicht gut informiert, so würde eine eingehendere Beschreibung dieser Dinge trivial erscheinen.

Soviel aber soll gesagt werden: Durch ein Studium der klassischen Zuordnungen der ägyptischen Götter zu den Quadraten und indem man die Götter nimmt, welche denjenigen Quadraten zugeordnet sind, zu denen auch die Namen einiger der oben genannten herrschenden Prinzen gehören, ist es möglich, eine aus den Formeln dieser Götter zusammengesetzte Invokation zu konstruieren. Diese wird aus ständigen Invokationen der Kräfte der Welt Atziluth bestehen.

Eines der Sigille dieser Prinzen kann zum Beispiel durch mehrere Buchstaben hindurchgehen, zu deren Quadraten die Göttin Isis, Nephthys, zweimal Osiris, Kabexnuv und zweimal Horus und Hathor gehören. Eine Invokation dieser mächtigen Kräfte durch Vibration ihrer Namen in ihren koptischen Entsprechungen wird als eine äußerst kraftvolle Beschwörung des Engels dienen, dessen Sigill auf diese Weise nachgezogen wird.

Die Übertragung der Buchstaben dieser Namen ins Hebräische macht wiederum die Angabe der korrekten Farben von der Rose zum abgebildeten Sigill möglich. Durch die Anwendung der gewöhnlichen Methoden des Ordens führt dies auch zur Bildung von telesmatischen Figuren von großer Schönheit und Macht. Der Z.A.M. muß all dies selbst ausarbeiten, sofern er an dem System interessiert ist. Der Aufwand an Kraft und Zeit in dieser Richtung wird sich reichlich auszahlen.

Die dreißig Aethyre selbst stellen ein Schema dar, das sich erheblich von demjenigen unterscheidet, welches wir durch die Kabbala gebildet haben und ihre Hauptglyphe der zehn Sephiroth. Es ist ein primitiveres Schema, und es bedarf erheblicher Manipulationen, um Zuordnungen zum Baum zu finden.

Die Zuordnungsmethode dieser Schlüssel zu den dreißig Aethyren, zusammen mit den Namen der herrschenden Prinzen, ist äußerst einfach und wurde zum Teil schon im Ritual »T« gezeigt.

Der Z.A.M. bereite den Tempel wie zu allen Weihungszeremonien und eigentlichen Arbeiten vor. Er trage also das Rosenkreuzlamen, habe Schwert und Lotusstab bei der Hand, die Werkzeuge auf dem Altar, und banne gründlich alle Kräfte aus dem Raum, reinige mit Wasser, weihe mit Feuer oder verwende die Methode des Öffnens durch die Wachttürme. Er umkreise und bete den Herrn des Universums an. Dann führe er das invozierende kleine Hexagrammritual durch und fahre mit dem kabbalistischen Kreuz fort, worauf die Analyse der Schlüsselworte I.N.R.I. folgt. Dann trete er in den Westen des Altars und blicke nach Osten, rezitiere die Worte des Rufes der dreißig Aethyre unter Einfügung des Namens desjenigen Aethyrs, mit dem er Verbindung haben will. Bei diesem Thema sollte ich, glaube ich, erwähnen, daß Crowley bei der Anwendung der Rufe zur Überquerung des Abgrundes entdeckte, daß dieser Ruf, der zunächst als ein Fluch erschien, sich von der »anderen Seite des Abgrundes« gesehen als ein herrlicher Lobpreis und Segen herausstellte.

Falls der Z.A.M. bei seinen Reisen in der geistigen Schau durch die Aethyre mit den herrschenden Prinzen und Erzengeln in Kontakt treten möchte, so folge er der allgemeinen Invokation mit der besonderen Beschwörung der Namen. Man kann eine leichte Abwandlung der Mahnung im Grade der Pforte verwenden, mit welcher Lexarph, Comananu und Tabitom invoziert werden, (die drei regierenden Engel der Vereinigungs-Tafel, wie auch der zehnte Aethyr ZAX), indem man an ihrer Stelle die betreffenden Namen einsetzt.

Nach seiner geistigen Schau im Aethyr weihe der Z.A.M. seinen Tempel erneut mit Feuer und Wasser, umkreise rückläufig, bete an und benutze das bannende Pentragrammritual.

In bezug auf die auftretenden Sigille sei angemerkt, daß der Name LAZDIXI der einzige unter den 91 Namen ist, den man den Quadraten oder Buchstaben der Tafeln bei der Bildung der entsprechenden Sigille in zwei verschiedenen Weisen zuordnen kann. Beide sind richtig, die Originalschriften sagen über diesen Punkt nichts aus.

Weiterhin ist anzumerken, daß der Z.A.M. bei der eigenen Ausarbeitung der Sigille aus dem Namen PARAOAN kein Sigill bildet, denn dieser taucht eigentlich auf keiner der Tafeln auf. Auch ich habe keine Vermutung über den Grund dafür. Es scheint, als würden auf jeder der vier Tafeln ein oder zwei Quadrate übriggelassen, das heißt, sie bleiben leer, nachdem die Sigille der anderen Namen richtig abgeleitet worden sind. Der Name PARAOAN wird von allen Tafeln abgeleitet und stellt einen Engel dar, der die Eigenschaften aller vier Elemententafeln kombiniert oder sie auf gewisse Weise vereint.

Außerdem sollte beachtet werden, daß die drei Engel der Prinzen, die sich als die gebietenden Engel über die drei Abteilungen des zehnten Aethyrs ZAX zeigen, auch die gleichen Engel sind, die als die mächtigen Erzengel angegeben werden, die über die mystische Vereinigungs-Tafel regieren.

Es sollte beachtet werden, daß bei der Invokation des Aethyrs selbst sein Name ins Hebräische übertragen und vibriert wird, während man sein Sigill auf der Rose zieht.

Zweiter Teil des Anhangs zum Buch über den Zusammenfluß der Kräfte

(Eine Erläuterung des dritten Abschnittes des henochischen Systems, des Sigillum Dei Aemeth.)

Eines der ersten wichtigen Ergebnisse der zeremoniellen Geistesschau des Sir Edward Kelley und Dr. John Dee war der Empfang und die Konstruktion des Sigillum Dei Aemeth. Es ist in Verbindung damit interessant festzustellen, daß von diesen Worten des Siegels des Gottes der Wahrheit das Wort Aemeth dem hebräischen Wort für Wahrheit entspricht. Rückwärts ergeben die Buchstaben das Wort Thmaa (Themis), den Namen von ihr, die im Angesicht der Götter auf dem Platz an der Schwelle steht. Sie ist die Hüterin der Halle der zweifachen Manifestation der Wahrheit. Aus diesem Grunde steht das Sigillum Dei Aemeth unter ihrem besonderen Schutz und ihrer Herrschaft.

Aleph, Mem und Tau sind die drei Buchstaben, welche die drei Elemente Luft, Wasser und Erde repräsentieren. Shin als Repräsentant des Feuers des heiligen Geistes findet sich nicht direkt im Namen des Sigills. Es ist jedoch implizit darin enthalten, denn der heilige Geist ist die Wahrheit und überschattet die anderen Elemente des Siegels wie der schwebende Geist Gottes. Und wenn die Wahrheit des Sigills der Vernunft aufdämmert, bricht das Feuer des Geistes hindurch und erleuchtet die Vernunft.

Das Siegel selbst ist ein höchst kompliziertes Pentakel, das Dee und Kelley aus reinem Wachs mit einem Umfang von 28 Zoll anfertigen sollten. Auf den ersten Blick scheint es ein verwirrtes Gemisch von Heptagonen und Heptagrammen gegenüber unzähligen Kreuzen, Zahlen und Buchstaben und ein Pentragramm zu enthalten. Man braucht nur ein wenig Aufmerksamkeit, um zu erkennen, daß dieses Chaos nur ein scheinbares ist. Es bedarf jedoch einer Menge sorgfältiger Arbeit, um das Geheimnis seiner Bildung zu entwirren. Denn die ganze Anordnung stellt eine brillante und höchst originelle Synthese dar, die verschiedene Ideen enthält, in denen alle Regeln der Akrostichen, Wandlungen und magischen Quadrate abwechselnd eingesetzt werden.

Bei der folgenden Beschreibung dieser Seiten sollte man regelmäßig einen Blick auf das Sigillum werfen, um mit Verständnis folgen zu können. Jeder Schritt der Entzifferung sollte auf die Abbildung des Sigillum bezogen werden, so daß jeder einzelne Schritt klar verstanden wird.

Denken wir darüber hinaus daran, daß die hier folgende Beschreibung nur einen oberflächlichen Blick auf das Ganze gestattet und daß weitere Meditation andere interessante und bedeutsame Tatsachen entschlüsseln wird.

Am äußersten Rande des Siegels befindet sich eine Reihe von Zahlen und Buchstaben. Aus diesen Zahlen lassen sich die Hieroglyphen oder Sigille der henochischen Tafeln entziffern, wie im Ritual X gezeigt. Sie ergeben die Namen der großen Elementenkönige oder Wächterengel, welche die Wachttürme hüten.

Innerhalb dieser Kreise an Buchstaben und Zahlen treten sieben Symbole mit anderen Buchstaben und Zahlen auf. Mit ihren formalen astrologischen Bedeutungen und henochischen Namen sind es die folgenden:

1. Galas – Saturn 5.
2. Gethog – Jupiter 24.
3. Thaoth – Mars 30.
4. Horlwn – Sonne 21.
5. Innon – Venus 9.
6. Aaoth – Merkur 14.
7. Galethog – Mond

Nach dem Diktat dieser sieben Planetensymbole bemerkte einer der Engelboten treffend: »Sieben ruhen in sieben; und sieben leben durch sieben. Die sieben regieren die sieben, und alle Herrschaft liegt bei den sieben.«

Kurz gesagt stellt das Sigillum Dei Aemeth im wesentlichen eine zusammenfassende Glyphe der Siebenheit der Planetenkräfte dar, welche es ausführlich und detailreich auf jeder seiner Ebenen analysiert. Durch die Zuordnung der Ordenslehren – hebräische Buchstaben, Namen, geomantische Symbole und Sigille, Tarotkarten und ihre Herrschaftsbereiche in den Himmeln in entsprechenden Farben – zum Grundgerüst von Dee und Kelleys Schau, wird dasselbe zu einem viel zusammenhängenderen und einsetzbareren System erweitert. Genau dies wurde schließlich auch von den ursprünglichen Ordensgründern mit dem bloßen Gerippe der vier Elemententafeln durchgeführt, die in ihrer ursprünglichen Fassung im britischen Schriftenmuseum nur eine schwache Ähnlichkeit zu dem umfassenden und großartigen System aufweisen, das durch den Orden entwickelt wurde. Bei der Vorlage dieser Analyse werde ich aus einigen der angeblichen Reden der Engelboten zitieren, weil einige derselben von großer Schönheit und Kraft sind.

Wenn wir die Beschreibung der Buchstaben des Sigillum fortführen und uns vom Rand zur Mitte nach innen durcharbeiten, finden wir als nächstes ein doppeltes Heptagon, dessen Facetten jeweils in sieben Teile eingeteilt sind, von denen jede einen Buchstaben enthält. Das Heptagon weist mit der Spitze nach oben. Nach den Tagebüchern des Dr. Dee scheint es, daß dieselben Zeile für Zeile diktiert wurden. Und Kelley, der Seher, berichtete, daß diese Buchstaben in seiner Vision durch den großen Erzengel Uriel als Buchstabenkörbe manifestiert wurden. Sie traten in dieser Reihenfolge auf:

ZllRHla
aZCaaob
Paupnhr
hdmhiai

Die nächste Zeile wurde übermittelt, indem sie in diese Reihenfolge gestellt wurden:

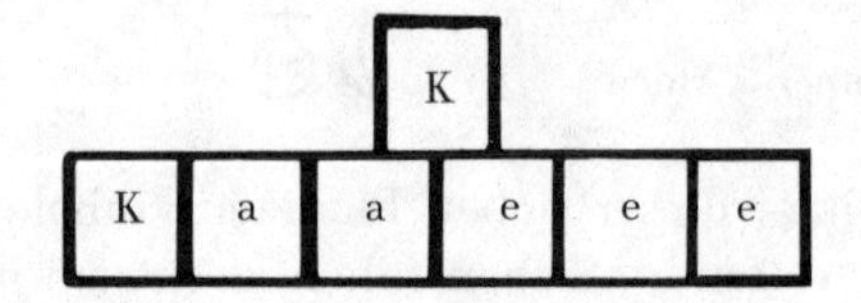

Der sechste Korb wurde so gesehen:

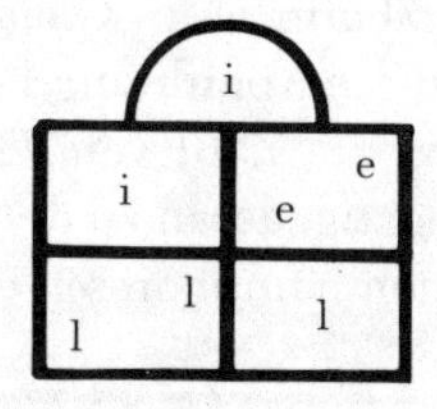

Der siebente Korb hatte eine Kreisform:

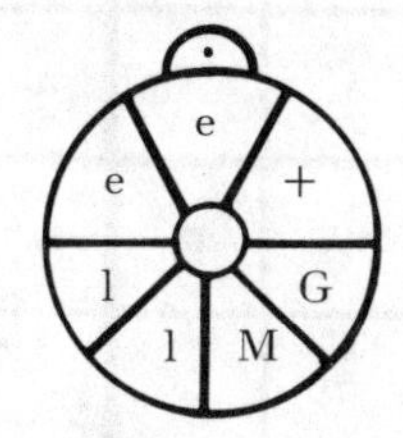

Diese letzte Zeile oder der Buchstabenkorb wurde in seiner Bedeutung derart hoch eingeschätzt, daß Uriel zum Schluß folgenden Ausspruch tat: »Diese sieben Buchstaben sind die sieben Sitze des einen und ewigen Gottes. Seine sieben geheimen Engel gehen von jedem so gebildeten Buchstaben und Kreuz aus, das der Substanz nach dem Vater angehört, der Gestalt nach dem Sohn und innerlich dem heiligen Geist.«

Man beachte dabei, daß die Beschreibungen dieser Namen im Falle der Substanz Bezug auf den Vater haben, der Form auf den Sohn und der inneren Essenz auf den heiligen Geist. Man vergleiche dies mit der fast identischen Beschreibung im ersten Teil dieses Anhanges, die NALVAGE gab, wobei er sich auf den runden Tisch bezieht, welcher mit »Zodire Mozod Iada« beginnt. Es scheint gleichsam ein Charakteristikum aller Henochiana zu sein.

»Schaue es an. Es ist einer der Namen, den du vor dir hast; jeder Buchstabe enthält einen leuchtenden Engel; es umfaßt die sieben inneren Kräfte Gottes, die niemand außer ihm selbst kennt. Ein ausreichendes BAND, um alle Kreaturen ins Leben oder in den Tod zu drängen oder sonst irgend etwas, das in dieser Welt enthalten ist. Es verbannt die Schlechten, treibt die bösen Geister aus, bereichert das Wasser, stärkt die Gerechten, erhöht die Rechtschaffenen und zerstört die Schlechten. Er ist einer in sieben. Er ist zweimal drei. Er ist sieben im ganzen. Er ist allmächtig. Sein Name dauert ewig. Seine Wahrheit geht nicht fehl. Seine Herrlichkeit ist unbegreiflich. Gesegnet sei sein Name. Gesegnet seist du, oh Gott, in Ewigkeit.«

Indem man die oben genannten Buchstaben in sieben geordnete Zeilen nebeneinander zur Form eines Quadrates stellt, erhalten wir die folgende Figur. Über diese Anordnung bemerkt der Engel weiterhin, daß »jeder Buchstabe die Zahl von 72 Tugenden enthält oder umfaßt.« Es ist hierbei wichtig, daran zu denken, daß 72 der Zahl der Engel der Quinate, der Shemhamphoresch entspricht.

Z	l	l	R	H	i	a
a	Z	C	a	a	c	b
p	a	u	p	n	h	r
h	d	m	h	i	a	i
K	K	a	a	e	e	e
i	i	e	e	l	l	l
e	e	l	l	M	G	+

Der Einfachheit halber wollen wir diese Figur als das Quadrat der Erzengel bezeichnen.

Beginnen wir mit dem Buchstaben Z in der linken oberen Ecke, lesen die Spalte hinunter und schließen noch den ersten Buchstaben der zweiten Spalte ein, so finden wir den Namen Zaphkiel, des Erzengels von Binah und der Saturnsphäre. Beginnen wir beim Z der zweiten Spalte und führen die gleiche Prozedur durch, so ist das Ergebnis Zadkiel, der Erzengel von Chesed und der Sphäre von Tzedek oder Jupiter. Indem wir in jedem Falle mit einem Großbuchstaben beginnen, folgt nacheinander: Camael, der Erzengel von Geburah und der Sphäre von Madim, Mars; Raphael, der Erzengel von Shemesh, Sonne; Haniel, der Erzengel von Netzach und der Sphäre von Nogah, Venus; Michael, der Erzengel von Hod und der Sphäre von Kokab, Merkur; sowie Gabriel, der Erzengel von Jesod und der Sphäre von Levanah, dem Mond.

Malkuth wird ohne weitere Zuordnungen oder Beschreibungen

durch das abschließende Kreuz symbolisiert. Wie das Ritual X bezeugt, wird das Kreuz in der henochischen Symbolik stets als ein »TH«, als Tau, der Buchstabe der Erde, gelesen. Und die Vorstellung, daß die Erde der Inbegriff der vorhergehenden Namen ist, wird weiterhin durch die Tatsache nahegelegt, daß die ganze Figur aus Wachs konstruiert werden sollte. Auf der Rückseite des Sigillum Dei Aemeth wird Malkuth weiterhin durch diese Figur zusammengefaßt.

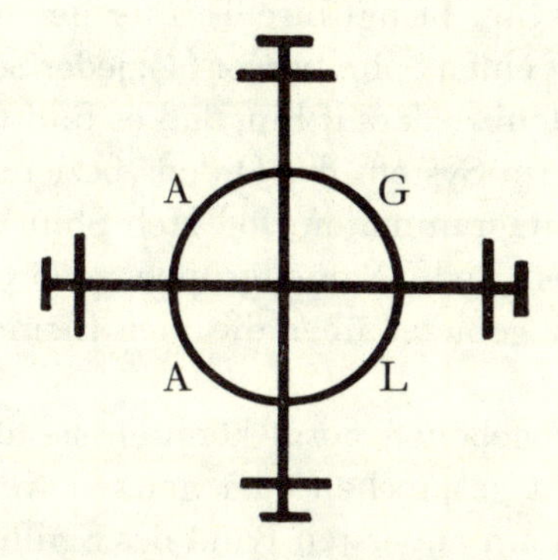

AGLA ist eine Abkürzung, ein Notarikon, für »du bist in Ewigkeit mächtig, oh Herr«. Und AGLA, man beachte dies, ist auch der Name der Macht, der im kleineren Pentragrammritual im Norden zu vibrieren ist.

Damit ist eine Lesart der Buchstaben im Quadrat beendet. Wie der Erzengel Uriel jedoch im oben angeführten Zitat sagte, gibt es mehrere Weisen, diese Buchstaben bei der Bildung der Namen anzusehen. Ich belasse es im Moment beim obigen und lasse dem Z.A.M. die Aufgabe, diese Geheimnisse im Lichte dessen, was bereits gesagt wurde, weiter auszuarbeiten.

Bevor wir mit dem nächsten Teil des Sigillum fortfahren, muß ich noch eine weitere Rede eines Engels, diesmal von Michael, berichten: »Beachte dieses Mysterium. Sieben umfaßt die Geheimnisse des Himmels und der Erde. Sieben bindet die Seele und den Körper des Menschen zusammen (drei in der Seele und vier im Körper). In sieben werdet ihr die Einheit finden. In sieben werdet ihr die Dreifaltigkeit finden. In sieben werdet ihr die Summe und das Verhältnis des Heiligen Geistes finden. Oh Gott, oh Gott, oh Gott. Dein Name, oh Gott, sei in Ewigkeit gepriesen, von deinen sieben Thronen, von deinen sieben Trompeten und von deinen sieben Engeln, Amen, Amen, Amen!«

Unmittelbar unter dem oben beschriebenen Heptagon findet man auf dem Sigillum sieben Reihen von Großbuchstaben und Figuren.

Diese Buchstaben und Figuren werden auf einer späteren Seite zu einem Quadrat angeordnet.

Gemäß der Aussage des Engels umfassen diese Namen »die sieben Namen Gottes, die den Engeln nicht bekannt sind, die vom Menschen weder gesprochen noch gelesen werden können. Diese Namen bringen sieben Engel hervor (1), die Herrscher der uns nächst gelegenen Himmel. Jeder Buchstabe der Engelnamen bringt sieben Töchter hervor (2). Jede Tochter bringt ihre Tochter hervor (3); jede Tochter einer Tochter bringt einen Sohn hervor (4); jeder Sohn hat einen Sohn (5).« Das deutet offenbar darauf hin, daß es fünf Gruppen hierarchischer Namen gibt. Im System des Ordens bezieht sich die 5 auf die Buchstaben des Pentagrammaton: Jod Heh Shin Vau Heh entspricht den fünf Elementen. Jede Namengruppe gehört deshalb den fünf Elementen an und gebietet über die vier Elemententafel und die Vereinigungs-Tafel.

In der oben angegebenen Form könnten sie als Namen offenbar von Menschen nicht gesprochen oder gelesen werden. Unter Bezug auf die Buchstaben am äußersten Rand des Sigillum finden wir, daß 21 das E ist, die 8 das L, sowie 30 ebenfalls das L. Durch Einsetzen dieser Buchstaben anstelle der Zahlen erhalten wir SAAIELEMEL und BTZKASEL und so weiter. Das macht die Namen weniger unmöglich zu verwenden. Durch Einsatz der inzwischen vertrauten Regeln zur Aussprache des Henochischen, das getrennte Vibrieren der Buchstaben also, gelangen wir zu einer ziemlich volltönenden Schwingung. Dies sind die über die Planeten regierenden Gottesnamen.

Indem man diese Buchstaben auf die gleiche Weise behandelt wie die vorhergehenden, erhält man ein ähnliches Quadrat. Dieses werden wir als das Engelsquadrat bezeichnen, um es von demjenigen der Erzengel zu unterscheiden.

Die Lesart dieser Buchstaben unterscheidet sich ein wenig von der zuvor gezeigten. Sie läßt sich leichter durch das Ziehen eines Sigills erklären als durch eine Masse an Wörtern. Ich gebe unten das Quadrat noch einmal an und zeichne eine Linie ein, um die angewendete Prozedur anzudeuten.

Folgt man diesem Verfahren kontinuierlich und beginnt nach einer jeden Zahl, so erhält der Z.A.M. folgendes:

S	A	A	I^{21}_{8}	E	M	E	Venit in Coelis
B	T	Z	K	A	S	E	Dues Noster
H	E	I	D	E	N	E	Dux Noster
D	E	I	M	O	30	A	Hic Est
I^{26}	M	E	G	C	B	E	Lux in Aeternum
I	L	A	O	I^{21}_{8}	V	N	Finis Est
I	H	R	L	A	A	$^{21}_{8}$	Vera Est Haec Tabula

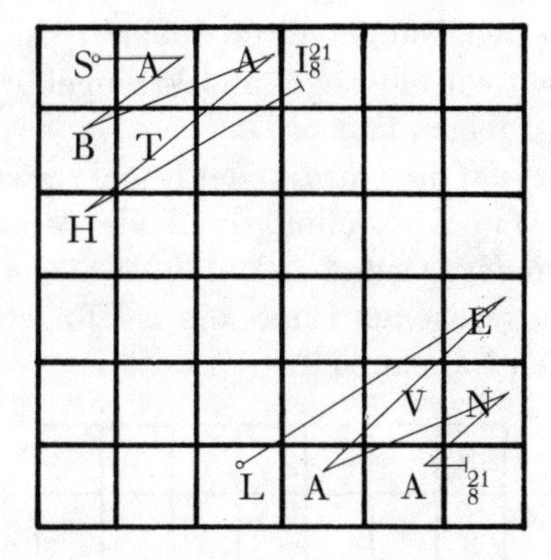

Sabathiel – der über die Saturnsphäre gebietende Engel
Zedekiel – der über die Jupitersphäre gebietende Engel
Madimiel – der über die Marssphäre gebietende Engel
Semeliel – der über die Sonnensphäre gebietende Engel

An dieser Stelle findet sich ein offensichtlicher Fehler. Sind die betreffenden Namen und Buchstaben diktiert worden, dann muß Kelley beim letzten Namen anstelle des gemeinten S ein L gehört und geschrieben haben. Der Name heißt nämlich eigentlich Semesiel, denn Semes oder Shemesh ist das hebräische Wort für Sonne. Ändert man diesen Buchstaben jedoch auf der Tafel, so hat das weitreichende Folgen, denn dadurch ändern sich auch andere Namen, die man durch andere Umstellungsmethoden erhält. Über den Vermerk des Fehlers hinaus habe ich mich darum nicht weiter mit der Sache auseinandergesetzt.

Nogabiel – der über die Venussphäre gebietende Engel
Korabiel – der über die Merkursphäre gebietende Engel

Auch hier findet sich ein Fehler, zweifellos eher ein Seh- als ein Hörfehler. R wurde aufgezeichnet, wo offenbar K gemeint war. Der hebräische Name Merkur ist Kokab nicht Korab, deshalb sollte der Engelname Kokabiel heißen.

Levanael – der über die Mondsphäre gebietende Engel

Hier haben wir es eindeutig mit dem Anfang eines hierarchischen Systems zu tun. Die Gottesnamen sowie die Symbole der Planeten und die henochischen Namen ihrer Sphären sind bereits genannt worden. Nun haben wir die Engel und Erzengel, worauf die dienenden Hierarchien zu folgen haben.

Um noch einmal auf das Quadrat der Engel zurückzukommen, will ich daran eine zweite Umstellungsmethode demonstrieren. Unten gebe ich wiederum das Quadrat an mit einer diagonal von oben links nach unten rechts gezogenen Linie, die das folgende Verfahren anzeigt. Sie ergibt den Namen STIMCUL.

S						
	T					
		I				
			M			
				C		
					U	
						L

Ein ähnliches Verfahren wird bei allen anderen Quadraten eingesetzt, das heißt, es werden links von unserem ersten diagonalen Namen diagonale Linien gezogen. Man erhält BEIGIA, HEEOA, DMAL, ILI, IH, I. Rechts vom ersten Namen findet man AZDOBN, AKELE, IANA, ESE, ME, EL.

Beziehen wir uns auf die Rose des Z.A.M., so können wir formale Sigille ihrer Kräfte in ihren wahren magischen Farben folgendermaßen anfertigen:

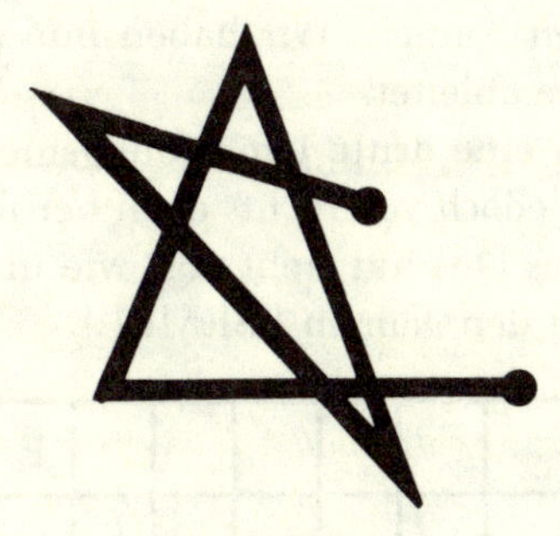

Sigill eines Engels

Es wird bei Berücksichtigung der Ordensschrift über telesmatische Bilder deutlich werden, daß man diese Buchstaben benutzen kann, um telesmatische Bilder von nicht geringer Schönheit anzufertigen. Eine weitere Analysemethode besteht darin, die Gematria des Namens AZDOBN zu nehmen, welche in diesem Falle 720 beträgt (72 × 10). Unter Anwendung der Kabbala der neun Kammern darauf, wie im Ritual »M« anhand einer sehr ähnlichen Technik bezüglich der Sephiroth gezeigt wird, erhalten wir Zwillinge und Merkur. Der Name ist daher deutlich merkurialer Natur mit einem Oktagramm als geometrischer Figur, welche der Sphäre Hod angehört und unter Vorherrschaft von ELOHIM TZABAOTH steht. Bei der Bildung telesmatischer Bilder sollte die Idee in die Praxis umgesetzt werden. Man beachte auch, daß die beiden ersten Buchstaben des Namens AZ auch die ersten von AZBOGAH sind, eines Merkurnamens.

Verlassen wir diese Namen nun für eine Weile und gehen noch einmal auf das Diagramm des Sigillum Dei Aemeth zurück. Nach den unaussprechlichen Gottesnamen, aus welchen wir das Quadrat bildeten, kommt als nächstes ein doppeltes Heptagramm mit der Spitze nach oben. Innerhalb desselben finden wir ein doppeltes Heptagon mit einer Facette aufwärts und der Spitze nach unten. Innerhalb der Punkte und Umrisse dieser geometrischen Figuren befinden sich weitere Namen und Buchstaben – genau vier Linien oder Unterteilungen. Beachtet der Zelator Adeptus Minor dieselben, so findet er um die siebeneckigen Figuren herum, oben angefangen, folgende Namen: EL, ME, ESE, IANA, AKELE, AZDOBN, STIMCUL. (Diese sollten sowohl in Groß- als auch in Kleinbuchstaben geschrieben werden; ich habe hier jedoch der Lesbarkeit halber nur Großbuchstaben verwendet.) Die zweite Namensfolge ist, oben begonnen: I, HEEOA, IL, BEIGIA, ILI, STIMCUL, DMAL.

Dies sind also ganz einfach die mittels der zweiten Umstellungsmethode abgeleiteten Namen. Wir haben nun gezeigt, wie man zu ihnen kommt und sie ableitet.

Wenden wir noch eine dritte Umstellungsmethode an. Sie ähnelt der zweiten, nimmt jedoch von rechts oben her ihren Verlauf abwärts nach unten links. Das Quadrat sieht aus, wie unten gezeigt, und die diagonale Linie zeigt den Namen ESEMELI.

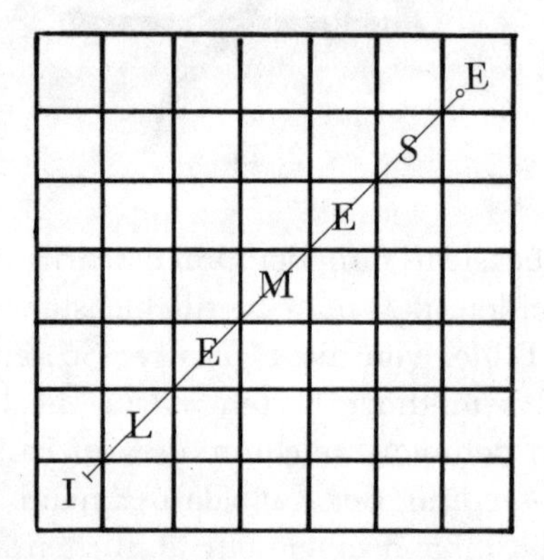

Aus dieser Methode ergeben sich links die Namen: MADIMIEL, EKIEL, IZED, ATH, AB, S. Diese Reihe von sieben Namen stellt die dritte Serie innerhalb des Heptagons auf dem Sigillum dar, die sich unter- oder innerhalb der zuvor genannten befindet.

Gehen wir zurück zu unserer Methode, die diagonalen Umwandlungen des Quadrates darzustellen, doch arbeiten wir diesmal von unten aufwärts. Rechts erhalten wir: ILEMESE, HAGONEL, IOCLE, LIBE, AVE, AN, EL. Diese finden sich auch als die letzte, vom Heptagon eingefaßte Reihe.

Zweierlei sollte noch angemerkt werden. Erstens wird im Ritual »T«, dem Buch der 48 Rufe, auf Irwins Manuskript angespielt, das gewisse Namen angegeben haben soll. Durch Nachschlagen auf der Seite, wo diese auftauchen, wird sich zeigen, daß einige der oben genannten Namen die gemeinten sind. Andere kann ich jedoch nicht unterbringen, wie etwa GALVAH, MURFIRI, NAPSAMA, NALVAGE. Ich kann nicht herausfinden, woher sie abgeleitet sind, obwohl es sich um Namen handelt, die in den Aufzeichnungen der Schau von Kelley und Dee eine herausragende Rolle spielen. Offenbar gehören sie einem der anderen Systeme an, dem runden Tisch des Nalvage oder der Heptarchia Mystica.

Nebenbei bemerkt taucht auch der Name Ave auf. Unsere Tradition versichert, daß die terrestrischen oder Elemententafeln vom großen Engel Ave an Henoch übergeben wurden.

Zweitens kann man nun vollends verstehen, warum ich nicht versucht habe zu korrigieren, was als zwei Fehler erschien. Hätte ich bestimmte Buchstaben auf dem großen Quadrat der Engel geändert, um die richtige Schreibweise für KORABIEL und SEMELIEL zu erhalten, die offensichtlich falsch sind, so hätten sich Änderungen bei mindestens vier weiteren Engelnamen ergeben. Die Verantwortung dafür erscheint mir für mich zu groß. Es tut sich hier jedoch ein lohnendes und fruchtbares Forschungsgebiet für den Z.A.M. auf, der beim Hellsehen und der Astralprojektion über größere Erfahrung verfügt.

Um die Analyse des Sigillum zu vervollständigen, sei noch festgestellt, daß die Mitte sich aus einem doppelten Pentagramm zusammensetzt, welches ein Kreuz einschließt. Die dortigen Buchstaben erweisen sich als die hierarchischen Namen, die man durch die erste Umstellungsmethode aus dem Engelquadrat erhält. Es handelt sich um die Namen der Planetenengel, wobei der Saturnengel SABATHIEL die anderen umschließt, wie um das himmlische und übergeordnete Wesen des Saturn zu bekräftigen. Das wird durch das Hexagrammritual bekräftigt, in welchem es vom Saturnhexagramm heißt, daß es die allgemeinen makrokosmischen Kräfte hervorruft. Innerhalb der umgebenden Sphäre des Sabathiel befinden sich die Engel Tzedek, Madim, Shemesh, Nogah und Kokab, welche um die Spitzen eines Pentagramms herum angeordnet sind. Die großen Anfangsbuchstaben dieser fünf Planeten stehen in der Spitze des Winkels selbst, und die übrigen Buchstaben erstrecken sich von Spitze zu Spitze. In der Mitte, um die Arme des Kreuzes herum, so daß er den Einfluß aller empfängt, steht der Name des Levanael, des Mondengels. Die Synthese aller ist die Erde.

Über die Namen ist nun genug gesagt worden, so daß sich der Z.A.M. leicht weitere Namensreihen in verschiedenen Zusammenstellungen selbst ausarbeiten kann.

Ein anderer wichtiger Punkt sei noch bemerkt. Wenn der Z.A.M. mit den Namen der Engel und Erzengel vom Sigillum arbeitet, sollte er die Namen der Könige und Ältesten verwenden, weil das Buch vom Zusammenfluß der Kräfte feststellt, daß die Namen der sechs Ältesten und des Königs einer jeden Tafel in ihrer Zuordnung zu den Spitzen des Hexagrammes die Wirksamkeit der Planeten in der elementaren Welt repräsentieren. Die Namen auf dem Sigillum stellen die Wurzel und Quelle derjenigen Kräfte dar, welche sich in den terrestrischen Wachttürmen mit den Elementen vermischt und zusammengesetzt finden. Die wahre Zuordnung der Namen des Königs und der sechs Ältesten zu den Planeten ist folgende:

Der König, der mittlere Wirbel auf dem Kreuz, der Sonne.
Die Namen auf der linken Hälfte der Linea Spiritus Sancti dem Mars.
Die Namen auf der rechten Hälfte der Linea Spiritus Sancti der Venus.
Die Namen auf der oberen Hälfte der Linea Dei Patris dem Jupiter.
Die Namen auf der unteren Hälfte der Linea Dei Patris dem Merkur.
Die Namen auf der oberen Hälfte der Linea Dei Filiique dem Mond.
Die Namen auf der unteren Hälfte der Linea Dei Filiique dem Saturn.

Hiermit ist die Beschreibung der Form und der Namen des Sigillum Dei Aemeth vollständig. Die Heptarchia Mystica führt das gleiche magische Thema fort, indem sie die 49 Angelorum Bonorum und ihre dienstbaren Minister auflistet, die sich unter der Herrschaft der Engel befinden, deren Namen im Heptagon des Sigillum gezeigt werden. Beispielsweise wird beschrieben, daß HAGONEL in seinem besonderen Herrschaftsbereich einem König namens CARMARA und einem Prinzen namens BAREES vorsteht, unter welchem wiederum 42 Minister stehen, deren Kommando die Söhne des Lichts unterstehen. Der Inhalt des Liber Logaeth besteht in der Invokation dieser 49 Guten Engel. Die Beschreibung desselben sowie eine Zusammenfassung des Heptarchia Mystica wird den dritten Teil dieses Anhanges bilden, (den zu Ende zu führen ich nicht die Zeit fand).

Oberflächlich gesehen scheint zwischen den in Teil I des Anhanges angegebenen Namen und denjenigen auf dem Sigillum und auf den Tafeln des runden Tisches von Nalvage kein Zusammenhang zu bestehen. Sie betreffen unterschiedliche Ebenen und haben andere Charakteristika.

G. H. Frater D. D. C. F. (Mathers)

Die Pyramidengötter und ihre Entsprechungen

(Beachte, daß die Gottesformen des CANCELLARIUS, des HEGEMONEN, STOLISTES und DADOUCHOS bei den HENOCHISCHEN PYRAMIDEN nicht Verwendung finden. Die Hinzufügung des abschließenden koptischen [st] an einen Namen zeigt eine eher spirituelle Kraft an, da es KETHER zugehörig ist. I. R.)

Die Farbgebung repräsentiert die Zusammenfassung der Entsprechungen und sollte sehr sorgfältig studiert werden. Sie findet sich vollständig bei den Farbtafeln in diesem Werk.

Die *kursiv gedruckten* Worte der folgenden Tabelle beziehen sich auf die Elemente; darauf folgen die Gottesnamen und die Amtsträger des Neophytengrades.

Geist. Oder ein Dreieck aus jedem Element.
Osiris – Hierophant auf dem Thron.

Wasser. Oder 3 aus 4. Wasser.
Isis – Praemonstrator.

Erde. Oder 3 aus 4. Erde.
Nephthys – Imperator.

Feuer. Oder 3 aus 4. Feuer.
Horus – Hiereus.

Luft. Oder 3 aus 4. Luft.
Aroueris – voriger Hierophant. Hierophant, wenn er nicht auf dem Thron ist.

2 Wasser. 2 Erde.
Athor – unsichtbare Station, Cherub des Ostens.

2 Feuer. 2 Wasser.
Sothis – unsichtbare Station, Cherub des Westens.

2 Luft. 2 Wasser.
Harpokrates – unsichtbare Station zwischen Altar und Hegemon.

2 Feuer. 2 Erde.
Apis – unsichtbare Station, Cherub des Nordens.

2 Luft. 2 Erde.
Anubis – Kerux.

2 Feuer. 2 Luft.
Pasht oder Sekhet – unsichtbare Station, Cherub des Südens.

Feuer. Wasser. Erde.
Ameshet– unsichtbare Station, Nordosten, Kind des Horus.

Feuer. Wasser. Luft.
Ahepih – unsichtbare Station, Südwesten, Kind des Horus.

Erde. Wasser. Luft.
Tmoumathph – unsichtbare Station, Südosten, Kind des Horus.

Erde. Luft. Feuer.
Kabexnuv – unsichtbare Station, Nordwesten, Kind des Horus.

Die Pyramidengötter

1. OSIRIS. Aeshoori.
Regiert oben, wenn jedes der vier Dreiecke von einem anderen Element ist, so daß alle vier Elemente in einem Quadrat vereint sind, denn er repräsentiert den Geist, der über die vier ausgeglichenen Elemente gebietet. An dieser Stelle kommt Shin hinzu und bildet daraus Jeheshuah. Gestalt: ein mumifizierter Gott mit geflügelter Mitra, Geißel und Phönixstab.

2. ISIS. Aeisch.
Regiert oben, wenn von den vier Pyramidendreiecken ein jedes vom Wasserelement ist oder wenn drei aus vieren Wasser sind, denn sie repräsentiert die wäßrige und feuchte Natur als den Thron des Geistes. Dieses ist das Heh des JHVH, die Mutter und der Anfang. Gestalt: Göttin mit einem Thron als Kopfschmuck, Lotusstab und Ankh.

3. NEPHTHYS. Nephthuseh.
Regiert oben, wenn von den vier Pyramidendreiecken ein jedes vom Element der Erde ist, oder wenn drei aus vieren Erde sind. Sie repräsentiert nämlich das abschließende Heh des JHVH, sie ist die Braut und das Ende. Gestalt: Göttin auf einem Altar mit von einem Gefäß gekröntem Kopfschmuck. Sie trägt den Lotusstab und das Ankh.

4. HORUS. Hoor.
Regiert oben, wenn die vier Pyramidendreiecke oder drei von vieren vom Element des Feuers sind. Er repräsentiert nämlich den Buchstaben Jod des JHVH, die feurige und rächende Kraft des Geistes, das Gegenteil des höllischen und verzehrenden Feuers. Gestalt: ein Gott mit Falkenkopf und Doppelmitra, Phönixstab und Ankh.

5. AROUERIS. Araoueri.
Regiert oben, wenn von den vier Pyramidendreiecken ein jedes vom Element der Luft ist oder drei von den vieren. Denn er repräsentiert das Vau des JHVH und ist gleichsam der Prinz und Regent für Osiris. Gestalt: ein Gott mit Doppelmitra, Phönixstab und Ankh.

6. ATHOR. Ahathoor.
Regiert oben, wenn von den vier Dreiecken der Pyramide zwei von Erde sind. Sie repräsentiert darum das erste und das abschließende Heh des JHVH und verbindet die Herrschaft von Aeisch und Nephthusch, von Isis und Nephthys. Gestalt: eine Göttin mit Scheibe und Federn zwischen den den Kopfschmuck krönenden Hörnern. Sie trägt Lotusstab und Ankh.

7. SOTHIS. Shaeoeu.
Regiert oben, wenn von den vier Pyramidendreiecken zwei von Wasser und zwei von Feuer sind. Sie repräsentiert deshalb Jod Heh des JHVH und vereint die Herrschaft von Aesisch und Hoor, von Isis und Horus. Gestalt: eine Göttin mit einem Kuhkopf, Scheibe und Federn zwischen den Hörnern, mit Lotusstab und Ankh.

8. HARPOKRATES. Hoorpokrati. (der Herr des Schweigens)
Regiert oben, wenn von den vier Pyramidendreiecken zwei von Wasser und zwei von Luft sind. Er repräsentiert deshalb das Vau Heh des JHVH und vereint die Herrschaft von Aeisch und Aroueri, von Isis und Aroueris. Gestalt: jugendlicher Gott mit Doppelmitra, lang gelockter Haartracht und dem linken Zeigefinger an den Lippen.

9. APIS. Ahapshi.
Regiert oben, wenn von den vier Pyramidendreiecken zwei von Erde und zwei von Feuer sind. Darum repräsentiert er das Jod Heh des JHVH und vereint die Herrschaft von Nephthusch und Hoor, von Nephthys und Horus. Gestalt: Gott mit Stierkopf und einer Scheibe zwischen Krummstab und Geißel in seiner Hand.

10. ANUBIS. Anoubi.
Regiert oben, wenn von den vier Pyramidendreiecken zwei von Erde und zwei von Luft sind. Er repräsentiert das Vau Heh des JHVH und vereint die Herrschaft von Nephthusch und Aroeouri, von Nephthys und Aroueris. Gestalt: Göttin mit Löwenkopf, gekrönt von einer Scheibe, mit Lotusstab und Ankh.

11. THARPESH.
Regiert oben, wenn von den vier Pyramidendreiecken zwei von Feuer und zwei von Luft sind. Sie repräsentiert deshalb Jod Vau des JHVH und vereint die Herrschaft von Horus und Aroueris. Gestalt: Göttin mit dem Kopf einer Löwin, gekrönt von einer Scheibe und mit Lotusstab und Ankh.

12. AMESHET oder Emsta Ameshet.
Regiert oben, wenn von den vier Pyramidendreiecken in irgendeiner Zusammenstellung diese drei beteiligt sind: Feuer, Wasser und Erde. Er repräsentiert deshalb Jod Heh (abschließendes) Heh des JHVH und vereint die Herrschaft von Horus, Isis, Nephthys, Sothis und Apis. Gestalt: ein mumifizierter Gott mit Menschenkopf.

13. HAPI. Ahephi.
Regiert oben, wenn bei den vier Pyramidendreiecken in irgendeiner Zusammenstellung diese drei Elemente beteiligt sind: Feuer, Wasser und Luft. Er repräsentiert deshalb Jod Heh Vau des JHVH und vereint die Herrschaft von Horus, Isis, Aroueris, Sothis, Harpokrates, Tharpesh. Gestalt: ein männlicher Gott mit Affenkopf.

14. TMOUMATHPH.
Regiert oben, wenn bei den vier Pyramidendreiecken in irgendeiner Zusammenstellung diese drei Elemente beteiligt sind: Wasser, Luft, Erde. Er repräsentiert deshalb die Herrschaft der Isis, Aroueris und Nephthys. Er repräsentiert das Heh Vau (abschließendes) Heh des JHVH und vereint die Herrschaft von Hoorpokrati, Ahathoor und Anoubi. Gestalt: ein mumifizierter Gott mit dem Kopf eines Hundes oder Schakals.

15. KABEXNUV.
Regiert oben, wenn bei den vier Pyramidendreiecken in irgendeiner Zusammenstellung diese drei Elemente beteiligt sind: Feuer, Luft, Erde. Er repräsentiert deshalb Jod, Vau (abschließendes) Heh des

JHVH und vereint die Herrschaft von Hoor, Aroueris und Nephthys, von Tharpesh, Ahephi und Anubis. Gestalt: ein mumifizierter Gott mit Falkenkopf.

Dieses sind die ägyptischen Götter, die über die Pyramiden der sechzehn untergeordneten Engel und Quadrate der Unterabschnitte gebieten. In der Mitte einer jeden Pyramide befindet sich die Sphinx ihrer jeweiligen Macht.
Achte die heiligen Symbole der Götter, denn in ihnen manifestiert sich das Wort als Stimme der Natur.

Diese sind die Elohim der Kräfte, und vor ihrem Antlitz verneigen sich die Mächte der Natur.

V. H. Frater A. P. S. (H. Pullen Burry)

Die ägyptischen Götter und die henochischen Tafeln (etwa 1895)

Um die Herrschaft der ägyptischen Götter über die untergeordneten Quadrate der Henochischen Tafeln zu studieren, habe ich zwei Diagramme gezeichnet, die zeigen:
– das erste 112 Quadrate von 11 Göttern beherrscht, die in dieser Reihenfolge zuerst im Buch über den Zusammenfluß der Kräfte angegeben wurden.
– auf dem zweiten die 144 Quadrate, die von den letzten vier dort erwähnten beherrscht werden.
(Beide Diagramme fehlen aufgrund der langen, verstrichenen Zeit, doch kann der ernsthaft Studierende sie selbst rekonstruieren, wenn er dem Text aufmerksam folgt. I. R.)

Im ersten Diagramm sind die Quadrate je nach den Elementen gefärbt. Sie regieren über die Kräfte ihrer jeweiligen Götter und Göttinnen. Von Osiris regierte Quadrate werden deshalb mit einem gleichseitigen Kreuz der Elemente in Gold auf weißen Untergrund gezeichnet.

Quadrate unter der Herrschaft der *Isis* sind blau: Wasser.
Quadrate unter der Herrschaft der *Nephthys* sind schwarz: Erde.
Quadrate unter der Herrschaft des *Horus* sind rot: Feuer.
Quadrate unter der Herrschaft der *Aroueris* sind gelb: Luft.
Quadrate unter der Herrschaft der *Ahathor* sind oliv: Wasser und Erde.
Quadrate unter der Herrschaft der *Sothis* sind lila: Wasser und Feuer.
Quadrate unter der Herrschaft des *Harparkrat* sind grün: Wasser und Luft.
Quadrate unter der Herrschaft des *Apis* sind rotbraun: Erde und Feuer.
Quadrate unter der Herrschaft des *Anubis* sind orange: Luft und Feuer.

Im zweiten Diagramm wird die Herrschaft der übrigen vier Götter auf ähnliche Weise gezeigt. Hier ist die Farbe jedoch diejenige der unausgeglichenen Elemente, und zwar im Quadrat, über welches die betreffende Gottheit regiert:

> *Ameshet*-Quadrate sind *schwarz*, weil die Erde nicht ausgeglichen ist – Wasser, Feuer, Erde.
> *Ahephi*-Quadrate sind *gelb*, weil die Luft nicht ausgeglichen ist – Wasser, Feuer, Luft.
> *Tmoumathph*-Quadrate sind *blau*, weil Wasser nicht ausgeglichen ist – Erde, Luft, Wasser.
> *Kabexnuv*-Quadrate sind *rot*, weil Feuer nicht ausgeglichen ist – Erde, Luft, Feuer.

Würde man alle diese Quadrate auf die genannte Weise gefärbt zeigen, so würde dadurch erhebliche Verwirrung geschaffen, und es wäre unmöglich, die Details in dem zu erfassen, was man vielleicht als einen »coup d'oeuil« bezeichnen könnte. Würde man versuchen, die von den oben genannten vier Göttern regierten 144 Quadrate in den zu dem jeweiligen Gemisch der Elemente passenden Tönungen zu färben, so würde daraus die gleiche Wirkung folgen.

Bei einem Blick auf das erste Diagramm fällt uns zunächst die allgemeine Harmonie und Ausgewogenheit der Farben in den vier Winkeln ins Auge. Drehen wir das Diagramm in einem Bogen von 45° gegen die Sonne, so erhalten wir eine Landkarte des Elementarreiches, denn jedes Viereck fällt auf natürliche Weise mit der Himmelsrichtung zusammen, wo das betreffende Element wohnt.

> Das feurige Viereck findet sich rechts oder im Osten.
> Das luftige Viereck befindet sich links oder im Westen.
> Das erdige Viereck befindet sich unten oder im Süden.
> Das wäßrige Viereck befindet sich oben oder im Norden.

Folgende Unterabschnitte bezeichnen wir als die kardinalen: *Luft von Luft, Wasser von Wasser, Feuer von Feuer, Erde von Erde.* In den kardinalen Unterabschnitten haben die vier großen Götter ihre Hauptwirkung.

> Im Westen: Aroueris
> Im Norden: Isis
> Im Osten: Horus
> Im Süden: Nephthys.

Es gibt in jedem Unterabschnitt ein Quadrat, das man als das »Haupt«-Quadrat des Unterabschnitts bezeichnen könnte. Dieses Hauptquadrat ist in einer jeden Vierergruppe von Unterabschnitten des gleichen Elementes dasselbe, als *Luft von Luft, Luft von Wasser, Luft von Erde, Luft von Feuer*. Es ist das rechte obere Quadrat im Unterabschnitt des Wassers und des Feuers und das linke Quadrat im Unterabschnitt der Luft und der Erde.

Dieses Hauptquadrat wird stets vom Gott des Elementes des betreffenden Unterabschnitts regiert. Der Gott Aroueris gebietet deshalb über das Hauptquadrat des Unterabschnitts der Luft eines jeden Vierecks, Isis über die wäßrigen Unterabschnitte, Horus über die vier feurigen Unterabschnitte und Nephthys über die Hauptquadrate eines jeden erdigen Unterabschnittes.

Welches das Hauptquadrat eines Unterabschnittes ist, wird durch die horizontalen und vertikalen Kräfte bestimmt, die dem Element des Unterabschnitts entsprechen. Es wird festgelegt durch die vertikale, feurige, cherubinische Kraft und die horizontale Reihe der kardinalen oder Feuerzeichen. Es ist deshalb das *Feuer von Feuer* des Elementes des Vierecks, zu welchem es gehört.

Im kardinalen Unterabschnitt regieren die kardinalen Götter jedes Quadrat sowohl in der Spalte wie auch in der Reihe, welche dem Element der Tafel entspricht. Von den sechzehn Quadraten gebieten sie über nicht weniger als sieben und schließen dabei zwei Seiten des Quadrates ein. Beachte auch, daß in jedem kardinalen Unterabschnitt vom Hauptquadrat eine diagonale Linie von Quadraten ausgeht, die von drei Göttern der zweiten Kategorie beherrscht wird. Diese drei Götter sind diejenigen, welche die Regel des Gottes des Hauptquadrates mit derjenigen der Götter anderer Elemente vereinen.

Eine seltsame Sache ist hierbei bemerkenswert. Beim westlichen und nördlichen Unterabschnitt wird man feststellen, daß das dem betreffenden Element entgegengesetzte Element nur in dem Quadrat gezeigt wird, das dem Hauptquadrat gegenüber und am weitesten entfernt liegt. Bei der Luft sieht man das gegnerische Element Erde nur im Quadrat des Anubis – zitronfarben. Im westlichen Unterabschnitt findet sich das gegnerische Feuer nur im violetten Quadrat der Sothis. Es scheint, als würden Luft und Wasser, selbst wenn sie vorherrschend sind, ihre Beweglichkeit und Flüchtigkeit nutzen, um von ihren jeweiligen Gegnern zu entkommen: *Luft von der Erde* und *Wasser vom Feuer*.

Mit den niederen Elementen verhält es sich anders. Im Süden finden wir die Quadrate der Nephthys, die dasjenige des Anubis einzuhüllen versuchen, während im Osten die Quadrate des Horus versuchen, die Quadrate der Sothis zu überwältigen. Es scheint, als wollten diese Elemente durch ihre jeweilige Schwerfälligkeit und Heftigkeit diejenigen mit einer feindlichen Natur auslöschen. Ist dies nicht eine natürliche und beobachtbare Wahrheit?

Diese vier kardinalen Abschnitte allein, die insgesamt sechzehn ergeben, enthalten kein von Osiris regiertes Quadrat. Jene ebenmäßige und ausgewogene Kraft findet sich dort nirgends. Unausgewogene Kraft zeigt sich in ihrer äußersten Heftigkeit, und die Herrschaft der vier großen Götter konzentriert sich dort, wo die größte Kraft gebraucht wird. Es scheint, als wären die Hauptquadrate dieser kardinalen Unterabschnitte die Quelle ihrer jeweiligen Elementarkräfte, von wo aus sie sich in unterschiedlichen Verhältnissen zueinander fortsetzen, bis aus ihnen osirische Moleküle von Wasser, Erde, Feuer und Luft entstehen.

Wenn wir zu den anderen Unterabschnitten der Tafeln weitergehen, so finden wir verschiedene Paare und Vierergruppen, die einander mehr oder weniger vollständig ähneln, bis wir schließlich bei *Erde von Feuer* und *Feuer von Erde* völlige Identität vorfinden. Sie unterscheiden sich nur durch entgegengesetzte Lage der Hauptquadrate, so daß von diesem Blickwinkel aus links und rechts verschieden sind.

In der Anordnung als Vierergruppen erhalten wir, wenn wir beim unausgeglichensten beginnen:

1. Wasser von Luft, Luft von Wasser, Luft von Erde, Wasser von Feuer
2. Erde von Luft, Feuer von Wasser, Feuer von Erde, Erde von Feuer
3. Feuer von Luft, Erde von Wasser, Wasser von Erde, Luft von Feuer

Die letzte dieser Vierergruppen setzt sich aus den mittleren vier Unterabschnitten zusammen, die um die Vereinigungs-Tafel herum angeordnet sind. Sie haben gleichsam Anschluß an einen Makrokosmos, dessen Symbol die Pyramide des Osiris ist, und an einen Mikrokosmos, demgegenüber das Gesamtdiagramm als Makrokosmos wirkt.

Die Herrschaft des Osiris

Wir wissen, daß Osiris über diejenigen Pyramiden und Quadrate gebietet, welche alle Elemente enthalten. Daraus folgt, daß er in keinem Unterabschnitt einer Tafel herrschen kann, welcher dem Element der Tafel selbst entspricht. Es folgt auch daraus, daß er in keinem Quadrat des Widders herrschen kann, denn dieser ist *Feuer von Feuer*, noch in einem Quadrat der Zwillinge, denn diese sind *Luft von Luft*, noch in einem des Skorpions, welcher *Wasser von Wasser* ist, noch von Tau, welches *Erde von Erde* ist. In jedem Unterabschnitt aber gebietet er über zwei Quadrate und über zwei Quadrate der übrigen neun Zeichen und drei Elemente.

Weiterhin regiert Osiris unter jedem Cheruben sechs Quadrate. Er beherrscht aber kein Quadrat unter dem Menschen auf der Tafel der Luft, keines unter dem Stier auf der Erdtafel, keines unter dem Adler auf der Tafel des Wassers, keines unter dem Löwen auf der Tafel des Feuers. Auf gleiche Weise regiert Osiris auf der Tafel der Luft kein Quadrat in der Reihe der beweglichen Zeichen, auf der Tafel des Wassers keines der cherubinischen Reihe und keines in der kardinalen Reihe der Tafel des Feuers.

Betrachten wir nun die Herrschaft des Osiris in ihrer Wirkung auf den gesamten Satz Tafeln. Wir haben gesehen, daß die kardinale Vierergruppe der Unterabschnitte kein Zeichen des Osiris enthält. Unter den anderen drei Gruppen bilden diejenigen mit der Nummer 1 und 2 eine Art Ring um die mittlere Zahl 3, in einer Zwischenposition zwischen letzterer und der kardinalen 4 und, wie wir sehen werden, auch eine Zwischenposition im Zustand der Ausgeglichenheit. In der Vierergruppe Nummer 1 sehen wir die Quadrate des Osiris eng zusammen, als würden sie am Punkt gegenüber dem Hauptquadrat in den Unterabschnitt eintreten, als würden sie Seite an Seite dagegen vorschreiten. Dieses ist die Dämmerung des Lichts.

In der Vierergruppe Nummer 2 ist das Osirische Licht bereits bis zur Mitte fortgeschritten und hat die niederen Lichter zu den Ecken des Unterabschnittes verstreut. Doch sind sie noch immer nicht ausgeglichen. In der Vierergruppe Nummer 3 hat Osiris das Quadrat erobert und seine Herrschaft vollständiger etabliert. Er hat sein Licht durchgehend verbreitet und Frieden mit dem Herrscher des Hauptquadrates aufgebaut.

Diese Annahme wird weiterhin durch eine weitere Analyse derjenigen Quadrate bestätigt, die in den Unterabschnitten von Osiris regiert werden. In der Vierergruppe Nummer 1, die aus den Unterab-

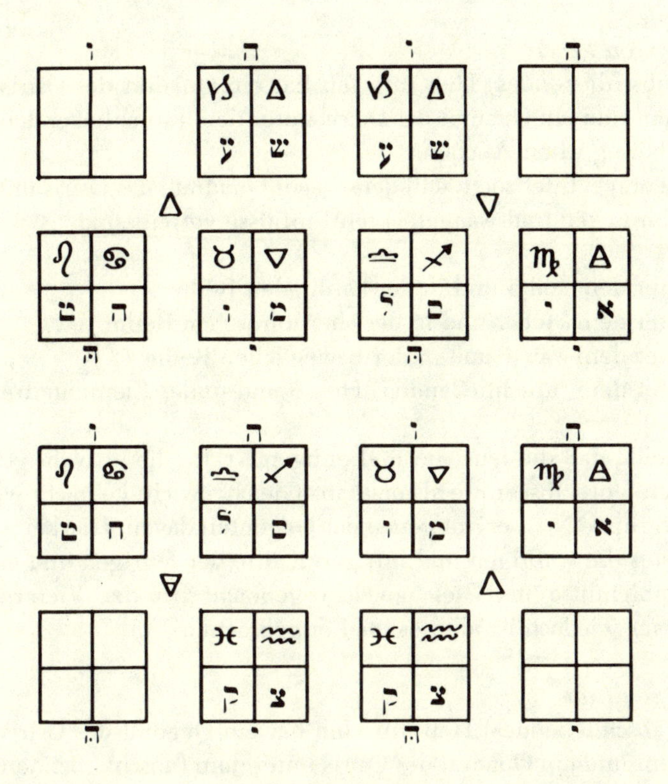

schnitten des Wassers und der Luft besteht, befinden sich die von der Osiris-Kraft ergriffenen Quadrate hauptsächlich in der Spalte des Löwen und in der Elementenreihe. Das heißt, daß die schwächste Kraft im Unterabschnitt als erste unterworfen wird.

Wasser von Luft
Jod (abschließendes) Heh mit Jod hat das Quadrat des Osiris beim Element und ein Quadrat des Osiris unter dem (abschließenden) Heh beim Kardinalzeichen.

Luft von Wasser
Jod (abschließendes) Heh mit Jod hat ein Quadrat des Osiris beim Element und ein Quadrat des Osiris unter dem (abschließenden) Heh beim Kardinalzeichen.

Luft von Erde
Jod (abschließendes) Heh mit Jod hat ein Quadrat des Osiris beim cherubinischen Zeichen und ein Quadrat des Osiris unter dem (abschließenden) Heh beim Kardinalzeichen.

Wasser von Feuer
Vau (abschließendes) Heh mit Vau hat ein Quadrat des Osiris beim Element und ein Quadrat des Osiris unter dem (abschließenden) Heh beim beweglichen Zeichen.

Die obige Tafel zeigt, daß derart acht Quadrate des Osiris unter die cherubinischen und waagerechten Einflüsse verteilt sind.

Unter dem Jod 3 und in der kardinalen Reihe 3.
Unter dem Heh 1 und in der cherubinischen Reihe 1.
Unter dem Vau 1 und in der beweglichen Reihe 1.
Unter dem (abschließenden) Heh 3 und in der Elementenreihe 3.

Das heißt, daß die feurigen und erdigen Kräfte dieser wäßrigen und luftigen Unterabschnitte als erste ins Gleichgewicht gebracht werden. Vierergruppe Nr. 2 ergibt genau das Gegenteil davon. Hierbei werden als erstes die wäßrigen und luftigen Kräfte der feurigen und erdigen Unterabschnitte ins Gleichgewicht gebracht. In der Vierergruppe Nummer 3 jedoch ist all dies ins Lot gebracht.

Feuer von Luft
Heh (abschließendes) Heh mit Heh hat ein Quadrat des Osiris beim Element und ein Quadrat des Osiris unter dem (abschließenden) Heh beim cherubinischen Zeichen.

Erde von Wasser
Jod Vau mit Jod hat ein Quadrat des Osiris beim beweglichen Zeichen und ein Quadrat des Osiris unter dem Vau beim Kardinalzeichen.

Wasser von Luft
Vau Jod mit Vau hat ein Quadrat des Osiris beim Kardinalzeichen und ein Quadrat des Osiris unter dem Jod beim beweglichen Zeichen.

Luft von Feuer
(abschließendes) Heh Heh mit (abschließendem) Heh hat ein Quadrat des Osiris für das cherubinische Zeichen und ein Quadrat des Osiris unter dem Heh beim Element.

Unter dem Jod 2 und in der kardinalen Reihe 2.
Unter dem Heh 2 und in der cherubinischen Reihe 2.
Unter dem Vau 2 und in der beweglichen Reihe 2.
Unter dem (abschließenden) Heh 2 und in der Elementenreihe 2.

Hier ist das Gleichgewicht fast vollendet; die aktiven Kräfte regieren in den passiven Unterabschnitten und die passiven Kräfte in den aktiven.

Die Tierkreis- und Elementenzeichen des Quadrates des Osiris ergeben folgende Figur:

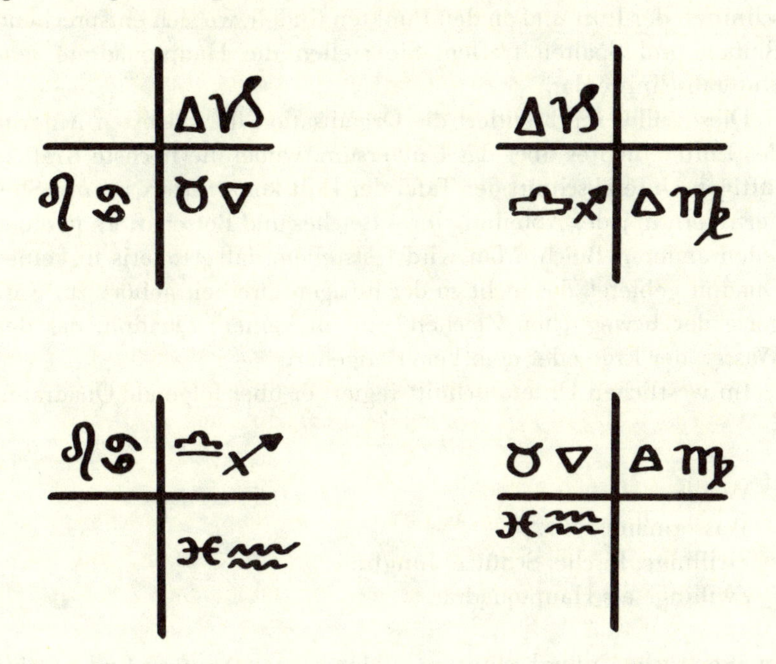

Die Herrschaft von Isis, Nephthys, Horus, Aroueris

Jeder dieser vier Götter gebietet über insgesamt dreizehn Quadrate, von denen mehr als die Hälfte im entsprechenden kardinalen Unterabschnitt konzentriert ist. Nicht weniger als sieben Quadrate eines jeden dieser kardinalen Buchstabenquadraten werden vom entsprechenden Gott regiert. Im westlichen Unterabschnitt befinden sich also sieben Quadrate der Aroueris, im Norden sieben der Isis, im Osten sieben des Horus und im Süden sieben der Nephthys.

Es bleiben noch sechs andere, die über die gesamten übrigen Unterabschnitte verteilt sind. Diese Gruppe von sechs Quadraten enthält je zwei Gruppen von dreien. Jede Gruppe ist auf ähnliche Weise verteilt, so daß die übrigen drei Paare leicht begriffen werden können, wenn wir zwei Gruppen des Aroueris beschreiben.

Die erste Gruppe des Aroueris wird auf die übrigen drei Unterabschnitte der Tafel der Luft verteilt, auf jeden eines, und man wird sie an den Überschneidungspunkten der Spalten und Reihen finden, die der Luft entsprechen. Die zweite Gruppe wird auf die übrigen drei Tafeln verteilt, je eines auf eine. Sie werden sich in den Unterabschnitten der Luft und an den Punkten finden, wo sich entsprechende Reihen und Spalten treffen. Sie stellen die Hauptquadrate jener Unterabschnitte dar.

Dieses alles repräsentiert die Organisation der höchsten Autorität des Luftelementes über das Universum, wobei die höchste Kraft im luftigen Unterabschnitt der Tafel der Luft konzentriert ist, mit Stellvertretern in jeder Abteilung ihres Reiches und Botschaftern in einem jeden anderen Reich. Man wird feststellen, daß Aroueris in keinem Quadrat gebietet, das nicht zu der luftigen Dreiheit gehört, zur Kategorie der beweglichen Zeichen, und in keinem Quadrat, das dem Wasser, der Erde oder dem Feuer angehört.

Im westlichen Unterabschnitt regiert er über folgende Quadrate:

Luft
Waage
Wassermann
Zwillinge, Fische, Schütze, Jungfrau
Zwillinge als Hauptquadrat.

In allen sechs Unterabschnitten, in denen man Aroueris findet, gebietet er auch über das Quadrat der Zwillinge. Deshalb ist auch Zwillinge das Hauptquadrat aller luftigen Unterabschnitte.

Aroueris gebietet über insgesamt sieben Quadrate der Zwillinge. Auf ähnliche Weise ist Skorpion das Hauptquadrat der Isis, von welchem Zeichen sie sieben Quadrate beherrscht.

Auf gleiche Weise ist der Widder das Hauptquadrat des Horus, von welchem Zeichen er sieben Quadrate beherrscht.

Auf gleiche Weise ist Erde das Hauptquadrat der Nephthys, von welchem Zeichen sie sieben Quadrate beherrscht.

Man wird feststellen, daß sich unter jedem Zeichen sechzehn Quadrate befinden und daß fast die Hälfte dieser zu den vier Zeichen gehörigen Quadrate von diesen großen Göttern regiert werden. Weiterhin gibt es die Zeichen, von welchen Osiris nicht ein einziges Quadrat regiert.

Unten werden die ganzen Zeichen derjenigen Quadrate aufgeführt, die von diesen vier Göttern beherrscht werden:

Isis – Skorpion – 7
Nephthys – Erde – 7
Horus – Widder – 7
Aroueris – Zwillinge – 7
Stier, Krebs, Löwe, Wassermann, Fische, Wasser – 13
Stier, Jungfrau, Steinbock, Wasser, Luft, Feuer – 13
Krebs, Löwe, Waage, Schütze, Steinbock, Feuer – 13
Jungfrau, Waage, Schütze, Wassermann, Fische, Luft – 13

Die Herrschaft von Ahathoor, Sheoeu, Anoubi, Hoorparkrati, Ahapshi, Tharphesh

Die Götter, die über diejenigen Quadrate gebieten, in welchen zwei Elemente auftauchen, und zwar in gleichem Ausmaß, haben unter den Elemententafeln nur einen kleinen Herrschaftsbereich. Jeder Gott regiert nur über sechs Quadrate und in nur zwei Tafeln, auf jeder über drei.

Jede Tafel enthält neun Quadrate, die von diesen Göttern beherrscht werden. Jeder kardinale Unterabschnitt enthält drei solcher Quadrate, die vom Hauptquadrat aus diagonal angeordnet sind. Jeder andere Unterabschnitt enthält zwei Quadrate, die vom gleichen Gott regiert werden, während die Quadrate der kardinalen Unterabschnitte jeder von einem anderen Gott regiert werden.

Im Buch vom Zusammenfluß der Kräfte heißt es, daß jeder dieser Götter die Herrschaft eines Paares von denjenigen der vorhergehenden Kategorie vereint.

Nehmen wir einmal an, wir ziehen eine Linie, die den westlichen Unterabschnitt mit dem Norden verbindet, das heißt vom Unterabschnitt des Aroueris zum Unterabschnitt der Isis. Diese Linie vereint dann also diese beiden Gottheiten. Und die Unterabschnitte, durch die sie verläuft, werden solche sein, die Quadrate des Harpokrates enthalten, des Gottes, der die Herrschaft der Isis und des Aroueris vereint.

Am Unterrand vereint Ahapshi Horus und Nephthys, und zur Linken vereint Anubis Aroueris und Nephthys. Ziehe dann zwei Diagonalen, so daß die Linie, die Aroueris und Horus verbindet, die Unterabschnitte durchschneidet, welche die Quadrate der Tharpesh enthalten. Die andere Diagonale zeigt Ameshet in der Vereinigung von Isis und Nephthys.

Die gleiche Vereinigung der Kräfte zeigt sich hier auf andere

Weise. Nehmen wir irgendeinen nichtkardinalen Unterabschnitt, so werden wir feststellen, daß die beiden von einem dieser sechs Götter regierten Quadrate eine Synthese der beiden anderen darstellen. Bei *Wasser von Luft* erhalten wir das blaue Hauptquadrat der Isis und das gelbe Stellvertreterquadrat des Aroueris und die beiden grünen Quadrate des Harpokrates. Oder nehmen wir *Luft von Feuer*, so erhalten wir das rote Stellvertreterquadrat des Horus, das gelbe Botschafter- oder Hauptquadrat des Aroueris und das orange Quadrat von Tharphesh.

Gehen wir nun auf die Zeichen der Quadrate ein, die von diesen Göttern regiert werden, so erhalten wir die folgende Anordnung, die den gleichen Punkt bestätigt:

Ahathor herrscht über Erde Stier 2; Wasser 2; Skorpion.
Sheoeu herrscht über Widder Krebs 2; Löwe 2; Skorpion.
Hoorparkrati beherrscht Zwillinge Fische 2; Wassermann 2; Skorpion
Ahapshi beherrscht Widder Steinbock 2; Feuer 2; Erde.
Anoubi beherrscht Zwillinge Luft 2; Jungfrau 2; Erde.
Tharphesh beherrscht Widder Waage 2; Schütze 2; Zwillinge.

Daran zeigt sich auch, daß diese Gruppe die gleiche Herrschaft hat wie Osiris und zusätzlich drei Quadrate derjenigen Zeichen, über welche Osiris keine Herrschaft besitzt: Widder 3, Zwillinge 3, Skorpion 3, Erde 3. Damit steht diese Angelegenheit viel besser, als es sich bei den Quadraten unter der Gruppe der Isis zeigte. Es zeigt sich daran, daß die durch diese Pyramiden symbolisierten Zustände der Osirifizierung einen Schritt näher sind als die vorigen und daß die Götter der niederen Elementarkräfte für ihre Beherrschung gebraucht werden.

Die Herrschaft von Ameshet, Ahephi, Tmoumathph, Kabexnuv

Diese vier Götter, welche diejenigen Quadrate regieren, in denen drei unterschiedliche Elemente auftreten, gebieten über 144 der 256 untergeordneten Quadrate, wobei jeder die Herrschaft über 36 derselben besitzt. Jede Gottheit gebietet über zwölf Quadrate auf einer jeden der drei Tafeln, tritt jedoch nicht auf der Tafel desjenigen Elementes auf, welches seinem eigenen unausgewogenen Element feindlich ist.

Auf diese Weise gebietet Ahephi über die Quadrate von Wasser, Feuer, Luft und wird darum nicht auf der Tafel der Erde angetroffen. Wenn wir, was ich für richtig halte, die Herrschaft dieser Götter als vom Wesen des ungleichgewichtigen Elementes halten, als von einem der anderen, dann ist Ahephi von luftigerer Natur und entspricht Aroueris – Ameshet der Nephthys – Tmoumathaph der Isis – und Kabexnuv dem Horus – und man kann sie als die herrschenden Kräfte ansehen, die insbesondere vom entsprechenden Unterabschnitt abgeleitet sind. Ist dies der Fall, so finden wir die dem Ahephi eigene Kraft als von der Tafel der Luft abgeleitet und durch die wäßrige zur feurigen übergehend, Kabexnuvs Herrschaft von der feurigen über die erdige zur luftigen, wobei ein rechtsdrehender Wirbel einer maskulinen Kraft aufgebaut wird. Untersuchen wir die Herrschaft der anderen beiden Gottheiten auf ähnliche Weise, so entdecken wir einen linksdrehenden Wirbel der weiblichen Kräfte.

Jeder kardinale Unterabschnitt enthält drei Paare Quadrate, die von diesen Göttern regiert werden, aber jeder andere Unterabschnitt enthält zwei Gruppen zu fünf, die je von einem derselben regiert werden, durch den Gott, der dem Unterabschnitt entspricht, außer im Fall des Unterabschnitts des gegenüberliegenden Elementes, wobei der Gott der Tafel abwesend ist und die gebietenden Gottheiten diejenigen der entgegenstehenden, feindlichen Elemente sind.

Nehmen wir also die erdige Tafel der Nephthys – Ahephi, Wasser, Feuer und Luft sind abwesend. Bei Feuer von Erde finden wir Ameshet, Wasser, Feuer und Erde, über 55 Quadrate gebieten und Kabexnuv, Erde, Luft und Feuer, die über die anderen fünf herrschen. In Wasser von Erde finden wir Ameshet, Wasser, Feuer und Erde, und Tmoumathaph, Erde, Luft und Wasser, während wir bei Luft und Erde die Götter Tmoumathaph und Kabexnuv der wäßrigen beziehungsweise feurigen Herrschaft finden – und so auch mit allen anderen.

Jeder dieser Götter soll die Herrschaft von bestimmten dreien aus der Kategorie der Isis vereinen. Untersuchen wir dies nun im Lichte dieser Diagramme, indem wir den Gott Kabexnuv zur Illustration verwenden. Kabexnuv vereint die Herrschaft von Horus, Nephthys und Aroueris, und wir finden hier, daß er über zwölf Quadrate auf der Tafel gebietet, die einer jeden dieser drei Gottheiten angehört. Doch nicht nur das, sondern er wird auch in den drei entsprechenden Unterabschnitten einer jeden dieser Tafeln gefunden und bindet dadurch die Kräfte der Götter in den Unterabschnitten einer jeden Tafel zusammen, wie auch die Tafeln als ganze.

Kabexnuv vereint weiterhin die Herrschaft von Ahapshi, Anubis und Tharphesh. Das wird auf den Tafeln auch für die neun Unterabschnitte gezeigt, auf welchen allein die Quadrate des Kabexnuv aus den drei Linien der Quadrate gebildet werden, welche jeweils die Quadrate dieser Gottheiten enthalten: Anubis links, Ahapshi unten und Tharphesh diagonal. Die Lage der Quadrate in einem gegebenen Unterabschnitt, außer den kardinalen, folgt dieser Regel. Jeder Gott beherrscht drei Quadrate in einer Spalte und drei Quadrate in der entsprechenden Reihe. Zwei Götter in einem Unterabschnitt und die Reihen und Spalten, die diejenigen Elemente regieren, die nicht dem Titel des betreffenden Unterabschnitts entsprechen. Im Unterabschnitt Feuer von Wasser werden also die Spalten und Reihen des Vau und des (abschließenden) Heh besetzt.

Die mittlere Vierergruppe der Unterabschnitte zeigt die Konzentration der männlichen und weiblichen Agentien in vollendetem Gleichgewicht um die Vereinigungs-Tafel herum. Jede andere Vierergruppe zeigte die Zerstreuung der Kräfte, nicht ihre Konzentration.

Wir kommen nun zur Analyse der Zeichen, die von diesen vier Göttern regiert werden. Sie ergeben eine ganz besondere Tabelle und zeigen, um wieviel sie der Osirifikation näher sind als alle anderen. Das zeigt, daß jeder dieser Götter dreißig Quadrate jener Zeichen regiert, in denen Osiris herrscht, gegenüber sechs derjenigen, in denen er nicht herrscht. Setzen wir die Klassen der Quadrate anhand ihrer jeweiligen Osirifikation in Kontrast, so erhalten wir den folgenden Vergleich:

Die Klasse der Isis regiert 52 Quadrate – 28 nicht mit Osiris, Prozentsatz der letzteren 53,8.
Die Klasse der Athor regiert 36 Quadrate – 12 nicht mit Osiris, Prozentsatz der letzteren 33,3.
Die Klasse der Ameshet regiert 144 Quadrate – 24 nicht mit Osiris, Prozentsatz der letzteren 16,6.
Die Klasse der Osiris regiert 24 Quadrate – 0 nicht mit Osiris, Prozentsatz der letzteren 0.

Aus diesen Überlegungen über die Zeichen der Quadrate, die von den jeweiligen Göttern regiert werden, ergibt sich, daß die Zeichen paarweise auftreten, außer den Non-Osiris-Quadraten. Der gleiche Gott regiert immer beide Teile dieses Paares im gleichen Unterabschnitt, ganz gleich, welcher Klasse Götter er angehört. Nimmt man also einen Teil eines Paares und findet den Gott heraus, der darüber gebietet, so weiß man, daß das andere Mitglied des Paares vom gleichen Gott im gleichen Unterabschnitt regiert wird.

Findet man zum Beispiel ein Quadrat des Löwen von Isis regiert, so gebietet Isis auch über das Quadrat des Krebses im gleichen Unterabschnitt. Weiterhin folgt daraus, daß die gleiche Gruppe Götter, die ein Mitglied eines dieser Paare regiert, durch alle Tafeln hindurch auch über die anderen gebietet.

So bilden etwa Stier und Wasser ein Paar. Die sechzehn Quadrate des Stiers werden darum beherrscht von: Osiris 2, Isis 1, Nephthys 1, Athor 2, Ameshet 5, Thoumathaph 5. Darum werden die sechzehn Wasserquadrate in den gleichen Unterabschnitten von der gleichen Gruppe Götter regiert.

Die folgende Tabelle zeigt die in jedem Zeichen gebietenden Götter und die von jedem Gott beherrschten Zeichen.

Die Herrschaft der Götter über die Zeichen

Osiris
Es befinden sich zwei Quadrate in jedem der folgenden Zeichen oder Elemente: Stier, Krebs, Löwe, Jungfrau, Waage, Schütze, Steinbock, Wassermann, Fische, Feuer, Wasser, Luft; was zusammen die Summe von vierundzwanzig ergibt.

Isis
Es befindet sich ein Quadrat in jedem der folgenden Zeichen oder Elemente: Stier, Krebs, Löwe, Wassermann, Fische, Wasser und sieben im Skorpion, was zusammen die Summe von dreizehn ergibt.

Nephthys
Es befindet sich ein Quadrat in jedem der folgenden Zeichen oder Elemente: Stier, Jungfrau, Steinbock, Feuer und sieben in Erde, was zusammen die Summe von dreizehn ergibt.

Horus
Es befindet sich ein Quadrat in jedem der folgenden Zeichen oder Elemente: Krebs, Löwe, Waage, Schütze, Steinbock, Feuer und sieben im Widder, was zusammen die Summe von dreizehn ergibt.

Aroueris
Es befindet sich ein Quadrat in jedem der folgenden Zeichen oder

Elemente: Jungfrau, Waage, Schütze, Wassermann, Fische, Luft und sieben in den Zwillingen, was zusammen die Summe von dreizehn ergibt.

Ahathoor
Es befinden sich zwei Quadrate in jedem der folgenden Zeichen oder Elemente: Stier und Feuer sowie eines jeweils in Skorpion und Erde, was zusammen die Summe von sechs ergibt.

Sothis
Es befinden sich zwei Quadrate in jedem der folgenden Zeichen oder Elemente: Krebs und Löwe, sowie eines jeweils Widder und Skorpion, was zusammen die Summe von sechs ergibt.

Harparkrat
Es befinden sich zwei Quadrate in jedem der folgenden Zeichen oder Elemente: Wassermann und Fische sowie jeweils eines in Zwillingen und Skorpion, was zusammen die Summe von sechs ergibt.

Ahapshi
Es befinden sich zwei Quadrate in jedem der folgenden Zeichen oder Elemente: Steinbock und Fische, sowie eines jeweils in Widder und Erde, was zusammen die Summe von sechs ergibt.

Anubis
Es befinden sich zwei Quadrate in jedem der folgenden Zeichen oder Elemente: Skorpion und Luft, sowie jeweils eines in Zwillingen und Erde, was zusammen die Summe von sechs ergibt.

Tharpesh
Es befinden sich zwei Quadrate in jedem der folgenden Zeichen oder Elemente: Waage und Schütze sowie eines jeweils in Widder und Zwillingen, was zusammen die Summe von sechs ergibt.

Ameshet
Es befinden sich fünf Quadrate in jedem der folgenden Zeichen oder Elemente: Stier, Krebs, Löwe, Steinbock, Feuer, Wasser und zwei in Widder, Skorpion und Erde, was zusammen die Summe von sechsunddreißig ergibt.

Ahephi
Es befinden sich fünf Quadrate in jedem der folgenden Zeichen oder Elemente: Krebs, Löwe, Waage, Schütze, Wassermann, Fische, und je zwei in Widder, Zwillinge und Skorpion, was zusammen die Summe von sechsunddreißig ergibt.

Tmoumathph
Es befinden sich fünf Quadrate in jedem der folgenden Zeichen oder Elemente: Stier, Jungfrau, Wassermann, Fische, Wasser, Luft und je zwei in Zwillinge, Skorpion und Erde, was zusammen die Summe von sechsunddreißig ergibt.

Kabexnuv
Es befinden sich zwei Quadrate in jedem der folgenden Zeichen oder Elemente: Widder, Zwillinge, Erde und fünf in Jungfrau, Waage, Schütze, Steinbock, Feuer und Luft, was zusammen die Summe von sechsunddreißig ergibt.

G. H. Fraters D. D. C. F. und N. O. M.
(Mathers und Westscott)

Belehrungen zu den Schachfiguren

Chaturanga und Shatranj

Das heutige europäische Schachspiel hat sich allmählich aus einer primitiveren Form entwickelt, in welcher es die westliche Zivilisation erreichte. Es kam von der arabischen oder sarazenischen Rasse zu uns, die im 8. Jahrhundert Spanien überrannte.

Die arabischen Rassen kannten das Spiel schon jahrhundertelang, und sie glauben, es von den Persern und den alten Ägyptern erhalten zu haben. Im wesentlichen findet sich das Spiel schon in Beschreibungen in den ältesten Gedichten Indiens.

In der ältesten literarisch auffindbaren Form findet sich sein Name in Sanskritwerken als Chaturanga, wobei Chatur vier bedeutet und Ranga die Teilnehmer. Unter den Sarazenen und Arabern wurde der Name zu Shatrangi. In Europa finden wir die Namen Echeos (Frankreich) – Seacci (Italien) – Chess (England) – Schach (Deutschland).

In allen Fassungen ist das benutzte Brett sehr ähnlich, es ist quadratisch und in 8 × 8 oder 64 Quadrate eingeteilt. Auch die Schachfiguren selbst variieren ihrer Anzahl nach nicht. Es handelt sich um 16 große Steine und 16 kleine Steine oder Bauern.

Beim Chaturanga waren diese 32 Figuren gleichmäßig auf vier Spieler aufgeteilt. Zwei Partner spielten gegen zwei, gewöhnlich Grün und Schwarz gegen Rot und Gelb. Jeder Spieler besaß vier Figuren und vier Bauern. Es wurde darum gewürfelt, welche Figur oder welcher Bauer gesetzt werden sollte. Die früheste wichtige Änderung im Spiel war diejenige, die Kräfte der Partner zu kombinieren.

Von jener Zeit an verlor das indische Chaturanga seinen Chatur-Charakter und wurde nur noch von zwei Personen mit je sechzehn Figuren und Bauern gespielt. Diese Veränderung brachte eine weitere hervor, denn während jeder Partner sonst einen König hatte, wurde ein König durch Verbindung der Kräfte in einen Minister oder Wesir umgewandelt, der in späteren Zeiten zur Königin wurde. In Indien deuten die Namen und Titel auf eine militärische Vorstellung hin.

In Ägypten bestand eher die Neigung, die Figuren als Götter oder verschiedene Naturkräfte anzusehen.

Das alte Chaturanga: vier Spieler in Paaren. Figuren und Bauern folgendermaßen angeordnet: König rechts, dann Elefant, dann Pferd, dann Schiff, und die Bauern als Infanterie. Die Bewegungen der Stücke, mit dem Turm und Houdah auf dem Rücken und dem Ritter, blieben jahrhundertelang gleich. Die Rochade war unbekannt. Die Bauern bewegten sich nur ein Quadrat weiter, schlugen aber diagonal. Um die Züge wurde gewürfelt. Der Würfel hatte vier Seiten, die gegenüberliegend mit 4 und 3 oder 5 und 2 markiert waren, was in jedem Falle 7 ergibt.

Die Brahmanen schafften die Benutzung des Würfels ab.

In *Valurikas Ramajana* wird das Chaturanga in Buch 4, Kapitel 51 erwähnt. Es ist auch in den Puranas auf Sanskrit erwähnt, wo es heißt, daß es im zweiten Zeitalter von der Frau des Rawan, des Königs von Lanka, das heißt Ceylon, erfunden wurde.

Der Elefant des Chaturanga wurde zu unserem Turm.
Das Schiff des Chaturanga wurde zu unserem Läufer.
Das Pferd des Chaturanga wurde zu unserem Springer.
Der König des Chaturanga blieb König.

Der zweite König jedoch ist zu unserer Königin geworden. Elefant und Schiff, das heißt Turm und Läufer, haben ihre Plätze getauscht.

Vielleicht wurde der Elefant wegen des Houdah auf seinem Rükken zum Turm. Das Schiff war früher an manchen Stellen auch ein Streitwagen.

Die Würfel bedeuteten im ältesten Chaturanga:

Wurde 2 geworfen, mußte der Spieler sein Schiff bewegen.
Wurde 3 geworfen, so mußte der Spieler sein Pferd bewegen.
Wurde 4 geworfen, so mußte der Spieler seinen Elefanten bewegen.
Wurde 5 geworfen, so mußte der Spieler den König oder Bauern bewegen.

Das Chatranji von Persien und Arabien scheint um 1500 n. Chr. in Persien gut bekannt gewesen zu sein. Dort stellen wir fest, daß das Spiel schon zu einem Wettstreit zwischen zwei Spielern geworden ist und zwei der vier Könige zu Ministern oder Königinnen geworden sind. Der frühe Titel war Mantri oder Farzin oder Firz, und man nimmt an, daß der Ausdruck »vierge« für die Königin daher kommt. Turm und Läufer hatten ihre Plätze schon getauscht.

Das Spiel wird vom persischen Dichter Firdansi beschrieben. Eine vorhandene Kopie seines Buches ist auf 1486 datiert.

Die Perser führten den Rangwechsel eines Bauern ein, wenn er das achte Quadrat erreichte.

In der dritten oder europäischen Epoche wurde das moderne Schachspiel entwickelt. Es wurde endgültig festgelegt, daß es nur zwei Spieler gibt.

Es wurde festgelegt, daß die Königin auf ihrer eigenen Farbe steht und daß jeder Spieler ein weißes Quadrat zur Rechten haben sollte. Die Rochade wurde eingeführt, und jeder Bauer durfte bei seinem ersten Zug sich entweder ein oder zwei Quadrate weiterbewegen.

Es wurde auch die Umwandlung eines Bauern zur Königin auf dem achten Feld abschließend eingeführt. Die Bewegungen von Königin und Läufer wurden stark verändert. Früher konnte sich die Königin nur diagonal auf ihrer eigenen Farbe bewegen, und der sich diagonal bewegende Läufer konnte nur das unmittelbar nächste Quadrat angreifen. Die Türme wurden endgültig auf die äußerste rechte und linke Seite gestellt.

Heute sind die Züge:

Bauern bewegen sich beim ersten Zug ein oder zwei Quadrate vorwärts, danach je ein Quadrat, schlagen diagonal vorwärts, keinerlei Rückbewegungen.

Der König bewegt sich nur ein Feld in beliebiger Richtung.

Der Läufer bewegt sich diagonal auf seiner eigenen Farbe über beliebig viele Quadrate, falls diese leer sind, vor oder zurück.

Der Turm bewegt sich stets auf geraden Linien, nicht diagonal. Er bewegt sich so also über Quadrate beider Farben vorwärts und rückwärts und beliebig weit, falls die Quadrate nicht besetzt sind.

Die Königin bewegt sich in geraden und diagonalen Linien beliebig weit über leere Felder, vor und zurück oder quer.

Der Springer bewegt sich in beliebiger Richtung, immer jedoch zu einem Quadrat, welches man als zwei vorwärts und eins zur Seite beschreiben kann, oder als eins diagonal und eins vorwärts oder zur Seite, solange der betreffende Platz leer ist. Es kommt nicht darauf an, ob die angrenzenden Felder besetzt sind oder nicht.

G. H. Frater S. R. M. D. (Mathers)

Über das Rosenkreuzritual der Beziehung zwischen Schach und Tarot

Das moderne Schachspiel leitet sich vom folgenden Schema ab; daher sein Name Schach, von »Chess« (englisch bedeutet »chequered« kariert). Wie beim Tarot waren die Schachfiguren ursprünglich kleine Figuren der ägyptischen Götter, welche die Wirkung der göttlichen Kräfte in der Natur darstellen.

Die Schachfiguren entsprechen den Assen im Tarot und den Hofkarten. Es entsprechen sich also Schachfigur, Tarotkarte und Element folgendermaßen:

König – As – Geist
Königin – Königin – Wasser
Springer – König – Feuer
Läufer – Ritter – Luft
Turm – Knappe – Erde.

Die Bauern sind die Kräfte des Asses in Kombination mit einer jeden der anderen Kräfte, die Diener oder Statthalter jener Kraft.

Bauern können sich nur einen Zug auf einmal weiterbewegen und nicht zwei Schritte beim ersten Zug wie beim modernen Schach. Die Bewegungen der anderen Steine, abgesehen von der Königin, sind wie beim modernen Schach. Die Bewegungen der Königin in diesem Schema sind anders als diejenigen irgendeines Steines beim modernen Schach. Sie kontrolliert nämlich nur das dritte Quadrat, von ihr selbst aus gerechnet, in beliebiger Richtung: senkrecht, waagerecht oder diagonal. Sie kann dabei über alle dazwischen stehenden Steine springen. Daraus folgt, daß sie nur 16 oder 64 Quadrate kontrollieren oder in Schach halten kann, einschließlich desjenigen, auf welchem sie selbst steht. Und alle Quadrate, auf welche sie sich bewegen kann, haben ihre eigene Farbe. Jeder Elementensatz Steine besteht also aus: König, Königin, Ritter, Läufer, Turm und vier Bauern.

Offizielles Ritual

Die korrekte Anwendung der Handlungen der beweglichen Bilder, welche die Bewegung der gebietenden Engel über die untergeordneten Quadrate darstellen, wird als das Spiel oder die Aufreihung der Steine auf den Tafeln bezeichnet.

Über den Schachkönig und das Tarot-As. Die Bewegung dieser Figur geht ein Feld in jede Richtung und entspricht der Tätigkeit des Geistes, wohin er auch geht und eine neue Strömung beginnt und initiiert. Deshalb wird er durch die Bewegung nur eines Feldes in beliebige Richtung dargestellt und durch das Stehenbleiben zu diesem Zweck, bevor er sich weiterbewegt. Die Tätigkeit ist also nicht eilig, sondern repräsentiert eine ausgewogene Bewegung. Zu Beginn seiner Tätigkeit ist er eine stumme Kraft und thront über dem Wasser. Am Ende seiner Tätigkeit ist er ein manifestiertes Leben und thront über der Erde. Hierin liegt ein Geheimnis des Herrn Aeshoori, während er zwischen Isis und Nephthys inthronisiert ist, wodurch Anfang und Ende der Tätigkeit dessen repräsentiert werden, in dem kein Anfang und kein Ende sind, sondern eher Verhüllung und dann Manifestation. Hierin liegt ein großes Geheimnis des Lebens, denn seine Throne liegen nicht in den beiden aktiven Elementen; denn diese sind sein Pferd und der Wagen seines Überganges von der Verborgenheit in die Manifestation. Dieser Teil ist dann das Symbol der Tätigkeit der Mächte der Kreuze auf den untergeordneten Quadraten.

Über den Springer im Schach und den König im Tarot. Die Bewegung dieses Steines verläuft über drei Quadrate über Eck in beliebige Richtung und stellt die sprunghafte Bewegung der flackernden Flamme dar. Deshalb wird er auch nicht durch einen dazwischen liegenden Stein oder ein Feld gehemmt, wie auch das Feuer eine Sache schnell durchsichtig macht, wenn es sie ergreift. Dieser Stein repräsentiert die Tätigkeit des Feuers als Enthüller der Geisteskräfte, so wie Hoor der Rächer von Aeshoori ist. Es handelt sich dabei um eine machtvolle und furchtbare Kraft, den König der elementaren Wirkungen.

Auf diese Weise werden die verschlossenen Tore der Materie geöffnet und die darin verborgenen Schätze enthüllt. Darum hat alles Leben seinen Anfang im himmlischen Feuer. Die Anzahl der Quadrate, die durch die Bewegung des Springers in der Mitte des Brettes abgedeckt werden, (von dem Quadrat aus gezählt, auf welchem er steht, es aber nicht miteinschließt) beträgt sechzehn Quadrate, von welchen acht in Schach gehalten und acht übersprungen werden.

Über die Schachkönigin und die Tarotkönigin. Die Bewegung dieses Steines geht auf jedes dritte Quadrat von ihr aus gesehen (wobei das Quadrat, auf welchem sie steht, als erstes zählt), sowohl über Eck, als auch senkrecht und horizontal. Es werden wieder sechzehn Quadrate aus einem Quadrat mit fünfundzwanzig Quadraten abgedeckt, von denen acht bedroht und acht übersprungen werden. Aber sie bedroht nicht die Steine auf den dazwischenliegenden Quadraten bei ihrer Bewegung. Und ihre Bewegung ist diejenige der Wellen des Meeres und (wie beim Springer) wird sie in ihrer Bewegung nicht durch dazwischenliegende Steine oder Felder behindert. Diese Figur repräsentiert die wellenförmige Tätigkeit des Wassers und des Meeres. Sie wird der großen Göttin Isis zugeschrieben, die die Hüterin des Lebens ist.

Der Läufer im Schach oder der Narr, der Ritter im Tarot. Die Bewegung dieses Steines verläuft diagonal in jede Richtung beliebig weit, bis zu den Grenzen der Tafel. Er stellt den scharfen und geschwinden Wind dar und wird dem Gott Aroueris zugeschrieben. Er wird durch jede in seinem Weg stehende Figur gestoppt, wie auch der Wind durch eine materielle Schranke eingehalten wird. Er stellt das schnelle Fahrzeug des Geistes dar.

Der Schachturm und der Knappe des Tarot. Die Bewegung dieses Steines repräsentiert die schwerfällige und großartige Kraft der Erde und ihre beliebig weite Bewegung in geraden Richtungen, senkrecht oder waagerecht (nicht jedoch schräg), bis zu den Grenzen des Brettes.

Er wird der Göttin Nephthys zugeschrieben und repräsentiert die vollendete Wirksamkeit des Geistes in der Materie. Seine Bewegung ist daher geradlinig und wird durch dazwischen stehende Steine gestoppt. Doch ist die Bewegung machtvoll, was die Länge und Breite ihrer Reichweite angeht.

Die Bauern. Die vier Bauern repräsentieren bestimmte Kräfte, die durch die Verbindung des Geistes mit einem jeden der vier Elemente einzeln gebildet werden. Sie werden einzeln Ameshet, Ahephi, Tmoumathph und Kabexnuv zugeschrieben, die vor dem Angesicht des Aeshoori stehen. Ihre Bewegung geht nur ein Quadrat nach vorn und geradeaus. Sie bedrohen ein Quadrat schräg vorwärts nach jeder Seite und bilden dadurch das Symbol des Dreiecks, denn ein jeder von ihnen repräsentiert eine Mischung von drei Elementen unter Vorherrschaft des Geistes. Deshalb ist ein jeder von ihnen gleichsam der Diener des Gottes oder der Göttin, vor denen er jeweils steht; doch in gewisser Weise gleichen sie sich in ihrer Wirkung, obwohl ihre Herren unterschiedlich sind und jeder von ihnen Diener eines Gottes oder einer Göttin ist, deren Element sich in seinem Symbol ohne sein Gegenteil ausdrückt, denn in jedem Satz von drei Elementen zusammengenommen sind zwei gegensätzlich. Ameshet (Wasser, Feuer, Erde) ist Diener der Nephthys, deren Element Erde sich in seiner Zuordnung ohne die gegenteilige Luft ausdrückt.

> Ahepi (Luft, Feuer, Wasser) entspricht Aroueris.
> Tmoumathph (Wasser, Luft, Erde) entspricht Isis.
> Kabexnuv (Feuer, Luft, Wasser) entspricht Hoor.

Es folgt eine weitere Beschreibung der Schachfiguren mit dem Namen der Schachfigur, dem Titel und der Beschreibung.

Luft
König – Socharis, Falke mit Kopfschmuck des Osiris
Springer – Seb, Menschenkopf, Gans
Läufer – Shu, Menschenkopf mit Feder
Königin – Knousou, Göttin, menschlich mit Krug
Turm – Tharpesht, Löwin mit Scheibe

Wasser
König – Osiris, Gott mit Doppelkrone, drei Waffen über der Brust
Springer – Sebek, krokodilköpfig
Läufer – Hapimon, fetter Gott mit Wasserpflanzen
Königin – Thouerist, Nilpferdkörper mit Krokodilskopf
Turm – Shu, Kuhkopf, Scheibe, Hörner

Feuer
König – Kneph, widderköpfiger Gott, gekrönt
Springer – Ra, Falke, Scheibe
Läufer – Toum, Menschenkopf, Doppelkrone
Königin – Sati-Ashtoreth, Göttin
Turm – Anouke, Göttin mit Krone

Erde
König – Aeshoori, mumifizierter Gott, Krummstab, Geißel, Phönixstab, geflügelte Mitra
Springer – Hoori, Falkenkopf, Doppelmitra
Läufer – Aroueris, Mensch, Doppelmitra
Königin – Isis, Thron als Kopfschmuck
Turm – Nephthys, Altar als Kopfschmuck

Es folgt eine Beschreibung der Bauern.

Bauer des Springers
Kabexnuv, Mumie, Falkenkopf

Bauer des Läufers
Ahephi, Mumie, Affenkopf

Bauer der Königin
Tmoumathph, Mumie, Hundekopf

Bauer des Turmes
Ameshet, Mumie, Menschenkopf

Es folgt eine Beschreibung der Schachfiguren mit ihren Entsprechungen des Tarot, der Elemente und hebräischen Buchstaben:

König – As, Geist, Shin
Königin – Königin, Wasser, Heh
Springer – König, Feuer, Jod
Läufer – Ritter, Luft, Vau
Turm – Knappe, Erde, (abschließendes) Heh

Unterschiede zu den normalen Schachbewegungen: Die Bauern bewegen sich immer nur ein Feld weiter. Sie schlagen nicht en passant. Keine Rochade. Die Königin kontrolliert das jeweils dritte Quadrat in gerader Linie, wobei dasjenige Feld, auf dem sie steht, als erstes zählt. Sie kann Steine überspringen.

Das Erwecken der Behausungen

Vier Spieler, zwei gegen zwei.

Partner. Feuer, Luft – Wasser, Erde.

Der erste Spieler ist der fragende. Er sucht seine Ecke aus und setzt die Steine in der Reihenfolge der cherubinischen Reihe, die anderen Spieler folgen der Anordnung des ersten.

Das Eckquadrat enthält immer den König zusätzlich zu anderen Steinen. Beide Könige müssen mattgesetzt werden. Ein Bauer auf der achten Reihe wird zu derjenigen Figur, deren Stellvertreter er ist.

Ptah

Der Ptah – zur Divination benutzt – wird vom ersten Spieler in irgendein Quadrat seines Unterabschnitts der König gesetzt, um auf dem Quadrat des Ptah eine Spielrunde lang ungestört und unbedroht zu bleiben.

Die Steine sollten (bei vier Spielern) rot, schwarz, blau und gelb gefärbt sein.

Die Spielbretter

Die vier Bretter des Rosenkreuzer-Spieles stimmen in bestimmten Einzelheiten überein, obwohl sie sich auch unterscheiden. Bei der Anordnung der Unterabschnitte ist es bei jedem Brett praktisch, eine obere und eine untere Reihe zu unterscheiden: Luft und Wasser bilden die obere Reihe und Erde und Feuer die untere.

Offenbar gehen die Spalten der einen Reihe in diejenigen der anderen über; bei diesem Übergang ist eine Regelmäßigkeit zu beobachten. Jede Spalte mit acht Quadraten im oberen Rang wird durch eine Spalte des entgegengesetzten Elementes darunter fortgesetzt.

Die feurigen Spalten stehen also unweigerlich auf den wäßrigen Spalten darunter, die wäßrigen auf den feurigen, die luftigen auf den erdigen und die erdigen auf den luftigen.

Es ist eine unterschiedliche Anordnung der Quadratreihen beobachtbar, und ein Unterschied besteht darin auch in den unteren und oberen Tafeln.

Bei den oberen Tafeln geht die cherubinische Reihe in die Elementenreihe über, und die kardinale Reihe geht in die Reihe der beweglichen Zeichen über. Bei den unteren Tafeln verlaufen jedoch die verschiedenen Reihen, kardinal, cherubinisch und so weiter ganz durch die Bretter hindurch.

Die diagonalen Linien oder Bewegungen des Läufers stellen Besonderheiten dar. Jeder Unterabschnitt auf den Tafeln ist von einer diagonalen Linie aus vier Quadraten durchzogen, die bei seinem Hauptquadrat beginnt. Diese werden jeweils dem Widder, den Zwillingen, dem Skorpion und der Erde zugeordnet, den nicht Osiris gehörenden Quadraten. Von diesen vier Quadraten aus können die Läufer sich ein Quadrat weiter in ein Quadrat der Waage, des Schützen, des Stiers oder des Wassers bewegen, welche die Reihen der Quadrate vervollständigen, in die hinein ein Läufer sich in diesem

Unterabschnitt bewegen kann. Bezeichnen wir dies als das Widder-System der diagonalen Quadrate.

Diese Diagonale wird von einer anderen gekreuzt, die sich bei den luftigen und wäßrigen Brettern aus Krebs-, Löwe-, Jungfrau- und Luft-Quadrat zusammensetzt. Als Hilfsquadrate dienen hier diejenigen des Wassermanns, der Fische, des Steinbocks und des Feuers. Auf dem erdigen und feurigen Brett bildet die zweite Reihe der vier die Diagonale und die erste diejenige der Hilfsquadrate. Bezeichnen wir diese als die Reihe des Krebses.

Untersuchen wir nun die Bretter, so werden wir feststellen, daß das Widdersystem eines jeden Unterabschnitts diagonal an das jeweilige Widdersystem der anderen drei Unterabschnitte angeschlossen ist und daß der Krebs ebenso an jenes andere Krebssystem angeschlossen ist. Wir erhalten also zwei Systeme von Quadraten, dasjenige des Widders und dasjenige des Krebses. Insgesamt enthält jedes System vier Quadrate von jedem Zeichen, das in ihm vorkommt. Das ähnelt dem schwarzen und weißen Quadratsystem des gewöhnlichen Schachbrettes, und wir müßten Weiß dem Widder und Schwarz dem Krebs zuordnen.

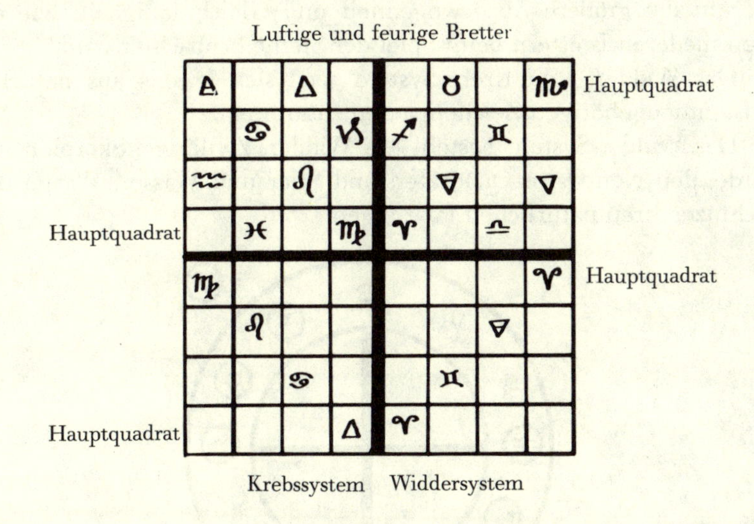

Die Aufstellung der Figuren

Die gelben und roten Figuren sind so aufgestellt, daß sie jeweils über die Spalten vorrücken, um die schwarzen beziehungsweise blauen Figuren anzugreifen. Letztere schreiten über die Reihen vor. Das heißt, die aktiven werden als eine senkrecht wirkende Kraft dargestellt, die passiven als eine waagerecht wirkende Kraft. Dadurch wird das Kreuz des Lebens gebildet, das den Kräften der Hofkarten und der Tierkreis-Trümpfe entspricht.

Die mittleren Quadrate des Brettes enthalten die sechzehn Zeichen, die einem jeden Unterabschnitt zugeordnet werden. Abgesehen vom Turm und König entwickeln alle Figuren nur von diesen sechzehn Quadraten aus ihren vollen Einfluß und ihre Verteidigungskraft.

Die wäßrige und luftige Tafel sind Gegenstücke zueinander, was die Anordnung der Zeichen und so weiter der betreffenden Quadrate angeht. Das gleiche gilt auch von den Brettern der Erde und des Feuers. Bei jedem Brett sind die oberen und unteren Reihen vom passiven oder weiblichen Element, die beiden mittleren sind vom aktiven oder männlichen Element.

Der auffallendste Unterschied zwischen Luft und Wasser und zwischen Erde und Feuer besteht bei den Brettern in der Tatsache, daß bei ersteren die Reihen unterbrochen sind, während sie bei den letzteren nicht nur durchgehend über das Brett, sondern geradewegs über beide Bretter verlaufen, wenn sie sich in Stellung befinden. Darauf beruht die größere Ausgewogenheit und Gleichmäßigkeit, wie auf den niederen Brettern beim Spiel der Steine beobachtet wird.

Das Widder- und Krebs-System setzt sich jeweils aus natürlich zusammengehörigen Zeichenpaaren zusammen.

Das Widder-System besteht aus Widder, Zwillinge, Skorpion und Erde, den Non-Osiris-Quadraten und Stier und Wasser, Waage und Schütze, ihren natürlichen Paarungen.

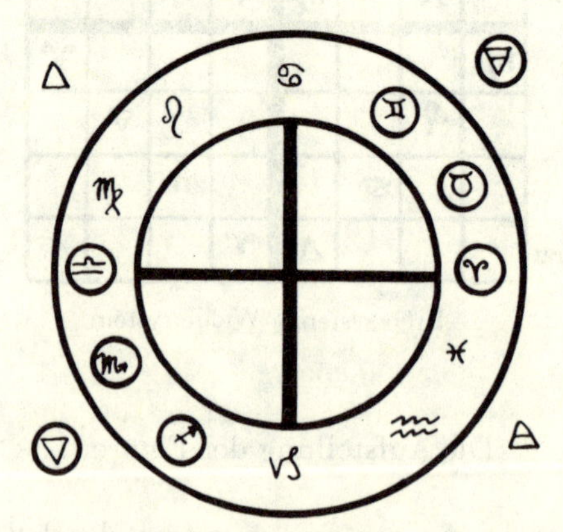

Symbole im Kreis: System des Widders

Symbole ohne Kreis: System des Krebses

Das Krebs-System besteht aus Krebs, Löwe; Jungfrau, Luft; Steinbock, Feuer; Fische und Wassermann als natürlichen Paarungen.

Aufstellung für *Erde von Feuer*. Erster Spieler ist Erde.

Aufstellung für Erde für Feuer
(Erde erster Spieler)

	(♉)		(♏)		(♉)		(♏)
♎		♈		♎		♈	
	(▽)		(▽)		(▽)		(▽)
♊		♐		♊		♐	
	(♎)		(♈)		(♎)		(♈)
♉		♏		♉		♏	
	(♊)		(♐)		(♊)		(♐)
▽		▽		▽		▽	

Königin des Mitspielers

Königin des ersten Spielers

Symbole im Kreis: Züge der Königin des Wassers

Symbole ohne Kreis: Züge der Königin der Erde

Es wird die Königin des ersten Spielers und seines Mitspielers gezeigt, die über alle Quadrate des Widdersystems gebieten.

Blau – Züge der Königin des Wassers.
Braun – Züge der Königin der Erde.

Die Königin

Die vier Königinnen, die wäßrigen Teile ihrer jeweiligen Elemente, gebieten insgesamt über alle Quadrate auf jedem Brett. Eine Königin kann jedoch niemals eine andere Königin bedrohen, und zwar aus folgenden Gründen:

Jede dieser Figuren regiert sechzehn Quadrate auf dem Brett, vier in jedem Unterabschnitt. Sie sind so gestellt, daß sie die sechzehn Quadrate gleichmäßig unter sich aufteilen. Daraus folgt, daß nur eine von ihnen das Quadrat Ptah bedrohen kann.

Die sechzehn von irgendeiner Königin beherrschten Quadrate entsprechen den acht Zeichen, zwei Quadrate eines jeden Zeichens zu jeder Königin. Und die verbleibenden je zwei Quadrate der gleichen acht Zeichen werden von der verbündeten Königin beherrscht.

Das andere Paar Königinnen beherrscht auf gleiche Weise die übrigen zweiunddreißig Quadrate. Die Königin des ersten Spielers gebietet stets über Wasser, Erde, Stier und Skorpion-Quadrate ihres eigenen Unterabschnitts, wie auch des Unterabschnitts der gleichen Reihe.

In jedem der anderen beiden Unterabschnitte gebietet die Königin des ersten Spielers über die Quadrate von Schütze, Zwillinge, Waage und Widder.

Die verbündete Königin beherrscht die gleichen Quadrate in den gegenüberliegenden Reihen des Unterabschnitts.

Auf diese Weise beherrschen die Königin des ersten Spielers und seines Verbündeten zusammen das Widder-System der Quadrate. Und dies gilt für jedes Brett.

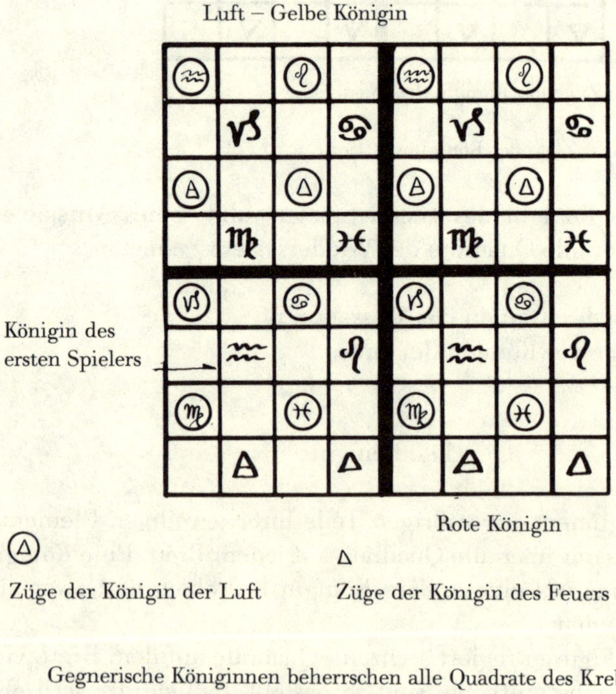

Luft – Gelbe Königin

(♒)		(♌)		(♒)		(♌)	
	♑		♋		♑		♋
(△)		(△)		(△)		(△)	
	♍		♓		♍		♓
(♑)		(♋)		(♑)		(♋)	
	♒		♌		♒		♌
(♍)		(♓)		(♍)		(♓)	
	△		△		△		△

Königin des ersten Spielers

Rote Königin

(△) Züge der Königin der Luft

△ Züge der Königin des Feuers

Gegnerische Königinnen beherrschen alle Quadrate des Krebs-Systems gegen einen passiven ersten Spieler

△ Feuer – erster Spieler

Die Variationen gegenüber einem aktiven ersten Spieler.

Blau – Züge der Königin des Wassers.
Braun – Züge der Königin der Erde.

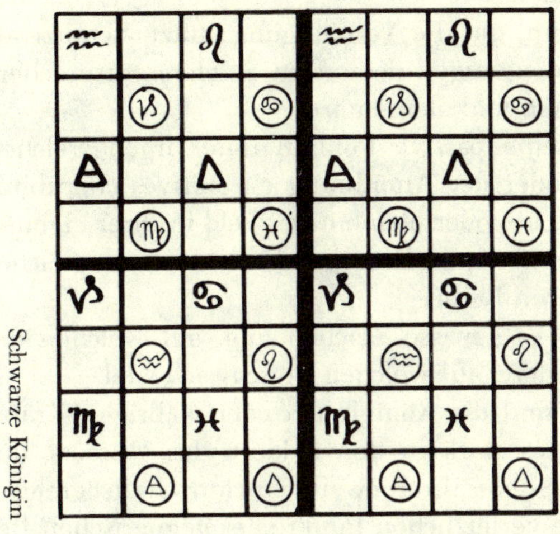

Blaue Königin

Symbole im Kreis:
Züge der Königin des Wassers

Symbole nicht im Kreis:
Züge der Königin der Erde

Erster Spieler

Grün – Züge der Königin der Luft.
Rot – Züge der Königin des Feuers.

Dies zeigt die gegnerischen Königinnen, welche gegen einen passiven ersten Spieler alle Quadrate des Krebs-Systems beherrschen.

Feuer – erster Spieler.

Die gegnerischen Königinnen gebieten auf gleiche Weise über die Quadrate des Krebs-Systems. Abhängig von der Situation des ersten Spielers gibt es jedoch leichte Variationen. Sie gebieten zusammen über das System des Krebses.

Ist Wasser oder Erde erster Spieler, so gebieten die gegnerischen Königinnen über die Quadrate von Luft, Feuer, Löwe und Wassermann in ihren eigenen Unterabschnitten und in den anderen der gleichen Reihe, während sie in der anderen Reihe über die Quadrate der Jungfrau, Fische, Krebs und Steinbock regieren.

Ist Luft oder Feuer erster Spieler, so kehren sich diese Gruppen an Quadraten um.

Die Königin des ersten Spielers und deshalb des angegriffenen Unterabschnitts gebietet darin immer über die passiven cherubinischen und elementaren Quadrate.

Die angreifenden Königinnen beherrschen und haben als Basis bei angreifenden aktiven Elementen die aktiven cherubinischen und elementaren Felder.

Beim Angriff passiver Elemente die Felder der passiven kardinalen und beweglichen Zeichen.

Die verbündete Königin, die die Verteidigung stützt, benutzt als Basis die Quadrate, die denjenigen des ersten Spielers entsprechen, die passiven cherubinischen und elementaren.

Es ergibt sich, daß keine passive Königin unter irgendwelchen Umständen des Brettes oder der Anordnung ein aktives cherubinisches, kardinales, bewegliches oder elementares Feld in ihrer eigenen Reihe oder in ihrem Unterabschnitt bedrohen kann, noch ein gleiches passives Feld in der anderen Reihe.

Man sieht daran, daß es gewisse Zeichen gibt, auf welchen die Königinnen stark, und andere, auf welchen sie schwach sind.

Bei der Verteidigung sind die Königinnen oder wäßrigen Kräfte ihres jeweiligen Elementes stark in den Feldern des Wassers, der Erde, des Skorpiones und Stieres ihrer jeweiligen Herrschaftsbereiche. Beim Angriff hängen die verletzlichen Punkte des gegnerischen Bereichs davon ab, welche Elemente tätig sind.

Ist Wasser der erste Spieler und deshalb auch der Angriffspunkt, so kann die wäßrige Königin einen starken Gegenangriff auf Wasser, Erde, Skorpion und Stier des gelben (also in der gleichen Reihe) führen und auf Widder, Zwillinge, Schütze und Waage des roten. Währenddessen führt die verbündete, Wasser von Erde, einen Angriff auf Widder, Zwillinge, Schütze und Waage des gelben und Wasser, Erde, Skorpion und Stier des roten.

Das System des Widders bietet in der Verteidigung die starken Punkte für den luftigen Teil einer elementaren Kraft und das Krebssystem im Angriff.

Die wäßrigen Kräfte der Elemente widersprechen einander nie und stören sich nicht in ihrer Tätigkeit. Jede Wellenbewegung verläuft weiter, unbeeinflußt von den anderen und ohne die anderen zu beeinflussen. Die Königinnen überwältigen die gegnerischen Kräfte nur, wenn diese in ihren Herrschaftsbereich vordringen.

Eine jede Königin hat den Angriff der gegnerischen Kräfte der Luft zu fürchten. Während letztere bei der Zuspitzung der Angelegenheit zum Ende hin stärker werden, ist es unwahrscheinlich, daß eine gut geschützte Königin von einem gegnerischen, sie bedrohenden Läufer geschlagen wird. Das gleiche gilt für Angriffe des gegnerischen Springers.

Diese Spielregel ist im allgemeinen gültig, wenn die Königin nicht gerade ein Ptah-Quadrat bedroht, welche Fähigkeit ihren Wert sehr steigert.

Der Läufer

Die Läufer von Spielpartnern gebieten stets über die gleiche Gruppe an Feldern. Und die Läufer der gegnerischen Seite gebieten über die entgegengesetzte Gruppe an Feldern. Dabei handelt es sich um die gleichen Gruppen, die zuvor als das System des Widders und des Krebses erwähnt wurden.

Die Läufer des ersten Spielers und seines Verbündeten gebieten stets über das Krebs-System; diejenigen der Gegner immer über das System des Widders.

Ist das Quadrat des Ptah vom Widdersystem, so besitzen die Luftkräfte der gegnerischen Macht große Kraft. Ist es aber vom Krebs-System, so können die Luftkräfte des Gegners nicht direkt angreifen, sondern nur sekundär tätig werden. Daraus folgt, daß die Läufer und die Königinnen große Gegner sind, denn die Läufer gebieten über das gleiche System wie die gegnerischen Königinnen. Die Königinnen können nur sechzehn Quadrate berühren, die Läufer jedoch zweiunddreißig, wodurch sie in dieser Hinsicht sehr überlegen sind. Die Königin muß jedoch als dem Läufer gleichwertig angesehen werden, da sie die Macht hat, über dazwischenstehende Steine, welche die Annäherung eines Läufers aufhalten würden, hinwegzuspringen.

Weiterhin wird die Wasserfigur bei der Eröffnung nicht von den Bauern behindert, während der Läufer sich in der Regel erst dann bewegen kann, wenn wenigstens ein Bauer fortgerückt worden ist.

Der Springer

Die Springer können jedes Feld auf dem Brett erreichen und sind deshalb sowohl im System des Widders wie auch in dem des Krebses tätig.

Ein Springer bewegt sich bei jedem Zug von einem dieser Systeme in das andere. Startet er auf einem Widder-Quadrat, so wird ihn sein erster, sein dritter und fünfter (und so weiter) Zug auf die Felder des Krebs-Systems bringen. Und bei seinem ersten, dritten oder fünften Zug kann er zu jedem Feld des Krebs-Systems auf der Tafel kommen.

Sein zweiter, vierter und sechster Zug wird ihn dann zu einem Feld des Widder-Systems bringen. Es scheint auf dem Brett nur ein einziges Quadrat zu geben, welches zu erreichen er sechs Züge braucht. Befindet sich der Springer in einem Eckfeld des Brettes, so kann er das Brett diagonal zum entgegengesetzten Eckfeld nicht in weniger als sechs Zügen überqueren.

Dies führt zu einigen Besonderheiten, wie die Diagramme auf den folgenden Seiten zeigen:

Widder-System: halbfette Ziffern (**6**, **4**, **4** usw.)

Krebs-System: gewöhnliche Ziffern (5, 5, 5 usw)

6	5	4	5	4	5	4	5
5	4	5	4	3	4	3	4
4	5	4	3	4	3	4	3
5	4	3	4	3	2	3	2
4	3	4	3	2	3	2	3
5	4	3	2	3	4	1	2
4	3	4	3	2	1	4	3
5	34	3	2	3	2	3	Kt.

4	5	4	3	4	3	4	3
5	4	3	4	3	4	3	4
4	3	4	3	2	3	2	3
3	4	3	2	3	2	3	2
4	3	2	3	4	1	2	1
3	4	3	2	1	4	3	2
4	3	4	3	2	3	Kt.	3
3	4	3	2	1	2	3	4

4	3	2	3	2	3	2	3
3	2	3	2	3	2	3	2
2	3	4	1	2	1	4	3
3	2	1	2	3	2	1	2
2	3	2	3	Kt.	3	2	3
3	2	1	2	3	2	1	2
2	3	4	1	2	1	4	3
3	2	3	2	3	2	3	2

Luft- und Wasserbretter

Die verschiedenen Zeichen können wie folgt bewegt werden:

Im Widder-System
kann der Springer ziehen

auf den Schützen 24mal
auf den Widder 23mal
auf die Waage 23mal
auf die Zwillinge 22mal
auf das Wasser 20mal
auf den Skorpion 19mal
auf die Erde 19mal
auf den Stier 19mal

Im Krebs-System
kann der Springer ziehen

auf die Fische 23mal
auf den Krebs 22mal
auf den Steinbock 22mal
auf den Löwen 21mal
auf die Jungfrau 21mal
auf die Luft 21mal
auf das Wasser 20mal
auf den Wassermann 18mal

Erd- und Feuerbretter

Die verschiedenen Zeichen können folgendermaßen bewegt werden:

Im Widder-System

kann der Springer ziehen:

auf den Schützen 23mal
auf die Waage 23mal

Im Krebs-System

kann der Springer ziehen:

auf die Jungfrau 23mal
auf den Krebs 22mal

auf den Widder 22mal
auf die Zwillinge 22mal
auf den Skorpion 20mal
auf die Erde 20mal
aufs Wasser 19mal
auf den Stier 19mal

auf den Steinbock 22mal
auf die Fische 22mal
auf den Löwen 20mal
auf den Wassermann 20mal
aufs Feuer 20mal
auf die Luft 19mal

In ein Eckfeld gestellt, kann der Springer nur zu zwei anderen ziehen.

Auf zwei angrenzende Felder gestellt, kann der Springer nur auf drei andere ziehen.

Auf ein anderes äußeres Quadrat gestellt, kann der Springer nur zu vier anderen ziehen.

In ein Eckquadrat der zweiten Reihe gestellt, kann der Springer nur auf vier andere ziehen.

Auf ein anderes Feld der zweiten Reihe gestellt, kann der Springer nur auf sechs andere ziehen.

In den mittleren sechzehn Feldern aber entwickelt er seine volle Kraft und kann zu acht anderen ziehen. Das ergibt für den Springer 336 mögliche Züge.

Bei diesen 336 Zügen entsteht zwischen der oberen und unteren Reihe der Tafel ein eigenartiger Unterschied.

Das Brett der Luft wird identisch mit demjenigen des Wassers sein.

Das Brett der Erde wird identisch mit demjenigen des Feuers sein.

Durch die angefügte Tabelle wird deutlich, daß die Felder bestimmter Zeichen durch den Springer häufiger angegriffen werden als andere. In der ersten Zeile zeigt sich zum Beispiel, daß die vier Schützefelder auf den Brettern der Luft und des Wassers von nicht weniger als vierundzwanzig Feldern aus angreifbar sind, während die vier Stierfelder nur von achtzehn Feldern her angreifbar sind.

Spielt er von den sechzehn mittleren Quadraten aus, so beherrscht der Springer acht Quadrate. Diese acht Felder sind jedoch nicht willkürlich angeordnet, sondern folgen bei den Brettern der Luft und des Wassers einer Regel, und bei denjenigen der Erde und des Feuers einer anderen.

Bei ersteren sind den acht Feldern immer sechs Zeichen zugeordnet, von welchen zwei zweimal auftreten. Vom Erdquadrat der Wassertafel aus bewegt sich der Springer also zu folgenden Quadraten: Jungfrau, Löwe, Steinbock 2, Krebs 2, Fische, Wassermann, wobei Steinbock und Krebs verdoppelt sind und aus dem Krebssystem Feuer und Luft fehlen.

Oder aus dem Feld des Widders zieht der Springer zu Fischen, Wassermann, Luft 2, Steinbock 2, Jungfrau und Löwe, wobei Luft und Steinbock verdoppelt sind und Feuer und Krebs fehlen.

Bei den Brettern der Erde und des Feuers ist es jedoch anders. Dort bewegt sich der Springer nur zu den Feldern von fünf Zeichen des Systems, verdreifacht eines, verdoppelt eines und läßt drei aus.

Vom Erdquadrat bewegt sich der Springer also zu: Fische 2, Steinbock, Krebs 3, Löwe und Wassermann, verdreifacht dabei Krebs, verdoppelt Fische und läßt Feuer, Luft und Jungfrau aus.

Und vom Widderquadrat aus: Wassermann 2, Fische, Jungfrau 3 und Luft, Feuer. Dabei wird Jungfrau verdreifacht, Wassermann verdoppelt und Krebs, Steinbock und Löwe ausgelassen.

Bretter des Wassers und der Luft

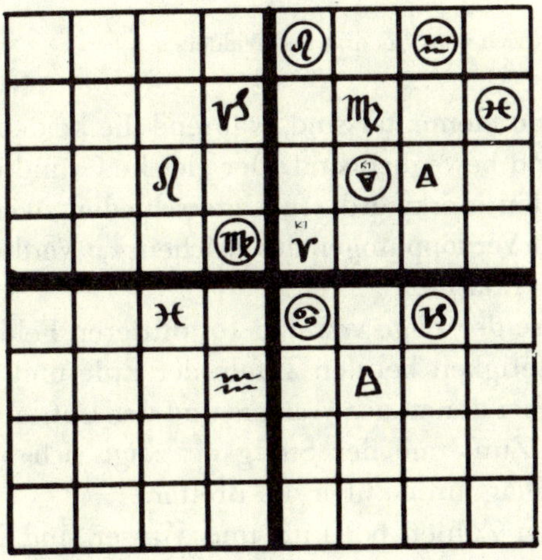

(♌) zeigt die Bewegungen des Springers vom Erdquadrat der mittleren 16

♌ zeigt die Züge vom Quadrat des Widders aus

Bretter der Erde und des Wassers

Grün wie zuvor; Purpur wie zuvor.

Von den mittleren 16 Feldern aus wird ein Angriff auf die kardinalen und beweglichen Zeichen je zehnmal geführt, auf die cherubinischen und elementaren Felder jeweils sechsmal. Das gilt für jedes Brett. Der Grund dafür liegt in der Stellung der Reihen, welche in jedem Fall so angeordnet sind, daß die oberen und unteren Reihen

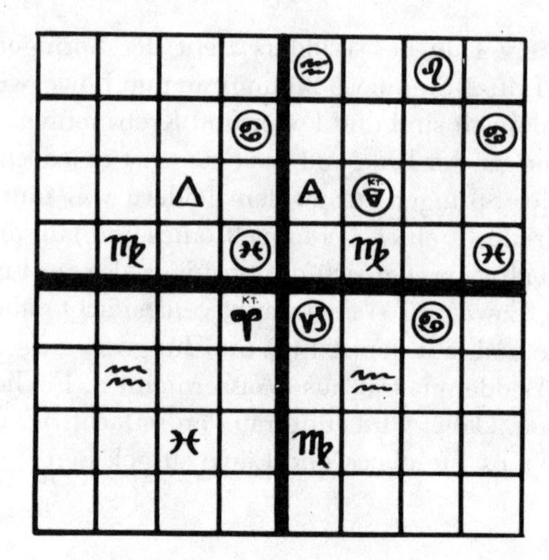

(♌) zeigt die Züge des Springers vom Erdquadrat der mittleren 16

♌ bewegt sich vom Quadrat des Widders aus

cherubinisch und elementar sind, während die beiden mittleren Reihen kardinal und beweglich sind. Der gleiche Grund wird die Besonderheiten bei den merkwürdigen Unterschieden zwischen den Spalten »Anzahl der Verdopplungen des Zeichens«, »Verdreifachung« und »Ausgelassen« erklären.

Diese Analyse der Züge von den 16 mittleren Feldern her scheint eine gewisse Stetigkeit bei den Tafeln der Erde und des Feuers und eine geringere bei denen des Wassers und der Luft anzuzeigen.

Die gleiche Zunahme der Stetigkeit zeigt sich auf der Tabelle unterhalb der Diagramme über die Bretter.

Die äußersten Zahlen bei Luft und Wasser sind 24 und 18. Die äußersten Zahlen bei Erde und Feuer sind 23 und 19.

Die Züge des Springers, auf ähnliche Weise auf die 48 verbleibenden Quadrate bezogen, weisen auf den gleichen Punkt hin; eine größere Stetigkeit bei Erde und Feuer als bei Wasser und Luft. Und dieser Unterschied zeigt sich bei der äußeren, nicht bei der inneren Reihe.

Die 28 äußeren Felder werden durch 96 mögliche Züge angegriffen.

Die nächsten 20 Felder werden durch 112 mögliche Züge angegriffen.

Die 16 mittleren Felder werden durch 128 mögliche Züge angegriffen.

Die Springer- oder Feuerkräfte der Elemente begegnen sich und prallen in allen Teilen heftig aufeinander. Im Angriff sind sie allen anderen gegenüber und überall stark. Wie Feuer gehen ihre Züge ungehindert durch die anderen Elemente hindurch, und zwar in unregelmäßigem Verlauf wie die flackernde Flamme, wobei sie mit jedem Zug sowohl diagonal als auch gerade springen. Sie enthalten die potentiellen Kräfte der anderen Figuren. Ihre Kraft ähnelt derjenigen des Tarotkönigs und Chokmahs. Sie sind die Kräfte Abbas und stellen zusammen mit den Königinnen die Kräfte Briahs in diesem Schema dar.

Die Königinnen oder Wasserkräfte der Elemente prallen niemals aufeinander, sondern fließen eine jede in ihrem eigenen Verlauf unbeeinflußt von entgegenkommenden oder kreuzenden Wellen. Die Wasserkräfte bewegen sich aber andererseits nur auf ihren jeweiligen vorgegebenen Verläufen, sie können ihre Grenzen nicht verlassen und in den Bereich anderer eindringen. Wie das Feuer ist das Wasser ungehindert und wogend, und wie Luft und Erde kann es sich diagonal oder geradlinig bewegen, wobei es die potentiellen Kräfte der Luft und der Erde enthält. Es sind die Königin des Tarot und Binah. Sie sind die AIMAH und stammen von Briah.

Die Läufer sind subtil und scharf, bewegen sich schnell, werden in ihrem Lauf jedoch schnell behindert. Sie stoßen nicht mit gegnerischen Läufern zusammen, und verbündete Luftfiguren unterstützen sich gegenseitig in Angriff und Verteidigung. Wo die aktiven Lüfte wirbeln, können die passiven nicht hinkommen. Es sind die Kräfte der Ritter und von Jetzirah, dem Sohn.

Die Türme sind die schwere, widerstehende Kraft des Knappen, in der Wirkung mächtig, wenn ihnen die Züge der anderen drei vorangegangen sind. Das heißt, wenn in einer Angelegenheit die Kräfte des Feuers, des Wassers und der Luft absorbiert und ausgeglichen worden sind, das heißt vom Brett entfernt wurden, dann kommen die starken Kräfte der Türme ins Spiel. Aber wehe dem, der diese schwerfälligen Kräfte zu früh herausruft.

Der Turm

Diese Figur zieht sowohl durch die Spalten als auch durch die Reihen. Sie ist darum in der Lage, jedes Feld auf dem Brett zu erreichen und ist sehr mächtig. Die Bewegung ist jedoch sehr schwerfällig, und die Figur wird deshalb in einem Spiel nicht häufig gezogen, sofern die Kräfte der anderen Elemente im Verlauf nicht absorbiert worden sind. Solange sich die Kräfte des Aleph, Mem und Shin in voller Tätigkeit befinden, wird der Turm leicht angegriffen und ist schwer zu verteidigen, wenn er nicht ruhig bleibt und als feste Basis zur Unterstützung und Verteidigung an der Seite dient. Begeht er jedoch den Fehler, zu früh in Tätigkeit zu treten, fällt er fast gewiß den subtileren Kräften zum Opfer, deren Domäne der Angriff ist.

Bringen die subtileren Kräfte keine Lösung der Frage und ist die Sache bis zum bitteren Ende ausgefochten, sind also die Kräfte Jetzirahs und Briahs in der Angelegenheit absorbiert und ausgeglichen, dann treten die schwerfälligen Kräfte Assiahs, des Knappen, in einen mächtigen Kampf ein.

Die Könige

Die Könige von Wasser und Erde stehen in Feldern des Widder-Systems. Die Könige der Luft und des Feuers stehen in Feldern des Krebssystems.

Sind Wasser oder Erde die ersten Spieler, so greifen die gegnerischen Läufer diejenigen Quadrate an, auf denen sie stehen. Sind Luft oder Feuer die ersten Spieler, so tun sie dies nicht.

Der König ist das As, und der König des ersten Spielers ist die Figur, von deren Handlung diejenige aller Kräfte abhängt. Dieser König verursacht durch jeden Zug, den er tut, einen neuen Wirbel in allen anderen Kräften.

Bemerkungen über das Spiel

Achte darauf, zu welchem System das Feld des Ptah gehört. Ist es nämlich vom System des Widders, so ist der Angriff der gegnerischen Königin unbedeutend, während derjenige der Läufer stark ist. In einem solchen Fall ist die Anzahl der Figuren sechs: zwei Läufer, zwei Springer und zwei Türme. In solchen Fällen ist der Angriff der Luft stark und derjenige des Wassers schwach.

Befindet sich der Ptah auf einem Quadrat des Krebs-Systems, so greift eine gegnerische Königin dieses Quadrat direkt an, die Läufer jedoch nicht. In diesem Fall ist die Zahl der angreifenden Figuren fünf: eine Königin, zwei Springer und zwei Türme. Das heißt, daß in diesem Fall der Angriff der Luft unbedeutend ist, während das Wasser stark ist.

Kann eine gegnerische Königin den Ptah angreifen, so sollte die Verteidigung sehr darauf achten, um welche Königin es sich dabei handelt, und daran denken, daß durch diese Tatsache ihre Kraft sehr verstärkt wird. Er sollte in einem solchen Fall nicht zögern, eine Figur gegen sie einzutauschen, die ansonsten für mächtiger gehalten würde. Man sollte sie sicherlich mit einem Läufer abtauschen und wahrscheinlich auch mit einem Springer.

Das Widdersystem der Trümpfe

Widder – Herrscher. Der Herr unter den Mächtigen.
Stier – Hierophant. Magus der ewigen Götter.
Zwillinge – Liebende. Orakel der mächtigen Götter.
Waage – Gerechtigkeit. Träger der Waage.
Skorpion – Tod. Kind des großen Wandlers.
Schütze – Maß. Tochter des Versöhners.
Saturn – Welt. Die Große aus der Nacht der Zeit.
Wasser – Gehängter. Geist der mächtigen Wasser.

Das Krebssystem der Trümpfe

Krebs – Wagen. Kind der Mächte der Wasser.
Löwe – Stärke. Tochter des Flammenschwertes.
Jungfrau – Klugheit (Eremit). Prophet der Götter.
Steinbock – Teufel. Herr des Tores der Materie.
Wassermann – Stern. Tochter des Firmamentes.
Fische – Mond. Herrscher von Fluß und Rückfluß.
Feuer – Gericht. Geist des Urfeuers.
Luft – Narr. Geist des Äthers.

Die Reihenfolge der Figuren nach dem JHVH entspricht ihren jeweiligen angreifenden und verteidigenden Kräften:

Am stärksten angreifend: Springer.
Eher angreifend als verteidigend: Königin.
Eher abwehrend als angreifend: Läufer.

Der Turm ist am stärksten abwehrend, das heißt, im allgemeinen Sinne, denn jede Figur nimmt je nach Umständen beide Rollen ein.

David Allen Hulse

Die Zahlenstruktur des Henochischen

Die Henochischen Zahlen im Text der Rufe

Henochisch ist eine isosephische Sprache, das heißt eine Sprache, deren Alphabet sowohl für Phoneme wie auch für Zahlen benutzt wird. Die esoterische Struktur des henochischen Alphabetes gründet auf den phonetischen Klängen, die dem Griechischen ähneln, die nach der alphabetischen Folge des Hebräischen aufgebaut sind und nach Ziffern gezählt werden wie das Sanskrit. Die Sprache selbst scheint ein Amalgam von Hebräisch, Griechisch, Englisch und Latein zu sein, mit Einsprengseln esoterischer Sprachen wie Ägyptisch, Koptisch und Sanskrit. Außerdem handelt es sich um eine künstliche Sprache, die eine grammatische Struktur suggeriert, in Wirklichkeit jedoch keine logische Syntax enthält. Das Zahlensystem der henochischen Sprache John Dees kann im System des Golden Dawn bei den 48 Rufen gesehen werden, die aus Dees Schriften abgeleitet sind. Der Code ist in der Hinsicht verdunkelt, daß die Benutzung der meisten Buchstaben als Zahlen falsch ist, doch gibt es im Code Hinweise, die seine Entschlüsselung ermöglichen.

Bei den 48 Rufen werden die Buchstaben 63mal als Zahlen verwendet, von denen dreizehn Schlüssel gefunden werden können, die eine Dekodierung des Henochischen gestatten. Acht Schlüssel klären die richtige Zuordnung von Zahlen zu Buchstaben, der neunte Schlüssel zeigt das Ende oder den letzten Buchstaben des henochischen Alphabetes. Der zehnte Schlüssel gibt die leeren oder unsichtbaren Buchstaben des henochischen Systems an, die dem neunzehnten, unbezifferten henochischen Ruf entsprechen, dem Ruf zur Erforschung der dreißig Aethyre. Der elfte Schlüssel bekräftigt den zehnten in bezug auf den fehlenden henochischen Buchstaben. Der zwölfte Schlüssel spielt auf der Grundaufteilung des Tarot an, welche das Modell für die Anzahl der Buchstaben im henochischen System darstellt. Der dreizehnte Schlüssel zeigt den hebräischen Einfluß dabei, das L im Wert als »eins« zu verhüllen.

Die 63 Codes, die henochische Buchstaben als Zahlen benutzen, sind innerhalb der 48 Rufe die folgenden:

Erster Ruf

Keine Nummer

Zweiter Ruf

VIU – zweites
L – erstes
L – erstes

Dritter Ruf

OS – zwölftes
NORZ – sechstes
LI – erstes
OS – zwölftes
CLA – viertes, fünftes, sechstes

Vierter Ruf

PD – 33
VIU – zweites
MAPM – 9639
L – 1
LO – erstes
CLA – viertes, fünftes, sechstes

Fünfter Ruf

D – drittes
AF – neunzehntes
L – erstes
VIU – zweites
PEOAL – 69636
LA – erstes
ULS – letztes
L – erstes

Sechster Ruf

S – viertes
EM – neuntes
ACAM – 7, 6, 9, 9
VIU – zweites
D – drittes

Siebenter Ruf

NI – 28
D – drittes
ES – viertes

Achter Ruf

LO – erstes
PI – drittes
OX – 26

Neunter Ruf

P – achtes
OLANI – zweites
OBZA – halbes
CIAL – 9996

Zehnter Ruf

OP – 22
DAOX – 5678
OL – vierundzwanzigstes
EORS – hundert
MATB – tausend
L – erstes
MATB – tausend

Elfter Ruf

O – fünftes
GA – 31

Zwölfter Ruf

OB – 28
MIAN – 3663

Dreizehnter Ruf

UX – 42
AFFA – leer

Vierzehnter Ruf

OL – QUAR – 1636

Fünfzehnter Ruf

L – erstes
DARG – 6739

Sechzehnter Ruf

VIU – zweites
EMOD – 8763

Siebzehnter Ruf

D – drittes
TAXS – 7336

Achtzehnter Ruf

ERAN – 6332

Neunzehnter Ruf

L – eines
AG L – keines
L – eines
SAGA – eines

Bei diesen Beispielen sind zwei Hauptmethoden der Zahlendarstellung innerhalb der Rufe erkennbar:

1. Als Zahlen verwendete Buchstaben, bei welchen jeder Buchstabe des Alphabetes einer Zahl entspricht und
2. als Zahlennamen verwendete Wörter.

Die einzigartige Verwendung von Buchstaben als Zahlen bei diesen Rufen lehnt sich direkt an das Sanskritalphabet an. Hinzu kommen das hebräische, griechische, arabische, koptische und lateinische Alphabet. Der Wert irgendeines Wortes besteht in der Gesamtsumme der Buchstaben, die dieses Wort zusammensetzen. Beim Sanskrit aber wird das Alphabet stellungsabhängig, und jeder Buchstabe eines Wortes wird zur Ziffer einer Zahl. In seinem 499 n. Chr. veröffentlichten Werk *Dasagitka* beschreibt der Hindu-Mathematiker Aryabhata ein System, für die Buchstaben des Sanskrit-Alphabetes Zahlen einzusetzen. Jeder Buchstabe eines Wortes ist in diesem System eine einzelne Ziffer einer Zahl. Ein Wort, das sich aus drei Buchstaben zusammensetzt, ergäbe also eine Zahl mit drei Ziffern. Dieser Code, Ka-Ta-Pa-Ja, war die poetischste und komplizierteste Zuordnung von Zahlen zum Sanskrit-Alphabet. (Sie finden eine Beschreibung dieses Zahlensystems im dritten Teil dieses Aufsatzes.) Und die gleiche Schreibweise wird auch in den 48 henochischen Rufen verwendet.

Unter den 63 in den Rufen erwähnten Zahlen wird dieses Ziffernsystem 32mal verwendet.

L – 1 (Rufe 4, 5, 10, 19 [zweimal])
OS – 12 (Ruf 3 [zweimal])
CLA – 456 (Rufe 3 und 4)
PD – 33 (Ruf 4)
MAPM – 9639 (Ruf 5)
AF – 19 (Ruf 5)
PEOAL – 69636 (Ruf 5)
ACAM – 7699 (Ruf 6)
NI – 28 (Ruf 7)
OX – 26 (Ruf 8)
P – 8 (Ruf 9)
CIAL – 9996 (Ruf 9)
OP – 22 (Ruf 10)
DAOX – 5618 (Ruf 10)
O – 5 (Ruf 11)

GA – 31 (Ruf 11)
OB – 28 (Ruf 12)
MIAN – 3663 (Ruf 12)
UX – 42 (Ruf 13)
OL – 24 (Rufe 10 und 14)
QUAR – 1636 (Ruf 14)
DARG – 6739 (Ruf 15)
EMOD – 8763 (Ruf 16)
TAXS – 7336 (Ruf 17)
ERAN – 6332 (Ruf 18)

Die meisten dieser Zuordnungen sind verhüllt, denn einem Buchstaben werden mehrere Zahlenwerte gegeben. Sehen wir uns als Beispiel die Verwendung des »A«, des Buchstaben »Un«, als Zahl an:

A ist 1 in AF und GA,
A ist 3 in ERAN, TAXS, PEOAL und QUAR,
A ist 6 in CLA, MAPM, DAOX und MIAN,
A ist 7 in ACAM und DARG,
A ist 9 in CIAL und ACAM.

Die korrekte Zuordnung ist A wie in AF und GA. Die anderen neun Beispiele stellen verschleierte Werte dar. Bei den 32 Verwendungen von Buchstaben als Ziffern finden sich acht korrekte Zuordnungen. Diese acht Schlüssel ermöglichen es uns, den richtigen Zahlenschlüssel für das Henochische zu finden. Richtig analysiert enthüllen sie die folgenden Informationen.

1. A̲F = 19 (5. Ruf)
In der Zahl 19 als AF wird dem A richtig die Zahl 1 entsprechen, was uns an das griechische Alpha und das hebräische Aleph erinnert. Aus diesem Schlüssel ergibt sich als Anfangsbuchstabe des henochischen Alphabetes das Un (A), nicht das Pe (B), wie Mathers annahm. (Beachte, daß UN auch die lateinische Wurzel der Eins ist, etwa in U̲nus, U̲na, U̲num.) Obwohl das A richtig als 1 beziffert wird, ist das F als die Zahl 9 verschleiert. Sieht man sich alle Ziffernzuordnungen in den Rufen an, so wird deutlich, daß die »0« niemals benutzt wird. Durch das als 9 verschleierte F neben der richtigen Zuordnung des A als 1 wird auf die Grenze dieses Zahlen-Codes hingewiesen. Die Ziffern laufen nicht von 1 bis (1)0, sondern 1 bis 9. Dieser Hinweis wird noch durch den weiteren bekräftigt, das AFFA »leer« bedeutet.

2. GA = 31 (11. Ruf)
Als die Zahl 31 ist GA das einzige korrekt benutzte Buchstabenpaar aller 48 Rufe. Diese Entsprechung deutet darauf hin, daß das Alphabet nach der hellenistisch-semitischen Folge geordnet ist, in der G die dritte Position einnimmt (Gamma, Gimel = 3), anstatt die siebente, wie im Lateinischen und in den meisten anderen europäischen Sprachen. Die Entsprechung von A zu 1 in GA bekräftigt die Verwendung des A als 1 in der Kombination AF.

3. OS = 12 (3. Ruf)
Im dritten Ruf taucht OS zweimal als 12 auf. Das S wird korrekt der Zahl 2 zugeordnet. Das ist sehr informativ, denn wir sehen daran, daß der henochische Buchstabe »S« dem griechischen Sigma nachgeformt ist, welches den Wert 2(00) besitzt, nicht aber dem hebräischen Shin mit dem Wert 3(00) oder dem hebräischen Samekh mit dem Wert 6(0).

4. OX = 26 (8. Ruf)
Das OX mit dem Wert 26 ordnet das X korrekt der 6 zu, obwohl das O als 2 verschleiert ist (und damit dem O aus OS ähnelt, das ebenfalls als 2 verschleiert war[1]). Wäre das henochische Alphabet numeriert wie das hebräische, so wäre die Position dieser Ziffer diejenige des Samekh mit dem Wert 6(0). Da es sich jedoch um ein X handelt, haben wir damit einen Hinweis, daß das phonetische Modell des Henochischen das Griechische ist, worin X ein Xi mit dem Wert 6(0) ist.

5. DAOX = 5678 (10. Ruf)
DAOX als Ziffernreihe 5678 macht in Zusammenhang mit OS und OX die Zahlenentsprechung des O deutlich. Im DAOX ist es nämlich als 7 beziffert, seinem korrekten Wert, und nicht mit 2 wie im OS und OX*. Das Modell des O ist also offenbar das griechische Omikron mit dem Wert 7(0), wie auch das hebräische Ajin, ebenfalls mit dem Wert 7(0).

6. UX = 42 (13. Ruf)
Mit UX, der Zahl 42, kommen wir ans Ende des Alphabetes. Wie AF den Anfang des Henochischen bei »A« anzeigte, so zeigt UX das wahre Ende des henochischen Alphabeth bei U als 4 an. U ist nach dem griechischen Ypsilon mit dem Wert 4(00) gestaltet, welches der

[1] Anm. d. Übers.: Hier handelt es sich offenbar um einen Irrtum oder Schreibfehler.

hebräischen Endposition des Alphabetes (Tau als 400) entspricht. Hieran erkennen wir das wirkliche Modell des Henochischen. Es ist nach dem phonetischen Muster des Griechischen und der hebräischen Reihenfolge des Alphabetes gebildet. U als Ypsilon, entsprechend dem hebräischen Buchstaben Tau, ist also das Modell des Alphabetendes, nicht jedoch das griechische Omega. Das wird weiterhin dadurch unterstützt, das in UX der Buchstabe X auftritt. Obwohl X als 2 verschleiert ist (der wirkliche Wert ist 6, wie sich in OX zeigt), deutet seine Form des englischen X dennoch auf eine bestimmte hebräische Schreibweise des Tau als Kreuz hin. Die Verbindung des U mit 4 zeigt an, daß sich das U in der Position des Tau als letzter der 21 henochischen Buchstaben befindet. Man beachte außerdem, daß das Tau dem 21. Tarottrumpf entspricht.

7. P = 8 (9. Ruf)
Als die Zahl 8 ist das P der einzige korrekt als Zahl benutzte Einzelbuchstabe. In Verbindung mit X als 6 (von OX und O als 7 von DAOX) bestätigt sich hier wieder das Griechische als phonetisches Modell, denn X als 6 ist Xi, O als 7 ist Omikron und P als 8 ist Pi.

8. OP = 22 (10. Ruf)
Als Zahl 22 ist das OP ein Beispiel einer verschleierten Zahl. Weder O noch P tragen den Wert 2. Aus DAOX wird O korrekt als 7 beziffert und P aus P als 8. Das verhüllte OP ergibt also 22, während das korrekte OP der 78 entspräche. Es gibt 78 Tarotkarten, von denen 22 symbolisch-kabbalistische Bilder des hebräischen Alphabetes darstellen. Diese beiden Entsprechungen liegen in der verhüllten und korrekten Bezifferung des OP. Durch den Hinweis auf das Tarot fällt uns die Zahlenfolge von 0 bis 21 ein, denn so sind die 22 großen Arkane des Tarot numeriert. Darin liegt die esoterische Grundlage des henochischen Alphabetes, 22 Buchstaben, 21 dargestellte und ein ungeschriebener. Die Zuordnungen des Tarot, die sich aus den Hinweisen des Henochischen ergeben, deuten auf eine Parallele zwischen dem henochischen Buchstaben Un (A) zum Trumpf 0, dem Narren, und zwischen dem henochischen Buchstaben Vau (U) zum Trumpf 21, der Welt. Der fehlende oder ungeschriebene henochische Buchstabe folgt dem griechischen Modell des Theta, entsprechend dem Teth im Hebräischen und dem Trumpf 8, Stärke, im Tarot des Golden Dawn.

(Zur weiteren Klärung des fehlenden, ungeschriebenen Buchstabens siehe unten den Kommentar zum Schlüssel AFFA.)

Zusätzlich zum Gebrauch des Alphabetes als Ziffern enthält das

Henochische auch beschreibende Namen für die Zahlen. Bei den 48 Rufen treten 31 Worte auf, welche Zahlenkonzepte beschreiben. Diese sind:

VIU – zweites (Ruf 2, 4, 5, 6, 16)
L – erstes (Ruf 2 zweimal, 5, 15)
NORZ – sechs (Ruf 3)
LI – erstes (Ruf 3)
LO – erstes (Rufe 4, 8)
D – drittes (Ruf 5, 6, 7, 17)
LA – erstes (Ruf 5)
ULS – das Ende (Ruf 5)
S – viertes (Ruf 6)
EM – neun (Ruf 6)
ES – viertes (Ruf 7)
PI – drittes (Ruf 8)
OLANI – zwei (Ruf 9)
OBZA – halb (Ruf 9)
EORS – hundert (Ruf 10)
MATB – tausend (Ruf 10 zweimal)
AFFA – leer (Ruf 19)
AG L – keiner (Ruf 19)
SAGA – eins (Ruf 19)

Aus diesen 31 beschriebenen Termini ergeben sich vier Hauptschlüssel und ein zusätzlicher Hinweis:

1. ULS – das Ende (Ruf 5)
Das Wort ULS bedeutet das Ende und bekräftigt die Festsetzung des henochischen U (Vau) als Ende des henochischen Alphabetes. ULS beginnt nämlich mit dem Buchstaben U (Vau), der das »Omega« der henochischen Sprache darstellt. Aus dem Schlüssel UX entdeckten wir das griechische Ypsilon als Vorbild für diesen Buchstaben U. Obwohl sein henochischer Name Vau auf das hebräische Vav hindeutet, ist das wahre Vorbild des henochischen Vau das griechische Ypsilon. Der henochische Buchstabe U wird auch als V oder W transliteriert. In beiden Schlüsseln UX und ULS zog Dee es jedoch vor, den Buchstaben als U zu transliterieren, um die Entsprechung zum Ypsilon weiter zu festigen.

Diese Theorie wird noch von einem weiteren henochischen Zahlennamen gestützt. Dabei handelt es sich um VIU, was »zweites«

bedeutet und im 2., 4., 5., 6. und 16. Ruf auftaucht. In diesem Namen transliteriert Dee das henochische Vau sowohl als V als auch als U. Symbolisch kann der Begriff »zweites« als das angesehen werden, was nicht das erste, somit das letzte ist. Die doppelte Transliteration des Vau als V und U im Wort für »zweites« zeigt an, daß das henochische Vau der letzte Buchstabe des Alphabetes ist.

2. AFFA – leer (Null, Nichts) (Ruf 13)
AFFA tritt im 13. Ruf als Begriff für das Leere auf. Es besteht aus dem Schlüssel AF (oben beschrieben), der vorwärts und rückwärts geschrieben wird. Henochisch wird AF als 19 geschrieben, obwohl F als 9 eine verhüllte Zuordnung ist. Aufgrund der Tatsache, das AFFA »leer« bedeutet, beinhaltet die Zuordnung des F zu 9 in AF auch, daß die 9. Position des henochischen Alphabetes leer ist. In der 9. Position unseres hellenistisch-semitischen Vorbildes befindet sich der Buchstabe Theta oder Teth mit dem Wert 9 (und dem 19. Pfad auf dem Lebensbaum zugeordnet).

Im griechischen Alphabet folgt auf die Zahl 5 die 7, Zeta auf Epsilon, wobei die Zahl 6 fehlt oder leer ist. Diese 6. Position wird dem archaischen Buchstaben Stau (oder Digamma) zugesprochen, der den Wert 6 trägt. Die christliche Tradition erzählt, dieser 6., fehlende Buchstabe Stau sei das Zeichen sowohl Kains als auch des Tieres der Offenbarung. Das wird von Offenbarung 13,18 gestützt, dem einzigen Fall, in dem Stau im Neuen Testament als die Zahl 6 auftaucht, nämlich in der Zahl 666 (Chi Xi Stau).

Während das henochische Alphabet einen Buchstaben für 6 besitzt (F in AF und AFFA), hat es keinen entsprechenden für die 9. Position des Alphabetes. Dieser fehlende henochische Buchstabe entspricht dem griechischen Buchstaben Theta mit dem Wert 9.

Warum sollte beim Henochischen der Buchstabe mit dem Wert 9 fehlen, der dem griechischen Vorbild Theta entspricht? Erstens, um 22 Buchstaben im Alphabet zuzulassen und damit eine Entsprechung für die 22 großen Arkane des Tarot zu haben. Zweitens wurde aus Achtung und Furcht vor Gott ein unsichtbarer Buchstabe geehrt, der dem unbezifferten 19. Ruf entspricht, der die Gottheit darstellt, denn die Engel erklärten Dee, daß die 21 henochischen Buchstaben die Diener des Königs repräsentieren, nicht jedoch den König selbst. Dem entspricht die Achtung der Juden vor dem Tetragrammaton, denn Theta, wie die leere neunte Position des henochischen Alphabetes, stellt den Anfangsbuchstaben des Gottes im Griechischen dar. ThEOS. Der Anfangsbuchstabe Gottes, theta, kann darum als die ungesprochene, ungeschriebene und undenkbare Idee im Henochischen angesehen werden.

3. EM – neun (Ruf 6)
EM ist der Zahlenname für neun. Nach der griechischen phonetischen Reihenfolge wird das E als 5 bewertet, während M den Wert 4(0) bekommt. Aber EM ist als Zahl in Ziffern 54 und ergibt addiert 5 + 4 = 9. Neun ist der fehlende henochische Buchstabe, der dem Theta und Teth entspricht. Auf dem Lebensbaum ist die 9 als der Buchstabe Teth der 19. Pfad, der die 4. und 5. Sephirah verbindet (4 = M und 5 = E).

4. D – drittes (Ruf 5, 6, 7, 17)
D repräsentiert den Zahlennamen für das Dritte. Obwohl D im Henochischen den Wert 4 trägt (basierend auf Daleth und Delta), entspricht es dem dritten Schlüssel des Tarot, der Herrscherin. Die henochische Parallele zum Tarot wird also durch die Bedeutung des D als Drittes aufgebaut. Darin besteht ein weiterer Beweis für die Deutung des OP in 22 und 78.

Zusätzlich zu den zwölf Schlüsseln bezüglich der hellenistisch-semitischen Struktur des Henochischen betrifft ein letzter Hinweis den getarnten Gebrauch des henochischen Buchstaben L als Zahl 1. L taucht 16mal in den 48 Rufen in der Bedeutung 1 auf:

L – (Ruf 4, 5, 10, 19 zweimal)
L – erstes (Ruf 2 zweimal, 5, 15)
LI – erstes (Ruf 3)
LO – erstes (Ruf 4, 8)
LA – erstes (Ruf 5)
EL – erstes (Ruf 6)
AG L – keiner (Ruf 19)
LIL – der Ruf des ersten Aethyrs

Obwohl das L im Ziffercode des Henochischen, basierend auf dem griechischen Lambda und dem hebräischen Lamed, als 3(o) bewertet wird, deutet sein verborgener Wert 1 auf verschiedene kabbalistische Formeln für die Zahl 1. L hat im Hebräischen Bezug zu

(A)L – das eine Gesetz, Macht, Kraft
L(A) – nicht, Nichts, Leere
7(A)L(P) – Aleph, der erste Buchstabe

(A)L(HIM) – Elohim, der erste Name Gottes in der Tora
L(ILITh) – Lilith, die erste Gefährtin Adams

Im Griechischen bezieht sich L auf L(OGOS) – das Wort, das im Anbeginn der Schöpfung erklang. Deshalb deutet auch die Verwendung des L als 1 (wenn auch verhüllt) auf das griechische und semitische Modell für das Henochische hin.

Aus diesen dreizehn Schlüsseln kann die vollständige Zahlenstruktur des Henochischen erklärt werden:

1. Die 21 henochischen Buchstaben werden angeordnet wie in der griechischen phonetischen Folge.
2. Diese Folge wird durch die 22 hebräischen Buchstaben näher bestimmt, die von 1 (Aleph, Alpha, Un) bis 400 (Tau, Ypsilon, Vau) laufen.
3. Die leer bleibende Stelle unter den 22 ist die 9. Position, die Stelle des griechischen Buchstabens Theta.
4. Die Zahlenwerte des henochischen Alphabetes, die auf den entsprechenden Werten des griechisch-hebräischen Vorbildes beruhen, müssen auf eine Zahlenfolge von 1 bis 9 reduziert werden. Das erreicht man, indem das henochische Alphabet auf die Kabbala der neun Kammern (AIQ BKR) verteilt wird, wodurch alle Nullen verschwinden. Die henochischen Buchstaben können dann als Ziffern einer zusammengesetzten verwendet werden. Die 21 henochischen Zeichen werden so numeriert:

1	2	3	4	5	6	7	8	9
A	B	G	D	E	F	Z	H	
I	C	L	M	N	X	O	P	Q
R	S	T	U					

Die unterstrichenen Buchstaben ergeben sich aus den Hinweisen der 48 Rufe. Man beachte, daß das Wort »AIR« für Aethyr die erste Spalte des Alphabetes bildet.

Aus der oben angegebenen Entsprechungstabelle kann noch ein zweiter Zahlencode für das Henochische abgeleitet werden. Man kann den 21 henochischen Buchstaben auch die Zahlenwerte ihres entsprechenden griechisch-hebräischen Modells geben. Mit diesen Werten kann jedem henochischen Wort ein Zahlenwert zugeordnet werden, indem man die Summe der Zahlenwerte der einzelnen Buchstaben bildet. Die Tabelle auf den Seiten 1434, 1435 gibt beide henochische

Zahlen-Codices an, ihre parallelen griechischen, hebräischen und Tarot-Modelle sowie die astrologischen Entsprechungen, die sich aus diesen Modellen ergeben.

Abgesehen von den Zahlenschlüsseln in den Rufen gibt Dee in seinen eigenen Schriften zusätzliche Beweise zur Stützung des hellenistisch-semitischen Modells der henochischen Sprache:

1. In seinem Tagebuch kürzt Dee seinen eigenen Namen mit Delta ab, dem vierten Buchstaben des griechischen Alphabetes.
2. Das Henochische wird von rechts nach links gelesen wie das Hebräische (und das Griechische vor 800 v. Chr.). Das deutet jedoch nicht auf einen dämonischen Einfluß hin, sondern darauf, daß John Dee eine Engelsprache nach hebräischem Muster zu erschaffen suchte. Der *Talmud* erzählt, daß die Engel nur Hebräisch sprechen, während der *Zohar* feststellt, daß es nach unserem Tode nur eine Sprache gibt, die wir alle sprechen.
3. Eines der heiligen Bücher des John Dee trug den Titel *The Book of Soyga*. Der Engelbote wies darauf hin, daß »Soyga« nicht die Umkehrung des griechischen Wortes ('agios = heilig) sei. Das ist jedoch eine Tarnung. In Wirklichkeit stellt der Name »Soyga« als Spiegel des griechischen »Agios« den Schlüssel zum wahren Vorbild des Henochischen dar: Griechisch.
4. Die henochische Kosmologie setzt sich aus dreißig Aethyren oder Airen zusammen. Diese sind zweifellos den dreißig Aeonen oder Welten der koptisch-gnostischen Kosmologie nachgebildet, mit welcher sich auch der Renaissance-Magier Giordano Bruno auseinandergesetzt hatte.
5. Der Name »Henochisch« leitet sich offenbar vom hebräischen »Henoch« her, was wörtlich »initiieren« bedeutet. Der *Zohar* erzählt, daß Adam im Paradiese das Buch Henoch erhielt. Nach dem Sündenfall wurde es der Menschheit jedoch wieder genommen und erst von Henoch wieder eingelöst und zur Erde zurückgebracht. Dees eigene magische Arbeit stellte einen Versuch dar, die Menschheit erneut zu erlösen und die ursprüngliche Weisheit des Henoch wieder zur Erde zu bringen.
6. Der henochische Engel Madimi, der sich John Dee über die geistige Schau des Edward Kelley mitteilte, sandte am 29. Juni 1583 eine Warnung bezüglich Kelley an Dee. Er benutzte dazu griechische Buchstaben, (eine Sprache, die Kelley offenbar nicht verstand). Neben der Warnung befindet sich in Dees Tagebuch ein Kommentar von Kelley in bezug auf die verhüllte Warnung: »Das

Henochischer Buchstabe	Transliteration	Zahlenwert	Summenwert
Un	A	1	1
Pe	B	2	2
Ged	G	3	3
Gal	D	4	4
Graph	E	5	5
Orth	F	6	6
Ceph	Z	7	7
Na-hath	H	8	8
Der fehlende oder leere henochische Buchstabe			
Gon	I,J,Y	1	10
Veh	C,K	2	20
Ur	L	3	30
Tal	M	4	40
Drun	N	5	50
Pal	X	6	60
Med	O	7	70
Mals	P	8	80
GER	Q	9	90
Don	R	1	100
Fam	S	2	200
Gisa	T	3	300
Vau	U,V,W	4	400

Griechischer Buchstabe	Tarotschlüssel	Hebräischer Buchstabe	Astrologische Bedeutung
Alpha	0	Aleph	Luft
Beta	1	Beth	Merkur
Gamma	2	Gimmel	Mond
Delta	3	Daleth	Venus
Epsilon	4	Heh	Widder
Stau	5	Vav	Stier
Zeta	6	Zain	Zwillinge
Eta	7	Cheth	Krebs
Theta	8	Teth	Löwe
Iota	9	Yod	Jungfrau
Kappa	10	Kaph	Jupiter
Lambda	11	Lamed	Waage
Mu	12	Mem	Wasser
Nu	13	Nun	Skorpion
Xi	14	Samekh	Schütze
Omicron	15	Ayin	Steinbock
Pi	16	Peh	Mars
Koppa	17	Tzaddi	Wassermann
Rho	18	Qoph	Fische
Sigma	19	Resh	Sonne
Tau	20	Shin	Feuer
Upsilon	21	Tav	Saturn (Erde)

ist die syrische Sprache, die Ihr nicht versteht.« Das ist also das exakte Modell der esoterischen Struktur des Henochischen, die Kombination der hellenischen und semitischen Kabbala.

7. John Dee numerierte seinen eigenen Namen als eine Transliteration des Hebräischen, indem er das henochische Alphabet des Pantheus benutzte, das im *Voarchadumia* aufgezeichnet ist. Dieses frühere henochische Alphabet mag als ein Vorbild für Dees eigene henochische Schrift gedient haben. Es handelt sich dabei um eine völlig auf dem Hebräischen beruhende Engel-Schrift. Mittels dieses hebräischen Codes wandelte Dee seinen Namen in das hebräische IAHN DAA um. IAHN für John trägt den Wert 66, während DAA den Wert 6 hat. Durch diesen Code konnte Dee seinen Namen in die Zahl des Tieres umwandeln: 666. Das ist vermutlich der Grund für die riesige Menge an magischen Quadraten, die auf Dees Heiligem Tisch auftauchen und sich aus Gruppen von 666 zusammensetzen. (Siehe hierzu Crowleys *The Equinox*, Vol. I, No. 7, wo sich eine Abbildung des Tisches befindet.)
8. Der große Name, der den Engel-Tafeln gegeben wird, welche das henochische System des John Dee enthalten, ist Liber Logaeth, oder *Das Buch der Rede Gottes*. Der henochische Name Logaeth bildet eine perfekte Beschreibung des Doppelmodells des Hebräischen und Griechischen. Log (oder Loga) kommt nämlich vom Griechischen Logos, was »schöpferisches Wort« bedeutet, während Aeth (oder Eth) vom hebräischen Avth kommt, was »Buchstabe des Alphabetes« bedeutet. Logaeth ist also ein symbolischer Name für griechische Phoneme (Loga), die nach der Reihenfolge des hebräischen Alphabetes gebildet werden (Aeth).

Das System des Golden Dawn zur Numerierung des Henochischen

Zur Entzifferung des Henochischen als Zahlen kann noch eine zweite Methode benutzt werden. Diese ist das Golden Dawn-System der Zuordnungen aus dem *Buch vom Zusammenfluß der Kräfte* und wurde von Aleister Crowley bei der Erforschung der dreißig Aethyre der henochischen Kosmologie verwendet (die er in *Die Vision und die Stimme* aufzeichnete).

In Crowleys *Die Vision und die Stimme* werden den henochischen Zeichen der dreißig Rufe der Aethyre hebräische und astrologische Entsprechungen gegeben. Im Kommentar zu seiner Vision des 29.

Aethyrs stellt Crowley fest, daß »die geomantischen Entsprechungen zum henochischen Alphabet einen sublimen Kommentar darstellen«. Dies ist die Grundlage der hebräischen Zuordnungen des Golden Dawn zum henochischen Alphabet. Im Golden Dawn-Aufsatz *Talismane und Sigille* wird ein Tisch angegeben, der sechzehn ausgewählte henochische Buchstaben den sechzehn geomantischen Figuren zuordnet. Diese Entsprechungen sind:

Henochischer Buchstabe	Transliteration	Geomantische Figur
Mals	P	Populus
Ur	L	Via
Ged	G	Fortuna Major
Ceph	Z	Fortuna Minor
Fam	S	Conjunctio
Med	O	Puella
Drun	N	Rubeus
Gon	I,J,Y	Acquisitio
Vau	U,V,W	Carcer
Tal	M	Tristitia
Don	R	Laetitia
Orth	F	Cauda Draconis
Gisa	T	Caput Draconis
Pe	B	Puer
Un	A	Amissio
Graph	E	Albus

Mit dieser Tabelle setzt das magische System des Golden Dawn 16 der 21 Buchstaben den 16 geomantischen Formen gleich. Eine andere Entsprechungstabelle in den *Bemerkungen zum Buch über den Zusammenfluß der Kräfte* wurde dann benutzt, um jeder dieser 16 geomantischen, henochischen Buchstaben je einen hebräischen Buchstaben, einen Tarottrumpf und ein astrologisches Symbol gleichzusetzen:

Henochischer Buchstabe	Geomantische Figur	Astrologische Bedeutung	Hebräischer Buchstabe	Zahlenwert
P	Populus	Krebs	Cheth	8
L	Via	Wasser	Mem	40
G	Fortuna Major	Löwe	Teth	9
Z	Fortuna	Luft	Aleph	1
S	Conjunctio	Jungfrau	Yod	10
O	Puella	Waage	Lamed	30
N	Rubeus	Skorpion	Nun	50
I,J,Y	Acquisitio	Schütze	Samekh	60
U,V,W	Carcer	Steinbock	Ayin	70
M	Tristitia	Wassermann	Tzaddi	90
R	Laetitia	Fische	Qoph	100
F	Cauda Draconis	Feuer	Shin	300
T	Caput Draconis	Saturn (Erde)	Tav	400
B	Puer	Widder	Heh	5
A	Amissio	Stier	Vav	6
E	Albus	Zwillinge	Zain	7

Anders als der in den 48 Rufen verborgene Zahlenschlüssel steht diese Golden Dawn-Parallele zwischen dem Henochischen und dem Hebräischen nicht auf phonetischer, sondern auf elementarer Grundlage, da sie durch die geomantischen Eigenschaften festgelegt wird.

Entfernt man in diesem Code jedoch die Nullen und bezieht dieses Zahlensystem dann auf den Ziffern-Code der henochischen Rufe, so findet man folgende Übereinstimmungen:

1. Cla = (Ruf 3, 4) In dieser Zahl ist A = 6 korrekt.
2. Mapm = 9639 (Ruf 5) In dieser Zahl ist A = 6 und M = 9 korrekt.
3. Acam = 7966 (Ruf 6) In dieser Zahl ist M = 9 korrekt.
4. P = 8 (Ruf 9) Diese isolierte Zahl ist als 8 korrekt.
5. Ol = 24 (Ruf 10, 14) In dieser Zahl ist L = 4 korrekt.
6. Mian = 3663 (Ruf 12) In dieser Zahl ist I = 6 und A = 6 korrekt.
7. Darg = 6739 (Ruf 15) In dieser Zahl ist G = 9 korrekt.

Bei seiner Verwendung der obigen henochischen Zuordnungstabelle des Golden Dawn wich Crowley in zwei wesentlichen Punkten ab. Er tauschte oft Löwe und Krebs aus, die beide von den großen Himmelslichtern regiert werden, sowie Jungfrau und Zwillinge, die beide von Merkur regiert werden.

Das System des Golden Dawn numeriert nicht das gesamte henochische Alphabet. Fünf henochische Buchstaben sind in diesem System ausgeschlossen. Crowley erkannte diese Unstimmigkeit und entwickelte fünf zusätzliche Zuordnungen, die auf die Logik der *Bemerkungen zum Buch über den Zusammenfluß der Kräfte* aufbauen. Da die geomantischen Zuordnungen zum Henochischen letztlich elementarer Natur sind, setzte Crowley voraus, daß die fünf ausgeschlossenen henochischen Buchstaben und ihre hebräischen Parallelen sind:

Ausgeschlossener henochischer Buchstabe	Element	Hebräischer Buchstabe	Zahlenwert
C(K)	Feuer	Shin	300
D	Geist	Daleth oder Aleph Lamed	4 oder 31
H	Luft	Aleph	1
Q	Wasser	Mem	40
X	Erde	Tav	400

Mit dem Zusatz der fünf Buchstaben Crowleys kann nun das gesamte henochische Alphabet, seinem hebräischen Vorbild folgend, numeriert werden. Die Berichtigung der Zahlenwerte ist:

Crowleys Zuordnungen

Henochischer Buchstabe	Zahlenwert	Henochischer Buchstabe	Zahlenwert
B	5	P	8
C(K)	300[1]	Q	40
G	9	N	50
D	4 (oder 31)[1]	X	400[1]
F	300	O	30
A	6	R	100

Henochischer Buchstabe	Zahlenwert	Henochischer Buchstabe	Zahlenwert
E	7	Z	1
M	90	U (V,W)	70
I (J,Y)	60	S	10
H	1[1]	T	400
L	40		

Der Ziffercode im Sanskrit

Die Sanskrit-Quelle für den henochischen Code, die in den Rufen auftaucht, ist als der vedische Zahlen-Code der Ka-Ta-Pa-Ja-Dhi bekannt, (Ka, Ta, Pa und Ja tragen in diesem Code alle den Wert eins). Mittels dieses Codes wird die Zuordnung der fünfzig Buchstaben des Sanskrit-Alphabetes zu den fünfzig Blütenblättern des Chakren-Systems entschlüsselt. Die Regeln des Zahlen-Codes des Katapajadhi sind:

1. Die 34 Konsonanten des Sanskrit-Alphabetes stellen die Zahlen 0 bis 9 als Ziffern in einer Zahl dar.
2. Die 16 Vokale erhalten keinen Zahlen- oder Stellenwert.
3. Jeder Konsonant eines Wortes trägt einen Stellenwert (Ziffer) der resultierenden Zahl.
4. Stehen in einem Wort zwei Konsonanten zusammen, so erhält der letzte Konsonant den Zahlenwert.
5. Die Anzahl der Konsonanten (oder verbundenen Konsonanten) innerhalb eines Wortes legt die Zahl der Ziffern fest, welche den Zahlenwert des Wortes ausmachen. Alle Worte mit nur einem Konsonanten tragen einen Wert zwischen 0 und 9. Alle Worte mit zwei Konsonanten stehen zwischen 10 und 99, alle Worte mit drei Konsonanten zwischen 100 und 999, und so weiter. Die Zahlenwerte der 34 Konsonanten und der 16 Vokale sind:

[1] Crowleys Variante

Die 34 Konsonanten

Zahlenwert	Sanskritbuchstabe	Blütenblattchakra
1	Ka	1. Anahata
1	Ta	11. Anahata
1	Pa	9. Manipuraka
1	Ya	4. Svadisthana
2	Kah	2. Anahata
2	Tha	12. Anahata
2	Pha	10. Manipuraka
2	Ra	5. Svadisthana
3	Ga	3. Anahata
3	Da	1. Manipuraka
3	Ba	1. Svadisthana
3	La	6. Svadisthana
4	Gha	4. Anahata
4	Dha	2. Manipuraka
4	Bha	2. Svadisthana
4	Va	1. Muladhara
5	Na	5. Anahata
5	Na	3. Manipuraka
5	Ma	3. Svadhisthana
5	Sa	2. Muladhara
6	Ca	6. Anahata
6	Ta	4. Manipuraka
6	Sa	3. Muladhara
7	Cha	7. Anahata
7	Tha	5. Manipuraka
7	Sa	4. Muladhara
8	Ja	8. Anahata
8	Da	6. Manipuraka
8	Ha	1. Ajna
9	Jha	9. Anahata
9	Dha	7. Manipuraka
0[1]	Ña	10. Anahata
0[1]	Na	8. Manipuraka
0[1]	Ksa	2. Ajna

[1] als Stellenwert

Die 16 Vokale
(ohne Zahlen- oder Stellenwert)

Sanskritbuchstabe	Blütenblattchakra
A	1. Visuddha
Â	2. Visuddha
I	3. Visuddha
I+3	4. Visuddha
U	5. Visuddha
Î	6. Visuddha
Ri	7. Visuddha
Rî	8. Visuddha
Li	9. Visuddha
Lî	10. Visuddha
E	11. Visuddha
Ai	12. Visuddha
O	13. Visuddha
Au	14. Visuddha
Am	15. Visuddha
Ah	16. Visuddha

Die obige Zuordnung der fünfzig Buchstaben des Sanskrit-Alphabetes zu den fünfzig Blättern des Chakren-Systems ist dem Buch von Arthur Avalon *Die Schlangenkraft* entnommen. Der Zahlen-Code selbst stammt aus Jagadguru Swami Bharati Krshna Tirthajis *Vedic Mathematics.*

Sobam Ag Cormpo Crp L

Lexikon des Henochischen

Bemerkungen zur deutschen Übersetzung: Die Übersetzungen des Henochischen sind im Original oft mehrdeutig und lassen sich, aus dem Zusammenhang gerissen, nur schwer ins Deutsche übertragen. Besonders unklare Stellen sind mit einem Fragezeichen hinter dem deutschen Begriff markiert. Für die phonetischen Übertragungen des Henochischen gilt das in den Fußnoten des vorigen Kapitels Gesagte.

Wörter	Aussprache	Deutsch
Aaf	A-ahf	unter, zwischen
Aai (AAO)	A-a-i	unter, zwischen
Aaiom	A-a-i-om	unter uns
Aala	A-a-la	setzte dich, euch
Abaivonin	A-ba-i-vo-ni-nu	gewundener Drache
Abila (Apila)	A-bi-la	lebt ewig
Aboari	A-bo-a-pe-ri	lasse sie euch dienen
Abraassa	A-bra-a-es-za	vorausgesetzt
Abrang	A-bra-nu-dschi	ich habe (vor)bereitet
ACAM	A-kahm	7, 6, 9, 9
Adgt	A-da-dschi-te	kann
Adna	A-da-na	Gehorsam
Adohi	A-do-hi	(König)Reich
Adoian	A-do-i-a-nu	Antlitz, Gesicht
Adphaht	A-da-pe-ha-te	unaussprechbar

Adroch	A-da-rok-he	Ölberg
Adrpan	A-da-ra-pan-nu	niederwerfen
Af	A-f	neunzehn
Affa	A-f-fa	leer
Ag	A-dschi	keines, nein
Aglo	A-glo	in deinem
Alar	A-lar	habe gesetzt
Aldi	A-l-di	des Versammelns
Aldon	A-l-do-nu	sammeln, gürten
Allar	A-l-lar	auf-, zusammenbinden
Am	A-m	Anfang
Amipzi	A-mi-pe-sod-i	ich festigte
Amiram	A-mi-ram	dich –, euch selbst
Amis	A-mies	Ende
Amma	A-m-ma	verflucht
Ananael	A-na-na-el	geheime Weisheit
Anetab	A-ne-tahb	herrschend
Angelard	A-nu-dschi-lar-da	seine Gedanken
Aoiveae	A-o-i-we-a-e	Sterne
Ar	A-re	Gold waschen?
Ar	A-re	damit
(Ar) Tabas	Ta-bahs	die gebieten
ARN	A-ra-nu	2. Aethyr
As	A-s	was
ASP	A-s-pe	21. Aethyr
Aspt	A-s-pe-te	bevor, vorher
Ath	A-te-he	Werke, Arbeiten
Atraah	A-te-ra-a	eure Gürtel
Audcal	A-wa-da-kal	Merkur
Avavaco	A-wa-wa-ko	Donner des Wachstums
Avavox	A-wa-wohx	sein Prunk
Aviny	A-wi-ni	Mühlsteine
Aziagier	A-sod-i-a-i-dschi-er	Ernte
Aziazor	A-sod-i-a-sod-or	Ähnlichkeit
Azieh	A-sod-i-e	dessen Hände, Gehilfen
Babage (n)	Ba-ba-ge	Süden
Babalon (d)	Ba-ba-lohn	böse (Hure)
Baeouib	Ba-e-o-wieb	Rechtschaffenheit
BAG	Ba-dschi	28. Aethyr

Baghie	Ba-dschi-hi-e	Wut
Bable (r)	B-be-le	denn, weil, doch warum?
Bahal	Ba-ha-la	schrie laut
Balit	Ba-liet	der Gerechte
Balt (an)	Ba-le-te	Gerechtigkeit
Baltim	Ba-le-tiem	äußerste Gerechtigkeit
Baltoh	Ba-le-to	die Gerechten
Baltoha	Ba-le-to-ha	wegen meiner Rechtschaffenheit
Balye	Ba-li-e	Salz
Balzarg	Ba-le-sod-ar-dschi	Walter, Vorsteher
Bal-zizras	Ba-la Sod-i-sod-ras	Gericht
Bams	Bam-s	laß sie vergessen
Basgim	Bas-giem	Tag
Bazm (elo)	Ba-sod-em	Mit-tag
Bia (l)	Bi-a	Stimmen
Biah	Bi-a	Stand, stehe?
Bien	Bi-e-nu	meine Stimme
Bigliad	Bieg-li-a-da	in unserem Tröster
Blans	Bla-nu-s	im Hafen
Blior	Bli-or	stete Tröster
Bliora	Bli-o-ra	Trost
Bliorax	Bli-o-rahx	sollen trösten
Bliors	Bli-o-re-s	unser Trost
Bogpa	Bo-dschi-pa	gebietest
Bolp	Bo-la-pe	sei
Booapis	Bo-o-a-pies	lasse sie ihnen dienen
Bramg	Be-re-mi-dschi	seid bereit
Bransg	Be-re-nes-dschi	Wache, bewache?
Brgow	Be-ra-go-wa	Schlaf, schlafe?
Brin	Be-rien	habe
Brint	Be-rien-te	hast
Busd	Bus-da	Herrlichkeit, Ruhm
Busdir	Bus-di-re	Herrlichkeit, Ruhm
Butmon	But-te-mohn	sein Mund öffnete sich
Butmoni	But-te-mo-ni	ihre Münder
C	Ka	auf, mit
Cab	Ka-be	Stab
Cacacom	Ka-ka-kohm	blühen

Cacocasp	Ka-ko-kahs-pe	ein andermal
Cafafm	Ka-fa-fam	ihre Wohnstätten
Calz	Ka-la-sod	der Himmel
Cam(piao)	Ka-m	während
Camliax	Ka-m-li-ahx	sprach
Canal	Ka-na-la	Arbeiter
Caosg (o)	Ka-o-s-dschi	die Erde
Capimaon	Ka-pi-ma-o-nu	Male
Capimi-ali	Ka-pi-mi a-li	nacheinander
Carbaf	Ka-re-bahf	sinken, Becken?
Cars (Cors)	Ka-res	solch
Casarm	Ka-za-rem	zu denen
Casarman	Ka-za-re-ma-nu	unter denen
Casarmg	Ka-za-re-m-dschi	zu denen
Ceph	Ke-pe-he	Titel, Name von (z)
Chirlan	Ka-hi-re-la-nu	freut euch
Chis (oder: Chris)	Ka-hies	sind
Chisdao	Ko-hies-da-o	Diamanten
Chiso	Ka-hi-zo	soll sein
CHR	Ka-he-re	20. Aethyr
Cial	Ki-a-la	9, 9, 9, 6
Ciaosi	Ki-a-o-zi	Schrecken
Cicle	Ki-ka-le	Geheimnisse der Schöpfung
Cla	Ki-la	4, 5, 6
Cnila	Ki-nu-la	Blut
Caozior	Ko-a-sod-i-or	Zuwachs
Cocasb	Ko-ko-zi-be	Zeit
Colis	Ko-lies	machen, schaffen
Collal	Ko-le-lal	Steine
Commah	Kohm-ma	zusammengebunden
Como	Ko-mo	ein Fenster
Comselh	Kohm-ze-le-he	ein Kreis
Conisbra	Ko-nies-be-ra	die Taten der Menschen
Const	Kohn-s-te	Donner
Cophan	Ko-pe-ha-nu	Klage
Cor	Ko-re	Zahl, Nummer
Coraxo	Ko-ra-x-o	Donner des Gerichts
Cordiziz	Ko-re-di-sod-i-sod	die Vernunftwesen der Erde, die Menschen
Cormp	Ko-re-m-pe	gezählt, numeriert

Cormp	Ko-re-m-pe	hat noch gezählt
Cormpt	Ko-re-m-pe-te	seid gezählt
Crcrg	Ka-re-ka-re-dschi	bis
Cri-mi	Ka-ri mi	Lob, lobt
Cro-od-zi	Ka-ro o-da sod-i	der zweite Anfang
C-rp (crip)	Ka Ar-pe	aber
D (Dial)	Da	drittes
Da	Da	dort
Damploz	Da-me-pe-lo-sod	Art
DAOX	Da-o-x	5, 6, 7, 8
Darbs	Da-re-ba-s	gehorchen
DARG	Da-re-dschi	6, 7, 3, 9
Darr	Da-re-re	Stein der Weisen
Darsar	Da-re-zar	weshalb
Dax	Dahx	Lenden
Dazis	Da-sod-is	ihre Köpfe
De	De	von, des
DEO	De-o	7. Aethyr
DES	De-s	26. Aethyr
Diu	Di-wa	Ecke, Winkel
Dlafod	Da-la-fo-da	Schwefel
Dluga (Dlagar)	Da-lu-ga	gebend
Dlugam	Da-lu-gahm	gegeben
Dlugar	Da-lu-gar	gab ihnen
Do	Do	in
Doalim	Do-a-liem	Sünde
Dobix	Do-biex	Fall, fallen
Dodpal	Do-da-pa-l	laß sie quälen
Dods	Do-dahs	quälend
Dodseh	Do-da-ze-he	Qual
Dooain (oder: p)	Do-o-a-i-nu	sein Name
Don	Do-nu	Name des Buchstabens E (r)
Dorpha	Do-re-pe-ha	habe mich umgesehen
Dophal	Do-re-pe-hal	glücklich schauen
Dosig	Do-zi-dschi	Nacht
Drilpi (a)	Da-ri-la-pa	groß
Drix	Da-ri-x	herabbringen
Droln	Da-ro-la-nu	irgend

Ds	Da-s	wer, was
Du-i-b (Duiv)	Du-i-be	in die dritte Ecke
Drun	Da-ru-nu	Name des Buchstabens
E	E	ich oder: I?
Eca	E-ka	deshalb
Ecron	E-ka-ro-nu	Lob, lobe
Ed-nas	E-da Na-s	Empfänger
Ef	E-f	besucht uns
Efafage	E-fa-fa-ge	Fläschchen
El	E-la	das gleiche
Elzap	E-la-sod-a-pe	Lauf
Em	E-mi	neun
Emod	E-mo-da	8, 7, 6, 3
Emetgis	E-me-te-dschis	Siegel
Emna	E-mi-na	darin
Enay	E-na-i	der Herr
Eors	E-o-re-s	tausend
Eran	E-ra-nu	6332 (6322)
Erm	E-re-mi	Arche
Es	E-s	viertes
Esiasch	E-zi-a-s-cha	Brüder
Ethamz	E-te-ha-me-sod	sind bedeckt
Etharzi	E-te-ha-re-sod-i	Friede
F (also EF)	F	Besuch
Fa-a-ip	Fa a i-pe	eure Stimmen
Faboan	Fa-bo-a-nu	Gift
Fafe	Fa-fe-he	Absicht
Fafen	Fa-fe-nu	euer Zug
Fam	Fa-mi	Name des S
Faod	Fa-o-da	der Anfang
Faonts	Fa-o-nu-te-s	wohnend
Faorgt	Fa-ohr-dschi-te	Wohnort
Fargt	Fa-re-dschi-te	ihre Wohnorte
Farmz	Fa-re-mi-sod	ihr erhobt eure Stimmen
Faxs	Fahx-s	7336
Fifalz	Fi-fa-la-sod	ausroden, -jäten
Fifis	Fi-fi-s	ausführen

G	Dschi	mit
GA	Ga	31
Gah	Ga-he	Geister
Gal	Ga-la	Name des D
G-chis-ge	Dschi Ka-hi-s ge	sind nicht die
Ge	Dschi	ist nicht
Ged	Ge-da	Name des G
Ge-Iad	Ge I-a-da	unser Herr und Meister
Geobofal	Ge-o-bo-fa-la	das Große Werk
Ger	Ge-re	Name des Q
Gigipah	Dschi-dschi-pa-he	lebender Atem
Gisa	Dschi-za	Name des T
Givi	Dschi-wi	stärker
Gizyaz	Dschi-sod-i-a-sod	starke Erdbeben
Gnay	Dschi-na-i	hast
Gnetaab	Dschi-ne-ta-a-be	eure Regierungen
Gnonp	Dschi-no-nu-pe	ich schmückte
Gohe (oder: Goho)	Go-he	sagte, sprach
Gohia	Go-hi-a	wir sagen
Gohol	Go-ho-l	sagend
Goholor	Go-ho-lor	erheben
Gohulim	Go-hu-liem	es heißt
Gohus	Go-hus	ich sage
Gon	Go-nu	Name des I
Gono	Go-no	Glaube, Vertrauen
Gosao	Go-za-o	Fremder
Graa	Dschi-ra-a	Mond
Graa	Dschi-ra-a	Marquise
Graph	Dschi-ra-pe-he	Name des E
Grosb	Dschi-ro-s-be	bitterer Stich
Hami	Ha-mi	Geschöpfe
Harg	Ha-re-dschi	hat gepflanzt, gesetzt
Hoath	Ho-a-te-he	wahrer Verehrer, Anbeter
Holdo	Ho-la-do	stöhnte laut
Hol-q	Ho-la Ko	mißt (maß)
Hom	Ho-mi	lebst
Homil	Ho-mi-l	wahre Zeitalter
Homin	Ho-mi-nu	Zeitalter, Alter

Hubai	Hu-ba-i	Laternen
Hubar	Hu-ba-re	immer brennende Lampen
Hubard	Hu-ba-re-da	lebende Lampen
I	I	ist
Iad	I-a-da	Gott
Iadnah	I-a-da-na-he	Wissen
Iadnamad	I-a-da-na-ma-da	das unbefleckte Wissen
Iadpil	I-a-da-pi-l	ihn
Iaiadix	I-a-i-a-diex	Ehre
Ia-ial	I-a i-a-l	schließe uns ein
Iada	I-a-da	das Höchste
Iaidon	I-a-i-do-nu	allmächtig
Ial	I-a-l	brennend
Ialpirgah	I-a-l-pi-re-ga	Flammen der ersten Herrlichkeit
Ialpon	I-a-l-po-nu	brennen
Ialpor	I-a-l-po-re	flammend
Iaod (of)	I-a-o-da	Anfang
Iarry	I-a-re-ri	Vorhersicht
ICH	I-ka-he	11. Aethyr
Id	I-da	immer
Idoigo	I-do-i-go	Der auf dem heiligen Thron sitzt
Ieh	I-e-he	Kunst, seid?
Iehusoz	I-e-hu-zo-sod	seine Gnaden
Iisonon	I-i-zo-no-nu	Zweige
Ils	I-l-s	O du
Ilsi	I-l-zi	dich
Im-va-mar	I-mi wa ma-re	wende dich
Insi	I-nu-zi	gehst
Iod	I-o-da	ihn
Ioiad	I-o-i-o-da	Der ewig lebt
Ip	I-pe	nicht
Ipam	I-pa-mi	ohne Anfang
Ipamis	I-pa-mies	endlos
Ipuran	I-pu-ra-nu	soll nicht sehen
Yolcam	I-o-ol-ka-mi	hervorbringen
Yolci	I-o-l-ki	bringst hervor

Yor	I-o-re	rollen
Yrpoil	I-ar-po-i-la	Teilung
Irgil	I-ar-dschi-la	wieviele
Isro	I-s-ro	Versprechen
Ixomaxip	I-x-o-mahx-i-pe	mache sie bekannt
Iza-zaz	I-sod-a sod-a-sod	umrahmt haben
Izizop	I-sod-i-sod-o-pe	aus den höchsten Gefäßen
L	La	das erste…
L (o) (a)	La	das Erste
Laiad	La-i-a-da	Geheimnisse der Wahrheit
Lap	La-pe	denn, für?
Larag	La-ra-dschi	keiner
Las	La-es	reich
LEA	La-e-a	16. Aethyr
Lel	Le-la	der gleiche
Levithmong	Lewi-tha-mon-dschi	die Tiere des Feldes
LIL	Li-la	1. Aethyr
Limlal	Li-m-la-la	sein Schatz
LIN	Li-nu	22. Aethyr
LIT	Li-te	5. Aethyr
LOE	Lo-e	12. Aethyr
Loholo (Sobolo)	Lo-ho-lo	scheint
Lolcis	Lo-la-ki-s	Schilde
Loncho	Lo-nu-ka-ho	Fall, fallen
Lon-doh	Lo-nu do	Reiche
Lonsa (Lonshi)	Lo-nu-za	Macht, Kraft
Lonsh	Lo-nu-s-he	von großer Kraft
Lonshin	Lo-nu-s-hi-nu	ihre Mächte
Lors-l-q	Lo-re-s l ko	Blumen
Lrasd	L-ra-s-do	anordnen
Lring	L-ri-nu-dschi	aufstören
Lu	Lu	nicht, weder
Lucal	Lu-ka-la	der Norden
Luciftian	Lu-ki-f-ti-a-nu	Schmuck des Glanzes, glänzender Schmuck
Luciftias	Lu-ku-f-ti-a-s	Glanz, Helligkeit
Lu-ia-he	Lu-i-a he	Gesang der Ehre
Lulo	Lo-lo	Weinsoße?

Lusd (an)	Lu-s-da	Füße
Lusda	Lu-s-da	ihre Füße
Lusdi	Lu-s-di	meine Füße
Maasi	Ma-a-zi	aufgelegt
Mad	Ma-da	dieser euer Gott
Madrid	Ma-da-ri-da	Greueltaten
Madriiax	Mad-da-ri-i-ahx	O ihr Himmel
Malpirgi	Ma-la-pi-ar-dschi	Feuer des Lebens und des Wachstums
Malprg	Ma-la-pi-ar-dschi	durchdringendes Feuer (oder feurige Pfeile)
Mals	Ma-la-s	Name des P
Manin	Ma-nu-nu	im Geiste
Ma-ø-fas	Ma ohf fahs	unermeßlich
Mapm	Ma-pe-mi	9639
Marb	Ma-ar-be	gemäß
Matorb	Ma-to-ar-be	rückhallend
MAZ	Ma-sod	6. Aethyr
Med	Me-da	Name des O
Miam	Mi-a-mi	Dauer
Mian	Mi-a-nu	3663
Micalp	Mi-ka-l-pe	mächtiger
Micalzo	Mi-ka-l-sod-o	mit Macht
Mocaolz	Mi-ka-o-l-sod	mächtig
Micma	Mi-ka-ma	siehe
Miinoag	Mi-i-no-a-dschi	Ecken
Mir	Mi-re	ein Sturzbach
Mirc	Mi-ar-ka	auf
(z)Mnad	Mi-na-da	ein anderer
Molap	Mo-la-pe	Menschen
Molvi	Mo-la-wi	Wogen
Mom	Mo-mi	Moos
Momao	Mo-mo-o	die Kronen
Momar	Mo-ma-re	soll gekrönt werden
Monasci	Mo-na-s-ki	der große Name
Monons	Mo-no-nu-s	Herz
Mooab	Mo-o-a-ba	es reut mich
Mospleh	Mo-s-pe-le-he	die Hörner
Moz	Mo-sod	Freude

Na	Na	dein, euer?
Na-hath	Na Ha-te-he	Name des H
Nana-e-el	Na-na e e-la	meine Kraft
Nanba	Na-nu-ba	Dornen
Napeai	Na-pa-e-i	O ihr Schwerter
Napta	Na-pe-ta	zweischneidige Schwerter
Nazarth	Na-sod-ahth	Pfeiler der Freude
Nazavabb	Na-sod-a-wa-be-be	Hyazinth-Pfeiler
Nazps	Ne-ta-a-be	Schwert der Grafen
Netaab	Ne-ta-a-be	Regierung
NI	Ni	28
NIA	Ni-a	24. Aethyr
Nibm	Ni-ba-mi	Jahreszeit
Nidali	Ni-da-li	mächtige Klänge
Niis	Ni-i-s	kommt
Niiso	Ni-i-zo	kommt fort
Noaln	No-a-la-nu	mag (sein)
Noan (Noas)	No-a-nu	ihr seid geworden
(i) Noar	No-a-re	werden
Noasmi	No-a-s-mi	laß sie werden
Noblo	No-be-lo	die Palmen
Noco	No-ko	Diener
Nocod	No-ko-da	deine Diener
Noib	No-i-be	Ja!
Nonig	No-ni-dschi	sogar, glatt?
Nonca	No-nu-ka	auf dich
Nonci (f)	No-nu-ki	O du, ihr
Noncp	No-nu-ka-pe	für euch, dich
Noquodi	No-ku-o-di	ihre Minister
(c) Noquol	No-ku-o-la	O ihr Diener
Nor	No-re	Söhne
Noromi	No-ro-mi	O ihr Söhne
Nor-molap	No-re mo-la-pe	Söhne des Menschen
Nor-quasahi	No-re ku-a-za-hi	ihr Söhne des Vergnügens
Norz	No-re-sod	sechs
Nothoa	No-te-ho-a	mitten in (?)

O	O	5
O	O	sein
Oado	O-a-do	weben
Oadriax	O-a-da-ri-ahx	niedere Himmel
Oali	O-a-li	ich habe gesetzt
Oanio	O-a-ni-o	Augenblick
OB	O-be	28
Obelisong	O-be-li-so-nu-dschi	frohe Erlöser
Obloc	O-be-lo-ka	ein Kranz
Oboleh	O-bo-le-he	deine Kränze
Obza	O-be-sod-a	halb
Od	O-da	und
Odo	O-do	offen
Odzi	O-da-sod-i	Anfang
Oe	O-e	singen, Gesang
O-q	O-ko	aber
Ohio	O-hi-o	Weh
Ohorela	O-ho-re-la	ich schuf ein Gesetz, ihr Fürsten
Oi	O-i	dies, oder: dies ist
Oiad	O-i-a-da	gerecht oder: Gott
Oiap	O-i-a-pe	das gleiche
OL	O-la	24. Teil
Ol	O-la	ich schuf euch
Olani	O-la-ni	zweimal
Ollor	O-la-lo-re	Mensch
Ollora (Ollog)	O-la-lo-ra	gleiches
Oln	O-la-nu	machte
Olpirt	O-la-pi-re-te	Licht
Om	O-mi	wissen oder verstehen
Omoas	O-ma-a-s	ihre Namen
Oma (p)	O-ma	Verstehen
Omax	O-mahx	weißt
Ooa	O-o-a	ihre
Ooaona	O-o-a-o-na	Augen, sichtbare Erscheinung
Ooge	O-o-ge	Kammer
Op	O-pe	22
Oroch (a)	O-ro-ka-he	unter dir, euch
Orri	O-re-ri	kahles Gestein
Ors	O-re-s	in Dunkelheit

Orscor	O-re-s-ko-re	Trockenheit
Orsca	O-re-s-ka	Gebäude
Orsha (Orsba)	O-re-s-ha	betrunken
Orth	O-re-tha	Name des F
Os	O-s	zwölf
Othil	O-te-hi-la	ich habe gesetzt
Ovcho	O-wo-ka-ho	bringe es durcheinander
Ovof	O-wo-f	kann vergrößert sein
Ovoars	O-wo-a-ar-s	die Mitte
Ox	Ohx	26
Oxex	Ohx-ex	erbrechen
Oxiayal	Ohx-i-a-ial	mächtiger Sitz
OXO	Ohx-o	15. Aethyr
Ozazm	O-sod-a-sod-mi	mache mich
Ozol	O-sod-o-la	ihre Köpfe
Ozongon	O-sod-o-nu-go-nu	vielfältige Winde
Ozozma	O-sod-o-sod-ma	und mache uns
P	Pe	8
Pa	Pa	Sein
Pa-aox (t)	Pa-ax	bleiben
Paeb	Pa-e-be	eine Eiche
Page	Pa-ge	Ruhe
Paid	Pa-i-da	immer
Pal	Pa-la	Name des X
Pambt	Pa-mi-be-te	auf mich
Panpir	Pa-nu-pi-re	herabgießen
Paombd	Pa-o-mi-be-da	ihre Glieder
Papnor	Pa-pe-no-re	diese Erinnerung
Par	Pa-re	in ihnen
Parach	Pa-ra-ka-he	gleich
Paracleda	Pa-ra-ka-le-da	eine Hochzeit
Paradial	Pa-ra-di-a-la	lebendige Wohnstätten
Paradizod	Pa-ra-di-sod-o-da	Jungfrauen
Parm	Pa-ra-mi	laufen
Parmg	Pa-re-mi-dschi	laß es laufen
Pashs	Pa-s-he-s	Kinder
Patralx	Pa-te-ra-lehx	Fels
PAZ	Pa-sod	4. Aethyr
Pd	Pa-da	dreiunddreißig

Pe	Pe	Name des B
PEOAL	Pe-o-a-le	5, 9, 6, 3, 6
Pi	Pi	Stätten (Bett)
Piad	Pi-a-da	dein Gott
Pi-adph	Pi a-da-pe-he	Tiefen meines Rachens
Piamo-l	Pi-a-mo-l	Rechtschaffenheit
Piap	Pi-a-pe	Gleichgewicht
Pidiai	Pi-di-a-i	Marmor
Pii	Pi-i	Bett (oder: Sie ist ein Ort)
Pilah	Pi-la	außerdem
Pild	Pi-la-da	ständig
Pilzin	Pi-la-sod-i-nu	Firmamente der Wasser
Pir	Pi-re	Heilige
Piripsax	Pi-ri-pe-zahx	mit dem Himmel
Piripsol	Pi-re-pe-zol	die Himmel
Plapli	Pe-la-pe-li	Teilnehmer
Plosi	Pe-lo-zi	wie viele
Poamal	Po-a-ma-la	dein, euer Palast
Poilp	Po-i-la-pe	sind geteilt
Pop	Po-pe	19. Aethyr
Praf	Pa-re-f	wohnen
Prdzar	Pe-re-da-sod-ar	vermindern
Prg	Pe-re-dschi	Flammen
Prge	Pe-re-ge	mit Feuer
Prgel	Pe-re-ge-la	aus, von Feuer
Priaz (i)	Pe-ri-a-sod	jene
Prt	Pe-re-te	Flamme
Pugo	Pu-go	auf
Pu-im	Pu-im	scharfe Sicheln (Ritter)
Q	Ko	oder
Q (Cocasb)	Ko	Inhalt der Zeit
Qaa	Ka-a	deine Kleider
Qaaon (s)	Ka-a-o-nu	in deiner Schöpfung
Qanis	Ka-ni-s	Oliven
Qting	Ko-ti-nu-dschi	die Verdorbenen
Quaal (Quaadah)	Ku-a-a-la	der Schöpfer
Quar	Ku-a-re	1636
Quasb	Ku-a-s-be	zerstören

Quasahi	Ku-a-zahi	Vergnügen
Qui-i-n	Ku-i i nu	worin
Qurlst	Ku-arel-s-te	als eine Magd
R	Ar	
Ra-as (y)	Ra a-s	der Osten
Raclir	Ra-ka-li-re	weinend
Restel	Re-s-te-la	damit ihr ihn lobt
RII	Ri-i	29. Aethyr
Rior	Ri-or-ra	Witwe
Ripir	Ri-pi-ra	kein Ort
Ripson	Ri-pe-zo-nu	Himmel
Rit	Ri-te	Gnade
Rlodnr	Ri-lo-da-nu-ar	Merkur
(Ror)	Ro-re	Sonne, Könige
Roxtan	Rohx-ta-nu	Wein
Rsam	Ra-za-em	Bewunderung
S	S	viertes
Sa	Za	in
Saanir	Za-a-ni-re	Teile
Salbrox	Za-la-brohx	Schwefel
Sald	Za-la-da	Wunder, sich wundern?
Salman	Za-la-ma-nu	ein Haus
Samvelg	Zahm-we-la-dschi	den Gerechten
Sapah	Za-pa	mächtige Klänge
Sision	Zi-zi-o-nu	Tempel
Siatris	Zi-a-te-ri-s	Skorpione
Sibsi	Zi-be-zi	der Bund
So	Zo	in
Sobam	Zo-ba-mi	den
Sobha	Zo-be-ha	dessen
Sobra	Zo-be-ra	in dem
Solpeth	Zo-la-pe-te-he	Hört
Sonuf	Zo-nuf	Herrschaft
Surzas	Zu-re-sod-a-s	er hat geschworen
Symp	Zi-mi-pe	anderer

T	Te	auch
Ta	Ta	wie, weil?
Taba	Ta-ba	regieren
Tabaame	Ta-ba-a-me	Vorsteher, Gebieter
Tabaan	Ta-ba-a-nu	Gebieter
Tabaord	Ta-ba-o-re-da	laß sie beherrscht werden
Tabaori	Ta-ba-o-ri	regieren
Tabges	Ta-be-ge-s	Höhlen
Tal	Ta-la	Name des M
Talbo	Ta-la-bo	Kelche
TAN	Ta-nu	17. Aethyr
Tastax	Ta-s-tehx	vorhergehen
Tatan	Ta-ta-nu	Wermut
Teloah	Te-lo-a	Tod
Teloc (Vovim)	Te-lo-ka	der gefallen ist
Teloch	Te-lo-ka-he	Tod
TEX	Tehx	30. Aethyr
Thild	Te-hi-la-da	ihre eigenen Plätze
Thil (n)	Te-hi-la	Sitze
Ti	Ti	es
Tia	Ti-a	auf uns
Tianti	Ti-a-nu-ti	sie ist
Tibibf	Ti-bi-be-f	Kummer
Tilb	Ti-la-be	ihr
Tiobl	Ti-o-be-la	in ihr
Tliob	Te-li-o-be	getrennt, zu
Toatar	To-a-te-re	höret
Toh	To-he	triumphiert
Toglo	To-dschi-lo	alle Dinge
Toibl	To-i-be-la	in ihr
Tonug	To-nu-dschi	laß sie verunstalten
Tooart	To-o-o-re-te	einrichten
TOR	To-re	23. Aethyr
Torg (i)	To-re-dschi	Geschöpfe der Erde
Torzu	Tor-sod-u	erheben
Torzul	To-re-sod-u-la	soll aufstehen
Torzulp	To-re-sod-u-la-pe	erhoben
Tox	Tohx	von ihm
Tranan	Te-ra-no-nu	Mark
Trian	Te-re-i-a-nu	soll sein
Trint	Te-re-i-nu-te	sitzen

Trof	Te-ro-f	Gebäude
Turbs	Tur-be-s	ihre Schönheit
Vabzir	Wa-be-sod-i-re	Adler
Vaoan	We-o-a-nu	Wahrheit (gereinigte, verherrlichte)
Vau	Wa-u	Name des V oder U
Vaul	Wa-u-la	Arbeit
Vaun	Wa-u-nu	ihr mögt arbeiten
Vcim	Wa-ka-i-mi	sie grollen nicht
Veh	We-he	Name des C oder K
Vap	Wa-pe	Flamme
Vgear	Wa-ge-a-re	die Stärke des Menschen
Vgeg (i)	Wa-ge-a-re	stark werden
Vi	Wi	in
Vi-i-v	Wi-i-wa	der zweite Winkel
Vin	Wi-nu	invozieren
Virq	Wi-re-ko	Nester
Vi-v	Wi-wa	zweites
Vlcinin	Wa-la-ki-ni-nu	er ist froh
Vls	We-la-s	das Ende
V-ma-dea	Wa-ma-de-a	starke Türme
Vmd	Wa-mi-da	gerufen
Vml	Wa-mi-la	hinzufügen
Vmplif	Wa-mi-pe-li-f	unsere Stärke
Vnalah	Wa-na-la	Hemden
Vnas (Vnal)	Wa-na-s	diese
Vnchi	Wa-nu-ka-hi	begrenzen
Vnd-l	Wa-nu-da-la	der Rest
Vnig	Wa-ni-dschi	erfordert
Vniglag	Wa-ni-dschi-la-dschi	herabsteigen
Vnph	Won-pe-he	Ärger
Vohim	Won-hi-mi	hundert
Vonpho	Won-pe-ho	Zorn
Vonsarg	Wo-nu-za-re-dschi	jeder
Vooan	Wu-a-nu	Wahrheit, mit den Fallenden
Vorsg	Wor-za-dschi	über euch
Vovina	Wo-wi-na	der Drache
Vp	Wa-pe	nicht

V-pa-a (i)	Wa pe a-he	Flügel
Vran	Wa-ra-nu	die Älteren
Vrbs	Wa-re-be-s	verschönt
Vrelp	Wa-re-la-pe	ein starker Seher der Dinge
VTA	Wa-ta	14. Aethyr
VTI	Wa-ti	25. Aethyr
VX	Wa-ex	42
Un	U-nu	Name das A
Ur	U-re	Name des L
Uran	U-ra-nu	werden sehen
Z (od)	Sod	sie (als)
ZAA	Sod-a-a	27. Aethyr
Zacar-e	Sod-a-ka-re	bewegen
Zamran	Sod-a-mer-ra-nu	zeigt euch
Zar	Sod-a-re	(Läufe)
ZEN	Sod-e-nu	18. Aethyr
ZID	Sod-i-da	8. Aethyr
Zien	Sod-i-e-nu	meine Hände, Gehilfen
Zildar	Sod-i-la-da-re	flog
Zilodarp	Sod-i-lo-da-re-pe	Eroberung
ZIM	Sod-i-mi	13. Aethyr
Zimii	Sod-i-mi-i	betreten haben
Zimz (a)	Sod-i-mi-sod	meine Gewänder
ZIP	Sod-i-pe	9. Aethyr
Zir	Sod-i-re	ich bin
Zirdo	Sod-i-re-do	ich bin
Zirn	Sod-i-re-nu	Wunder
Zirom	Sod-i-ro-mi	sie waren
Zirop	Sod-i-ro-pe	war
Zixlay	Sod-ix-le	aufstören
Zizop	Sod-i-sod-o-pe	Gefäße
Zilda	Sod-li-da	bewässern
Znrza	Sod-nu-re-sod-a	schwor
Z-ol	Sod o-la	Hände, Gehilfen?
ZOM	Sod-o-mi	3. Aethyr
Zomd	Sod-o-mi-da	mitten in
Zonac	Sod-o-na-ka	sie sind gewandet
Zongon	Sod-o-nu-go-nu	die Winde

Zonrensg	Sod-on-renu-s-dschi	erlöst
Zorge	Sod-or-dschi	sei freundlich zu mir
Zumbi	Sod-u-mi-bi	Meere
Zylna	Sod-i-la-na	in sich

Anhang
zur deutschen Ausgabe

Hans-Dieter Leuenberger

Biographische Skizzen

William Alexander Ayton (1816 – 1909)

Bei Durchsicht der Mitgliederverzeichnisse des Golden Dawn fällt die relativ hohe Anzahl von Geistlichen der Anglikanischen Kirche auf, die dem Orden angehören – etwas, das auf dem Kontinent sicher nicht möglich gewesen wäre. Der bekannteste unter diesen ist Reverend W.A. Ayton. Er studierte in Cambridge und scheint bereits seit dieser Zeit an Alchemie und Esoterik interessiert gewesen zu sein. Möglicherweise stand er noch unter dem Einfluß von Barret, der ja unter den Studenten von Cambridge einen magischen Zirkel gründete. Nach Studienabschluß war Ayton in verschiedenen Landgemeinden als Pfarrer tätig. In dieser Eigenschaft leitete er auch die Trauungszeremonie von McGregor und Moina Mathers.

Er gehörte zu den ersten Mitgliedern des Golden Dawn, dem er 1888 im Alter von 73 Jahren beitrat. Ayton vertrat innerhalb des Ordens das Interesse an Alchemie und richtete im Keller seines Pfarrhauses ein Laboratorium ein, das er sorgfältig vor seinem Bischof verbarg. Er erzählte W.B. Yeats, daß es ihm gelungen sei, das Elixier des Lebens herzustellen, daß er sich aber wegen möglicher schädlicher Nebenwirkungen nicht traute es einzunehmen und das Elixier aufbewahren wollte, um sich seiner im Alter zu bedienen. Leider trocknete es aus. Aber auch ohne Elixier erreichte Ayton ein hohes Alter. Beim Schisma des Ordens folgte er Waite.

Literatur: Ellic Howe: *The Alchemist of the Golden Dawn. The Letters of the Revd W.A. Ayton to F.L. Gardener and Others 1886–1905* (Aquarian Press, 1985)

Edward W. Berridge (1843 – 1923)

Berridge war Arzt in London, wo er eine homöopathische Praxis betrieb, und Verfasser eines Lehrbuchs der Homöopathie. Bevor er 1889 zum Golden Dawn stieß, war er in Amerika Mitglied und gelegentlich auch Leiter von verschiedenen Gemeinschaften, die sich auf der Grenzlinie zwischen fundamentalistischem Christentum und Spiritismus bewegten. Als Missionar der Kirche Swedenborgs kam er nach England zurück und gründete auch dort verschiedene Zirkel im gleichen Sinne. Als alle diese Versuche scheiterten, wandte er sich esoterischen Studien zu und wurde 1889 Mitglied des Golden Dawn. Berridge spielte in der Geschichte des Ordens eine wichtige Rolle. Durch die tantrischen Übungen, die er mit einem Kreis von Anhängern innerhalb des Golden Dawn praktizierte, löste er eine Krise aus. Annie Horniman nahm an dieser Gruppe Anstoß und forderte Berridges Ausschluß aus dem Orden. Mathers aber deckte Berridge, und statt seiner wurde Annie Horniman ausgeschlossen. Da die Mathers vollständig von Annie Hornimans finanzieller Hilfe abhängig waren, liegt der Schluß nahe, daß auch sie in diese Praktiken involviert waren. Als Arzt propagierte Berridge den Geschlechtsverkehr ohne Ejakulation (Karezza) als ein Mittel zur natürlichen Geburtenregelung. Nach dem Schisma des Ordens sammelte Berridge diejenigen Mitglieder um sich, welche Mathers die Treue hielten, und gründete mit ihnen den Isis-Tempel in London, der bis zu Berridges Tod bestanden haben soll. Berridge war auch einer der wenigen Golden Dawn-Mitglieder, die sich mit praktischer Alchemie befaßten.

Algernon Blackwood (1869–1951)

Als Sohn eines höheren Beamten 1869 geboren, erhielt Algernon Blackwood eine streng religiöse Erziehung, die (darin Crowley ähnlich) für den Verlauf seines späteren Lebens eine wichtige Rolle spielte. Um der Enge seines Elternhauses zu entkommen, ging er mit zwanzig Jahren nach Kanada und führte dort mehr oder weniger ein Abenteurerleben. Daneben entwickelte er auch ein reges Interesse für Mystik, Yoga und Theosophie. Durch seine Erziehung war er wenig vorbereitet auf die Realitäten des Lebens, und sein Versuch, einen landwirtschaftlichen Betrieb zu gründen, endete im Bankrott. Daraufhin ging er nach New York und verdiente sich sein Brot als Zeitungsreporter. Diese Tätigkeit brachte ihn nun ausgiebig in Kontakt mit den Tiefen und Abgründen des Lebens in all ihren Schattierungen, wovor ihn seine Erziehung zu bewahren versucht hatte. Weitere zum Teil recht abenteuerliche Jobs folgten. Nach zehn Jahren zog es ihn wieder nach Europa, und er kehrte 1899 nach London zurück, wo er anfing, seine phantastischen Geschichten und Romane zu schreiben.

Wann Blackwood in den Golden Dawn eintrat, ist nicht mehr genau festzustellen. Es mag nicht lange nach seiner Rückkehr gewesen sein. Nach dem Schisma folgte er der Gruppe um Waite und war auch an dessen Gründung der »Gefolgschaft des Rosenkreuzes« im Jahre 1914 beteiligt. Blackwoods Erzählungen sind erfüllt von der Faszination und Gefährlichkeit der Natur mit ihren geheimnisvollen, dem Menschen unverständlichen Energien (wie etwa in seiner berühmtesten Erzählung *Die Weiden* oder in *Wendigo*). Darin zeigt sich eine Kombination seiner in den kanadischen Wäldern gemachten Erfahrungen und der Tattwalehre des Golden Dawn – eine Thematik, die Blackwoods Geschichten in der heutigen ökologischen Krise höchst aktuell und realitätsbezogen erscheinen läßt. Blackwoods Geschichten (wie auch diejenigen von Artur Machen) zeigen uns eine Seite des Golden Dawn, die in den offiziell erhaltenen Schriften nicht so ohne weiteres erkennbar ist. Ausgewählte Werke von Algenon Blackwood sind auf deutsch in der Phantastischen Bibliothek Suhrkamp erschienen.

Literatur: Kalju Kirde: *Algernon Blackwood – Geisterseher und Weltenbummler* in Suhrkamp Taschenbuch 518

John William Brodie-Innes (1843–1923)

J.W. Brodie-Innes war Rechtsanwalt in Edinburgh und schon früh in der dortigen Sektion der Theosophischen Gesellschaft tätig. Über die Theosophie führte sein Weg zu Mathers und zum Golden Dawn. Als in Edinburgh ein Tochtertempel eröffnet wurde, um den schottischen Mitgliedern des Ordens die lange Reise nach London zu den Ritualen zu ersparen, wurde Brodie-Innes dessen Imperator. Er gehörte zu den Esoterikern, die einen erheblichen Einfluß auf die Nachwelt ausübten. Er gilt als einer der wichtigsten Lehrer von Dion Fortune, die sicher unter seinem Einfluß dem Golden-Dawn beitrat. Brodie-Innes veröffentlichte zahlreiche Bücher und Artikel, nicht nur auf dem Gebiet der Esoterik, wo er als Hexen-Spezialist galt, sondern auch als Jurist. Ferner schrieb er Theaterstücke und Novellen. Auch darin war er offensichtlich ein Vorbild für Dion Fortune.

Nach dem Schisma des Ordens im Jahre 1900 gehörte Brodie-Innes zu denjenigen, die Mathers die Treue hielten, und wurde von diesem zu seinem legitimen Statthalter und Nachfolger ernannt. Später scheint Brodie-Innes nach London oder Umgebung übergesiedelt zu sein und dort eng mit der auch Mathers treu gebliebenen Gruppe um Dr. Berridge und später mit Moina Mathers im A. und O. zusammengearbeitet zu haben. Lange Zeit glaubte man, Brodie-Innes sei das Vorbild für Dion Fortunes Dr. Taverner gewesen. Neuere Forschungen haben jedoch ergeben, daß dies nicht der Fall ist. Diese Rolle kommt Dr. Moriarty zu.

Literatur: R.A. Gilbert: *The Sorcerer and His Apprentice. Hermetic Writings of S.L. Mathers and J.W. Brodie-Innes* (Aquarian Press, 1983)

Aleister Crowley (1875 – 1947)

Crowley wurde in der streng fundamentalistischen, absolut bibeltreuen Atmosphäre der Sekte der Plymouth-Brethren erzogen. Sein Vater, den er früh verlor, machte während der Woche ein beträchtliches Vermögen als Bierbrauer und warnte sonntags als Laienprediger seiner Sekte – die Menschen vor den Gefahren des Alkohols. Das Heranwachsen in einer solchen, milde ausgedrückt, zwiespältigen Atmosphäre hat sicher nicht wenig dazu beigetragen, daß Crowley das

Tier 666, wie er sich gerne nannte, wurde. Auf den Golden Dawn hingewiesen wurde Crowley von A.E. Waite, nachdem er dessen Buch *The Book of Black Magic and of Pacts* gelesen hatte. Seine Aufnahme erfolgte 1898, und Mathers scheint ihn anschließend sehr gefördert zu haben. Sein eigentlicher Tutor aber war Allan Bennet, den er in seine Wohnung aufnahm, da dieser über sehr wenig finanzielle Mittel verfügte. Bennet litt, wie auch Crowley, an Asthma, einer Krankheit, die psychosomatisch gesehen auf eine gestörte Mutterbindung hinweisen kann. Damals behandelten die englischen Ärzte Asthmatiker mit Heroin, das in den Apotheken frei erhältlich war. Es scheint Allan Bennet gewesen zu sein, durch den Crowley mit dieser und anderen Drogen in Berührung kam, wovon er sein ganzes Leben lang abhängig blieb. Crowley machte dank der Förderung durch Bennet und Mathers im Orden rasche Fortschritte. Seine Aufnahme in den Zweiten Orden scheiterte aber an den Umständen der Krise, die durch Mathers autoritäres Verhalten provoziert worden war. Crowleys Handeln in dieser Angelegenheit führte zum Schisma und zum Untergang des ursprünglichen Golden Dawn (siehe Band 1, Seite 51ff.). Nach den Turbulenzen, die er verursacht hatte, verlor Crowley das Interesse am Golden Dawn und wandte sich stärkeren Stimulantien zu wie Sexualmagie und Drogen. Durch die Sexualmagie kam er in Kontakt mit Theodor Reuss, der ihn zum Chef seines O.T.O.-Ordens *(Ordo Templis Orientis)* in England machte. Beides führte ihn weit vom Wege des Golden Dawn ab. Dies muß beachtet werden, denn immer noch wird Crowley vielerorts als der Repräsentant des Golden Dawn schlechthin betrachtet, was er überhaupt nicht ist. (Ebensogut könnte man behaupten, Crowley sei repräsentativ für das Christentum, da seine religiöse Erziehung durch die Plymouth-Brethren sein Leben und seine Werke mindestens so stark prägten wie die esoterische Schulung, die er im Golden Dawn erhielt.) Die Sexualmystik à la Lake Harris (siehe Band 1, Seite 49ff.), wie sie von Berrigde und andern Mitgliedern in einem Seitengemach des Golden Dawn praktiziert wurde, unterscheidet sich ganz wesentlich von der Sexualmagie, wie sie von Crowley und dem O.T.O. durchgeführt wurden. Auch hat Crowley sein Leben lang nicht erkannt, daß der Weg der Drogen ziemlich genau das Gegenteil des magischen Weges ist. Zwar können bestimmte Drogen, wenn sie mit dem richtigen Know-how eingesetzt werden, gelegentlich Türen zu transzendentalen Ebenen öffnen und einen Durchblick gewähren, aber die Droge kann niemals der Weg sein, der durch diese Tür führt. Der Weg des Magiers verlangt einen streng kontrollierten und fokussierten Willen sowie Bewußtheit im höchsten Maße, während die Droge, als Mittel zur Erkenntnis eingesetzt, das genaue Gegenteil erfordert, nämlich absolutes Loslassen und Entäußerung des Willens. Die Droge verschafft nur die Illusion eines fortschreitenden Weges durch die immer wechselnden Bilder und Visionen, die sie verursacht, während der Konsument meist nicht merkt, daß dies nur unendliche Variationen ein und desselben Themas sind, und er sich in Wahrheit, am gleichen Punkt stehenbleibend, immer im Kreise dreht. Beim Studium von Crowleys Schriften ist sehr leicht zu erkennen, daß er vom dreißigsten bis zum zweiundsiebzigsten Lebensjahr kaum mehr eine esoterisch-magische Entwicklung erfahren hat. Die völlige Trennung vom Golden Dawn kam 1904, als Crowley in Kairo sein *Buch des Gesetzes* als Diktat einer Wesenheit, die sich Aiwass nannte, niederschrieb. Fortan kreiste seine ganze magische Tätigkeit um dieses Buch. Vom Golden Dawn übernahm er zwar das Gerüst des Systems, baute aber ein ganz anderes Gebäude in diese Umrisse. Nachdem sein Experiment einer magischen Abtei (heute würde man sagen Ashram) in Cefalu auf Sizilien zu Beginn der zwanziger Jahre gescheitert war, wurde Crowley mehr und mehr isoliert und vereinsamte. In den vierziger Jahren raffte er sich noch einmal auf und gestaltete zusammen mit Frieda Harris einen eigenen Tarot, der als Inauguration des nun kommenden neuen, nach ihm Crowley benannten Äons gedacht war. Hier zeigt sich noch einmal ein Rückgriff auf die Tradition des Golden Dawn, denn seine verändernde, das neue Äon einläutende Kreativität reichte offenbar nur für die Großen Arkana, während er sich bei den Kleinen Arkana mehr oder weniger auf die Lehre und Vorlage des Golden Dawn verließ. Die Zahlenkarten sind, wie sich 1978 nach der erstmaligen Publikation des Golden Dawn-Tarot herausstellte, eine ziemlich exakte Neuzeichnung der entsprechenden Golden Dawn-Bilder.

Literatur: John Symmonds: *Das Tier 666* (Sphinx-Verlag, 1983)

Florence Farr (1860 – 1917)

Florence Farr entstammte einer vermögenden Arztfamilie und konnte sich dank dieser finanziellen Basis ein nach damaligen Gesichtspunkten freies und emanzipiertes Leben leisten. Außer als an Esoterik interessierter Frau darf sie durchaus auch als Feministin im heutigen Sinn bezeichnet werden. Sie heiratete Edward Emery aus einer bekannten englischen Theaterfamilie, trennte sich aber bald wieder von ihm. Unter anderem war sie mit Bernard Shaw liiert, dessen Frau Mitglied des Golden Dawn war, und mit W.B. Yeats, der viele seiner dramatischen Werke für Florence Farr schrieb. Sie trat im gleichen Jahr wie Yeats, nämlich 1890, in den Golden Dawn ein. Florence Farr war nicht nur im Theaterleben ein Star, sondern bald auch im Golden Dawn. Sie war die Regisseurin, welche die Amtsträger in der Durchführung der kunstvollen Rituale trainierte, und außerdem sammelte sie eine spezielle Studiengruppe um sich, »Die Sphäre« genannt, welche sich dem sogenannten »Reisen in der geistigen Schau« widmete (siehe Band 2, Seite 623ff.). Als Mathers mit seiner Frau nach Paris übersiedelte, ernannte er sie zu seiner Statthalterin und zur Leiterin des Londoner Tempels. Unter ihrer Ägide vollzog sich das Schisma des Ordens. Nach Ithell Colquhoun soll sie um 1904 aus dem Golden Dawn ausgetreten sein, obgleich die offiziellen Dokumente darüber nichts enthalten. Florence Farr war auch als Schriftstellerin und Dramatikerin tätig und verfaßte ein Buch über ägyptische Magie (siehe Band 1, Seite 261). Später wandte sie sich mehr der östlichen Spiritualität zu. Im Jahre 1912 reiste sie, bereits von der tödlichen Krebskrankheit gezeichnet, nach Ceylon, um dort ihre letzten Jahre als Direktorin einer höheren Schule für Hindumädchen zu verbringen.

Robert William Felkin (1858 – 1922)

Felkin studierte in Edinburgh Medizin und war anschließend zunächst als Missionsarzt in Uganda und später als Spezialist für Tropenkrankheiten tätig. Zusammen mit seiner Frau trat er 1894 in Edinburgh in den dortigen, von Brodie-Innes geleiteten Tempel ein. Später, nach seiner Übersiedlung nach London, war er Mitglied des dortigen Isis-Urania-Tempels. Nach dem Schisma des Ordens im Jahre 1903 übernahm Felkin den Teil der Mitglieder, die sich von Mathers losgesagt hatten, aber dennoch sein System weiter bearbeiteten. Dieser neue Tempel erhielt den Namen *Stella matutina* (Morgenstern). Felkins Anliegen war die Wiederherstellung des Kontakts zu den geheimen Meistern. Auf der Suche nach ihnen und dem mysteriösen Muttertempel der Anna Sprengel »Licht, Liebe, Leben« reiste er verschiedentlich nach Deutschland und kam schließlich in Kontakt mit Rudolf Steiner. In der Folge war die *Stella matutina* einem starken

Einfluß von Steiners Anthroposophie ausgesetzt (siehe Band 1, Seite 57ff.). Felkin gehörte der »Sphäre« von Florence Farr an, und die dort geübte Praxis erlangte in der *Stella matutina* eine große Bedeutung. Felkins Frau und seine Tochter scheinen mediumistisch begabt gewesen zu sein, und mit ihrer Hilfe bekam er 1908 Kontakt zu einem Geistführer, der sich Ara ben Shemesh nannte und behauptete, eine Verbindung zum orientalischen Tempel zu haben, den Christian Rosencreutz auf seiner Reise in den Nahen Osten besucht hatte. Diese Verbindung galt für Felkin fortan als Draht zu den geheimen Meistern. Später verlegte Felkin seinen Wohnsitz nach Neuseeland, wo er ebenfalls einen Golden Dawn-Tempel gründete, den er bis zu seinem Tod leitete.

Literatur: Francis King: *Ritual Magic in England* (Spearman, 1970)

Dion Fortune (1891 – 1946)

Ihr bürgerlicher Name war Violet Mary Firth; Dion Fortune ist abgeleitet aus dem Motto *Deo non Fortuna* (Durch Gott und nicht durch das Schicksal). Als Waisenkind wuchs sie in einem von der christlichen Wissenschaft geprägten Milieu auf. Als sie erwachsen war, nahm sie mehrere untergeordnete Stellungen an und war als eine der ersten Laienpsychoanalytikerinnen in England tätig. In einer ihrer Stellungen erlebte sie, wie sie in *Selbstverteidigung mit PSI* berichtet, einen PSI-Angriff, als dessen Folge ihre Aura beschädigt wurde. Sie erlitt dadurch starke körperliche und psychische Schädigungen, von denen sie erst mit Hilfe eines mit dem richtigen Wissen ausgestatteten Esoterikers geheilt wurde. Möglicherweise handelte es sich dabei um Brodie-Innes, dessen Schülerin sie in der Folge wurde und der sie 1919 in den Golden Dawn einführte. Damals leitete die aus Paris zurückgekehrte Moina Mathers den A. und O. Tempel in London, und zwischen den beiden Frauen scheint es bald zu Spannungen gekommen zu sein (siehe Band 1, Seite 58). Der Bruch wurde offiziell, als Dion Fortune die Niederschrift des von ihr in Trance erhaltenen Buches *The Cosmic Doctrine* in den Orden brachte. Moina Mathers fand die darin vertretene Lehre mit dem System des Golden Dawn unvereinbar (die *Cosmic Doctrine* basiert auf der Zwölfheit des Tierkreises, während im Golden Dawn die Zehnheit des kabbalistischen Baums des Lebens Grundlage ist) und stellte Dion Fortune vor die

Alternative, entweder die *Cosmic Doctrine* zu vergessen oder den Golden Dawn zu verlassen. Dion Fortune trat aus dem Orden aus und gründete ihre eigene Vereinigung, die *Fraternity of the Inner Light.*

Dion Fortune war eine äußerst fruchtbare Schriftstellerin und hatte die Fähigkeit, esoterische Themen in einer sehr zugänglichen und verständlichen Form darzustellen. Ihr bekanntestes Werk, *Die mystische Kabbala*, stellt die vom Golden Dawn gelehrte Kabbala dar. Das 1935 erschienene Buch hat bis heute seinen Wert als Klassiker auf dem Gebiet behalten. Ihre zahlreichen, in verschiedenen Sammelbänden publizierten Aufsätze, die wohl zu Instruktionszwecken in ihrem Orden geschrieben wurden, enthalten wertvolle Informationen über Lehren des Golden Dawn, die in der hier vorliegenden Ausgabe entweder nicht enthalten sind oder nur am Rande gestreift werden. Besonders informativ sind ihre Romane, von denen *The Winged Bull* und *The Demon Lover* direkt auf den Hintergrund des Golden Dawn Bezug nehmen.

Literatur: Alan Richardson: *Priestess. The Life and Magic of Dion Fortune* (Aquarian Press, 1987)

Annie Horniman (1860 – 1937)

Annie Horniman war die Tochter von F.J. Horniman, einem reichen Teekaufmann und Begründer des Horniman Museums in Forest Hill. Als sie fünfzehn Jahre alt war, verlor sie ihre Mutter und blieb allein auf sich gestellt in der Auseinandersetzung mit einem autoritären und halsstarrigen Vater.

Eine tiefe Hinneigung zur Kunst scheint ihr ganzes Leben bestimmt zu haben, aber nicht nur ihre soziale Herkunft, sondern auch ein nicht ganz überzeugendes Talent ließen ihre diesbezüglichen Aspirationen unerfüllte Sehnsüchte bleiben. Sie mußte sich mit der Rolle der ewigen Mäzenin zufriedengeben. Mit zweiundzwanzig Jahren immatrikulierte sie sich für sechs Jahre an der *Slade School of Arts* und lernte dort Moina Bergson, die spätere Gattin von Mathers kennen. Die beiden Frauen blieben ein Leben lang schicksalhaft miteinander verbunden in einer Beziehung, die in ihrer Eigenart vielleicht nie ganz geklärt werden kann und jedenfalls für die Geschichte des Golden Dawn bestimmend war. Moina schien für Annie all das zu verkörpern, was ihr versagt geblieben war: Schönheit, Attraktivität und künstlerische, kreative Begabung. 1885/86 bereiste sie den Kontinent und scheint bei dieser Gelegenheit eine unglückliche Liebesgeschichte mit einem Musiker erlebt zu haben, was ihre Schwierigkeiten mit dem Männlichen und allem, was damit verbunden ist, noch weiter verstärkte. Nach ihrer Rückkehr machte Moina sie mit MacGregor Mathers bekannt, den sie im Britischen Museum kennengelernt hatte. Sie verschaffte dem mittellosen Mathers eine Anstellung am Horniman Museum, die es ihm ermöglichte, Moina zu heiraten und ohne große materielle Sorgen für den Golden Dawn zu arbeiten. Als sich der starrköpfige Mathers mit dem ebenso autoritären Vater Annies verkrachte und seinen Posten verlor, unterstützte Annie das Paar noch jahrelang in der uneigennützigsten Weise.

Ihre Aufnahme in den Golden Dawn erfolgte 1890, und ein Jahr später war sie das erste Mitglied, das in den Zweiten Orden initiiert wurde. Neben den faszinierenden weiblichen Schönheiten im Golden Dawn, wie Moina Mathers, Maud Gonne und Florence Farr, hatte Annie Horniman es nicht leicht. Fotos zeigen sie als eine sehr sympathische, eher durchschnittlich hübsche Frau, dazu geschaffen, mit einem ebensolchen Ehemann ein ebensolches gemeinsames Leben zu führen und ebensolche Kinder zu gebären. Daß ihre Persönlichkeit und ihr ausgeprägter Charakter (die Studenten der *Slade School* gaben ihr den Spitznamen Tabbie, das heißt getigerte Katze) diesem äußeren Erscheinungsbild überhaupt nicht entsprachen, hat ihr Beziehungsleben mit Sicherheit nicht eben leicht gemacht. Sie scheint als die spezifisch viktorianische höhere Tochter erzogen und geprägt worden zu sein, die ihre starke Libido überall einsetzte und lebte, außer an dem Ort, der von der Natur ursprünglich dafür vorgesehen war. So ist es nicht verwunderlich, daß sie von den tantrischen Praktiken, die von Dr. Berridge und seinen Anhängern innerhalb des Golden Dawn durchgeführt wurden, aufs äußerste schockiert war. Es war ihr offensichtlich unbegreiflich, daß Mathers dies duldete, und das Zerwürfnis, das aus diesem Konflikt entstand, führte denn auch dazu, daß Mathers sie aus dem Orden ausschloß (siehe Band 1, Seite 49ff.). Ganz scheint ihre Verbindung zum Orden allerdings nicht abgerissen zu sein, denn es ist nicht zuletzt ihrer Tatkraft und ihrem Einsatz hinter den Kulissen zu verdanken, daß der von Mathers und Crowley geplante »Staatsstreich« erfolglos verlief. Nach dem Schisma von 1900 holte Yeats sie offiziell in den Orden zurück, damit sie diesen als seine Sekretärin strukturell wieder auf Trab bringe, was allerdings eine Sisyphusarbeit gewesen sein dürfte. Nach 1907 scheint Annie Hornimans Interesse am Golden Dawn und der Esoterik erkaltet zu sein.

Ihre zweite Leidenschaft galt dem Theater. Sie war jährlicher Stammgast bei den Bayreuther Festspielen und sponserte das berühmte Avenue Theater in Dublin und später das Gaiety Theater in Manchester. Sie verhalf Autoren zum Durchbruch und förderte unter anderem Yeats, Shaw und Galsworthy. Es scheint mir durchaus möglich, daß Galsworthy Annie Horniman als Vorbild für die June in seiner *Forsyte Saga* wählte. Die offizielle Literaturgeschichte ehrt ihre Bemühungen, indem sie Annie Horniman zu den Begründern des modernen Dramas zählt. Aber auch auf diesem Gebiet blieb ihr das Schicksal ihres Lebens, immer zweite Geige spielen zu müssen, nicht erspart. W.B. Yeats nahm ihre finanzielle Unterstützung und ihre Dienste als Gratis-Sekretärin in Anspruch, derweil seine erotische Energie der Faszination von Frauen wie Maud Gonne und Florence Farr erlag. Beide Frauen hatten als professionelle Schauspielerinnen wahrscheinlich auch noch stärkeren Einfluß auf die regiemäßige Gestaltung der Rituale im Golden Dawn als die nur mit dem Status der Amateurin behaftete Theaterliebhaberin Annie Horniman. Selbst ihre Position als Sponsorin und Seelenfreundin von Yeats mußte sie mit Lady Gregory teilen, die deutlichere Spuren in Yeats literarischem Schaffen hinterließ als Annie Horniman. Es ist fraglich, ob der Golden Dawn ohne Miss Hornimans finanzielle Unterstützung materiell überlebt hätte, besonders in der Anfangszeit, und so gehört sie dadurch wie auch durch ihre Zähigkeit und Tatkraft sicher zu den bedeutendsten und prägendsten Persönlichkeiten des Ordens.

Literatur: Crowley: *The Equinox Nr. VIII His Secret Sin.* Hier ist der Konflikt zwischen Annie Horniman und ihrem Vater geschildert. Die beiden tauchen unter den Decknamen Theodore Bugg und seine Tochter Gertrude auf.

MacGregor Mathers (1854 – 1918)

Er kam als Samuel Liddle Mathers zur Welt (Für Astrologen: Ithell Colquhoun überliefert, gestützt auf die Angaben von Paul Henderson, als Geburtsdaten den 8. Januar 1854, 2.10 Uhr in London, Aszendent 11° 16' Schütze, ohne Gewähr). Sein Vater starb früh, und nach Abschluß seiner Schulstudien verdiente er seinen Lebensunterhalt als Handelsgehilfe. Seine eigentlichen Interessen galten jedoch der Freimaurerei und dem Militär. Ob Mathers je Militärdienst geleistet hat oder nicht bleibt wie vieles in seinem Leben verschleiert und ungewiß. Zwar existiert eine Fotografie, die ihn in der Uniform eines Artillerieleutnants zeigt; dies beweist aber noch lange nichts. 1877 trat er einer Freimaurerloge in Bournemonth bei, in der er aufgrund seiner Begabung und seiner Studien rasche Fortschritte machte. Er machte dort die Bekanntschaft von Frederick Holland, einem Eisenbahningenieur mit esoterischen Interessen, der ihm die ersten Unterweisungen in der Kabbala erteilte.

Auch Westcott und Woodman lernte er in dieser Umgebung kennen und wurde von ihnen in die *Societas Rosicruciana* in England eingeführt. Diese Vereinigung von Hochgradmaurern, die sich intensiveren Studien und esoterischer Forschungsarbeit widmete, entsprach sicher mehr Mathers Geschmack und Ambitionen als die Gesellenmaurerei, wie sie in der Loge von Bournemonth gepflegt wurde. Es muß auch um diese Zeit gewesen sein, daß Mathers auf seinen »Hochlandtrip« kam, wie man heute sagen würde, seine Herkunft aus Schottland ableitete und seinen Namen in McGregor Mathers abänderte.

Nach dem Tod seiner Mutter im Jahre 1885 zog er nach London und besorgte dort, von Westcott dazu angeregt, die Herausgabe von Rosenroths *Kabbala Unveiled*, was ihm den Ruf eines Kenners der Kabbala eintrug und ihm sicher manche Tür zu esoterischen Kreisen und Gruppen öffnete. So machte er die Bekanntschaft von Helena Blavatsky, die seine Kenntnis sehr schätzte. Noch wichtiger war seine Beziehung zu Anna Kingsford, einer der ersten Frauen, die damals ein noch fast ausschließlich für Männer reserviertes Medizinstudium absolvierte. Anna Kingsford war eine sehr sensitive und mystisch veranlagte Frau, die eine christlich geprägte Esoterik pflegte und die Hermetische Gesellschaft gründete, in der Mathers auch Mitglied war. Es darf als wahrscheinlich angenommen werden, daß Anna Kingsford einen weit größeren Einfluß auf Lehre und Inhalt des Golden Dawn hatte als die suspekte Anna Sprengel. (Es ist nicht ohne Reiz für kabbalistisch und numerologisch Interessierte, den für den Golden Dawn so wichtigen Namen Anna einmal aus dieser Perspektive näher zu untersuchen.)

In diesem Umfeld erfolgte 1888 die Gründung des Golden Dawn (siehe Band 1, Seite 40ff.). Bereits vier Jahre später übersiedelten die Mathers nach Paris. Offizieller Grund dafür waren die Kontakte zu den geheimen Meistern des Ordens, die nach Aussage von Mathers in Paris stattfanden, namentlich im Bois de Boulogne. Die wahren Gründe aber mögen wohl eher privater Natur gewesen sein (siehe

Band 1, Seite 50ff.). Jedenfalls bezogen die Mathers nach einigem Hin und Her ein zu einer Villa gehörendes Gartenhaus in der 87 Avenue Mozart in Auteuil am Rande des Bois de Boulogne. Dort hielten sie ein offenes Haus und empfingen viele Besucher, nicht nur aus London und dem Golden Dawn, sondern auch aus den Vereinigten Staaten, was in der Folge zu mehreren Tempelgründungen in den USA führte, deren Tradition in mehr oder weniger lockerer Form und mit den üblichen, in esoterischen Kreisen unvermeidbaren Nebengeräuschen bis heute fortbesteht. Zu diesen Besuchern gehörte auch das fatale Horos-Paar, dessen Verbindung mit Mathers schließlich zum Untergang des klassischen Golden Dawn führte (siehe Band 1, Seite 54ff.).

Für Mathers scheint in seinen späteren Jahren der Golden Dawn etwas in den Hintergrund getreten zu sein. Zwar wohnte er (ohne Moina?) um 1912 noch einmal zwei Jahre lang in London. Grund dafür war wohl ein Gerichtsprozeß, den Mathers gegen Crowley anstrengte, als dieser das Ordensmaterial des Golden Dawn für seine eigene Ordensgründung A.A. benutzte und in seiner Publikation *Equinox* veröffentlichte. Mathers gewann diesen Prozeß, aber nach seiner Rückkehr nach Paris wandte sich sein Interesse anderen Gegenständen zu. Die Rituale im Ahathoor-Tempel in Paris wandelten sich mehr und mehr zu einem ausgesprochenen Isis-Kult, der später auch, gewissermaßen als Initiation für jedermann, in einem Pariser Theater gegen Eintritt zelebriert wurde. Wie er früher die meiste Zeit im Lesesaal des Britischen Museums verbracht hatte, beschäftigte er sich nun mit alten magischen Manuskripten aus Pariser Bibliotheken. Er publizierte *The Book of the Sacred Magic of Abramelin the Mage.* Es enthält die Memoiren des Abraham von Worms, der auf einer Reise in den Orient Initiation in ein magisches System erhält, und das ob seiner fatalen und äußerst gefährlichen Auswirkungen unter Kennern der Magie berüchtigt ist. Auffallend daran, aber meines Wissens noch nie näher untersucht, ist die Analogie des Abraham von Worms zu Christian Rosencreutz. Über Mathers letzte Jahre sind wenige Einzelheiten überliefert. Daß er in seiner Wohnung während des ersten Weltkrieges ein Anwerbungsbüro für Kriegsfreiwillige betrieb, klingt nicht unwahrscheinlich. Mathers starb 1918 in Paris, von der damaligen esoterischen Szene weitgehend vergessen. Auch über seine Todesursache gibt es die verschiedensten Gerüchte. So soll er ein Opfer seiner Beschäftigung mit der Magie des Abramelin geworden sein; andere behaupten, Crowley habe durch magische Einwirkungen seinen Tod herbeigeführt. Am wahrscheinlichsten ist wohl der Hinweis von Dion Fortune, daß der durch lebenslange Armut chronisch unterernährte und geschwächte Mathers ein Opfer der damaligen Grippeepidemie geworden sei.

Literatur: Ithell Colquhoun: *Schwert der Weisheit. MacGregor Mathers und der Golden Dawn.* (Johanna Bohmeier & Co)., 1985. – Ellic Howe: *The Magicians of the Golden Dawn. A Documental History of a Magical Order 1887–1923* (Routledge & Kegan, London)

Moina Mathers (1865 – 1928)

Mina Bergson (erst Mathers nannte sie später Moina, um dem Namen mehr schottischen Klang zu geben) kam als Tochter einer irisch-jüdischen Familie in Dublin zur Welt. Ihr älterer Bruder war der Philosoph Henri Bergson. (Meines Wissens ist bisher noch keine Untersuchung geschrieben worden, welche die verschiedenen Beziehungen und verwandtschaftlichen Verknüpfungen von herausragenden Persönlichkeiten der westlichen Geistesgeschichte in der ersten Hälfte dieses Jahrhunderts innerhalb des Golden Dawn untersucht. Meines Erachtens dürfte dieses Thema äußerst ergiebig sein und zu sehr interessanten Feststellungen führen.) Ihre Eltern wanderten nach Paris aus, und so wuchs Mina zweisprachig auf. Mit fünfzehn Jahren beschloß sie, eine Ausbildung als Malerin zu beginnen und immatrikulierte sich an der *Slade School* in London. Dort traf sie Annie Horniman, und zwischen den beiden entstand eine Freundschaft, die einmal näher und dann wieder ferner bis zu Moinas Tod andauerte. Im Lesesaal des Britischen Museums lernte sie McGregor Mathers kennen, und die beiden heirateten 1888. Die ersten Rituale und Initiationen des Golden Dawn wurden in Moinas Atelier zelebriert, das sich ziemlich genau an der Stelle befand, wo sich heute unübersehbar der Londoner Fernsehturm über die Stadt erhebt. Vielleicht ist das ein Zeichen dafür, welche Bedeutung der Golden Dawn und seine Lehren für das heutige wie für das kommende Zeitalter haben könnten. Die einzige offiziell erhaltene Fotografie zeigt Moina im Alter von etwa dreißig Jahren, eine wilde, zigeunerhafte Schönheit mit unverkennbaren Merkmalen von Härte und großer autoritärer Willenskraft in ihren Gesichtszügen. Moina hatte eine sehr starke hellseherische Begabung, die Mathers zur Niederschrift des Golden Dawn-Materials benutzte. Was sein und was Moinas Anteil am System ist, läßt sich heute nicht mehr genau auseinanderhalten. Es ist anzunehmen, daß sie auf die im Golden Dawn so zentrale Farbenlehre entscheidenden Einfluß hatte und daß die künstlerische Ausgestaltung der Ritualgegenstände und die Malereien des Pastos auf sie zurückgeführt werden können.

Im Jahre 1891 zogen die beiden aus nicht ganz erfindlichen Gründen nach Paris (siehe Band 1, Seite 50ff.) und lebten dort mit ständig wechselnden Adressen in äußerster Armut. Es wird behauptet, daß noch heute in einigen von den Mathers benutzten Wohnungen eine außergewöhnlich starke magische Aufladung, begleitet von parapsychologischen Phänomenen, zu spüren sei, was manchmal zu einer raschen Mieterrotation führe. Ohne die materielle Unterstützung durch Annie Horniman hätte das Paar finanziell kaum überleben können. Zu ihrer Familie in Paris und dem in wohlhabend großbürgerlichem Stil lebenden Bruder Henri scheint Moina nicht viel Kontakt gehabt zu haben. Begreiflich, denn für die Familie war Moina sicher die mißratene Tochter, die zudem noch eine Mesalliance eingegangen war. Nach dem Tode ihres Gatten kehrte Moina 1919 nach London zurück und gründete dort die A. und O. Loge, die später offenbar mit der von Brodie-Innes geleiteten Gruppe fusionierte. Finanziell ging es ihr schlechter denn je, und sie mußte zudem feststellen, daß ihre esoterische Tätigkeit zu einer Vernachlässigung ihrer künstlerischen Fähigkeiten geführt hatte, so daß sie wahrscheinlich kaum Porträtaufträge erhielt, mit denen sie sich hätte über Wasser halten können. Als sie sechzig Jahre alt war, wurde sie offensichtlich zu müde zum leben, und ihre Gesundheit verschlechterte sich. Schließlich trat sie in einen Hungerstreik und starb am 28. Juli 1928.

Literatur: Ithell Colquhoun: *Schwert der Weisheit* (Johanna Bohmeier & Co., 1985)

Arthur Edward Waite (1857 – 1942)

Kein Esoteriker in der ersten Hälfte dieses Jahrhunderts stieß bei seinen Kollegen auf so allgemeine Ablehnung, und nur wenige haben trotzdem einen so deutlich nachweisbaren Einfluß auf spätere Generationen ausgeübt wie A.E. Waite. Er wurde in den USA als Sohn eines Amerikaners geboren. Sein Vater starb früh, und die Mutter, eine gebürtige Engländerin, zog zusammen mit ihren beiden Kindern nach London zurück. Waite wurde streng katholisch erzogen, was einen deutlich erkennbaren, starken Einfluß auf seine spätere esoterische Tätigkeit hatte. Nach Schulabschluß wurde Waite Büroangestellter und schrieb in seiner Freizeit Gedichte. Die Erschütterung, die durch den Tod seiner Schwester ausgelöst wurde, hatte seine Hinwendung zur Esoterik zur Folge. Er lernte Mathers bei seinen Studien im Lesesaal des Britischen Museums kennen. Sein Aufnahmegesuch in den Golden Dawn wurde allerdings erst beim zweiten Anlauf angenommen, und auch sonst scheint seine Ordenskarriere etwas holprig verlaufen zu sein. Intrigen veranlaßten ihn zum Austritt, und das Drängen von Freunden zum Wiedereintritt. Waite stand Mathers und seinen magischen Bemühungen sehr skeptisch gegenüber. Daher nutzte er die Gelegenheit, um nach dem Schisma in der Folge des Horos-Skandals die Rituale und Materialien des Golden Dawn in der von ihm geführten Gruppe radikal zu verändern und seinen persönlichen Vorlieben anzupassen. Waite war mehr Mystiker als Magier. Seine schriftstellerische Produktion war enorm und zeugt von einem profunden esoterischen Wissen. Bedingt durch die Schwerfälligkeit seines Stils werden allerdings nur noch wenige seiner Bücher wirklich gelesen. Der Schwerpunkt seiner publizistischen Tätigkeit lag auf den Gebieten Alchemie, Kabbala und Gral. Gershom Scholem äußerte sich sehr lobenswert über Waites kabbalistische Publikationen. Waite übersetzte die Hauptwerke von Eliphas Lévi ins Englische und veröffentlichte zahlreiche alchemistische Schriften, die von Geistlichen übersetzt wurden, die Mitglieder des Golden Dawn waren. Am bekanntesten wurde Waite durch seinen Tarot, dessen Bilder nach seinen Anweisungen von Pamela Coleman-Smith (auch ein Mitglied des Golden Dawn) angefertigt wurden. Er ist heute der verbreiteste und meist gebrauchte Tarot in der Welt. Allerdings hat er außer ein paar Einzelheiten wenig mit dem Tarot des Golden Dawn gemein.

Nachdem Waite den von ihm geführten Tempel des Golden Dawn 1914 liquidiert hatte, gründete er seine »Gefolgschaft des Rosenkreuzes«, die er unter Zuhilfenahme der Chiffre-Manuskripte ganz nach seinem persönlichen Geschmack gestaltete (vergl. Band 2, Seite 907ff.). Die Gefolgschaft soll bis zu Beginn des Zweiten Weltkrieges gearbeitet haben.

Literatur: R.A. Gilbert: *A.E. Waite. Magician of Many Parts.* (Crucible, 1987) – R.A. Gilbert: *Hermetic Papers of A.E. Waite. The unknown Writings of a Modern Mystic* (Aquarian Press, 1987)

William Wynn Westcott (1848 – 1925)

Westcott wurde 1848 in eine Familie geboren, in welcher die meisten männlichen Mitglieder Mediziner waren. So kann es nicht verwundern, daß auch Wynn Westcott sich diesem Studium zuwandte. Nach Studienabschluß war er zunächst als Assistent seines Onkels tätig, wurde dann Freimaurer und begann mit seinen esoterischen Studien. Im Jahre 1879 zog er sich in eine fast klösterliche Einsamkeit zurück, um sich für einige Zeit ganz diesen Studien zu widmen. Ein Jahr später wurde er Mitglied der *Societas Rosicruciana* in England (siehe Band 1, Seite 39) und übersiedelte 1881 nach London, um das Amt eines Coroners (amtlicher Leichenbeschauer) für Nordost-London anzutreten, das er bis zu seinem siebzigsten Lebensjahr ausübte. Westcott gehörte zum engeren Bekanntenkreis von Helena Blavatsky und war Mitglied des Inneren Ordens ES der Theosophischen Gesellschaft. Es war Westcott, der die Chiffre-Manuskripte zur Gründung des Golden Dawn heranzog und Mathers mit der Ausarbeitung der Rituale betraute. Westcott wird in der Geschichte des Golden Dawn als verantwortlich für die Fälschung der Legende der Ordensgründung und der Anna Sprengel-Korrespondenz betrachtet (siehe Band 1, Seite 40ff.). Im Jahre 1897 zog sich Westcott unter nie ganz geklärten Umständen vom Golden Dawn zurück. Seinen Vorgesetzten war bekannt geworden, daß er Mitglied eines magischen Ordens war, und vor die Wahl gestellt, entweder seine Ordenstätigkeit oder seine Beamtenstelle aufzugeben, entschied er sich für seine berufliche Position. Trotzdem scheint seine Verbindung zum Orden nie ganz abgerissen zu sein, und nach dem Schisma unterhielt er Kontakte zu allen drei Gruppierungen. In der Folge widmete er sich wiederum intensiv der S.R.I.A., deren höchster Magus er wurde, sowie seinen esoterischen Studien. Über die verschiedensten esoterischen Themen und Gebiete publizierte er eine große Anzahl von Büchern und Zeitschriftenartikeln, die bis heute ihren Wert behalten haben und teilweise immer wieder neu aufgelegt werden. Einige dieser Artikel hat R.A. Gilbert in einer Anthologie gesammelt und herausgegeben. Westcott führte allem Anschein nach zwei völlig voneinander getrennte Leben. Nach außen hin war er ein nüchterner Beamter, Naturwissenschaftler und Vertreter der Krone in gerichtsmedizinischen Belangen (auch darüber hat er publiziert); während er innerlich der Rosenkreuzer war, der fest an die Existenz der höheren Meister glaubte und ihnen mit aller Intensität diente. Diese Doppelgesichtigkeit, um nicht zu sagen Persönlichkeitsspaltung, mag den Schlüssel für die Fälschung der Anna Sprengel-Korrespondenz liefern. Im Jahre 1918 zog er sich von seiner beruflichen Tätigkeit zurück und reiste zusammen mit seiner Tochter und seinem Schwiegersohn nach Südafrika, wo er seinen Lebensabend verbrachte und sich freimaurerischen Angelegenheiten widmete.

Literatur: R.A. Gilbert: *The Magical Mason. Forgotten Hermetic Writings of William Wynn Westcott, Physician and Magus* (Aquarian Press, 1983)

William Butler Yeats (1865 – 1939)

Eines der engagiertesten Mitglieder des Golden Dawn, dessen Leben in einer tiefgreifenden Weise vom Orden geprägt wurde, war ohne Zweifel der Dichter W.B. Yeats. Lange Zeit hat die Literaturgeschichte diesen Einfluß ignoriert oder ihn nur am Rande, quasi als Kuriosum, erwähnt. Erst in den letzten Jahren wurde entdeckt, in welchem Ausmaß das dichterische Schaffen Yeats' vom Golden Dawn geprägt ist. Geboren wurde Yeats in der Nähe von Dublin. Als Dichter fühlte er sich offenbar zeitlebens mehr Irland als England verbunden. Bereits in frühen Jahren nahm seine Beschäftigung mit esoterischen Dingen einen weiten Raum ein. Einer seiner Freunde war ein gewisser Jackson, der in Dublin eine Sektion der Theosophischen Gesellschaft zu gründen half. Durch ihn wurde Yeats auch mit Helena Blavatsky bekannt, die ihn zum inneren Kreis der Theosophischen Gesellschaft, dem sogenannten ES, zuließ. Aus dieser Zeit stammt wohl auch seine Bekanntschaft mit Mathers, dem er sein Leben lang zwiespältig gegenüberstand. Er sah in ihm sowohl einen Lehrer als auch einen Konkurrenten. In den Golden Dawn wurde er 1890 aufgenommen, also zu Beginn der Zeit, die in seinem literarischen Schaffen als symbolistische Epoche bezeichnet wird. In mancher Beziehung stellt Yeats auch eine Gegenposition zu Crowley dar, dessen Schaffen als Lyriker heute ob seines Bekanntheitsgrades als Magier fast völlig vergessen wird. Beide waren bevorzugte Schüler und Mitarbeiter von Mathers. Yeats und Mathers verband außerdem eine gemeinsame Vorliebe und Schwärmerei für das Keltentum. Es gibt Dokumente, die zeigen, daß Yeats und Mathers zu jener Zeit daran arbeiteten, die keltische Mythologie und ihre Götter in das System des Golden Dawn zu integrieren. Es ist nicht auszuschließen, daß sich Yeats Hoffnungen machte, Mathers Kronprinz zu werden. Als Mathers sich dann für Crowley entschied, wandte sich Yeats in der berühmten Auseinandersetzung um den Pastos (siehe Band 1, Seite 52ff.) gegen ihn, schlug sich auf die Seite von Florence Farr und der Mitglieder des Londoner Tempels und übernahm die Führung im Kampf gegen Mathers. Nach der Spaltung begann er seine Laufbahn im Orden ganz von vorn, indem er noch einmal sämtliche Grade von Anfang an durchlief. In den ersten Jahren des zwanzigsten Jahrhunderts verlagerte sich sein Interesse auf die Schaffung eines irischen Nationaltheaters. Dieses Bestreben ist eng mit den Namen Annie Horniman, Florence Farr und Maud Gonne verbunden, auch sie alle Mitglieder des Golden Dawn. Im Jahre 1917 heiratete Yeats eine wesentlich jüngere Frau, ebenfalls ein Mitglied des Ordens. Seine Gattin war offenbar sehr sensitiv, wenn nicht gar medial veranlagt. Mit ihrer Hilfe und teilweise nach ihren Diktaten entstand die Dichtung *A Voice*. Es scheint fast, als ob er mit ihr das wiederholen wollte, was Mathers mit seiner Frau Moina getan hatte. Yeats wurde 1923 mit dem Nobelpreis ausgezeichnet.

Literatur: George Mills Harper: *Yeats's Golden Dawn. The influence of the Hermetic Order of the Golden Dawn on the life and art of W.B. Yeats* (Macmillan, 1974/Aquarian Press, 1987)

Die wichtigsten Ordensnamen

Ad Majorem Adonai Gloriam. A.M.A.G.: Zum höheren Ruhm des Herrn. Israel Regardie 5 = 6

De Profundis ad Lucem: Aus der Tiefe zum Licht. Leight F. Gardner

Deo Duce Comite Ferro. D.D.C.F.: Mit Gott als meinem Führer und meinem Schwert als meinem Genossen. McGregor Mathers 7 = 4

Deus Est Demon Inversus: Der Dämon ist der umgekehrte Gott. W.B. Yeats

Finem Respice: Beachte das Ende. Dr. R.W. Felkin

Fortiter et recte: Tapfer und recht. Annie Horniman

Iehi Aour: (hebräisch) Laß Licht sein. Allan Bennett

Levavi Oculos: Ich erhebe meine Augen. Percy Bullock

Magna Est Veritas Et Praelavebit: Groß ist die Wahrheit, und sie wird siegen. W.R. Woodman

Non Omnis Moriar. N.O.M.: Ich werde nicht gänzlich sterben. Wynn Westcott 5 = 6
Perdurabo: Ich werde Ausdauer haben. Aleister Crowley
Resurgam: Ich werde auferstehen. Dr. E. Berridge
S Rioghail Mo Dhream. S.R.M.D.: (gälisch) Königlich ist meine Abstammung. McGregor Mathers 5 = 6
Sacramentum Regis: Das Sakrament des Königs. A.E. Waite
Sapere Aude. S.A.: Wage es, weise zu sein. Wynn Westcott
Sapiens dominabitur Astris: Der Weise wird von den Sternen geleitet. Anna Sprengel
Sapientia Sapienti Dono Data. S.S.D.D.: Dem Weisen ist Weisheit zum Geschenk gegeben. Florence Farr
Sub Spe: Unter Hoffnung. J.W. Brodie-Innes
Vestigia Nulla Retrorsum. V.N.R.: Keine Spuren (bleiben) zurück. Moina Mathers
Vincit Omnia Veritas: Die Wahrheit besiegt alles. W.R. Woodman 7 = 4
Virtute Orta Occident Rarius: Was aus der Tugend geboren ist, fällt selten. W.A. Ayton

Die Chiffremanuskripte

Wie bereits in der Einführung erwähnt, sind die Chiffremanuskripte noch nie vollständig publiziert worden. Bekannt sind zwei Blätter, die hier angeführt werden, um dem Leser einen Eindruck davon zu vermitteln. Das erste Beispiel stammt aus dem Anhang von Ellic Howe: *The Magicians of the Golden Dawn:*

Eine Transkription in der Handschrift von Westcott enthält folgende Notizen: »Die Initialen am Anfang der Zeilen sind H, Hs und Hg. Wir haben die Titel Hierophant, Hiereus und Hegemon gewählt und für K. Kerux? Stol, Stolistes? Dad = Dadouchos.«

Im Chiffremanuskript werden die Grundzüge des Neophyten-Rituals auf sechs kleinen Blättern Papier niedergelegt (20 × 15,6 cm). Mathers ausführliche Fassung des Materials findet sich in Regardie: *Golden Dawn*, Band 2, Seite 643ff. Die Transkription des ersten Blattes folgt hier. Einige Parallelen aus dem Text von Mathers werden ebenfalls angegeben.

Null = Null

Eröffnung

Alle versammelt mit angelegten Schärpen, Kragen, Lamen.

H ./. (ein Klopfen) Brüder und Schwestern dieses Tempels des Golden Dawn, helft mir im Grade des Neophyten zu eröffnen.

K hekas hekas este bebeloi (in griechischen Buchstaben)

H Bewachung beachten und wer anwesend

H wer sind die Amtsträger?

Hs Hauptamtsträger sind H Hs und Hg

H was haben diese gemein?

Hs den Buchstaben h – Symbol des Atems und Lebens

H welche anderen Amtsträger?

Hs Stolistes Dadouchos und Kerux und ein Sentinel, der bewaffnet draußen steht

Dad ich stehe mit dem Räucherfaß im Süden und bin Hitze (Mathers: Meine Station ist im Süden, wo ich Hitze und Trokkenheit symbolisiere, und meine Aufgabe ist es, die Lampen und Feuer des Tempels für die Eröffnung zu versorgen, auf Räuchergefäß und Weihrauch achtzugeben und die Halle und Brüder und Schwestern mit Feuer zu weihen.)

Stol ich bin im Norden mit Wasser und bin Kälte und Feuchtigkeit (Mathers: Meine Station ist im Norden, wo ich Kälte und Feuchtigkeit symbolisiere, und meine Pflicht ist es, die Roben und Kragen und Insignien der Amtsträger für die Eröffnung bereit zu halten, über den Kelch des Weihwassers zu wachen und die Halle und Brüder und Schwestern mit Wasser zu weihen.)

K ich stehe auf der Innenseite des Tores, ich ordne die Halle, ich trage meine Lampe, rufe aus und führe alle Umschreitungen (Mathers: Mein Platz ist innerhalb des Portals. Meine Pflichten sind, auf die Anordnung der Halleneinrichtung zur Eröffnung zu achten, die Brüder und Schwestern einzulassen und über die Aufnahme des Kandidaten zu wachen, alle mystischen Umschreitungen anzuführen, wobei ich die Lampe meines Amtes mit mir führe, und ich gebe alle Ankündigungen und Berichte. Meine Lampe ist das Symbol des verborgenen Wissens, und mein Stab ist das Symbol seiner weisenden Kraft.)

Hg Ich stehe zwischen den Säulen und gebiete über das symbolische Tor des Okkultismus, ich versöhne Licht und Finsternis, meine weiße Robe ist Reinheit, und ich trage ein mitraköpfiges Szepter = Religion zur Führung und Steuerung des Lebens und Leitung der höheren Strebungen der Seele.

(Mathers: Meine Station ist zwischen den zwei Säulen des Hermes und des Salomo, und ich blicke auf den würfelförmigen Altar des Universums. Meine Aufgabe ist es, über das Tor des verborgenen Wissens zu wachen, denn ich versöhne Licht und Finsternis. Ich überwache die Vorbereitung des Kandidaten und assistiere ihm bei seiner Aufnahme, und ich leite ihn auf dem Pfade, der aus der Dunkelheit ins Licht führt. Die weiße Farbe meiner Robe bedeutet die Reinheit, mein Amtszeichen ist ein mitraköpfiges Szepter, um die Religion zu symbolisieren, die das Leben leitet und steuert. Mein Amt symbolisiert jene höheren Strebungen der Seele, die ihre Handlungen leiten sollten.)

Das zweite Beispiel gibt Francis King im Anhang von *Ritual Magic in England:*

Gegenüber der Seite 583 in *Brotherhood of the Rosy Cross* von A.E. Waite findet sich eine Fotografie einer Seite des originalen Chiffremanuskriptes. Aus einem rätselhaften Grund ist diese Seite auf dem Kopf stehend abgedruckt! Im folgenden wird eine Übersetzung dieser Seite angeführt, damit der Leser sich davon überzeugen kann, daß diese Manuskripte keine ausgeführten Rituale darstellten, sondern bloße Arbeitsnotizen. Wahrscheinlich fertigte sie jemand an, der den Zeremonien in einem deutschen Rosenkreuzertempel beigewohnt hatte. Um der Klarheit willen habe ich die im Manuskript gegebenen Abkürzungen zu den Wörtern ausgeführt, für die sie stehen.
Hierophant. Kein Eintritt außer mit Erlaubnis des Zweiten Ordens.
in Hebräisch – die zehn Sephiroth
Erhöhung – Dreiheiten – Buchstaben und Zahlen
Elemente – Tierkreiszeichen – Planetenhäuser
Hierophant nennt Themen notwendiger Studien
Unausgewogenes bedeutet Böses – führe Studium fort
Gleichgewicht jedes sei geheim
verdamme nie die Religionen anderer
Gott als unser Licht verehren
Hiereus spricht Neophyten an und empfiehlt zu gedenken
verkündet neuen Neophyten
Stolistes und Kelch = kalt – Dadouchos und Räuchergefäß = heiß
mit Stab und Lampe
ist Kerux ein Erlöser
Hegemon zwischen Säulen – weiß – Mitraszepter
Hiereus Thron – Robe – Schwert

beachte Dreiheit des Lebens
Pfad der okkulten Wissenschaft
des Todes in ihnen – zwischen ihnen der Hegemon – Säulen
sollten Ritualtexte haben
eine Lampe auf jeder
fest und flüchtig
aktiv und passiv – Strenge und Gnade

Glossar

In dieses Glossar sind die zahllosen Engel- und Geisternamen nicht aufgenommen.

Aatiq Jomin – (aramäisch) Makroprosopus oder Großes Angesicht, bezieht sich auf Kether und in zweiter Linie auf Chokmah und Binah
Abba – das Jod des Tetragrammaton, der himmlische Vater (aramäisch), bezieht sich auf Chokmah
Abiegnus – der mystische Berg der Rosenkreuzer, der die Einweihung symbolisiert
Acquisitio – (deutsch: Erwerb) eine jupiterische geomantische Figur, die Glück und Gewinn bedeutet
Adept – höherer Eingeweihter, im Golden Dawn Mitglied des Zweiten Ordens
Adeptus Minor – fünfter Ordensgrad, erster Grad des Zweiten Ordens
Adonai – hebräischer Gottesname (»Herr«)
Adonai ha- Aretz – hebräisch: Herr der Erde
Agni – das tattwische Feuerelement, auch Tejas genannt, symbolisiert durch ein rotes gleichseitiges Dreieck
Aima – das Heh des Tetragrammaton, die himmlische Mutter, bezieht sich auf Binah
Aima Elohim – Mutter der Götter, bezieht sich auf J und H des Tetragrammaton
Ain – Nicht-Nichts
Ain Soph – das Unendliche
Ain Soph Aur – Grenzenloses Licht:
Die drei Schleier des Absoluten

Aiq Bkr – kabbalistische Umstellungsmethode für Buchstaben
Ajin – hebräischer Buchstabe
Akasha – das erste Tattwa, Äther oder Geist, als schwarzes oder indigofarbenes Ei dargestellt
Albus – (deutsch: Weißkopf) eine merkurische geomantische Figur, steht für Gewinn
Alchymische Hochzeit – eine der klassischen Rosenkreuzer-Veröffentlichungen mit starkem alchimistischem Einschlag
Alembic – ein auf den Cucurbit aufgesetzter Destillierkolben für die alchimistische Arbeit
Aleph – erster Buchstabe des hebräischen Alphabetes. Erster Pfad auf dem Lebensbaum, der Kether mit Chokmah verbindet
Amissio – (deutsch: Verlust) venusische geomantische Figur, die Verlust bedeutet
Ankh – ägyptisches Lebenszeichen, auch Henkelkreuz genannt. Auf Abbildungen halten es meist ägyptische Gottheiten in der Hand
Anubis – ägyptische Gottheit, schakalköpfiger Führer der Toten
Apas – Wasserelement der Tattwas, sturmbringender Äther, silberne Sichel
Apophis – auch Typhon, die Schlange des Chaos in der ägyptischen Mythologie
Äquinox – Tagundnachtgleiche, Durchgang der Sonne durch ihren Frühlings- oder Herbstpunkt etwa am 21. März beziehungsweise 23. September
Ararita – hebräische Abkürzung aus den Anfangsbuchstaben des Satzes: Eins ist sein Anfang, eins ist sein Wesen, eins ist seine Wandlung
Aretz – hebräisch für Erde
Ariq Anpin – der Alte der Tage (alttestamentarische Gottesbezeichnung), ein Titel Kethers
Aroueris – ägyptische Göttin
Asch – hebräisch für Feuerelement
Asse (4) – die den vier Grundelementen zugeordneten Tarotkarten
Assiah – die Welt der Form
Astralbereich – beim Menschen der Bereich der Gefühle, Triebe und Instinkte, die Welt der Imagination, wo die Energie zu Bildern geformt wird
Athanor – alchimistischer Ofen
Atziluth – die Welt der Archetypen
Aum – heilige Ursilbe in der Yoga-Meditation
Auriel – wörtlich: Licht Gottes, Erzengel der Erde

Ave – der Engel, der angeblich einen Teil des henochischen Systems an John Dee übermittelte

Bataivah – henochisch: Der große König des Ostens, Lufttafel
Beth – hebräischer Buchstabe
Binah – dritte Sephirah auf dem Lebensbaum
Boaz – die schwarze Säule des Tempels, repräsentiert die Strenge
Briah – die Welt der Schöpfung

Caduceus – der Stab des Hermes mit zwei sich darum windenden Schlangen
Cancellarius – Amtsträger im Tempel
Caput und Cauda Draconis – zwei geomantische Figuren, Drachenkopf und Drachenschwanz. Caput ist ein günstiges, Cauda ein ungünstiges Zeichen. In der Astrologie stehen sie für den nördlichen und südlichen Mondknoten
Carcer – (deutsch: Kerker) saturnische geomantische Figur, die Verzögerung und Einschränkung bedeutet
Cherub (Plural: Cherubim) – die vier wesentlichen Vizeherrscher der Elemente, entsprechend den Buchstaben des Namens JHVH
Chesed – die vierte Sephirah auf dem kabbalistischen Lebensbaum
Cheth – hebräischer Buchstabe
Chiah – Seelenteil, Bezug zu Chokmah; Buddhi, der magische Wille
Chokmah – die zweite Sephirah des Lebensbaumes
Confessio – eine der drei klassischen Rosenkreuzerveröffentlichungen aus dem frühen 17. Jahrhundert
Conjunctio – (deutsch: Verbindung) merkurische, geomantische Figur, die andere Figuren zum Guten oder Schlechten verstärkt
Cucurbit – (von der lateinischen Bezeichnung für Kürbis) ist ein großer, runder Kolben zum Erhitzen von Flüssigkeiten, Teil der Destillationsapparatur im alchimistischen Labor

Daath – eine elfte Sephirah, die nicht zu den zehn Hauptsephiroth zählt. Sie wird auf dem Lebensbaum hinzugefügt, um ein Bindeglied zwischen dem menschlichen und dem himmlischen Bereich anzuzeigen, ein Ergebnis der »Vereinigung« von Chokmah und Binah
Dadouchos – Amtsträger im Tempel, der für das Räuchergefäß, für den Weihrauch und für die Lichter zuständig ist
Daleth – hebräischer Buchstabe
Divination – okkulte Methode, um den Verlauf von Ereignissen im

Leben festzustellen. Sie wird als Mittel zur Schulung der Intuition und der inneren Sinne benutzt.

Edelperna – henochisch: Der große König im Süden, Feuertafel

Eheieh – hebräisch: Ich bin, der ich bin, Selbstbezeichnung Gottes

Elohim – hebräischer Gottesname

Elohim Gibbor, Elohim Tzabaoth

Emor Dial Hectega – henochisch: Drei der Erdtafel im Norden entnommene Gottesnamen

Empeh Arsel Gaiol – henochisch: Drei der Wassertafel im Westen entnommene Gottesnamen

Ephemeride – astronomische Tabelle der Planetenstände

Evokation – Anrufung, Beschwörung eines Geistes oder Engels zu sichtbarer oder zumindest wahrnehmbarer Form außerhalb der Persönlichkeit des Magiers

Exordium – Einleitung, Beginn einer Feststellung. Beispielsweise sind das allgemeine und das besondere Exordium, welche das Dokument Z-1 eröffnen, von großer magischer Bedeutung. Sie sind Thoth gewidmet.

Fama Fraternitatis – eine der drei klassischen Rosenkreuzerveröffentlichungen aus dem frühen 17. Jahrhundert

Flying Rolls – siehe Anmerkung in Band 1, Seite 398

Fortuna Major und Minor – (deutsch: großes und kleines Glück) zwei solare geomantische Figuren, die Glück und Erfolg anzeigen

Gabriel – wörtlich: Macht Gottes, Erzengel des Wassers

Geburah – fünfte Sephirah auf dem Lebensbaum

Gedulah – zweiter Name Cheseds, der vierten Sephirah

Gematria – die Kunst der Manipulation von Buchstaben und Zahlen zur Erlangung von Einsicht in Bedeutungen von Namen und Wörtern

Geomantie – eine archaische Divinationsmethode mit Hilfe des Erdelementes

Gewölbe (der Adepten) – die siebenseitige Einweihungskammer der Adepten, wo C.R.C. (Christian Rosenkreutz) bestattet war und auferstand

Gihon – einer der vier Flüsse Edens; die Wasser der Gnade, die von oben nach Chesed fließen; in bezug auf das Wasserelement gebraucht

Gimel – hebräischer Buchstabe

Gnome – Elementarwesen der Erde

Harpokrates – ägyptischer Gott (auch Harparkrat geschrieben)
Hathor – ägyptische Göttin
Hegemon – Führer der Seele. Er repräsentiert als Amtsträger im Tempel Gleichgewicht und Harmonie. Er verbindet zwischen den Ämtern des Hierophanten und des Hiereus.
Heh – hebräischer Buchstabe
Hekas, hekas este bebeloi – Verkündigung der Heiligkeit des Ortes und der Versammlung
Hellsehen – (englisch: skrying) ursprünglich nur in bezug auf das Kristallsehen genannt, bezeichnet jetzt aber die Entwicklung der inneren Schau als solcher
Henochisch – magisches System, das von Sir John Dee und Edward Kelley entwickelt wurde; die Krone und das Juwel des Ordenssystems. Es faßt alle übrigen Systeme zusammen
Hermes – griechische Gottheit, Seelenführer; griechischer Name für den ägyptischen Gott Thoth. Hermes Trismegistos wird die Stiftung der »hermetischen« Wissenschaften zugeschrieben – Magie, Astrologie, Theurgie und so weiter
Hexagramm – Sechsstern, Siegel Salomos; wichtiges, den Planeten zugeordnetes magisches Zeichen
Hiddikel – einer der vier Flüsse, der von oben nach Tiphareth hinabfließt. Er repräsentiert Luft
Hiereus – Amtsträger im Tempel
Hierophant – Amtsträger im Tempel
Hod – achte Sephirah auf dem Lebensbaum
Hodos Chamelionis – »Pfad des Chamäleons«
Hua – Racheengel, der bei den Eiden als Zeuge angerufen wird

Ic Zod Heh Chal – henochisch: Großer König des Nordens, Erdtafel
Ida – nach dem Yogasystem der Mondatem, eine Erscheinungsform des Sonnenpranas
I.N.R.I. – hebräisches Kürzel für: Jesus von Nazareth, König der Juden; Spottinschrift über dem Kreuz; im Golden Dawn das große mystische Wort, das mit den Gottesformen in Zusammenhang steht
Insignien – werden von den Amtsträgern im Tempel zur Kennzeichnung ihrer Funktion getragen
Invokation – Anrufung einer geistigen oder göttlichen Wesenheit zur Herabkunft in den Körper des Magiers oder zur Manifestation in seiner Persönlichkeit, jedoch nur als überlagernde Gegenwart, nicht im Sinne einer Besessenheit

Jachin – rechte Säule im Tempel; weiß; repräsentiert Gnade, im Gegensatz zu Boaz, welche schwarz ist und Strenge symbolisiert
Jechidah – Seelenteil nach der kabbalistischen Lehre
Jeheshuah – das Pentagrammaton. Der Buchstabe Shin symbolisiert das Feuer des Heiligen Geistes, das in das Tetragrammaton herabkommt und es erleuchtet
Jesod – neunte Sephirah
Jetzirah – die Welt der Bildekräfte, der Gestaltung, der Formgebung
JHVH, JOD HEH VAU HEH, – das Tetragrammaton, die vier heiligen Buchstaben des Namens Gottes
Jod – hebräischer Buchstabe

Kabbala – frühe Form der hebräischen Mystik, die als Grundlage der Magie dient
Kalah – hebräisch: die Braut; bezieht sich auf Malkuth, das letzte Heh vom JHVH; die Braut des Mikroprosopus
Kamea – ein magisches Quadrat, von welchem Sigille abgeleitet werden
Kanopen-Götter – die vier Horussöhne, welche über die Eingeweide des mumifizierten Toten wachen
Kaph – hebräischer Buchstabe
Kerux – der Amtsträger im Tempel, der der Hüter des inneren Tores ist und der Herold, der die Umkreisungen anführt
Kether – erste Sephirah auf dem kabbalistischen Lebensbaum

Laetitia – (deutsch: Freude) jupiterische geomantische Figur, die Freude und Zufriedenheit anzeigt
Lamed – hebräischer Buchstabe
Lamen – Abzeichen, das von den Amtsträgern im Tempel getragen wird, um ihre Funktion zu kennzeichnen; außerdem eine Glyphe, die sich auf das große Werk bezieht
Lebensbaum – hebräisch: Etz Chajim; eine geometrische Glyphe, die den meisten Lehren des Golden Dawn zugrundeliegt
Leviathan – Seedrache, Dämon des Urmeeres
Lotusstab – magisches Werkzeug des Zelators Adeptus Minor (siehe Band 1, Seite 451)
Lustralwasser – Weihwasser
Lux – lateinisch: Licht
LVX – Licht (in original römischer Schreibweise), steht auch für die von Adepten des Grades Adeptus Minor benutzten Gesten. Da seine Gematria 65 beträgt, bezieht es sich auch auf den höheren und göttlichen Genius (Adonai).

Majim – hebräisch: Wasser
Makroprosopus – siehe Aatiq Jomin, das Große Angesicht
Malkah – hebräisch: Königin, ein Titel Malkuths als Braut des Mikroprosopus
Malkuth – zehnte und letzte Sephirah auf dem Lebensbaum
Mem – hebräischer Buchstabe
Merkur – römische Gottheit (entspricht dem griechischen Hermes) und alchimistisches Prinzip (deutsch: Quecksilber; lateinisch Mercurius)
Metatron – großer Erzengel Kethers; außerdem der männliche Cherub des Glanzes, der die weiße Säule repräsentiert
Michael – wörtlich: der wie Gott ist
Mikroprosopus – siehe Zauir Anpin, das Kleine Angesicht
Minutum Mundum – der kabbalistische Baum des Lebens als magische Weltformel
Mittlere Säule – siehe Anmerkung Band 1, Seite 329
Mütter – Sammelbezeichnung für die hebräischen Buchstaben Aleph, Mem und Shin; erste Kombinationsreihe in der geomantischen Divination

Nahar – Fluß, der vom himmlischen Eden fließt und sich in Daath in vier Arme teilt; die vier Elemente
Nemyss – ägyptische Kopfbedeckung, die von den Amtsträgern im Tempel getragen wird
Neophyt – erster Ordensgrad, ohne Zuordnung auf dem Lebensbaum
Nephesch – Seelenteil, manchmal auf Jesod oder Malkuth bezogen; wird als die tierische Seele beschrieben oder als das automatische Bewußtsein
Nephthys – ägyptische Göttin
Neschamah – Seelenteil, das höher strebende Selbst, mit Bezug zu Binah; feminin und verlangend
Netzach – siebente Sephirah auf dem kabbalistischen Lebensbaum
Notariqon – abgekürzte Schreibweise mit hebräischen Buchstaben, die benutzt wird, um Einsicht in Bedeutungen zu gewinnen. Beispiel: AGLA ist eine Abkürzung für: »Du bist mächtig in Ewigkeit, o Herr.«
Nun – hebräischer Buchstabe

Oip Teaa Pedoce – henochisch. Drei Gottesnamen, die von der Tafel des Feuers im Süden abgeleitet sind
Oro Ibah Aozpi – henochisch: Drei Gottesnamen, die von der Tafel der Luft im Osten abgeleitet sind

Paroketh – der Schleier

Pastos – Sarg des C.R.C.

Peh – hebräischer Buchstabe

Pentagramm – Fünfstern, wichtiges magisches Symbol, das mit den Elementen zusammenhängt

Pentakel – Symbol mit Bezug auf das Erdelement; außerdem Symbol für das Verständnis des Universums beim Eingeweihten (auch Pantakal geschrieben)

Philosophus – der vierte Ordensgrad, abgesehen vom Neophyten; dem Feuer, Venus und Netzach zugeordnet

Phrath – Euphrates; einer der vier Flüsse, fließt als Erde nach Malkuth hinab

Pingala – nach dem Yogasystem der Sonnenatem, eine Erscheinungsform des Sonnenpranas

Pison – einer der vier Flüsse, fließt nach Geburah – Feuer

Populus – (deutsch: Volk) lunare geomantische Figur, bedeutet Bewegung und Wandel

Practicus – dritter Ordensgrad, abgesehen vom Neophyten; gehört zum Wasser, zu Hod und Merkur

Praemonstrator – Amtsträger im Tempel

Prima Materia – undifferenzierter Ausgangsstoff der alchymischen Vorgänge

Prithivi – Erde, eines der Tattwas, symbolisiert durch ein gelbes Quadrat

Puella – (deutsch: Mädchen) venusische geomantische Figur, die Kunst, Liebe und Frieden bedeutet

Puer – (deutsch: Knabe) martialische geomantische Figur, die auf Aktivität und Energie hindeutet

Pylon – ägyptisches Tempeltor

Qesheth – der Regenbogen des Bundes; Schleier, der die vier unteren Sephiroth von Tiphareth trennt

Qlippoth – die Welt der Schemen oder Dämonen unterhalb von Malkuth (Diese Welt hat auch ihre zehn Sephiroth.)

Qoph – hebräischer Buchstabe

Ra Agiosel – henochisch: Der große König des Westens, Tafel des Wassers

Raphael – Erzengel der Luft

Resh – hebräischer Buchstabe

Ritual – eine Anordnung äußerer Handlungen, die als Entsprechung eine Reihe von inneren, seelischen Antworten hervorruft und stärkt

Ruach – Seelenteil (nach der kabbalistischen Lehre), der sich auf die Gruppierung der Sephiroth um Tiphareth herum bezieht; der Verstand, der niedere Manas; hebräisches Wort für Luft und Geist

Rubeus – (deutsch: Rotkopf) martialische geomantische Figur, die Probleme und Konflikte ausdrückt

Salamander – Elementarwesen des Feuers

Salz – alchimistisches Prinzip (nicht mit Kochsalz zu verwechseln)

Samekh – hebräischer Buchstabe

Sandalphon – Erzengel, der die Erde mit ihrer himmlischen Seele verbindet. Er ist der weibliche Cherub der Bundeslade

Schlangenformel – eine Beschreibung der magischen Kräfte, die um den Nordpol oder Kether unseres Systems kreisen, welchem die vier Asse zugeordnet werden

Sentinel – Amtsträger im Tempel

Sepher Jetzirah – Buch der Gestaltung; einer der ältesten kabbalistischen Texte. Der Begriff »jetziratisch« bezieht sich auf dieses Buch, welches den Buchstaben des hebräischen Alphabetes die grundlegenden astrologischen Zuordnungen verleiht

Sephirah, Plural: Sephiroth – Name der zehn Zentren, die den kabbalistischen Lebensbaum bilden

Shaddai el-Chai – hebräischer Gottesname

Shem ha-Mephoresch – der unaufgeteilte Name, von welchem sich die 72 Engelnamen ableiten, die den 36 Augenkarten des Tarot zugeordnet sind

Shin – hebräischer Buchstabe

Sigill, das; Plural: Sigille – älterer deutscher Ausdruck für ›Siegel‹, hier verwendet, um ein magisches Zeichen zu benennen. Das Wort ›Siegel‹ selbst meint einen festen Gegenstand (ähnlich einem Pentakel), auf welchem ein Sigill eingraviert oder gezeichnet ist. Signatur, gewöhnlich eines Geistes, einer Intelligenz oder eines Engels; früher von den Kameas abgeleitet, im Orden jedoch von der Rose

Stolistes – Amtsträger im Tempel, der für die Roben zuständig ist und in der Zeremonie das Wasser reinigt

Sulfur – (deutsch: Schwefel) alchimistisches Prinzip

Sushumna – nach dem Yogasystem der ruhende Zwischenzustand zwischen Ida und Pingala, eine Erscheinungsform des Sonnenpranas

Swara – nach dem Yogasystem der Geist, die Seele des Universums, der große Atem, auch Sonnenprana

Swastika – altes Symbol des Sonnenrades altindischen und tibetischen Ursprungs; meist rechtsläufig verwendet; von den Nazis linksläufig als sogenanntes Hakenkreuz mißbraucht

Sylphen – Elementarwesen der Luft

Talisman – tote oder leblose Substanz, die durch magische Aufladung mit einer bestimmten Kraft zum Leben erweckt wird

Tarot – Satz von 78 Karten, die sich auf den Lebensbaum beziehen. Ihre Herkunft liegt mehr oder weniger im Dunkeln

Tattwa – Hindu-Begriff für die fünf Elemente, die von Swara, dem großen Atem, ausgehen. Im Orden werden ihre Symbole zur Hellsicht verwendet.

Tau – hebräischer Buchstabe

Tejas – Tattwa-Element des Feuers, synonym für Agni, symbolisiert durch ein rotes Dreieck

Telesma, Plural: Telesmata – telesmatische Bilder werden in der Imagination auf der Basis der Buchstaben von Gottes- oder Erzengelnamen aufgebaut, welche Charakter und Wesen der Gestalt bestimmen. Manchmal auch synonym für Talisman

Temurah – Umwandlung, Permutation. Eine Methode der Umstellung hebräischer Buchstaben, die verwendet wird, um Einsicht in Bedeutungen zu bekommen

Teth – hebräischer Buchstabe

Tetragrammaton – lateinische Bezeichnung der vier Buchstaben des Gottesnamens JHVH, dem Eckstein fast aller, wenn nicht aller Zuordnungen zum Lebensbaum im Golden Dawn

Theoricus – zweiter Ordensgrad, abgesehen vom Neophyten; zugeordnet zu Jesod, Mond (Luna) und Luft

Thoth – ibisköpfiger, ägyptischer Gott des Schreibens und der Magie, Führer der Toten

Tiphareth – sechste Sephirah auf dem Lebensbaum, welche die gleiche Entfernung von Kether wie von Malkuth hat; repräsentiert Harmonie, Schönheit und Ausgewogenheit

Tristitia – (deutsch: Trauer) geomantische Figur, die für Verlust und Mißlingen steht

Typhon – ägyptische Urschlange des Chaos; der Zerstörer

Tora – das Gesetz; die ersten fünf Bücher der Bibel

Tzaddi – hebräischer Buchstabe

Undinen – Elementarwesen des Wassers

Vau – hebräischer Buchstabe; besonders: dritter Buchstabe des JHVH, Buchstabe der Luft
Vayu – Tattwa-Element der Luft, durch eine blaue Kugel symbolisiert
Via – (deutsch: Weg) lunare geomantische Figur, die auf Reisen und Wandel deutet

Wachttürme – henochische Bezeichnung für die Haupt-Himmelsrichtungen

Zajin – hebräischer Buchstabe
Zauir Anpin – Mikroprosopus oder Kleineres Angesicht, bezieht sich auf Tiphareth
Zelator – erster Ordensgrad, wenn man vom Neophyten absieht; wird Malkuth zugeordnet
Zohar – einer der Haupttexte der kabbalistischen Literatur

Bibliographie

Bhagavad Gita.

Die XVII Bücher des Hermes Trismegistos. Neuausgabe nach der ersten deutschen Fassung von 1706. (Akasha Verlagsgesellschaft)

Agrippa von Nettesheim: *De Occulta Philosophia.* Drei Bücher über die Magie. (Greno, 1987)

Andreae, Joh. Valentin: *Fama Fraternitatis. Confessio Fraternitatis. Chymische Hochzeit.* Drei Rosenkreuzer-Schriften. (Calwer Verlag, 3. Aufl. 1981)

Ashcroft-Nowicki, Dolores: *Highways of the Mind.* The Art and History of Pathworking. (Aquarian Press, Wellingborough, 1987)

Ashcroft-Nowicki, Dolores, ed.: *The Forgotten Mage.* The Magical Lectures of Colonel C.R. Seymour. (Aquarian Press, 1986)

Ashcroft-Nowicki, Dolores: *The Ritual Magic Workbook.* A Practical Course of Self-Initiation. (Aquarian Press, Wellingborough, 1986)

Ayton, W.A. (Letters ed. by Ellic Howe): *The Alchemist of the Golden Dawn.* The Letters of the Revd W.A. Ayton to F.L. Gardner and Others 1886–1905. (Aquarian Press)

Barrett, Francis: *The Magus.* (University Books, Inc. New York, 1967.)

Butler, W.E.: *Apprenticed to Magic.* (Aquarian Press, 1962.)

Case, Paul Foster: *The True and Invisible Rosicrucian Order.* An Interpretation of the Rosicrucian Allegory and an Explanation of the Ten Rosicrucian Grades. (Samuel Weiser, 1985)

Cavendish, Richard: *A History of Magic.* (Weidenfeld & Nicolson, London, 1977)

Colquhoun, Ithell: *Schwert der Weisheit.* MacGregor Mathers & Der Golden Dawn. (Johanna Bohmeier & Co. Verlag, 1985)

Crowley, Aleister: *Confessions.* 2 Bde. Die Bekenntnisse des Aleister Crowley. (Stein der Weisen, 1986)

Crowley, Aleister: *Das Buch Thoth.* (Ägyptischer Tarot) (Urania Verlag, 1981)

Crowley, Aleister: *Liber Astarte vel Beryllis.* (Falcon Press, 1982) In Regardie: Gems from the Equinox.

Crowley, Aleister: *Liber HHH.* (Falcon Press, 1982) In Regardie: Gems from the Equinox.

Crowley, Aleister: *Liber LXI vel Causae.* (Falcon Press, 1982) In Regardie: Gems from the Equinox.

Crowley, Aleister: *Moonchild.* (Deutsch bei Stein der Weisen, 1983)

Crowley, Aleister: *Three Holy Books.* (Sangreal Foundation/Samuel Weiser Inc. of New York)

Drury, Nevill: *The Path of the Chameleon.* Man's encounter with the Gods and Magic. (Spearman, 1973)

Fletcher, Ella Adelia: *The Law of the Rhytmic Breath.* (R.F. Fenno & Co., N.Y., 1908)

Fortune, Dion: *Die Mystische Kabbala.* (Hermann Bauer Verlag, Freiburg, 1987)

Fortune, Dion: *Moon Magic.* (Aquarian Press, 1956)

Fortune, Dion: *Selbstverteidigung mit PSI.* (Ansata, 1979)

Fortune, Dion: *The Demon Lover.* (Douglas, 1926)

Fortune, Dion: *The Esoteric Orders and Their Work.* Aquarian Press, Wellingborough, Northamptonshire, 1982

Fortune, Dion: *The Goat-Foot God.* (Williams and Norgate, 1936)

Fortune, Dion: *The Sea Priestess.* (Samuel Weiser, New York, 1978)

Fortune, Dion: *The Secrets of Dr. Taverner.* (Llewellyn Publications, 1978)

Fortune, Dion: *The Training and Work of an Initiate.* (Aquarian Press, 1972)

Fortune, Dion: *The Winged Bull.* (Wyndham Publications, London 1967)

Francis, Karl A.: *Heilweg der Kabbala.* (Hermann Bauer Verlag, Freiburg i.Br.

Frater, Albertus: *The Alchemists Handbook.* (Samuel Weiser, New York)

Frick, Karl R.H.: *Licht und Finsternis.* (Akademische Druck- u. Verlagsanstalt Graz, 1978)

Gilbert, R.A.: *A.E. Waite.* Magician of Many Parts. (Crucible, 1987)

Gilbert, R.A. ed.: *Hermetic Papers of A.E. Waite.* The Unknown Writings of a Modern Mystic. (Aquarian Press, 1987)

Gilbert, R.A.: *The Golden Dawn and the Esoteric Section.* (Theosophical History Centre, London 1987)

Gilbert, R.A.: *The Golden Dawn Companion.* A Guide to the History, Structure, and Workings of the Hermetic Order of the Golden Dawn. (Aquarian Press, 1986)

Gilbert, R.A.: *The Golden Dawn.* Twilight of the Magicians. (Aquarian Press, 1983)

Gilbert, R.A. ed.: *The Sorcerer and His Apprentice.* Unknown Hermetic Writings of S.L. MacGregor Mathers and J.W. Brodie-Innes. (Aquarian Press, Wellingborough 1983)

Gopi, Krishna: *Kundalini.* Erweckung der geistigen Kraft im Menschen. (Otto Wilhelm Barth, 1985)

Greene, Liz: *Saturn.* (Hugendubel, 1981)

Hamill, John ed.: *The Rosicrucian Seer.* Magical Writings of Frederick Hockley. (Aquarian Press, 1986)

Harper, George Mills: *Yeat's Golden Dawn.* The influence of the Hermetic order of the Golden Dawn on the Life and art of W.B. Yeats. (Macmillan, 1974)

Hartley, Christine: *The Western Mystery Tradition.* The Esoteric Heritage of the West. (Aquarian Press, 1986)

Hartmann, Franz: *Im Vorhof des Tempels der Weisheit* enthaltend die Geschichte der wahren und falschen Rosenkreuzer. (Schatzkammerverlag, Calw)

Horneffer, August: *Symbolik der Mysterienbünde.* (Ansata, 1979)

Howe, Ellic: *The Magicians of the Golden Dawn.* A Documentary History of a Magical Order 1887–1923. (Routledge & Kegan Paul, London 1972)

Huysmans, Joris K.: *Gegen den Strich.* (Diogenes, 1981)

Huysmans, Joris K.: *Tief unten.* (Diogenes, 1987)

Hyatt, Christopher S.: *An Interview With Israel Regardie.* His Final Thoughts and Views. (Falcon Press, 1985)

Hyatt, Christopher S.: *Undoing Yourself with Energized Meditation.* (Falcon Press, 1982)

Jamblichus: *Über die Geheimlehren.* (Ansata, 1978) Nachdruck der Ausgabe Leipzig 1922.

Jennings, H.: *Die Rosenkreuzer.* Ihre Gebräuche und Mysterien. (Ansata, 1977)

Kearton, Michael: *The Magical Temple.* A Practical Guide for the Creation of a Personal Sanctuary. (Aquarian Press, 1980)

Keller, Werner: *Was gestern noch als Wunder galt.* (Knaur TB 436)

Kiesewetter, Carl: *John Dee, ein Spiritist des 16. Jahrhunderts.* Kulturgeschichtliche Studie. (Ansata 1977)

King Francis/Skinner, Stephens: *Techniques of High Magic.* A Manual of Self-Initiation. (New York, 1976)

King, Francis: *Astral Projection, Ritual Magic, and Alchemy.* Golden Dawn Material by S.L. MacGregor Mathers and Others. (Aquarian Press, 1987) Deutsch Verlag Stein der Weisen 1986, ohne Einleitung von F. King.

King, Francis: *Ritual Magic in England.* 1887 to the Present Day. (Neville Spearman, London 1970)

King, Francis: *Tantra als Selbsterfahrung.* (Heyne TB 9506)

Layock, Donald C.: *The Complete Enochian Dictionary.* A Dictionary of the Angelic Language as revealed to Dr John Dee and Edward Kelley. (Askin London, 1978)

Leuenberger, Hans-Dieter: *Das ist Esoterik.* 3. Aufl. (Verlag Hermann Bauer, Freiburg 1987)

Lévi, Eliphas: *Einweihungsbriefe in die Hohe Magie und Zahlenmystik.* (Ansata, 1980)

Lévi, Eliphas: *Geschichte der Magie.* (Sphinx, 1978)

Lévi, Eliphas: *Transzendentale Magie.* 2 Bde. (Sphinx, 1975)

Lewi, Grant: *Astrology for the Millions.* (Llewellyn Publications)

Lewi, Grant: *Heavens Knows What.* (Llewellyn Publications)

Llewellyn, George: *A–Z Horoscope Maker and Delineator.* (Llewellyn Publications)

Mathers, S.L. MacGregor: *The Kabbalah Unveiled.* (Samuel Weiser, New York/Routledge & Kegan Paul).

Matthews, Caitlin and John: *The Western Way.* A Practical Guide to the Western Mystery Tradition. Vol. II The Hermetic Tradition. (Boston and Henley, London 1986)

McIntosh, Christopher: *Eliphas Lévi and the French Occult Revival.* (Rider, 1972)

McIntosh, Christopher: *The Rosy Cross Unveiled.* The History, Mythology and Rituals of an Occult Order. (Aquarian Press, 1980)

Nurho de Manhar (William Williams): *Zohar* fst Part. (Wizard Bookshelf, San Diego, 1978)

Parker, Julia and Derek: *Das Universum der Astrologie.* (Pawlak-Verlag)

Rama Prasad: *Nature's Finer Forces.* (Health Research of Mokelumne Hill; California) Fotokopie.

Regardie, Israel: *A Garden of Pomegranates.* (Llewellyn Publications, 1970)

Regardie, Israel: *A Practical Guide to Geomantic Divination.* (Aquarian Press, 1972)

Regardie, Israel: *Ceremonial Magic.* (Aquarian Press, 1980)

Regardie, Israel: *Energy, Prayer and Relaxation.* (Falcon Press, 1982)

Regardie, Israel: *How to Make and Use Talismans.* (Aquarian Press, 1972)

Regardie, Israel: *The Eye in the Triangle.* An Interpretation of Aleister Crowley. (Falcon Press, 1982)

Regardie, Israel: *The Foundation of Practical Magic.* (Aquarian Press, 1979)

Regardie, Israel: *The Golden Dawn Tapes I–III.* (Falcon Press, Arizona) Von Regardie besprochene Tonkassetten mit Texten des Golden Dawn.

Regardie, Israel: *The Golden Dawn.* An Account of the Teachings, Rites and Ceremonies of the Hermetic Order of the Golden Dawn. (Llewellyn Publications, 1978)

Regardie, Israel: *The Lazy Man's Guide to Relaxation.* (Falcon Press, 1983)

Regardie, Israel: *The Tree of Life.* (Rider, 1932)

Regardie, Israel: *What You should Know about the Golden Dawn.* (Falcon Press, 1983)

Richardson, Alan: *Dancers to the Gods.* Magical Records of Charles Seymour and Christine Hartley 1937–1939. (Aquarian Press, 1985)

Richardson, Alan: *Priestess.* The Life and Magic of Dion Fortune. (Aquarian Press, 1987)

Sapere Aude (W.W. Westcott): *The Science of Alchemy.* (Neptune Press, London)

Scholem, Gershom: *Die jüdische Mystik in ihren Hauptströmungen.* (Suhrkamp, 1967)

Schueler, Gerald J.: *Enochian Magic.* A Practical Manual. (Llewellyn Publications, 1985)

Skinner, Stephen: *The Oracle of Geomancy.* (Prism Press, Bridport, Dorset 1977

Steinbrecher, Edwin: *The Inner Guide Meditation.* A Transformational Journey to Enlightenment and Awareness. (Aquarian Press, 1982)

Symonds, John: *Aleister Crowley. Das Tier 666.* Leben und Magick. (Sphinx, 1983)

Tegtmeier, Ralph: *Die heilende Kraft der Elemente.* Praxis der Tattwa-Therapie. (Hermann Bauer, Freiburg 1986)

Torrens, R.G.: *The Secret Rituals of the Golden Dawn.* (Samuel Weiser, 1973)

Vaillant, Bernard: *Westliche Einweihungslehren.* Druiden, Gral, Templer, Katharer, Rosenkreuzer, Alchemisten, Freimaurer. (Hugendubel, 1986)

Westcott, W.W. (ed. by R.A. Gilbert): *The Magical Mason.* Forgotten Hermetic Writings of William Wynn Westcott, Physician and Magus. (Aquarian Press, 1983)

Westcott, W.W.: *An Introduction to the Study of the Kabbalah.* (Society of Metaphysicians, 1978)

Wilson, Colin: *Aleister Crowley.* The Nature of the Beast. (Aquarian Press, 1987)

Namensregister